普通高等教育"十一五"国家级规划教材

高等学校交通运输与工程类专业教材建设委员会规划教材

公路施工组织及概预算

（第 4 版）

王首绪　李晶晶　杨玉胜　刘伟军　编　著

人民交通出版社股份有限公司

北　京

内 容 提 要

本书为普通高等教育"十一五"规划教材,从"技术—经济"双重视角,全面、系统地阐释了公路工程施工组织及概预算的基础理论、基本概念、流程与方法、实践应用等知识。全书分为7章,主要内容包括:公路建设的内容及基本建设程序,公路工程投资额测算体系,公路建设各阶段施工组织内容及造价文件,施工过程组织原则与方法,公路工程施工组织设计依据、内容与方法,网络计划技术原理与应用,BIM技术在施工组织中的应用优势、流程与方法,公路工程定额理论、应用方法与技巧,公路工程概预算费用组成与计算,概预算文件组成及编制程序与方法。全书结构完备合理,内容详实丰富,突出理论深度与知识实用性的同时,也较全面地反映了学科的最新进展情况与研究成果。

本书可作为高校工程管理和土木类、交通运输类各专业本科生或研究生的施工组织设计、施工组织及概预算或工程造价等课程的教材,也可作为工程技术人员和经济管理工作者的参考书。

本书配有课件,教师可通过加入道路工程课群教学研讨 QQ 群(1328662128)获取。

图书在版编目(CIP)数据

公路施工组织及概预算 / 王首绪等编著. — 4 版. —
北京 : 人民交通出版社股份有限公司, 2020.7(2025.1重印)
ISBN 978-7-114-16555-9

Ⅰ. ①公… Ⅱ. ①王… Ⅲ. ①道路施工—施工组织—
教材②道路工程—概算编制—教材③道路工程—预算编制
—教材 Ⅳ. ①U415

中国版本图书馆 CIP 数据核字(2020)第 080301 号

普通高等教育"十一五"国家级规划教材
高等学校交通运输与工程类专业教材建设委员会规划教材
Gonglu Shigong Zuzhi ji Gaiyusuan

书 名:	公路施工组织及概预算(第4版)
著 作 者:	王首绪 李晶晶 杨玉胜 刘伟军
责任编辑:	李 瑞
责任校对:	孙国靖 魏佳宁
责任印制:	张 凯
出版发行:	人民交通出版社股份有限公司
地 址:	(100011)北京市朝阳区安定门外外馆斜街 3 号
网 址:	http://www.ccpcl.com.cn
销售电话:	(010)85285911
总 经 销:	人民交通出版社股份有限公司发行部
经 销:	各地新华书店
印 刷:	北京印匠彩色印刷有限公司
开 本:	787×1092 1/16
印 张:	22.75
字 数:	546 千
版 次:	1995 年 1 月 第 1 版 1999 年 4 月 第 2 版
	2007 年 7 月 第 3 版 2020 年 7 月 第 4 版
印 次:	2025 年 1 月 第 4 版 第 8 次印刷 总第 60 次印刷
书 号:	ISBN 978-7-114-16555-9
定 价:	52.00 元

(有印刷、装订质量问题的图书由本公司负责调换)

第4版前言

课程特点

"公路施工组织及概预算"是高等院校土木类与交通运输类专业(如土木工程,道路桥梁与渡河工程,水利与交通工程等专业方向),为培养既懂技术又懂经济的现代土木工程师而开设的必修课,更是管理类(工程管理专业)的核心必修课。本课程涉及内容广泛,学习本课程需在土木工程施工技术、道路工程、桥梁工程、路基路面工程等课程基础上进行。同时,本课程又是一门理论与实践并重的课程,需强化工程思维训练,并安排专题课程设计和实习实训环节。

教材传承与改版

《公路施工组织及概预算》源自1985年长沙交通学院使用的同名自编教材;1992年通过交通部高校教材委员会评审,作为统编教材在交通土建和工程管理专业使用;2006年被教育部评为"普通高等教育'十一五'国家级规划教材"。《公路施工组织及概预算》自1995年人民交通出版社初版、1999年第2版、2007年第3版,至今更新至第4版。历经传承改版,本教材得到广大师生及业界的一致好评。

本教材第3版对内容安排、结构体系作了较大调整,突出理论深度和知识实用性等特点,其修编工作由王首绪、杨玉胜、周学林、刘伟军共同完成。

本教材第4版修订由王首绪教授设计整体修订思路,李晶晶博士协助王首绪

1

教授进行本版结构调整和第五章"基于 BIM 技术的施工组织设计"的内容编撰,刘伟军副教授修订了第二章"施工过程组织原理"、第三章"公路工程施工组织设计",杨玉胜副教授修订了第四章"网络计划技术"、第六章"公路工程定额"、第七章"公路工程概预算"及附录。

第 4 版的变化

新形势、新技术发展与公路工程行业新推荐性标准的颁布,是本次修订的主要背景与依据。第 4 版在保持第 3 版内容安排、结构组织、理论深度与知识实用性等方面特点的基础上,更加注重理论与实践的结合,强调应用,突出案例教学。

第一章,补充我国公路建设发展现状与施工组织需求变化,按公路工程相关规范、标准和指南修订了公路基本建设、公路施工组织的研究对象与任务等。

第二章,修正了一些文字疏漏。

第三章,按公路工程相关规范、标准和指南修订了施工平面图设计、安全生产、文明施工和环境保护等内容。

第四章,删除原第四章"机械化施工组织设计",原第五章"网络计划技术"调整为第四章。

第五章,新增了"基于 BIM 技术的施工组织设计",围绕 BIM 技术在施工组织中的应用优势、流程与方法等核心问题编写整章内容。通过工程案例展示基于 BIM 技术的施工组织设计流程与方法、施工方法选择、时间组织、资源组织、空间组织、质量安全保障等。

第六章,按公路工程相关规范、标准和指南,结合公路工程施工标准化的要求,修订了相关内容,增加了定额应用案例及工程实例。

第七章,按公路工程相关规范、标准和指南,结合公路工程施工标准化、信息化的要求,修订了概预算费用组成及费用计算等内容,增加了工、料、机单价计算的工程实例及概预算费用计算的工程实例。

致谢

本教材历次修编中,课程教学团队成员尽力完善,力争通过内容的合理组织,算例、案例的精心设计与编写,实现理论与实践的结合,以加深读者对公路施工组织与概预算理论、原理和方法的理解与掌握。在此过程中,课程教学团队认真总结教学经验,吸收全国各高校任课教师对于教材的建设性意见,参考和引用了部分国内外相关研究成果和文献,在此表示诚挚的感谢。本教材出版获得了人民交通出版社股份有限公司、长沙理工大学,以及鲁班、BENTLEY、纵横等软件开发公司的大力支持,感谢人民交通出版社股份有限公司在教材出版过程中所做的大量卓有成效的工作,感谢长沙理工大学对本书修编给予的支持和关心,感谢各软件公司在案例素材提供等方面给予的大力支持。

由于作者学识有限,书中疏漏或错误之处在所难免,恳请各位专家、学者、同仁批评指正。

王首绪
2019 年 10 月
于长沙理工大学

目录

第一章

绪 论

第一节 公路建设概述

一、公路建设及其内容构成

公路运输生产离不开公路路线、桥涵、隧道等生产资料。公路建设的目的是为公路运输生产提供或更新诸如路线、桥涵、隧道等固定资产。

公路建设的内容,按其任务与分工不同可分为以下三方面:

1. 公路工程小修、保养

公路工程构造物在长期使用过程中,受到行车和自然因素的作用而不断损坏,只有通过定期和不定期的维修保养,才能保证固定资产的正常使用,保持运输生产不间断地进行,使原有生产能力得到维持。所以,公路工程小修、保养是实现固定资产简单再生产的重要手段之一。

2. 公路工程大、中修与技术改造

由于受到材料、结构、设备等多方面的制约,必然使公路各组成部分具有不同的寿命。因此,固定资产尽管经过维修,也不可能无限期地使用下去,到一定年限某些组成部分就会丧失功能,这时就需要进行固定资产的更新工作。公路工程大、中修这种固定资产的更新,一般是与公路的技术改造相结合进行的(如局部改线、改造不合标准路段、提高路面等级等)。通过这种更新与技术改造来提高公路的通行能力,实现固定资产简单再生产和部分扩大再生产。

3.公路工程基本建设

为了适应生产和流通发展的需要,通过公路工程基本建设,经勘察、设计和施工,以及有关的经济活动等,将一定建筑材料按设计要求与技术标准使用机械设备建造成公路构造物,实现固定资产扩大再生产,达到不断扩大公路运输能力的目的。公路工程基本建设按项目性质可分为新建、扩建、改建和重建,其中新建和改建是主要形式;按经济内容可分为生产性建设和非生产性建设;按项目规模可分为大型、中型和小型(大、中、小型项目是按项目建设总规模和总投资确定的,国家对建设项目的大、中、小型划分标准有明文规定);按投资效益可分为竞争性项目、基础性项目、公益性项目。

(1)公路工程基本建设的内容

公路工程基本建设活动的内容主要由建筑安装工程、土地使用及拆迁工程、其他建设工程三部分构成。

建筑安装工程包括建筑工程(如路基、路面、桥梁、隧道、防护工程、沿线设施等)、设备安装工程(如高速公路、大型桥梁建设所需各种机械、设备,以及满足公路初期运营、管理所需要设备,隧道照明、消防、通风的动力设备,公路收费、监控、通信、路网运行监测、供配电及照明等仪器和设备的安装、测试等)。

土地使用及拆迁工程指土地使用与安置工程、耕地开垦、森林植被恢复工作等。

其他基本建设工程包括立项、筹建、建设、竣(交)工验收、工程总结等建设单位(业主)建设项目管理工作,以及用于建设项目质量、安全、进度、费用等方面的信息化建设、运营维护等工程;勘察、设计、研究试验、可行性研究、专项评估、联合试运转,以及与之有关的调查和技术研究工作;为保证项目交付后正常运行和管理而进行的工器具的购置、安装和测试等,以及抢修保通、应急处置等相关设备购置、安装和测试等。

(2)基本建设项目组成

每项基本建设工程,就其实物形态来说,都由许多部分组成。为了便于编制各种基本建设的施工组织设计和概、预算文件,必须对每项基本建设工程进行项目划分。基本建设工程可依次划分为:基本建设项目、单项工程、单位工程、分部工程和分项工程。

基本建设项目简称建设项目或基建项目,一般是指有独立的总体设计,经济实行独立核算,行政上具有独立组织形式的建设项目。如交通运输建设方面的一条公路、一条铁路、一个港口,工业建设方面的一个矿井、一个工厂,文教卫生建设方面的一所学校、一个医院等等。不能把不属于同一总体设计并分别核算的几个建设项目,合并为一个建设项目,也不能把同一总体设计范围内的各个工程,划分为几个建设项目。

单项工程又称工程项目,它是建设项目的组成部分。一个建设项目,可以是一个单项工程,也可以包括许多个单项工程。所谓单项工程是指具有独立的设计文件,竣工后可以独立发挥生产能力或效益的工程,如某公路建设项目中的某独立大、中桥梁工程,某隧道工程等。

单位工程是单项工程的组成部分,一般指不能独立发挥生产能力(或效益),但具有独立施工条件的工程。如某隧道单项工程,可分为土建工程、照明和通风工程等单位工程;一条公路单项工程可分为路线工程、桥涵工程等单位工程。

分部工程是单位工程的组成部分,一般是按照单位工程的结构部位、结构形式划分的,例如基础工程、桥梁上部工程、桥梁下部工程、路面工程、路基工程等。

分项工程是分部工程的组成部分,是按照工程的不同结构、不同材料和不同施工方法等因素划分的,如基础工程可划分为围堰、基坑开挖、基础砌筑、回填等分项工程。分项工程的独立存在是没有意义的,它只是建筑或安装工程的一种基本的构成因素,是为了组织施工以及为确定建筑安装工程造价而设定的一个基本单元。

(3)公路基本建设管理

公路小修、保养由养护部门自行安排,进行日常管理养护;公路大、中修工程由养护部门提出计划报上级主管部门批准后,自行管理和安排;对于新建、改建、扩建、重建的公路工程,一般由地方(省、自治区、直辖市)政府主管部门下达任务,对其中列入基本建设投资的必须纳入全国统一的基本建设计划,一切基本建设活动必须按照国家规定和要求进行管理,一切基本建设资金活动必须通过国家发展和改革委员会的批准与监督。

二、公路建设的特点

公路建设的特点是由公路建筑产品的特点决定的。公路工程是呈线性分布的一种带状构筑物,通过勘察设计和施工,消耗大量资源(人力、物力、财力)而完成的公路建筑产品。与工业生产相比较,公路建设同样是一系列资源投入产出的过程,其施工生产的阶段性和连续性、组织上的专门化和协作化是一致的。但公路建筑产品具有其独特性,主要是产品的形体庞大,复杂多样,整体难分,不能移动。由此而引出公路施工的流动性、单体性、生产周期长、易受气候影响和外界干扰等特点。这些特点,对公路施工组织与管理的影响很大。

1. 公路建筑产品的特点

(1)产品的固定性

公路工程的构造物固定于某一地带不能移动,只能在建造的地方直接生产,完工后供长期使用。

(2)产品的多样性

由于公路的具体使用目的、技术等级、技术标准、自然条件以及功能不同,而使公路的组成、结构千差万别,复杂多样。

(3)产品形体庞大性

公路工程是线性构造物,其组成部分的几何形体庞大,不仅占用较多土地,而且占据较大空间,使整个工程雄伟壮观。

(4)产品的易损性

公路工程构造物暴露于大自然的部分以及直接受行车作用的部分,受行车作用及自然因素影响,产生物理、化学变化,在疲劳、耐久等方面受损表现突出。

2. 公路施工的技术经济特点

由于公路建筑产品具有上述特性,因此在其产品(工程)的施工过程中,具有如下的技术经济特点:

(1)施工流动性大

公路建设线长点多,工程数量分布不均匀,其构造物在建造过程中和建成后都无法移动。

由于其产品的固定性和严格的施工顺序,因而要组织各类工作人员和各种机械围绕这一固定产品,在同一工作面的不同时间,或同一时间的不同工作面上进行施工活动。因此需要科学地处理好这种空间上的布置和时间上的安排,解决两者之间的矛盾。此外,当某一公路工程竣工后,还要解决施工队伍向新的施工现场转移的问题。

公路施工的流动性,给施工企业的生产管理和生活安排带来很大影响,例如施工基地的建立、施工现场管理、施工人员召集与遣散、施工组织形式、施工运输的经济合理性等问题。

(2)施工协作性高

公路工程类型多、施工环节多、工序复杂,每项工程又具有不同功能、不同的施工条件,使每项工程不仅要进行个别设计,而且要个别组织施工。特别是公路工程建设不仅涉及电力、电信工程,而且还可能包含市政及环保工程。每项工程都涉及建设、设计、施工与监理等单位的密切配合,需要材料、动力、运输等各个部门的通力协作,因此,施工过程中的综合协调和调度、严密的计划和科学管理就显得特别重要。

(3)施工周期长

公路工程主要包括路基、路面、桥梁、涵洞、隧道等工程,产品形体特别庞大,产品固定而又具有不可分割性,导致施工周期长。在较长时间内大量占用和耗费人力、物力和财力,直到整个施工周期完结,才能出产品。即使借助现代化施工机械进行公路工程建设,在满足工程质量及技术标准的条件下,一条百公里高速公路也需要三年左右工期。施工期内经历一年四季变化,需要面对不同的气候,必须制定科学的施工管理与应对措施,保证工程质量与进度。

施工过程中,各阶段、各环节必须有条不紊地组织起来,在时间上不间断,空间上不脱节。如果施工的连续性受到破坏或中断,必然会拖延工期,大量占用资金,造成人力、物力、财力的浪费。所以,需要统筹安排,遵守施工程序,科学合理地组织施工。

(4)受外界干扰及自然因素影响大

公路施工现场经过乡村与城镇,与当地政府及居民利益紧密相关,现场的一切行动直接影响当地生活与生产。协调地方关系成为现场管理不可或缺的工作。另外,公路工程施工大部分是露天作业,受自然条件的影响很大,如气候冷暖、地势高低、洪水、雨雪等。设计变更、地质情况、物资供应条件、环境因素等对工程进度、质量、成本等都有很大影响。而且,由于公路工程中部分结构的易损性,需不断进行维修养护,才能维持正常的使用性能。

公路建设的这些特点,决定了公路施工活动的特有规律。研究和遵循这些规律,对科学地组织与管理公路工程施工,提高公路建设的社会经济效益具有重要意义。

三、公路工程基本建设程序

公路建设项目在整个实施过程中各项工作进程的先后顺序,称为公路工程基本建设程序。这个程序是由公路工程基本建设进程的客观规律(包括自然规律和经济规律)和政府管理体制决定的。

公路工程建设涉及面广,受到地质、气候、水文等自然条件和资源供应、技术水平等物质技术条件的严格制约,需要内外各个环节的密切配合,并且要求按照符合既定需要和有科学根据的总体设计进行建设。一般来说,公路工程基本建设的程序应当是:根据国民经济长远规划及布局所确定的公路网规划,提出项目建议书;通过调查,进行可行性研究,编制可行性研究报告;经批准后进行初测及初步设计;经批准后,列入国家年度基本建设计划,并进行定线测量编制施工图设计文件;经批准后组织施工;完工后,进行竣工验收,最后交付使用。这些程序必须循序渐进,不完成上一环节,就不能进入下一阶段。如没有可行性研究报告就不能盲目设计,没有设计就不能施工,工程不经竣工验收合格就不能交付使用等等,否则就会造成不必要的经济损失和不良后果。

公路工程基本建设程序如图 1-1 所示。所有新建及改建的大、中型项目,都应严格按照程序进行。对于小型项目,可根据具体情况适当合并或删去某些程序。

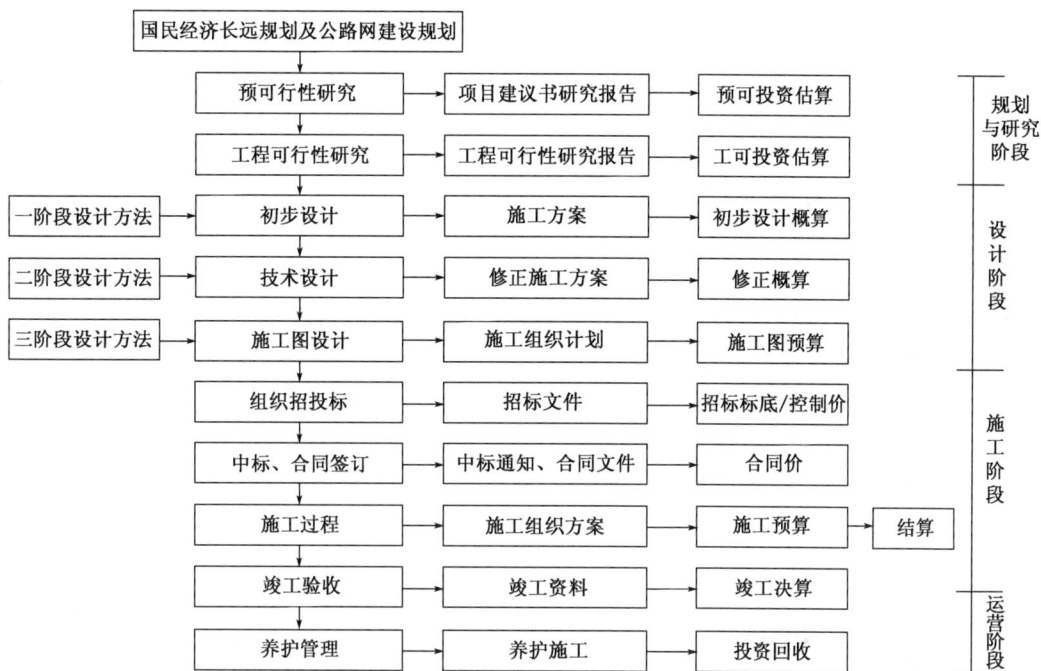

图 1-1 公路工程基本建设程序

公路工程基本建设程序的具体内容分述如下:

1. 项目建议书

项目建议书又称项目立项申请书或立项申请报告,是由地方政府和公路部门根据国民经济的发展、国家和地方中长期规划和公路网建设规划,就某一具体新建、扩建公路项目提出的项目立项建议文件,是进行各项准备工作的依据。项目建议书对建设项目提出包括目标、要求、资金来源等的框架性总体设想,从总体上论述公路项目设立的必要性和可能性,作为进行下一步可行性研究的依据。

项目建议书研究阶段俗称"预可",是可行性研究的初级阶段。《公路建设监督管理办法》(交通部令 2006 年第 6 号)明确了预可行性研究的重要地位。为适应新形势下公路建设发展需求,《关于印发公路建设项目可行性研究报告编制办法的通知》(交规划发〔2010〕178 号)进一步规范了公路建设项目可行性研究工作的适用项目、工作阶段、研究内容,预可行性研究与工程可行性研究报告文本格式与内容要求等。编制预可行性研究报告,应以项目所在地区域社会发展规划、交通发展规划和其他相关规划为依据,要求通过实地踏勘和调查,重点研究项目建设的必要性和建设时机,初步确定建设项目的通道或走廊带,并对项目的建设规模、技术标准、建设资金、经济效益等进行必要的分析论证,经审批后作为项目建议书的依据。

2. 工程可行性研究

根据国民经济发展长远规划、公路网建设规划以及项目建议书,对建设项目进行可行性研究,以减少项目决策的盲目性,使建设项目的设立实施具有切实的科学性和经济合理性。《公路建设监督管理办法》(交通部令 2006 年第 6 号)明确规定可行性研究应作为公路工程基本建设程序的首要环节。

编制工程可行性研究报告,应以批准的预可行性研究报告和项目建议书(或省、自治区、直辖市及计划单列市级单位的委托书)为依据,进行充分的调查研究,通过必要的工程测量、地质勘探(大桥、隧道及不良地质地段等),对可能的建设方案从技术、经济、安全、环境等方面进行综合比选论证,提出推荐方案,明确建设规模,确定技术标准,估算项目投资,分析投资效益,编制研究报告,经审批后作为测量以及编制初步设计文件的依据。工程可行性研究的投资估算与初步设计概算之差,应控制在投资估算的 10% 以内。

根据《关于印发公路建设项目可行性研究报告编制办法的通知》(交规划发〔2010〕178号)的规定,公路建设项目工程可行性研究报告的主要内容包括:项目影响区域经济社会及交通运输现状与规划、交通量分析与预测(含路段交通量、互通立交转向交通量、特征年车型构成等)、技术标准(含技术等级、设计速度、车道数及路基宽度、荷载标准、抗震设防标准、隧道建筑限界、交通工程及沿线设施等具体指标)、建设方案(含建设条件、起终点论证、备选方案拟定、方案比选、推荐方案)、投资估算及资金筹措(含主要材料来源及单价、征地拆迁取值依据、标准和定额调整原因、各方案总估算等)、经济评价(含国民经济评价、财务评价、敏感性分析)、实施方案(含制约工程进度、质量、造价的关键环节实施方案,工期安排等,对改扩建项目还应包括施工期交通组织方案)、土地利用评价(含推荐方案占用土地、主要拆迁建筑物的种类和数量、集约节约使用土地措施等)、工程环境影响分析(含推荐方案对工程环境影响分析,减缓工程环境影响的对策等)、节能评价(含建设期耗能分析,运营期节能分析与计算,项目建设对当地能源供应的影响,主要节能措施遵循的规范以及新材料、新工艺、新能源的应用等)、社会评价(含项目对所在地居民收入,生活水平与质量,就业,不同利益主体,所在地文化、教育、卫生,少数民族风俗习惯与宗教等的影响,所在地政府、企业、居民及道路主要使用者对建设项目的支持程度,分析项目与当地社会环境的相互适应性,识别可能影响项目的各种社会因素,对影响面大、持续时间长、容易引起较大矛盾的社会因素和未来可能的变化进行分析,提出必要的防范措施)、风险分析(识别项目风险,包括工程技术风险、资金风险、外部协作条件风险等,并对各风险因素影响程度、发生可能性等进行估计,确定风险等级,提出规避与防范对策)。通过工程可行性分析,对比可能的工程建设方案,筛选出有价值的方案,进一步做同等深度的技术、建设费用、经济效益比选。

3. 工程设计

根据公路工程建设需求,对建设工程所需的技术、经济、资源、环境等条件进行综合分析、论证,编制设计文件。设计文件的编制必须贯彻国家有关方针政策,按照基本建设程序和有关标准、规范、规程,精心设计,做到客观、公正、准确。工程设计必须贯彻"安全、耐久、节约、和谐"的设计理念,遵循因地制宜、就地取材的原则;结合经济、技术条件,吸取国内外先进经验,积极采用新技术、新材料、新设备、新工艺;节约用地,重视环境保护,注意与其他建设工程的协调,使工程建设项目取得经济、社会和环境的综合效益。

公路工程基本建设项目一般采用两阶段设计,即初步设计和施工图设计。对于技术简单、方案明确的小型建设项目,可采用一阶段设计,即一阶段施工图设计;技术复杂、基础资料缺乏和不足的建设项目或建设项目中的特大桥、长隧道、大型地质灾害治理等,必要时采用三阶段设计,即初步设计、技术设计和施工图设计。高速公路、一级公路必须采用两阶段设计。

(1)初步设计

初步设计的目的是确定基本设计方案。必须根据批复的可行性研究报告、测设合同的要求,拟定修建原则,选定设计方案,拟定施工方案,计算主要工程数量及主要材料数量,编制设计概算,提供文字说明及图表资料。经审查批准后的初步设计文件是订购主要材料、机具、设备,安排重大科研试验项目,联系征用土地、拆迁,进行施工准备,编制施工图设计文件和控制建设项目投资等的依据。

(2)技术设计

技术设计应根据初步设计批复意见、测设合同要求,对重大、复杂的技术问题通过科学试验、专题研究,加深勘探调查及分析比较,解决初步设计中未能解决的问题,落实技术方案,计算工程数量,提出修正的施工方案,编制修正设计概算。经批准后的技术设计为编制施工图设计的依据。

(3)施工图设计

一阶段施工图设计应根据批准的可行性研究批复意见、测设合同的要求,拟定修建原则,确定设计方案和工程数量,提出文字说明和图表资料以及施工组织计划,编制施工图预算,满足审批的要求,适应施工的需要。

两阶段(或三阶段)施工图设计应根据初步设计(或技术设计)批复意见、测设合同,进一步对所审定的修建原则、设计方案、技术决策加以深化,最终确定各项工程数量,提出文字说明、施工需要的图表资料以及施工组织计划,编制施工图预算。

设计文件是建设项目控制投资、编制招标文件、组织施工和竣工验收的重要依据。公路工程基本建设项目设计文件必须由具有相资质、资格的设计单位、个人完成,并对设计资料负责。其编制与审批应符合交通运输部现行《公路工程基本建设项目设计文件编制办法》(交公路发〔2007〕358号)的规定,以及《关于进一步加强公路勘察设计工作的若干意见》(交公路发〔2011〕504号)、《公路建设监督管理办法》(交通部令2006年第6号)等的规定。

4.列入公路建设年度计划

建设项目的初步设计和概算经交通运输主管部门和工程所在地人民政府等相关部门批准后,才能列入公路建设年度计划。建设单位根据公路建设年度计划,按照批准的可行性研究报告和设计文件,编制本单位的建设年度计划,报经批准后,再编制物资、劳动、财务计划。这些计划分别经过主管机关审查平衡后,作为政府宏观调控地方发展规划的依据,同时也作为建设单位筹措资金、安排生产、物资分配、劳力调配的依据,并通过招投标或其他方式落实施工单位和监理单位。

5.施工准备

为了保证施工的顺利进行,在施工准备阶段,建设主管部门应根据建设目标要求和建设计划,授权一个企业或事业单位组织,组建与建设目标要求和建设计划相匹配的项目建设管理机构,从事建设管理,对建设项目全面负责,享有权益和承担风险。在传统建设项目管理模式中,由建设单位(通常称为业主)按计划办理登记及拆迁,做好施工沿线有关单位和部门的协调工作,抓紧配套工程项目的落实,提供技术资料,落实分工范围内的材料、设备的供应;勘测设计单位按照技术资料供应协议,按时提供各种图纸资料,做好施工图纸的会审及移交工作;施工单位组织机具、人员进场,进行施工测量,修筑便道及生产、生活等临时设施,组织材料、物资采购、加工、运输、供应、储备,做好施工图纸的接收工作,熟悉图纸的要求,编制实施性施工组织设计和施工预算,提出开工报告,按投资隶属关系报请交通运输主管部门或省、自治区、直辖市建设主管部门批准;业主应会同设计、施工单位做好图纸的会审,严格按计划要求进行财政拨款或贷款,做好建设资金的筹集与审定工作。

随着投资主体多元化、投资来源多渠道、投资决策多层次、投资方式多样化格局的形成,公路建设项目管理的组织机构类型也逐渐多样化,施工准备工作由各参建主体按合同约定的责任、义务与权益分配执行。

6. 组织施工

施工单位要遵照施工程序合理组织施工,施工过程中应严格按照设计要求、施工规范和合同约定,确保工程质量,安全、文明施工,推广应用新工艺、新技术、新材料、新设备等,在保证工程质量和满足业主使用功能要求的前提下,努力缩短工期,降低造价,同时应注意做好施工记录,建立技术档案。

7. 竣工验收、交付使用

建设项目的竣工验收是基本建设全过程的一个重要程序。工程验收是一项十分细致而又严肃的工作,必须从国家和人民的利益出发,按照《建筑法》(2019年4月23日中华人民共和国主席令第29号)、《建设工程质量管理条例》(2017年10月7日国务院令第687号)和交通运输部颁发的《公路水运工程质量监督管理规定》(交通部令2017年第28号)、《公路工程竣(交)工验收办法实施细则》(交公路发〔2010〕65号)、《公路水运品质工程评价标准(试行)》(交办安监〔2017〕199号)等要求,认真负责地对全部基本建设工程进行总验收。

竣工验收包括对工程质量、数量、期限、生产能力、建设规模、使用条件的审查,应对建设单位和施工企业编报的固定资产移交清单、隐蔽工程说明、竣工决算和公路工程项目造价执行情况报告等进行细致检查。特别是竣工决算,它是全面、准确、清晰反映公路工程项目自筹建至竣工整个基本建设工作所消耗的全部费用金额的综合性文件,也是通过货币指标对全部基本建设工作的全面总结,包括地理位置图、编制说明、基本表格和辅助表格。地理位置图应能清晰展示公路工程所处地理位置,主要城镇、工矿区、显著地标等概略位置,以及与沿线交通路网中其他道路的关系。编制说明应包括公路工程建设项目概况、造价管理与控制情况、造价管理体会以及其他需要说明的事项等。基本表格包括工程概况表、财务决算表、资金来源情况表、工程竣工决算汇总表、工程竣工决算汇总表(合同格式)、全过程造价对比表。在基本表格基础上,补充各项费用基础数据计算等辅助表格,使数据可追溯,确保造价文件完整。

公路工程项目造价执行情况报告总体反映公路工程建设全过程中主要阶段的造价管理情况,主要内容包括项目的工程概况、投融资方式、建设管理模式、概算执行情况、造价管控目标、措施、成效及体会,以及上级单位对项目造价管理或投资控制方面的考核评价情况等。当工程竣工决算超过批准概算时,应在造价执行情况报告中进行专项分析,说明原因。公路工程项目造价执行情况报告是由建设单位在公路工程建设项目竣工验收前编制,归入建设单位的项目执行报告。

在验收时,对遗留问题,由验收委员会(或小组)确定具体处理办法,报主管部门批准,交有关单位执行。

8.运营阶段

全部基本建设工程经过验收合格,完全符合设计要求后,应立即移交给运营生产部门正式使用,迅速办理固定资产交付使用的转账手续,加强固定资产的管理。竣工决算上报财政及审计部门批准核销。

进入投资回收期,主要开展养护工程施工管理及收费管理工作。养护和大、中修工程,即固定资产的更新与技术改造,原则上也应参照基本建设程序,按交通运输部有关规定执行。

第二节 公路施工组织概述

一、公路施工组织的研究对象

公路施工组织是研究公路建筑产品(一个建设项目或单位工程)生产(即施工)过程中诸要素合理组织的学科。即如何认真贯彻国家现行技术、经济政策和法令,根据公路施工的特点,将人力、材料、机械、施工方法等各种因素进行科学、合理安排,使之在一定的时间和空间内得以有组织、有计划、均衡地施工,以保证按照既定目标,安全、优质、低耗、高速地完成施工任务。

进行生产就必须有一定的劳动力、劳动资料和劳动对象,这就是生产的诸要素。

生产(施工)过程就是具有一定生产经验与生产技能的人借助于生产工具以改变劳动对象,使之符合人类需要的过程。在这个过程中,人们一方面同自然对象和自然力发生关系,另一方面人们彼此之间也发生一定的关系,即生产力和生产关系。生产诸要素的组织问题,也就是生产力的组织问题。

公路施工所涉及的生产力组织问题只是一个具体的建筑产品(建设项目、单位工程等)生产(施工)过程中的生产诸要素,即直接使用的建筑工人、施工机械和建筑材料与构件等的组织问题。

二、设计阶段的公路施工组织

在设计阶段,设计单位须负责制定施工方案,编制施工组织计划,并将其作为设计文件的组成部分,按规定上报审批。

按设计阶段的不同,公路施工组织可分为两阶段设计中初步设计阶段的"施工方案",三阶段设计中技术设计阶段的"修正施工方案"和两阶段设计或三阶段设计中的施工图阶段的"施工组织计划"。

1.施工方案

(1)施工方案说明;

(2)人工、主要材料及机具、设备安排表;

（3）工程概略进度图（根据劳动力、施工期限、施工条件以及施工方案进行概略安排）；

（4）临时工程一览表。

施工方案说明列入初步设计的总说明书中，其主要内容是：①施工组织、施工力量和施工期限的安排；②主要工程、控制工期的工程及特殊工程的施工方案；③主要材料的供应，机具、设备的配备及临时工程的安排；④下一阶段应解决的问题及注意事项。

2. 修正施工方案

采用三阶段设计的工程，在技术设计阶段应提出修正的施工方案。修正施工方案应根据初步设计的审批意见和需要进一步解决的问题进行编制。修正施工方案解决问题的深度和提交文件的内容，介于施工方案和施工组织计划之间。

3. 施工组织计划

不论采用几阶段设计，在施工图阶段都应编制施工组织计划，其内容如下：

（1）说明

①初步设计（或技术设计）审批意见的执行情况；

②施工组织、施工期限，主要工程的施工方法、工期、进度及措施；

③劳动力计划及主要施工机具的使用安排；

④主要材料供应、运输方案及临时工程安排；

⑤对缺水、风沙、高原、严寒等地区以及冬季、雨季施工所采取的措施；

⑥施工准备工作的意见（如拆迁、用地，修建便道、便桥、临时房屋，架设临时电力、电信设施等）。

（2）工程进度图（包括劳动力计划安排）

（3）主要材料计划表（包括型号、规格及数量）

（4）主要施工机具、设备计划表

（5）临时工程表（包括通往工地、料场、仓库等的便道、便桥及电力、电信设施等）

（6）重点工程施工场地布置图

绘出仓库、工棚、便道、便桥、运输路线、构件预制场地、沥青（或水泥）混凝土拌和场地、材料堆放场地等工程和生活设施的位置。

（7）重点工程施工进度图

三、招投标阶段的公路施工组织

施工招标承包制是指通过招标选定建筑工程承包单位的一种经营方式。一般是建设单位对拟建的某项建筑安装工程实行公开招标，若干个具有投标资格的施工企业自愿参加投标，然后由建设单位择优选择其中标价合理、工期短、能保证质量，且有较好社会信誉的施工企业来承担该项工程的施工任务，并与之订立合同，确定承发包关系。双方通过履行合同，快速、高质、合理低造价地完成工程建设任务。

投标文件中除一些资信、担保文件外，主要由施工方案、施工组织文件、工程量清单组成，可见施工组织设计文件在招投标文件中十分重要。施工组织文件能够帮助建设单位了解施工企业对本项目的实施能力、可靠程度、管理能力等；帮助施工企业拟订施工计划，向建设单位说明用款计划，向主管部门说明资源消耗计划。施工组织设计是招投标文件的重要组成部分。

施工组织文件对施工单位尤其重要。不论是招投标活动,还是工程施工中,施工单位都必须分阶段、多方位编写施工组织文件,并经有关部门审核批准后,按照施工组织文件的要求实施。

1.建设单位招标主要工作

(1)编制招标文件

招标文件是建设单位或建设单位委托单位进行编制的,向投标单位(施工企业)介绍招标工程情况和招标的具体要求的综合性文件。

招标文件一般包括以下内容:招标公告、投标人须知、评标办法、合同条款及格式、工程量清单、图纸、技术规范、工程量清单计量规则、投标文件格式、投标人须知前附表规定的其他资料。

(2)编制招标控制价

招标控制价是招标单位为有效控制项目投资,防止恶性投标带来的风险,按照交通运输部颁发的有关计价依据和办法,以及拟定的招标文件和招标工程量清单,结合工程具体情况编制的招标工程的最高投标限价。招标控制价通常在招标文件中公布。

(3)公布招标消息

采取公开招标的可以在广播、电视、报纸和专门刊物,以及公共资源交易中心等官方网站上发布招标公告;采取邀请招标的,可以向三家以上(含三家)有能力的施工企业发出投标邀请书。

(4)投标单位资格审查

审查投标单位的资格素质,看是否符合招标工程的条件。资格审查分为资格预审和资格后审。资格审查内容主要包括施工企业资质等级要求、财务要求(如近三年的平均营业额、流动比率、资产负债率、净资产等)、业绩要求、信誉要求、关键岗位人员要求(主要为项目经理和项目总工等的数量、资格与在岗要求)、主要机械设备和试验检测设备要求,以及其他要求。投标单位在投标文件中填报的资质、业绩、主要人员资历和目前在岗情况、信用等级等信息,应与其在交通运输主管部门"公路建设市场信用信息管理系统"上填报并发布的相关信息一致。

若采用资格预审,则只有资格审查合格的投标单位才能向招标单位购买招标文件。

(5)组织现场勘察与投标预备会

在投标单位初步熟悉招标文件后,由招标单位在规定的时间、地点组织各投标单位勘察项目现场。招标单位按"招标公告"或"投标邀请书"规定召开投标预备会,澄清投标单位提出的问题。

(6)开标、评标、定标

各投标单位编制完标书后应在"招标公告"或"投标邀请书"规定的投标截止时间前报送至指定地点。

招标单位按招标文件规定的投标截止时间(开标时间)和投标人须知前附表规定的地点,按投标人须知前附表规定的开标顺序当众开标。

目前我国公路工程评标办法主要有合理低价法、技术评分最低标价法、综合评分法、经评审的最低投标价法,具体评标方法见《公路工程标准施工招标文件》(2018年版)。评标完成后,评标委员会应向招标单位提交书面评标报告和中标候选人名单。招标单位按照投标人须知前附表规定的公示媒介和期限公示中标候选人。公示期投标单位或其他利害关系人对评标结果提出异议的,招标单位将在收到异议之日起 3 日内做出答复;做出答复前,将暂停招标投标活动。

按照投标人须知前附表的规定,招标单位或招标单位授权的评标委员会依法确定中标人。招标单位以投标人须知前附表规定的形式向中标单位发出中标通知书,同时将中标结果通知未中标的投标单位。招标单位按照投标人须知前附表规定的公告媒介和期限公告中标结果,公告内容包括中标人名称、中标价。

2. 投标文件与施工组织设计文件组成

(1)投标文件组成

投标标书是投标单位用于投标的综合性技术经济文件。它是投标单位技术水平和管理水平的综合体现,也是招标单位选择承包单位的主要依据,中标的标书又是签订工程承发包合同的基础。标书的内容包括:投标函及投标函附录、授权委托书或法定代表人身份证明、联合体协议书(如果有)、投标保证金、施工组织设计、项目管理机构、拟分包项目情况表、资格审查资料、其他资料。

(2)施工组织设计文件组成

施工组织设计文件是投标文件里具有实施操作性的计划文件,向业主及主管部门陈述自己的计划、能力、可信度、承诺等。文件中以较大篇幅介绍工程进度、质量、费用的控制目标和措施,强调时间、空间、资源的使用及优化措施。

在采用技术评分最低标价法、综合评分法这两种评标方法时,在评标过程中,都需要对投标文件中施工组织设计进行评分。施工组织设计文件的真实性、科学性、可操作性以及经济性将直接影响评标得分。

投标文件中施工组织设计的主要内容包括:

①总体施工组织布置及规划;

②重点、关键和难点工程的施工方案;

③工期关键线路图及保证措施;

④关键工程质量保证措施;

⑤安全保证措施;

⑥环境保护、水土保持、文明施工、文物保护保证措施;

⑦项目风险预测与防范,事故应急预案;

⑧其他应说明的事项。

四、公路施工现场组织管理

20 世纪 90 年代以来,我国工程建设全面实施了项目法人制、招标投标制、建设监理制和合同管理制四项基本制度,建立起了政府监督,建设、设计、施工、监理四方分工协作、相互制约的基本建设项目管理体制。尽管随着投资主体多元化、投资来源多渠道、投资决策多层次、投资方式多样化格局的形成,公路项目管理模式多样化,但都可通过项目管理责任制度明确项目管理组织、各实施主体和参建方人员分工,建立各方相互协调的管理机制。对施工现场组织管理而言,各方的目标究其本质基本一致。基本任务是根据生产管理的普遍规律和施工的特殊规律,以每一个具体工程(建筑物或构筑物)和相应的施工现场为对象,正确地处理好施工过程中的劳动力、劳动对象和劳动手段的相互关系及其在空间布置上和时间安排上的各种矛盾,做到人尽其才、物尽其用,按照人本化、专业化、标准化、信息化、精细化的要求完成施工任务。

1.建设单位对现场的施工组织管理

建设单位是指执行某建设项目投资计划的单位,或其指定的负责管理建设项目的代表机构,以及取得该当事人(单位)资格的合法执行者(单位)。公路工程项目的建设单位,就是现在流行的"业主"一词。

目前充当公路建设项目业主角色的有主管交通的职能部门,如交通运输厅、公路管理局等;有国有企业独资的单一企业或合资的多家企业,也有私有企业独资的单一企业或合资的多家企业,如 BOT、PPP 项目。对于地方公路建设,业主还可以是地方政府或其指定管理单位。

建设单位对施工现场的施工组织管理主要包括:对公路沿线的地方政府、红线内及其附近居民进行协调管理;保证各标段施工单位有正常的施工环境;组织审查施工组织设计、监理规划与实施细则、施工图纸交底与会审;保证按时支付各施工单位工程款项,保证监理费用及时到位;协助监理工程师处理各种矛盾;始终关注整个项目的进度、质量、费用按计划运行,监督监理和施工单位认真履职;确保项目按期竣工,尽早进入投资回收期。

2.监理单位对现场的施工组织管理

监理单位是业主为实施该项目所委托的承担该项目监理工作的独立法人。根据 FIDIC (国际咨询工程师联合会)合同条件,工程监理具有特定的权利和义务,是在项目实施过程中代表业主,具有独立工作权利的第三方,但在处理合同事务时需中立做出决策。我国公路工程项目在实施过程中的现场管理,采用的是政府监督与社会监理相结合的模式。

工程监理在现场施工组织管理的主要范围包括:协调业主与施工单位之间的矛盾;解决施工单位施工中的技术困难;监控施工单位施工的进度、质量、费用三大目标;协助业主完成计量支付;为业主及施工单位提供咨询服务。

3.施工单位对现场的施工组织管理

施工单位是将施工图这一概念模型转化成工程实体的关键主体。施工现场由施工单位授权的项目经理来负责某个标段或单项工程的实施。施工单位按照合同约定,按照人本化、专业化、标准化、信息化、精细化要求,完成所承包的公路项目建设任务,兑现给业主的承诺,创造良好的社会形象。

项目经理所领导的现场管理人员,围绕着该项目可利用的有限资源,变不利的地形地貌、水文气象为有利,克服各种地域、生活、环境困难,利用现代管理手段,降低工程造价,提高经济效益,创造优质工程。

现场管理围绕进度、质量、费用、安全、环保等目标控制,人工、材料、机械等资源的合理均衡使用,施工季节、工序衔接等时间的优化,施工现场平面的合理布置,临时设施规模、位置的合理确定,各种施工方案、施工方法的技术、经济比较,项目经理部、施工队、工作班组的机构设置和人员调整等工作开展。

根据批准的初步设计或施工图设计中的施工方案或施工组织计划,施工单位须综合施工时的自身和客观具体条件编制"实施性施工组织设计"(或称为施工组织设计),其中又可分为"施工组织总设计"和"单位工程施工组织设计"、"分部分项工程施工组织设计",报监理和业主、上级领导部门审批或备案。主要内容一般包括:

(1)编制说明。编制说明是对所编制的施工组织设计进行简略概要的介绍。

(2)编制依据。主要依据一般是:所涉及的国家和行业标准、规范和规程;与施工组织及管理工作有关的政策规定、环境保护条例、上级部门对施工的有关规定和工期要求等;工程招标文件、工程投标标书、工程设计文件和设计图纸、与业主签订的施工合同文件;现场调查资料或报告;企业质量管理体系、环境管理体系和职业健康安全管理体系文件;定额及概预算资料等。

(3)工程概况。主要内容一般包括:工程项目的主要情况,如工程性质、工程位置、工程规模、结构形式、技术标准、总工期、主要工程数量等;地形地貌、气象、水文和地质等自然条件;资源供应情况、交通运输及水电等施工现场条件和技术经济条件;工程施工的特点和难点分析;合同特殊要求等。

(4)施工总体部署。主要内容一般包括:施工管理机构;项目目标;施工段及项目划分;施工顺序等。

(5)主要分部分项工程的施工方案。

(6)施工进度计划。

(7)资源供需计划。主要内容一般包括:劳动力需求计划、材料供需计划、机械设备需求计划等。

(8)施工平面布置。

(9)季节性施工保证措施。工程在冬季和雨季施工时,由于气候原因可能会造成施工中断,因此有必要制订相应的施工技术措施,以保证工程的质量、安全及施工的连续性。对缺水、风沙、高原、严寒、台风、潮汐等特殊地区的施工,也要根据其特殊性有针对性地制订专门的技术组织保证措施。

(10)质量、安全、职业健康、环境保护、文明施工等方面的保证措施。

由此可见,从施工方案到实施性施工组织设计,其内容由粗到细,各个阶段施工组织文件既相对独立又相互联系。

4.国家主管部门对施工现场的组织管理

在项目实施的前期,国家主管部门在对项目的立项论证时,最直接的管理部门是交通运输部或交通运输厅,之外还有国家或省级发展和改革委员会。项目招投标后进入现场施工管理阶段,政府对现场施工的管理主要由相关事业单位执行,如各级交通工程质量监督站,交通工程造价站,以及对公路工程施工现场技术指导的相关设计单位。其中质监站代表政府部门对工程质量进行直接干预,督促各建设参与方按照有关技术规范、标准等认真履职,为公路工程的现场施工管理起到保驾护航的作用。

五、公路施工组织管理的发展

我国公路工程施工组织管理是随着经济发展变化而改变的。从经济管理角度看,施工组织管理直接影响工程质量、进度与造价。公路工程行业在土木行业中发展较晚,在改革开放初期才开始认识到公路对国民经济发展有重大影响。从70年代末改革开放,到80年代中期讨论高速公路在我国的适用性,是我国公路工程施工组织管理模式、方法变革与发展的关键时期。经过近半个多世纪的努力,公路工程行业的专家与学者不断学习总结发达国家先进经验,结合国情实践独具中国特色的公路工程施工组织管理模式,为我国公路现代化建设奠定了发展基础,也为世界上其他发展中国家的公路建设与管理开辟了广阔的探索之路。

施工组织管理不同于工程项目宏观管理,但却受宏观项目管理的制约。跟随我国宏观经济发展规律与管理体制的改革过程,我国公路工程施工组织管理的发展经过了初期原生态管理、行政命令管理、计划与市场经济双轨制管理、市场经济管理和品质化发展五大阶段。

1. 初期原生态管理阶段

建国初期到 70 年代末,公路建设基本上依托林区道路和农村机耕道改建。相当于人民解放军在行军途中边行军边施工的应急便道。根据"抓革命、促生产、促工作、促战备"的形势,道路选线强调"隐蔽、迂回、靠山、钻林"等国防需要,依靠国家建设投资和"民工建勤"等方式,全国公路通车里程从建国初期增长达到 89 万 km,其中干线公路 23.7 万 km,县乡公路 58.6 万 km,企事业单位专用公路 6.6 万 km。公路等级低,工农业发展缓慢,与当时国民经济发展速度相适应。

当时施工组织管理是完成命令下的行政任务,不讲求进度与质量,更谈不上现代意义上的工程成本控制,缺乏标准和规范,技术上也与国外相差很远,处于原生态阶段。

2. 行政命令管理阶段

70 年代末的经济改革与改革开放并没有一下唤醒公路建设的热情,公路还处于沉睡状态。到 80 年代中期开始大规模讨论高速公路在我国的适用性,比如是先有汽车还是先有高速公路等学术问题,此时的公路建设在国民经济中的重要地位刚被认识,提出"要得富,先有路"的口号。至"六五"结束时,公路里程达到 94.24 万 km,其中一级公路 422km,四级及等外公路 79.23km。其间,公路里程年均增长 1.1 万 km。

该段时期最显著的特征,就是所有基本建设活动都在政府部门的管理下进行。即使一个施工现场的管理者也必须听命某个行政领导。施工组织管理大到购买机械设备,小到临时工人(民工)的工资,这些无一例外受到政府有关文件的具体控制。除了在技术上充分保证施工方案的安全、质量的可靠外,对进度与费用的控制几乎是空白。施工现场的组织管理在传统理念影响下,只注重技术上可行和施工现场安全,忽视方案的经济性比较和资源均衡性的消耗优化。

此时期的优点:工程造价低,施工中各种矛盾小,便于指挥调度,工程质量可靠。

但由此带来的缺点:工程技术等级低,规范标准缺乏,进度十分缓慢,工程规模小、工期长,工人技术人员消极怠工。

3. 计划与市场经济双轨制管理阶段

随着经济改革的不断深入,公路工程建设规模日益扩大。由公路带来的巨大的经济效益和提高人民群众生活水平带来的实惠,使国家和社会都感觉到建设公路的紧迫性。但受计划经济惯性影响,公路建设的项目管理还处于过渡时期。从时间上划分,这一时期在 80 年代中期到 90 年代中期。

该段时期,高速公路建设的序幕拉开,理论不断完善,技术不断进步,大量引进国外先进管理理论,比如网络计划技术、流水作业方式、排队论等,以及国外新机械、新工艺。施工组织设计文件逐渐规范化,招投标制度开始实行。公路工程项目管理推行监理体制,应用 FIDIC 管理理念,施工现场管理实行承包商、业主、监理三方独立,政府监督与社会监理双向管理,规范了现场管理。至"九五"末,全国公路通车里程达到118.6万km,其中高速公路3422万km。在一些大经济区域内,已经形成或正在形成以高速公路为主的干线公路网,如沈阳、大连、北京、天津、石家庄、环渤海湾地区、长江三角洲、珠江三角洲等。

该段时期的主要优点:理论与技术发展活跃,规范标准日趋完善,管理理论推陈出新,建筑市场管理趋于规范,施工现场组织管理科学化发展,工人积极性被充分调动,资源被优化利用,开始使用高科技手段管理工程。

该段时期的主要缺点:项目管理的实际运用跟不上理论的发展,公路建设的快速发展与施工现场管理落后的矛盾加大,缺乏全面而有效的工程规范和标准,工程建设规模的扩大与专业技术人员匮乏矛盾加剧。

4. 市场经济管理阶段

90年代中期以后,我国明显加大了高速公路建设规模,并完善了建筑市场体制,规范了承包制、招投标制。政府体制改革实行政企分开促进了公路施工企业的管理模式变革。我国公路建设市场基本成熟,各种投资方式加入公路建设行列,各种具有相关资质的施工企业参与现场施工,咨询公司进入现场从事监理。

随着公路建设发展,先进理论得以充分运用,工程项目管理进入全新阶段,建造师、监理工程师、造价工程师、结构工程师、测量工程师等等以注册资质实施,大大提高了公路工程全过程管理的水平,实现了投标时有方案、进场前有计划、施工中有措施、完工后有评价。施工组织设计文件的广泛使用,进一步提高了施工现场组织管理的科学性和操作性。项目经济独立核算促使现场管理水平有效提高,降低管理成本。

现代高新技术和计算机的应用,使现场组织管理的成本降低,适应机械化施工的变化速度进一步提高。比如现场需要的各种报表、图表、结算、变更等,使用网络以及多媒体可以加快施工现场管理的处理速度。公路建设规模庞大,机械化施工程度高,施工节奏快,要求现场管理更加科学、全面、严密,从而降低工程造价、提高工程质量、加快工程进度。

"十二五"时期是我国交通运输发展最快的五年,综合交通运输体系已经初步建成,基础设施、技术装备和运输服务水平不断提升,高速公路通车里程位居世界第一,总体适应经济社会发展需要。

这段时期的优点:国家高速公路网已经形成"五纵七横"的高速发展态势,技术标准与规范已经完善;各方面理论用于公路工程现场的速度加快、效益提高;政企分开使公路企业快速成长,项目管理能力极大提升;公路建设市场基本形成,项目管理独立化,现场组织管理规范化、程序化;网络数据传输、无纸化办公、视频会议等新技术在公路现场管理中广泛使用;公路施工现场管理人员的技术水平大幅度提高,施工组织文件被充分利用,持证上岗为公路施工现场组织管理提供了根本保障。

此段时期的缺点:公路建设市场有待进一步规范化、法制化;投资渠道的不同影响项目管理的操作;对于非政府投资公路项目,地方政府协调处理地方问题力度不够;公路现场工人、技术人员的积极性仍没有发挥到理想状态。

5. 品质化发展阶段

"十三五"以来,我国经济发展新常态呈现速度变化(从高速增长转变为中高速增长)、结构优化(经济结构不断优化升级)、动力转换(从要素驱动、投资驱动转向创新驱动)三大特点,交通运输围绕发展方式转型升级,积极推进信息化、智能化发展模式,创新现代技术应用、业务流程优化和信息资源开发利用,推进综合交通、智慧交通、绿色交通和平安交通建设,不断增强对经济发展的支撑和引领作用。公路建设全面推行现代工程管理理念,提出人本化、专业化、标准化、信息化、精细化的"五化"管理要求,开展品质化施工组织管理,推进交通运输信息化、智能化发展。在国家高速公路、特大型桥梁、特长隧道等重大基础设施项目中,鼓励企业在设计、建设、运维等阶段开展 BIM 技术应用,推进 BIM 技术在公路领域中的应用。设计阶段深化BIM 在协同设计、方案比选和仿真评价等方面的应用;在建设阶段深化 BIM 在设计交付、虚拟建造、施工组织、质量管理等方面的应用;在运维阶段建设 BIM + GIS(地理信息系统)可视化平台,依托建设期形成的 BIM 数据库,加强在养护、运营、监测、应急、管理等方面的应用。

这段时期的优点:公路建设创新、协调、绿色、开放、共享等管理理念内容不断丰富,公路施工组织管理水平跨上新台阶。围绕品质提升,管理流程不断精简和优化,管理手段与方法不断创新,管理效率不断提高。

这段时期的缺点:建设管理模式不断创新,建设管理相关法律法规仍需不断完善;信息化、智能化技术不断发展,在公路施工组织管理中的应用仍处于探索阶段,信息化标准、管理制度仍需完善,智能化水平有待提升。

交通运输是国民经济中基础性、先导性、战略性产业。公路运输作为交通运输体系的重要组成部分,在国民经济发展中正发挥着越来越重要的作用。随着生产力布局、产业结构、消费及流通格局加速变化与调整,以及信息技术数字化、网络化、智能化的深入发展,公路建设从满足现代经济社会基本条件的基础性需求,到提高生产和生活效率和便捷服务的服务性需求,再到"交通 +"经济社会发展新引擎的引领性需求,公路施工组织管理面临越来越大的挑战。

第三节 公路工程建设项目概预算概述

一、公路工程建设投资及其构成

投资是指为了实现某一特定目的而将其能支配的资源投入社会再生产过程的一种社会实践活动。国家和社会通过对公路工程项目的投资,建立起公路交通运输的基本通道,为社会的经济发展和人民的生活提供最根本和最直接的物质保障。

基本建设投资是由基本建设项目从筹建到竣工验收、交付使用的全部建设费用所构成。根据《公路工程建设项目概预算编制办法》(JTG 3830—2018),公路工程项目概预算总金额主要由建筑安装工程费、土地使用及拆迁补偿费、工程建设其他费、预备费和建设期贷款利息五部分构成。

建设项目的四个阶段,即规划与决策阶段、设计阶段、施工阶段、运营阶段,每个阶段都贯穿着资金的运动。基本建设投资就是从建设前期的可行性研究费等少量投资开始,到施工期间大量投入资金,直到交付使用后经一定时期收回全部投资为止的一个完整周期内,以货币形式反映基本建设规模的综合指标。

在我国基本建设程序中,随着各个阶段工作深度的不同,计算投资总额的程序和要求不同,其作用也不同。

投资前期的可行性研究阶段，进行投资估算经济评价是可行性研究的核心。投资估算就是经济评价工作的基础，应由编制单位按照《公路工程建设项目投资估算编制办法》及配套指标等规定进行编制。投资估算的正确与否直接影响可行性研究经济计算的结果与评价，直接影响可行性研究工作质量。

初步设计阶段，由设计单位按照《公路工程建设项目概算预算编制办法》及配套定额等规定编制设计概算，一经批准即列入公路建设年度计划，作为工程项目投资、贷款的依据。初步设计概算与审批或核准的工可静态投资估算之差，应控制在投资估算的10%以内。

施工图设计阶段，由设计单位按照《公路工程建设项目概算预算编制办法》及配套定额等规定，编制施工图预算，它是确定工程造价、签订建筑安装合同、办理工程结算、实行经济核算和考核工程成本的依据。施工图预算不得超过批准的初步设计概算。

招投标阶段，在招标文件中约定工程计量计价事项，设有标底或者最高投标限价的，根据招标文件的约定及造价标准进行编制；招标标底或者最高投标限价不得超出批准的设计概算或者施工图预算对应部分。投标报价由投标单位根据市场及企业经营状况自主报价。采用工程量清单计价方式招标的项目，建设单位应进行工程量清单预算与设计概算或者施工图预算的对比分析。招投标确定的合同工程量清单及价格是工程结算、审计和处理合同纠纷的依据。

施工阶段，承包方和发包方按照合同约定及时进行工程结算。项目竣工验收前，由建设单位组织编制竣工决算报告，经审计部门审计并出具审计意见，由交通运输主管部门或其授权部门认定。竣工验收时，建设单位应编制公路工程项目造价执行情况报告，提交竣工验收委员会。工程结算以及竣工决算是投资活动后期对实际发生的投资额的计算，它是投资额支付的活动过程，是检查建设投资计划、设计概预算执行情况和考核投资效果的重要依据。

二、公路工程建设投资来源

1984年国务院常务会议批准的三项政策奠定了我国高等级公路建设快速发展的基础：征收车辆购置附加费（现改为车购税），作为公路建设专项资金；提高养路费征收标准，增加的收入用于公路新建和改建；允许利用贷款或集资修建高等级公路、大型桥隧，收取通行费还贷。交通运输投融资体制改革，推动建设资金由单纯依靠财政投资，逐步发展到政策筹资和社会融资；从主要依靠交通规费发展到向银行贷款，向社会发行债券、股票和有偿转让收费公路经营权以及利用外资等，逐步建立了"国家投资、地方筹资、社会融资、利用外资"和"贷款修路、收费还贷、滚动发展"的多渠道投融资机制，充分调动了地方政府和社会资本积极性，大大加快了公路建设步伐。目前我国公路基本建设资金来源主要有：

1. 中央投资

中央投资资金是由财政部预算直接安排的投资，由地方各级交通运输主管部门严格审核申报项目并编报年度投资建议计划，按国家基本建设的相关规定，取得相关部门对前期工作的批复文件后方可申请中央投资。交通运输部及时将财政部预算批复情况通知省级交通运输主管部门，并下达年度投资计划。省级交通运输主管部门，根据建设进度分期拨给建设单位，直接用于公路工程建设。地方各级交通运输主管部门应按有关计划和资金管理规定严格执行年度投资计划，监督管理中央投资资金使用情况，不得截留、挤占或挪用。

2017年2月，国务院办公厅印发《关于创新农村基础设施投融资体制机制的指导意见》明确了将农村公路建设、养护、管理机构运行经费及人员基本支出纳入一般公共财政预算。

2. 地方筹资

在国家预算安排之外,由各地区、各部门按照国家规定自筹资金安排的投资。这是我国建设投资的一项补充来源。

3. 银行贷款

银行信贷是以银行为主体,根据信贷自愿的原则,依据经济合同所施行的有偿有息投资。早在20世纪90年代我国就出台了"贷款修路,收费还贷"的政策,银行贷款一直是我国高速公路建设的重要资金来源。政府主管部门对公路建设贷款额度和贷款期限方面有明文规定,在此不详述。

4. 国外资金

在国家统一政策的指导下,积极慎重地引进国外的先进技术和国外投资,以弥补我国建设资金的不足,加速我国经济建设的发展。1984年,西安至三原一级公路,利用世界银行贷款修建,开启了我国公路建设采用国际通用工程管理模式、实行国际招标和工程监理的先河。目前我国可利用的外资来源,主要有国外借贷资金和由投资者直接投资两个方面,大致可归纳为:国际金融机构贷款,如世界银行、亚洲开发银行等机构提供贷款;国外政府贷款,即外国政府预算中开展对外援助拨出资金或促进本国出口贸易而进行的贷款;出口信贷,指西方国家为鼓励资本输出和商品输出而设置的信贷;国际金融市场贷款,指各国商业银行和私人银行利用吸收的外汇存款发放的贷款;合资经营,是由境外合营者提供设备、技术、培训人员,我国合营者提供土地、厂房、动力、原材料、劳动力等,双方按协议计算投资股份,分享利润和承担风险;以及租赁信贷,发放国外债券等等。

5. 社会融资

(1) 发行债券

目前公路建设债券的种类包括中央公路债券、省级公路债券和企业债券,利率根据公路项目的回报率和经济发展状况合理确定。

1986年12月,福建厦门国际信托公司分两期发行了2000万元的海峡大桥建设债券,一经发行,就被当地市民抢购一空,海峡大桥建设资金障碍顺利破解。随着《中华人民共和国预算法》(2014年修订)的实施和《国务院关于加强地方政府性债务管理的意见》(国发〔2014〕43号)的印发,地方原有各类交通融资平台的政府融资功能被取消,发行地方政府债券成为地方政府实施债务融资新建公路的唯一渠道。政府收费公路有长期稳定的收益来源,有可靠的通行费和广告、服务设施收入以及政府收费公路权益转让收入作为债务偿还的来源,为及时偿付专项债券创造了有利的条件。2017年财政部、交通运输部联合印发了《地方政府收费公路专项债券管理办法(试行)》(财预〔2017〕97号),明确了地方政府收费公路专项债券是地方政府专项债券的一个品种,是指地方政府为发展政府收费公路举借,以项目对应并纳入政府性基金预算管理的车辆通行费收入、专项收入偿还的地方政府专项债券。收费公路专项债券资金应当专项用于政府收费公路项目建设,优先用于国家高速公路项目建设不得用于非收费公路项目建设,不得用于经常性支出和公路养护支出,也不得用于偿还存量债务。该办法的编制对保障国家公路网规划目标,防控交通领域政府债务风险和完善专项债券制度起到了积极作用。

(2) 发行股票

发行股票具有融资时间短、效率高、资金使用期限长、能调动股东经营管理积极性等优势。随着资本市场的迅猛发展,很多高速公路建设集团通过发行股票上市融资已成为我国公路企业融资的有效途径。高速公路集团采用股份化运作模式,在很大程度上实现了公路资产的保值、增值,对企业未来发展和品牌形象建设亦十分有利。

(3)PPP 等社会融资模式

随着车辆拥有量的急剧增加,交通需求与运输能力不足矛盾更加突出,公路建设投资大,财政支出能力较小,资金仍是制约交通运输发展的重要瓶颈。积极引入社会资本参与公路建设,发展多元化融资,减少财政的债务压力,激励和提高资金使用效率成为必然。2017 年 1 月交通部发布《政府和社会资本合作(PPP)公路建设项目投资人招标投标管理办法》(征求意见稿)明确界定了 PPP 公路建设项目包括特许经营、政府购买服务两种形式,其中特许经营包括BOT、TOT、ROT 等多种形式。

PPP(Public-Private-Partnership)(公私合营)模式是指政府和社会资本在基础设施建设及公共服务等领域建立的一种"利益共享、风险共担、全程合作"的伙伴式关系,由社会资本承担项目的设计、建设和基础设施的运营、维护等大部分工作,并通过"使用者付费"以及必要的"政府付费"等方式获得收益回报;政府部门负责对基础设施及公共服务的价格和质量进行监管,以保证公共利益最大化。PPP 模式下业务的推进主体由行业主管部门转向财政部门,财政部门对所有项目要进行财政可承受能力论证。这种管理模式的转变,有利于遏制行业管理部门超前建设的冲动,长远来看,有利于交通基础设施平稳有序的发展。

BOT(Build-Transfer-Operate)(建设-运营-移交)模式是项目按照特许经营政策,采用 BOT及使用者付费的模式,由社会资本提供(投资、融资、建设和维护)基础设施并通过使用者付费的原则,在特许经营协议规定的期限内获取合理回报。主要由交通部门来主导,发展改革部门负责项目立项审批,财政部门负责列入财政预算并进行资金拨付。随着招投标制度的推进及市场准入资格体系的建立,BOT 模式日渐成熟,在我国高速公路建设中得到广泛应用,如广佛、襄荆、金湘、津宁、渝遂、醴潭、广深沿江高速公路等等。

TOT(Tramsfer-Operate-Transfer)(转让-运营-移交)模式是政府将已建成基础设施所有权有偿转让给社会资本或项目公司,并由其负责运营、维护和用户服务,合同期满后社会资本方将基础设施移交给政府的项目运作方式。例如,2003 年重庆市将原定于 2020 年完成的"二环八射"2000 公里高速公路建设计划提前到 2010 年完成,因此重庆市政府每年面临 100 亿的资金压力去建设新高速公路,于是决定对已建成运营的渝涪高速公路(总长 118 公里)采用 TOT模式转让经营,项目的转让价款为 58.5 亿。TOT 模式主要用于化解地方存量债务风险,将存量基础设施项目交由社会资本方运营,从而实现盘活地方政府财政资金的目的。

ROT(Renovate-Operate-Transfer)(改建-运营-移交)模式是政府在 TOT 模式的基础上,增加改扩建内容的项目运作方式,即社会资本或项目公司在获得政府特许经营权的基础上,对过时、陈旧的项目设施、设备进行改造更新,在合同期满后社会资本方将基础设施移交给政府的项目运作方式。例如,台湾"国道 1 号"泰安服务区北、南两站,分别启用于 1979 年、1984 年,为改善空间不足,丰富服务,塑造兼具知性与感性主题的营运特色,采用 ROT 模式招商,于2019 年 3 月 1 日零时起由统一超商股份有限公司获得经营权,负责经营创意、改造公共服务设施、丰富服务内容,运营移交和整修期间,所有公共服务均正常运作。该模式可以解决迫切需要改造的项目工程的资金问题,为项目实施提供灵活的资金解决方案,同时社会资本的专业化水平可以为升级改造提供高效的技术保障,满足基础设施持续改进的需求,也避免政府技术、工程、投资方面的风险。

综上,BOT 是新建项目,TOT 是已建成项目,ROT 是对已建成项目的改建,也可以看作是"BOT + TOT"。

随着投资主体多元化、投资来源多渠道、投资决策多层次、投资方式多样化格局的形成,我国公路建设市场引导投资、企业自主决策、银行独立审贷、融资方式多样、中介服务规范、宏观调控有效的新型投资体制日益完善。

三、公路工程建设投资控制与概预算

1. 公路工程建设投资控制

投资是一项复杂的活动,尤其对公路工程项目投资是一个涉及面广、影响因素众多的动态系统。要对这个动态的过程进行有效的控制,一方面应全面了解它的运动变化规律和特征,另一方面应对投资活动的变化发展进行量化,这个量化指标就是投资额。投资额不同于投资,虽然使用时对两者不加区分,但投资额只是投资活动的数量表现,两个概念紧密联系但又有所区别。投资额只是衡量投资活动规模的一个指标,表示投资活动所耗费资源的总和。在商品经济条件下,各种资源均折算成货币,因此,投资额总以货币表示。也就是说,投资额就是投资活动所需的货币归集总额。按计算范围、资金来源和用途不同,投资额可分为一系列指标,如总投资、全部投资、固定资产投资、流动资产投资和设备投资等等。

为了进行投资控制,必须对投资在量的方面设一个参考值,这个值又叫目标值或计划值。实际控制时,就以其为参考目标,而实际的量所发生的变化就围绕它上下波动。控制的任务是使这种波动尽可能地减小。因此,目标值的确定是控制的一个关键工作。投资本身是一个逐步开展和不断深化的过程,因此,在其运动过程的不同阶段便有不同的测算工作,形成不同的投资额和不同的测算种类。随着投资活动的不断深化,要求对投资额进行不同深度和精度的测算,相应地形成了一个完整地反映投资数量变化的投资额测算体系。从项目决策到竣工交付使用的整个过程中,根据在不同阶段投资额的作用和精度要求的不同,形成了投资估算、设计概算、施工图预算、施工预算、投标报价、工程结算和竣工决算等 7 种投资指标,并由此构成了建设项目投资额的测算体系。

我国工程建设投资管理与控制基本上分为三个层次。第一个层次是国家,国家通过基本建设计划和有关政策,在宏观上对基本建设投资进行管理和控制。第二个层次是项目申报单位,即项目建设单位。项目建设单位具体对基本建设项目的投资进行控制,委托设计(咨询)单位编制可行性研究报告,并根据批准的可行性研究报告组织工程设计,根据批准的设计概算(或施工图预算)组织施工(设备采购)招标,确定施工单位和委托监理单位。在施工过程中,对工程造价进行严格管理。第三个层次是施工单位(或承包单位),建设项目由施工单位具体实施,并在施工前编制施工预算,对工程成本进行严格控制。

以上三个层次涉及计划、建设、设计、监理和施工各单位,他们都必须以国家利益为原则,从各自的工作和需要出发,对基本建设项目进行严格和科学的管理,为国家把好经济关。要达到上述目的,其基本手段就是合理确定工程概算、预算造价。

2. 公路工程建设项目概预算

公路工程建设项目设计概算和施工图预算,是指在执行基本建设程序过程中,根据不同设

计阶段设计文件的具体内容和国家规定的定额、指标及各项费用的取费标准,预先计算和确定公路工程建设所需要的全部投资额的文件。它从经济上反映建设项目在不同阶段的特点,是基本建设程序的重要组成部分。由于概、预算的重要性,故在投资额测算体系中居于主导地位。

四、公路工程建设项目概预算制度发展

建筑工程概预算制度产生于早期的资本主义国家,其历史可以追溯到 16 世纪,英国概预算制度至今已有四百多年发展历史。概预算制度的发展过程大致可分为三个阶段:16 世纪到 18 世纪末,是第一阶段,由"测量员"对已完工程的工程量进行测量并估价;19 世纪初期至 20 世纪初期,是预算工作发展的第二阶段,由"预算师"在开工之前,按照施工图纸进行工程量计算,以作为承包商投标的基础,中标后的预算书就成为合同文件的重要组成部分;20 世纪 40 年代发展到第三阶段,建立了"投资计划和控制制度",他们的投资计划相当于我国的初步设计概算或投资估算,作为投资者预测其投资效果、进行投资决策和控制的依据。

我国建立统一的预算制度,始于大规模经济建设的"一五"计划时期,最初是从苏联学来的。1958 年后,概预算工作中央不再统管,下放给各省、市、自治区管理。1967 年废除预算制度,实行经常费办法,即施工企业的工资和管理费由国家拨付,材料费向建设单位实报实销。这实际上造成了不讲管理、不讲核算、不讲成本的吃"大锅饭"局面,以致损失浪费严重,投资效果极差。1973 年取消经常费办法,恢复预算制度。十一届三中全会以后,国家加强了基本建设预算管理,多次部署整顿和加强"三算"管理工作,要求做到"设计要有概算、施工要有预算、竣工要有决算",以促进经济核算,发挥投资的预定效果。同时,国家还组织相关设计部门、施工部门和建设银行及各主管部门制定了工程预算、概算定额及各项费用标准,作为编制基本建设工程概算、预算的依据。

实践证明,基本建设概预算制度,不仅为按等价交换原则办理工程价款的拨付和结算提供依据,而且,更重要的是促进施工企业加强经济核算和企业管理,促进设计部门改进设计方案,提高设计精度,从而为基本建设投资、决策、分配、管理、核算和监督提供依据。所以,建立和完善基本建设概预算制度,对加强基本建设管理,提高投资效益,都具有极重要的意义。

长期以来,我国用处理自然经济和产品经济的方式来对待建筑行业,致使建筑产品价格和价值背离,工程没有真正做到定价在先,而是干后再说,这些弊病限制着建筑行业的发展。特别是建筑市场开放后,实行招标承包制,更进一步加剧和突出了这种矛盾。建筑产品价格是否合理,不能单纯从价值基础出发。价格既要反映价值,又要反映供求关系,所以建筑产品价格的制定和调整,既要以价值为基础,又要充分考虑供求关系。一方面,国家通过投资需求和概预算定额体系指导、调节建筑产品的价格,这说明建筑业同其他物质部门的区别,也表明概预算定额体系的特定意义;另一方面建筑产品价格改革,必然打破旧的、一统到底的预算制模式,使建筑产品的市场价格(应该是浮动的)逐步纳入概预算定额体系指导下形成的合同价格。现在实行招投标制度的项目,其价格便较好地体现了建筑产品价格的本质特征和要求,随着招投标制度、合同管理制度的推广和深化,建筑产品的价格将会更准确地体现价值规律的要求和市场竞争特性。总之,无论是国外还是国内,概预算制度都是随着商品经济的发展而逐步形成与不断完善的。

就公路工程概预算而言,其形成和发展一方面与我国经济建设的发展密切相关,一方面也

直接反映我国公路建设的发展情况,随着公路建设的发展和对公路基本建设投资管理水平的不断提高,公路工程概预算水平也在不断改进和加强。由于公路基本建设概预算是国家对公路投资进行管理的基本手段和工具,并且,概预算本身的直接理论基础是定额管理,因此,公路工程概预算不可避免地具有时代特征。交通运输部通过发布《公路基本建设工程概算预算编制办法》(以后简称《编制办法》)和《公路工程概算定额》与《公路工程预算定额》等技术规范实现对公路工程概预算工作的指导与管理。《编制办法》体现的是国家在某一时期的经济政策和有关法规的要求,而定额则反映某一时期我国公路施工生产与管理的水平,因而《编制办法》与定额两者都应随时代的发展而变化,从而促使概预算工作不断完善。例如 2007 年发布的《公路工程概算定额》与《公路工程预算定额》同 1992 年发布的相应定额就有很大差别;而 2018 年的《编制办法》也与 2007 年的《编制办法》有较大不同。

第四节 公路施工组织与概预算的关系及本课程主要任务

一、公路施工组织与概预算的关系

公路施工组织与概预算是工程建设管理中的重要工作,二者既相对独立又密不可分,相互依赖、相互制约。

公路施工组织与概预算是两项相对独立的工作。首先,公路施工组织与概预算的核心目的不同。施工组织的核心目的是解决有限资源的合理配置问题,概预算的核心目的是解决分阶段投资(或成本)控制问题。其次,公路施工组织与概预算的完成主体不同。施工组织一般由技术人员编制和确定,概预算一般由工程经济、合约经营等部门造价人员编制与确定。

公路施工组织与概预算又是密不可分、相互依赖、相互制约的工作。首先,概预算以施工组织为基础。公路工程施工组织是公路工程建设项目概预算编制的依据,只有在拟定施工方案、工程数量、资源配置与调度方案的前提条件下,才能按照现行概预算编制办法编制和确定概预算。其次,概预算限制施工组织。施工组织方案受投资控制的制约,投资控制又主要依靠概预算,可见,施工组织受限于概预算。此外,概预算是施工组织优化的依据。施工组织的目的是合理配置有限资源,即尽可能在投入最少情况下获取最大经济效益,可见配置合理性的重要依据就是经济性。因此,通过概预算计算各施工组织方案投资或成本费用,是进行施工组织方案比较和优化的重要途径。

总而言之,公路施工组织需要遵循公路施工这一改革自然、变革自然的基本规律,同时由于施工过程需要消耗大量人力、物力、财力,需要考虑资源的科学、合理、均衡分配,追求自然规律与经济规律的协调统一,以最小的投入获得预期公路交通运输基础设施,满足社会生产与生活运输需求。

二、本课程主要任务

现代公路工程建设需要既懂工程技术、又懂经济、又精通工程管理的综合人才。围绕这一核心需求,本课程将系统介绍公路施工组织设计基本原理、方法、内容,以及公路工程概预算工作的主要内容和基本知识。

通过本课程的学习,力图达到以下目标:

(1)使学生掌握施工组织原理、流水施工原理、网络计划技术,具备解决土木工程专业复杂工程问题的逻辑思维和抽象分析能力。

(2)使学生掌握施工方案规划与设计,进度计划、资源组织计划、施工平面布置设计及施工现场管理等基本原理与方法,掌握与其他专业知识交叉融合运用的能力,具备解决复杂土木工程问题的基本能力。

(3)使学生掌握公路工程施工组织内容与方法、公路工程概预算编制内容与方法,具有一定的组织和管理能力。

(4)使学生掌握施工方案比选与优化、施工组织方案优化,运用概预算等工程经济方面的知识,在多学科环境中正确运用工程管理原理与经济决策方法解决问题。

此外,随着 BIM 技术的兴起,以建筑物三维模型为载体,构建数字化、参数化建筑信息模型,围绕模型实现施工方案优化、施工动态模拟、碰撞检测、场地模拟、造价计算、物料管理等数字化虚拟建造过程,各参与方可通过协同平台进行数据信息交流,共同制定和优化施工组织设计,并进行精度更高的投资控制。BIM 技术为施工组织和概预算朝着更为先进的精益建造理论方向发展提供了技术基础,必然带来施工组织与概预算的信息化和智能化变革。作为公路建设管理者,必须熟悉和掌握对施工起主要作用的经济和技术手段,才能经济、有效、合理地组织公路工程建设。

本课程的目的就是使学生掌握解决临场问题的基本原理与方法,使他们能利用这些办法解决在施工组织和现场管理中所面临的种种问题。

因本书内容与相关专业知识,如勘测设计、路基路面工程、桥梁工程、土木施工技术、建筑材料、运筹学、工程经济学、信息技术等课程关系密切,学生只有在学习了相关基础课和专业基础课之后,才能学习"公路施工组织设计""公路施工组织及概预算"等课程。因此,有关工程施工技术、工程技术经济等内容的课程是学习本课程的前导。

思考题

1.公路施工组织的研究对象是什么?

2.公路工程基本建设程序中哪些环节涉及施工组织工作?

3.公路工程建设项目概预算的目的是什么?

4.试述公路工程施工组织与概预算之间的关系?

第二章
施工过程组织原理

第一节　施工过程的组织原则

　　施工过程就是生产建筑产品的过程,是由一系列的施工活动组成的。施工过程的基本内容主要是劳动过程,在某些情况下,还包含自然过程,如水泥混凝土的养护、沥青路面的成型等。此时,施工过程就是劳动过程和自然过程的结合,是互相联系的劳动过程与自然过程的全部生产活动的总和。根据各种活动在性质上以及对产品所起的作用的不同特点,施工过程分类如下:

　　(1)施工准备过程,指产品在进行生产前所进行的全部技术和现场的准备工作,如计划文件准备等。

　　(2)基本施工过程,指直接为完成产品而进行的生产活动,如基坑开挖、基础砌筑等。

　　(3)辅助施工过程,指为保证基本施工过程的正常进行所必需的各种辅助生产活动,如动力(电力、压缩空气等)生产、机械设备维修、材料加工等。

　　(4)施工服务过程,指为基本施工和辅助施工服务的各种服务过程,如原材料、半成品、工器具、燃料的供应与运输等。

一、公路工程施工组成

　　组织公路工程的施工,必须研究施工组成,以适应施工组织、计划、管理等工作的需要。

《公路工程建设项目概算预算编制办法》(JTG 3830—2018)将公路工程划分为临时工程、路基工程、路面工程、桥梁涵洞工程、隧道工程、交叉工程、交通工程及沿线设施、绿化及环境保护工程、其他工程等分项工程。相应的各个分项工程,又划分为若干子目。例如桥涵分项工程按工程性质与结构的不同,分为涵洞工程、小桥工程、中桥工程、大桥工程、特大桥工程、桥梁维修加固工程等六个目。目又可细分为节,节又可再细分为细目。公路施工过程由上述部、项、目、节、细目等依次逐层展开和组成。

施工组织与管理工作,按上述分项可以做总体安排,但更多情况下还要进一步划分。从施工组织的需要出发,公路工程施工原则上可依次划分为:

1. 动作与操作

动作是指工人在劳动时一次完成的最基本的活动,若干个相互关联的动作组成一项操作。完成一个动作所耗用的时间和占用的空间是制定定额的重要原始资料。

2. 工序

工序是指由工人操作机具,在生产环境条件不变的情况下,完成的在劳动组织上不可分割的施工过程,它由若干个操作所组成。从施工工艺流程看,工序在工作地点、施工机具、施工机械和材料等方面均不发生变化。如果上述因素中某个因素改变,就意味着从一道工序转入另一道工序。施工组织往往以工序为最基本对象。

3. 施工过程

施工过程是由几个在技术上相互关联的工序所组成,可以相对独立地完成某一项细部工程或分部分项工程的独立过程,如路基工程、路面工程、桥梁基础工程等。

4. 综合工作过程

综合工作过程是由若干个在产品结构上密切联系的,能最终获得一种产品的施工过程的总和,如一座独立桥梁、一条隧道、一条路线工程等。

以上划分,因工程性质及施工对象的复杂程度不同而具有相对性,并无统一的划分规定,要以是否有利于科学地进行施工组织与管理而定。

二、施工过程的组织原则

影响施工过程组织的因素很多,如施工性质、生产类型、建筑产品结构、材料及半成品性质、机械设备条件、自然条件等,导致施工过程的组织管理变化较多、困难较大。因此,科学、合理地组织施工过程显得尤为重要,其组织原则可归纳为:

1. 施工过程的连续性

连续性是指产品在施工过程中的各阶段、各工序在时间上是紧密衔接的,不存在任何不合理的停滞现象,表现为劳动对象始终处于被加工状态,或者在进行劳动过程,或者处于自然过程中。保持和提高施工过程的连续性,可以缩短建设周期,减少在制品数量,节省流动资金,可以避免产品在停放等待时可能引起的损失,对提高劳动生产率及节省造价具有很大意义。

2. 施工过程的协调性

施工过程的协调性也叫比例性,是指产品在施工各阶段、各工序进行作业过程中,在施工能力上要保持一定的比例关系,即各施工环节的人工数量、生产效率、设备数量等都必须互相协调,不发生脱节和比例失调现象。协调性是保证施工顺利进行的前提,可使施工过程中人力和设备得到充分利用,避免产品在各个施工阶段和工序之间的停顿和等待,从而缩短施工周期。施工过程的协调性在很大程度上取决于施工组织设计的科学性。

3. 施工过程的均衡性

施工过程的均衡性又称节奏性,是指企业的各个施工环节都按照施工生产计划的要求,工作负荷保持相对稳定,不发生时松时紧、前松后紧等现象。均衡施工能充分利用设备和工时,避免突击赶工造成的各种损失,有利于保证施工质量,降低成本,有利于劳动力和机械的合理调配。

4. 施工过程的经济性

施工过程组织除满足技术要求外,必须讲究经济效益。上述的连续性、协调性和均衡性,最终都要通过经济效果集中反映出来。

上述施工过程组织的四个方面是相互制约,互为条件的。在进行施工组织时,必须保证全面符合上述四个方面的要求,不可偏重某一方。

第二节 施工过程的时间组织

公路工程项目的施工过程组织,包括时间组织、空间组织和资源组织等,由于时间问题是施工组织设计必须解决的最基本问题,时间变化的不确定性很大,因此研究时间变化规律对工程施工的影响成为首要任务。

一、施工过程的时间排序

施工任务的排序问题属于管理科学中的动态规划,本节将以公路施工生产的时间组织为例做简要介绍。

1. 简单排序

(1)两道工序、多项任务(施工段)时的施工顺序

假定工程只有两道工序,即在 m 项任务(施工段)中的每项任务均需要完成 A 和 B 两道工序。设 t_{ij} 为第 i 项任务(施工段)中完成 j 工序所需的时间,若各项任务均应首先进行 A 工序,完成后再做 B 工序,可用横道图 2-1 表示。

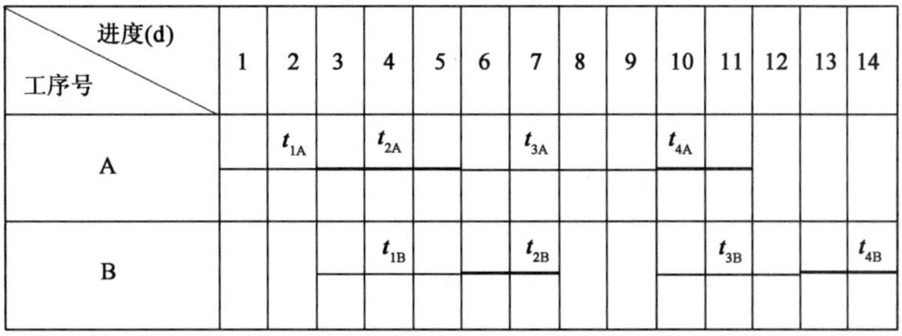

进度(d) 工序号	1	2	3	4	5	6	7	8	9	10	11	12	13	14
A		t_{1A}		t_{2A}			t_{3A}			t_{4A}				
B				t_{1B}			t_{2B}				t_{3B}			t_{4B}

图 2-1 施工进度横道图

从图 2-1 中可以看出,工程总的施工时间对 A 工序来说,应有:

$$T_A \geq \sum_{i=1}^{m} t_{iA} + t_{mB} \tag{2-1}$$

其中第一项表示 A 工序在各项任务(施工段)中作业时间之和,第二项为 B 工序在最后任务的作业时间。同理,对于 B 工序来说,工程总的施工时间有:

$$T_B \geq \sum_{i=1}^{m} t_{iB} + t_{1A} \tag{2-2}$$

其中第一项为 B 工序在各项任务(施工段)中的作业时间之和,第二项为 A 工序在第一项任务的作业时间,也是 B 工序开工前必须等待的时间。由此可见,总工期至少应为 T_A 和 T_B 中的较大值。

为达到工期最短的目的,可以用约翰逊(S. M. Johnson)-贝尔曼(R. Bellman)法则来解决。该法则的基本思想是:在 t_{iA} 和 t_{iB} 中找最小值对应的工序,若为先行工序则排在最前,若为后续工序则排在最后。找出一个任务后,任务数量减少一项,在剩余的 $m-1$ 项任务(施工段)中仍采用上述方法进行排序。依此类推,直到剩余的任务数为 0,最终得到的就是最优施工顺序。

【例 2-1】 某工程队拟对相邻 5 座小桥的基础工程进行施工,按工程队的机具设备等施工能力,经计算求得各小桥的挖基和砌筑基础工序的持续时间(d),见表 2-1,试确定其施工总工期最短的施工顺序。

表 2-1 工序持续时间列表

工 序	施 工 段				
	1 号	2 号	3 号	4 号	5 号
挖基(A)	4d	4d	8d	6d	2d
砌基础(B)	5d	1d	4d	8d	3d

排序方法:从表 2-1 中可以看出,$t_{2B}=1d$ 是最小值,且为 2 号桥的后续工序,故 2 号桥放在最后施工。删去这项任务后,余下的 4 项任务中,$t_{5A}=2d$ 为最小值,且是 5 号桥的先行工序,故 5 号桥放在最先施工。依此类推,最后得到的最佳施工顺序为:5 号、1 号、4 号、3 号、2 号。然后,按排定的顺序绘制横道图,见图 2-2。其施工总周期为 25d。

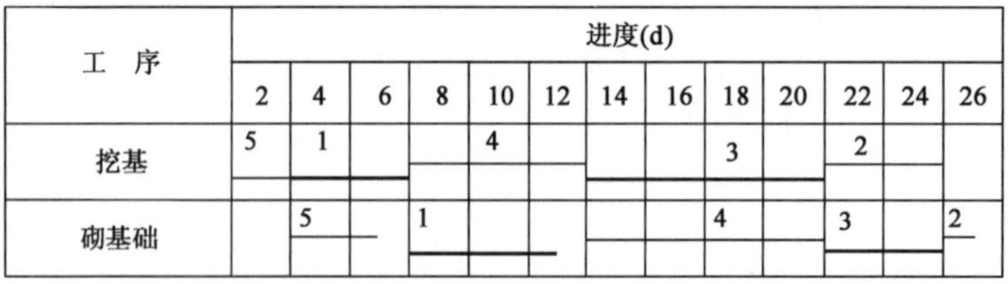

工 序	进度(d)												
	2	4	6	8	10	12	14	16	18	20	22	24	26
挖基	5	1			4				3		2		
砌基础		5		1			4			3		2	

图 2-2 最佳施工顺序横道图(横道上方的数值为施工段号)

若不按此原则排列施工顺序,取得的可能就不是最短的施工工期。例如,若本例按 1 号、2 号、3 号、4 号、5 号顺序排列,所得的施工总工期为 33d,较以上排列多 8d。

(2)三道工序、多项任务(施工段)的施工顺序

三道工序、多项任务(施工段),如符合下述条件:

①第 1 道工序最小的施工时间 $\min(t_{iA})$ 大于或等于第 2 道工序的最大施工时间 $\max(t_{iB})$,即

$$\min(t_{iA}) \geqslant \max(t_{iB}) \tag{2-3}$$

②第 3 道工序最小的施工时间 $\min(t_{iC})$ 大于或等于第 2 道工序的最大施工时间 $\max(t_{iB})$，即

$$\min(t_{iC}) \geqslant \max(t_{iB}) \tag{2-4}$$

或者符合上述两个条件的一个条件时，即可按下述方法求得最优施工顺序。

a. 将第 1 道工序和第 2 道工序上各项任务(施工段)的施工时间对应依次相加;

b. 将第 2 道工序和第 3 道工序上各项任务(施工段)的施工时间对应依次相加;

c. 将上两步中得到的施工周期序列看作两道工序的施工时间;

d. 按两道工序、多项任务(施工段)的计算方法求出最优施工顺序;

e. 求出的最优施工顺序就是三道工序的最优施工顺序。

【例 2-2】 某工程具有三道工序、五项施工任务(施工段)，其各工序的施工时间列于表 2-2，试确定其最优施工顺序。

表 2-2 三道工序、五项施工任务施工时间列表

施 工 段	工 序				
	A(d)	B(d)	C(d)	A + B(d)	B + C(d)
1	4	5	5	9	10
2	2	2	6	4	8
3	8	3	8	11	11
4	10	3	9	13	12
5	5	4	7	9	11
总和	29	17	35		

由表 2-2 知，满足条件②$[\min(t_{iC}) \geqslant \max(t_{iB}) = 5d]$，故可按上述方法求得最优施工顺序为：2、1、5、4、3 和 2、1、5、3、4 或排成 2、5、1、4、3 和 2、5、1、3、4，它们的总周期均为 41d，见横道图 2-3(按 2、1、5、4、3 排列时)。

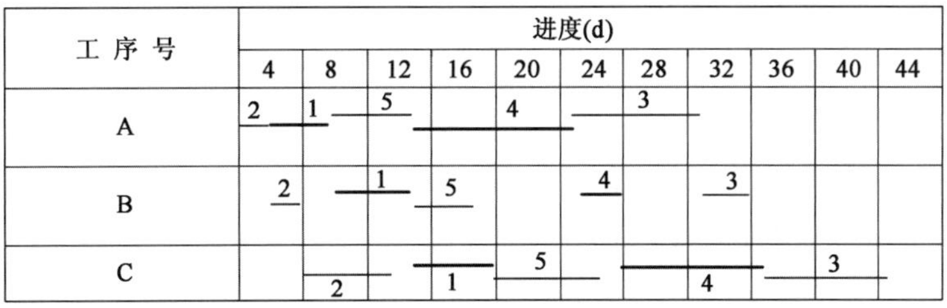

工 序 号	进度(d)										
	4	8	12	16	20	24	28	32	36	40	44
A	2	1	5		4		3				
B		2	1	5		4		3			
C			2	1	5			4		3	

图 2-3 最优施工顺序横道图(横道上方的数值为施工段号)

2. $n(n>3)$ 道工序、多项任务(施工段)的施工顺序

当 $n > 3$ 时，最优排序的求解比较复杂，一般采用的是源自经验的启发性算法。此类启发性算法有很多，本节仅介绍一种"分界排序法"，供参考使用。主要步骤如下:

(1)选出一个施工时间总和最长的施工段;

(2)将第 1 道工序时间小于或等于最后一道工序时间的施工段，依次按第 1 道工序时间递增顺序排在施工时间总和最长的施工段前面;

(3)剩余施工段依次按最后一道工序时间递减顺序排列,排在施工时间总和最长的施工段后面。

【例2-3】 某工程具有四道工序、五项施工任务(施工段),其各工序的施工时间列于表2-3,试确定其最优施工顺序。

表2-3 四道工序、五项施工任务施工时间列表

工序编号	施工段编号				
	A	B	C	D	E
I(d)	2	5	3	4	3
II(d)	2	3	5	4	2
III(d)	3	2	4	3	2
IV(d)	3	3	5	3	5
总和(d)	10	13	17	14	12

按"分界排序法"的步骤进行求解:

①施工段总时间分别为:$T_A=10$,$T_B=13$,$T_C=17$,$T_D=14$,$T_E=12$,时间总和最大的施工段为C,挑出来再排列余下施工段;

②小于或等于最后一道工序时间的施工段有A和E,按第一道工序时间递增顺序排列排在施工段C之前,为A、E、C;

③剩余施工段有B和D,依次按最后一道工序时间递减顺序排列,排在施工段C之后,为C、D、B。

综合上述排序,确定的最优施工顺序为A、E、C、D、B。限于篇幅,其计划工期求解及最优顺序证明由读者自己验证。

3.时间排序的注意事项

各种时间排序方法的运用,提供了一个在不增加额外资源投入的条件下将工期缩短的经验方法,另一方面也给出了缩短工期的简便方法。随着计算机技术的应用,采用全排列组合的方法,只要编一段小小的程序便可很快计算出最优排序,所以,时间排序方法的意义不在于简便计算,主要是提供一种优化思想,应该提倡。但在使用时要注意:

(1)工序划分的相对性

施工工序的划分是人为的,对于不同组织者,可以有许多不同的处理方法。因此,在实际操作时,应考虑工作量的相对平衡和工序本身在交接过程中的顺利连接,划分工序尽量保持工作量的均衡一致。

(2)时间排序的灵活性

上述时间排序方法是依据经验总结出来的启发性算法,其本身存在一定的误差,因此,利用这些排序方法得到的施工排序严格意义上只能称为较优排序。在手工操作计算过程中,会遇到很多矛盾,这时不能说是方法错误,关键在于读者灵活运用。

(3)时间排序与流水作业的关联性

时间排序是建立在流水作业的基础上的,但鉴于教材中还没有系统介绍流水施工原理,从上述例题横道图(图2-3)看,该施工案例并不是标准的流水作业,有的工序在施工过程中并不是连续作业,此类工程实际运用的综合问题将在学习第三节知识之后更好地得到解决。

(4)时间排序的综合性

施工顺序的安排,除考虑施工进度的优化外,同时还要综合考虑施工费用、施工质量、安全可靠、绿色环保。因此,必须从实际出发全面加以考虑,使施工顺序的确定能够为安全、高效地完成施工任务创造条件。

二、工程项目施工作业方式

在公路施工生产中,施工队(班组)对施工对象的施工作业方式,一般可分为:顺序(依次)作业法、平行作业法和流水作业法三种基本施工方式,也称作业方式或组织方式。

1. 顺序作业

按工艺流程和施工程序(步骤)确定的先后顺序进行施工操作。如多层结构的路面工程,操作程序是:底基层、基层、联结层、面层和路肩。石方爆破工程的程序是:打眼、装药、堵塞、引爆和清方等。其顺序选择除了取决于工艺要求外,还与施工组织安排相关。

2. 平行作业

根据工程或技术的需要,将工程分为若干施工段(或工点),各施工段均投入施工队伍同时组织施工。

3. 流水作业

流水作业是应用比较广泛的一种作业方法,以专业化施工为基础,将不同工程对象的同一施工工序交给同一专业施工队(组)执行,各专业队(组)在统一计划安排下,依次在各个作业面上完成指定的操作。前一作业面结束后转移至另一作业面,执行同样操作,后续操作则由其他专业队继续执行。各专业队按大致相同的时间(流水节拍)和流水强度,协调而紧凑地相继完成全部施工任务。流水作业要求工艺流程组织紧凑,有利于专业化施工,是现代化工业产品生产的基本组织形式,对于建筑工程(包括公路在内)亦具有先进性,其基本原理在下一节中详述。

为了便于进一步说明这三种施工作业方法的特点,现举例如下:

【例2-4】 拟修建跨径6.0 m的同类型钢筋混凝土矩形板桥四座,即$m=4$,比较范围仅限于施工工期和劳动力数量之间的相互关系,故假定四座桥的同一工序工作量相等,每座小桥分4道工序,即$n=4$。假定施工班组按完全相同的条件组成,因而在每座桥上每一工序所需的工作日数亦固定不变,即:$t_i=4(\mathrm{d})$。

由施工进度图2-4可以看出:

顺序作业法是四座桥按先后顺序进行施工,后一座桥的施工必须待前座桥全部竣工后才能进行。施工总期限$T=m\cdot t=4\times16=64(\mathrm{d})$,同时投入施工的劳动力(或其他资源)较少,最多12人,最少3人,且呈周期变化。

平行作业法是四座桥同时开工,同时竣工,配以四组相等的劳动力。虽然施工总期限缩短至$T=t=16\mathrm{d}$,但是所需劳动力(资源数)却按施工对象呈倍数增加,最多48人,最少12人。

流水作业与上述两种方法不同,其特点是将同性质的工序或操作过程,由一个专业施工队(组)按一定顺序连续在不同空间来完成。现将上例各座桥的全部施工操作内容分为4个独立的项目:挖基A、砌基础B、砌桥台C、安装矩形板D,分别交由4个专业班组施工,此时专业班组按规定的先后顺序(流水方向)进入各桥。

工程编号	施工项目	工程量	工作日(d) 4 8 12 16 20 24 28 32 36 40 44 48 52 56 60 64	工作日(d) 4 8 12 16	工作日(d) 4 8 12 16 20 24 28
甲桥	挖基	144			
	砌基础	119			
	砌桥台	185			
	矩形板	98			
乙桥	挖基	144			
	砌基础	119			
	砌桥台	185			
	矩形板	98			
丙桥	挖基	144			
	砌基础	119			
	砌桥台	185			
	矩形板	98			
丁桥	挖基	144			
	砌基础	119			
	砌桥台	185			
	矩形板	98			
劳动力需要量图			6 5 12 3 6 5 12 3 6 5 12 3 6 5 12 3	24 20 48 12	6 11 23 26 20 15 3
施工组织方式			顺序作业	平行作业	流水作业

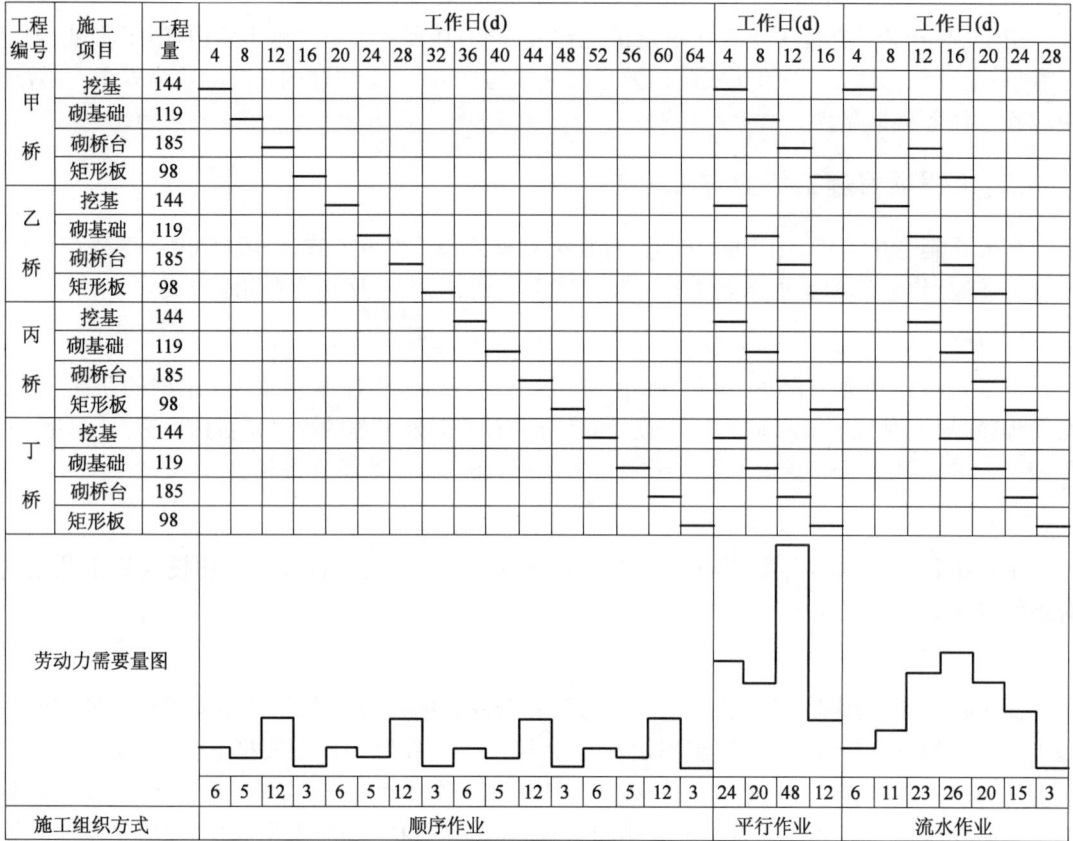

图 2-4　工程进度横道图

由图 2-4 知,本例中挖基 A 专业班组由 6 人组成,最先在甲桥施工,再依次在乙、丙、丁三座桥施工,直到全部完成,共占用 16 个工作日。砌基础 B 专业班组要等甲桥完成挖基任务 A 后才能进入甲桥施工,并依次投入乙、丙、丁三座桥,每班 5 人同样亦占用 16 个工作日。砌基础 B 班组比挖基班 A 班组,推迟 4d 开工,其他两个班组 C、D 依次比前一班组推迟 4d 开工,在甲、乙、丙、丁四座桥上连续施工总工期 28 个工作日。在流水作业法中,劳动力的总需要量随着各专业班组先后投入施工而逐渐增加,当全部班组投入后就保持稳定(本例为 26 人),直到第一个施工对象(甲桥)完成后才逐渐减少。虽然每一施工班组均占用 16 个工作日,但由于是一个接一个相继投入施工,所以施工总工期的前段时间,即由正式开工起至所有施工班组全部投入为止,这段时间称为流水作业的开展时间,用 t_0 表示。它与专业班组的数目(n)和每一施工班组在一个施工对象上执行同一工序的时间(t_i)有关。而总工期(T)又同时与开展时间(t_0)和施工对象的数目(m)有关,表示如下(具体计算见"流水施工类型及总工期"):

$$T = t_0 + m \cdot t_i = t_i(n-1) + m \cdot t_i = (m + n - 1) \cdot t_i \tag{2-5}$$

由上式可知,本例用流水作业法施工时,总期限为 28d。

上面三种方法各具特点,对于同一项工程的施工,采用顺序作业法需要 64 个工作日,工期较长,劳动力需要量较少,但周期性起伏不定,对劳动力的调配管理以及临时性设施不利,尤其在工种和技工的使用上形成极大的不合理。在本例中为减少间隔性的窝工,当然不可能按 4 个项目所需的总人数(26 人)来使用。但是即使只配 12 人,亦仅是在砌桥台的 4d 才得到充分利用,其余 12d 中至少有半数人在等待施工,并且造成技工与普工不分的现象,从而大大降低了工效,造成劳动力浪费。

采用平行作业法时,施工总工期缩短为 16 个工作日,但劳动力需要量相应增加 4 倍,同时在人力上突然出现高峰现象,造成窝工,增加生活福利设施的支出。在短期内集中 4 套人力和设备,往往是不可能的,也是不合理不经济的。

采用流水作业法施工,总工期比平行作业法有所延长,但劳动力得到了充分合理的利用,在整个施工期内显得均衡一致。如果再考虑到机具和材料的供应与使用,附属企业生产的稳定,以及工程质量、工效的提高等因素,流水作业法施工的优点更为明显。

上例是假定施工条件、技术配备、工程数量完全相同的条件下,仅就施工期限和劳动力需要量进行比较。这是为什么呢?因为任何工程,在工程量和操作方法确定后,施工组织的任务就是平衡工期和资源(包括人力、机具和材料等)需要量之间的相互关系。本例中三种方法的结构虽不同,但工期与人数的乘积(即工作量)的数值均为 416 个工作日。

三、基本作业方式的综合运用

顺序作业法、平行作业法、流水作业法在生产过程中不仅可以单独运用,而且可以根据具体条件,将三种基本作业方式加以综合运用,从而形成平行流水作业法、平行顺序作业法以及立体交叉平行流水作业法。这些施工过程时间组织的综合形式,一般均能取得较明显的经济效果。

1. 平行流水作业法

在平行作业法的基础上,按照流水作业法的原则组织施工,以达到适当缩短工期,使劳动力、材料、机械(机具)需要量保持均衡的目的。

2. 平行顺序作业法

这种方法的实质是通过增加劳动力和机械的数量达到缩短工期的目的。它使顺序作业法和平行作业法的缺点更加突出,故仅适用于突击性施工情况。

3. 立体交叉平行流水作业法

这种方法是在平行流水作业法的原则上,采用上、下、左、右全面施工的方法,充分利用工作面来有效地缩短工期,一般适用于工序繁多、工程特别集中的大型构造物的施工,如大桥、立体交叉、隧道等工程量大、工作面狭窄、工期要求紧的情况。

第三节 流水施工组织方法

一、流水施工的实质与特点

1. 流水施工的实质

(1)把劳动对象的施工过程划分为若干工序或操作过程,每个工序或操作过程分别由按工艺流程建立的专业班组来完成;

(2)把一个劳动对象尽可能地划分为劳动量大致相等的若干施工段;

(3)各个作业班组按照一定的施工顺序,依次地、连续地由一个施工段转移到另一个施工

段,反复完成同类工作;

(4)不同工种及同种作业班组完成工作的时间尽可能地相互衔接起来。

2. 流水施工的特点

流水施工法的特点是生产的连续性和均衡性,使各种物质资源均衡地使用,施工企业的生产能力充分地发挥,劳动力得到合理地安排和使用,从而带来较好的经济效果,具体表现在以下几个方面:

(1)避免了施工期间劳动力的过分集中,从而减少临时设施工程量,节约基建投资;

(2)由于实行工程队(组)生产专业化,为提高工人的技术水平和进行技术改造与革新创造了有利条件,促进劳动生产率和工程质量的不断提高;

(3)在采用流水施工方法时,单位时间内完成的工程数量,对于机械操作过程是按照主导机械的生产能力来确定,对于手工操作过程是以合理的劳动组织为依据确定的,因此保证施工机械和劳动力得到合理和充分利用;

(4)消除了工作间的不合理中断,缩短了工期,从而降低了工程间接费用;保证了劳动力和资源消耗的均衡,各种资源得到充分的利用,提高了劳动生产率和资源的使用率,减少了各种不必要的损失,从而降低了工程直接费用。

必须指出,流水施工法是一种组织措施,它的使用可以带来很好的经济效果,而不要求增加任何的额外费用。但现代公路的发展,除需要科学的组织措施外,还要依赖施工技术现代化,如建筑设计标准化、建筑结构装配化、构件生产工厂化、施工过程机械化、建筑机构专业化和施工管理科学化等。这些方面是密切联系、互为条件的,既是实现公路建筑现代化必不可少的重要措施,也是公路施工企业多、快、好、省地进行公路现代化建设的重要手段。

二、流水施工的主要参数

为了说明流水施工在时间和空间上的开展情况,须引入一些定量的描述,这些量称为流水参数。流水参数按其性质的不同可分为以下三类:

1. 工艺参数

(1)施工过程数 n

为了描述一个施工过程中工艺的复杂程度,根据具体情况,可把一个综合的施工过程划分为若干具有独自工艺特点的单个施工过程,如制造建筑制品而进行的制备类施工过程,把材料和制品运到工地仓库,再转运到施工现场的运输类施工过程,以及在施工中占主要地位的建造安装类施工过程。划分的数量 n 称为施工过程数(工序数)。由于每一个施工过程一般由一个专业班组承担,故施工班组(或队)数也等于 n。

施工过程数需根据构造物的复杂程度和施工方法来确定。太多、太细会给计算增添麻烦,在施工进度计划上也会带来主次不分的缺点;太少则会使计划过于笼统,从而失去指导施工的作用。

(2)流水强度 V

流水强度又称流水能力、生产能力,每一施工过程在单位时间内所完成的工程量称为流水强度,如浇筑混凝土时每工作班浇筑混凝土的数量。

①机械施工过程的流水强度计算

$$V = \sum_{i=1}^{x} R_i C_i \qquad (2-6)$$

式中:R_i——某种施工机械台数;

$\quad$ C_i——该种施工机械台班生产率(即台班产量定额);

$\quad$ x——用于同一施工过程的主导施工机械种数。

$\quad$②手工操作过程的流水强度计算

$$V = R \cdot C \qquad (2-7)$$

式中:R——每一工作队人数(R应小于工作面上允许容纳的最多人数);

$\quad$ C——每一工人每班产量(即劳动产量定额)。

2. 时间参数

(1)流水节拍 t_i

流水节拍是某个施工过程(或作业班组)在某个施工段上的持续时间。它的大小关系着投入的劳动力、机械设备的多少,决定着施工的速度和施工的节奏。通常有两种确定流水节拍的方法:一种是根据工期要求来确定;另一种是根据现有能投入的资源(劳动力、机械台班数)来确定。流水节拍按下式计算:

$$t_i = \frac{Q_i}{C \cdot R \cdot n \cdot \delta} = \frac{P_i}{R \cdot n \cdot \delta} \qquad (2-8)$$

式中:Q_i——某施工段的工程数量($i = 1,2,3,\cdots,m$);

$\quad$ C——每一工日(或台班)的实际产量或产量定额;

$\quad$ R——施工人数(或机械台数);

$\quad$ P_i——某施工段所需要的劳动量(或机械台班量);

$\quad$ n——作业班数,如一个作业班、两个作业班等;

$\quad$ δ——资源的使用效率。

(2)流水步距 B_{ij}

两个相邻的施工队(组)在保持连续施工的条件下,先后进入某一施工段进行流水施工的时间间隔,叫流水步距。其数目取决于参加流水的施工过程数,如施工过程数为 n,则流水步距的总数为($n-1$)个。

确定流水步距的基本要求是:

①始终保持两施工过程的先后工艺顺序;

②保持各施工过程的连续作业;

③做到前后两施工过程施工时间的最大搭接;

④流水步距与流水节拍保持一定关系,应满足一定的施工工艺、组织条件及质量要求,例如钻孔灌注桩工程必须保证钻孔与灌注混凝土两道工序紧密衔接(防止塌孔)。

3. 空间参数

(1)工作面 A

工作面又称工作前线 L;它的大小决定了施工对象单位面积上能安置多少人工和布置多少机械。在确定一个施工过程必要的工作面时,不仅要考虑前一施工过程为这个施工过程可能提供的工作面大小,也要遵守安全技术和施工技术规范的规定。

(2)施工段数 m

在组织流水施工时,通常把施工对象划分为所需劳动量大致相等的若干段,或按工程结构部位划分为若干分部分项工程段,这些段就叫施工段。每一施工段在某一时间内只供一个施工队完成其承担的施工过程。施工段的数目用 m 表示。

在划分施工段时,应考虑以下几点:

①施工段的分界同施工对象的结构界限(温度缝、沉降缝和单元尺寸等)取得一致;

②各施工段上所消耗的劳动量大致相等;

③每段要有足够的工作面,使工人操作方便,既有利于提高工效,又能保证施工安全;

④划分段数的多少,应综合考虑机械使用效能、工人的劳动组合、材料供应情况、施工规模大小等因素。

4.充分流水条件

流水作业具有较高经济效益,是施工队伍积极采用的办法。但并不是在任何情况下都可以使用流水作业方法,只有在 $m \geqslant n$ 的条件下才能保证充分流水,即施工段数大于或等于工序数。

在工程规模较大的情况下,工艺过程较复杂,应将工程划分为多个施工段,调入多个专业队伍施工,才是充分流水施工的最好选择。

三、流水施工类型及总工期

由于工程构造物的复杂程度不同,所处的具体位置多变以及工程性质互异等因素的影响,流水施工的组织可分为有节拍流水和无节拍流水。其中有节拍流水又分为全等节拍流水、成倍节拍流水和分别流水。

1.全等节拍流水

所谓全等节拍流水,是指各施工过程(工序)在所有施工段上的流水节拍均相等,即各施工过程(工序)的流水节拍 t_i 与相邻施工过程(工序)之间的流水步距 B_{ij} 完全相等的流水施工,即 $t_i = B_{ij} = $ 常数。

【例2-5】 全等节拍流水 $m = 5$、$n = 3$、$t_i = B_{ij} = 2$,见图2-5。此流水施工总工期为:

$$T = (n-1)B_{ij} + m \cdot t_i = (m+n-1)t_i = 14(\text{d}) \tag{2-9}$$

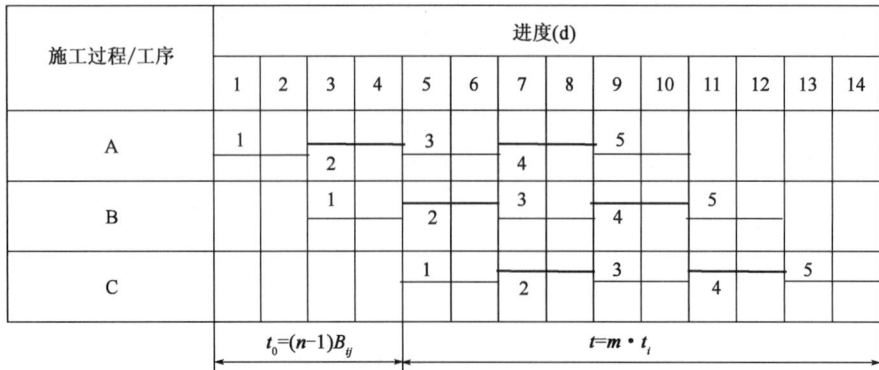

施工过程/工序	进度(d)													
	1	2	3	4	5	6	7	8	9	10	11	12	13	14
A	1 2		3 4		5									
B		1 2		3 4		5								
C			1 2		3		4		5					

$t_0 = (n-1)B_{ij}$　　　　　　　$t = m \cdot t_i$

a)水平图表(横道上方的数值为施工段号)

图 2-5

施工段	进度(d)													
	1	2	3	4	5	6	7	8	9	10	11	12	13	14
5														
4											C			
3				A				B						
2														
1														

$t_0=(n-1)B_{ij}$　　　　　　$t=m \cdot t_i$

b)垂直图表

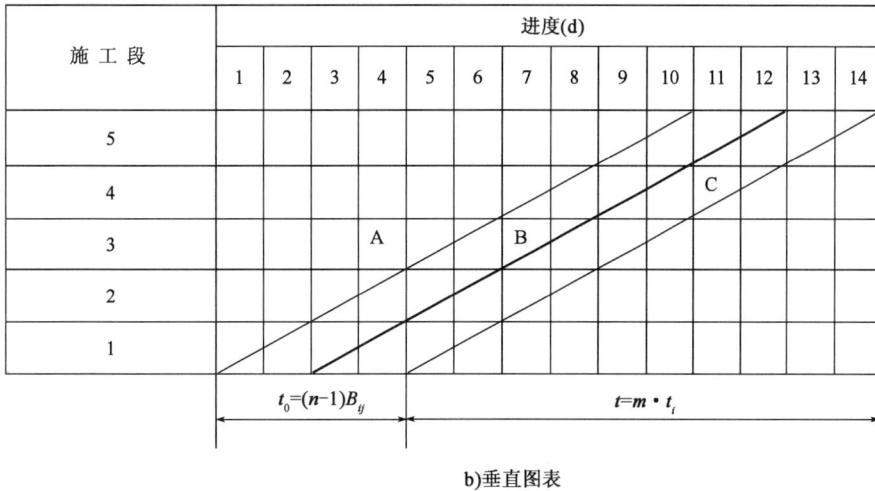

图 2-5　全等节拍流水

2. 成倍节拍流水

各施工过程的流水节拍彼此不相等,但有互成倍数的常数关系时,如仍按全等节拍流水组织施工,则会造成施工队窝工或作业面间歇,从而导致总工期延长。此时,为了使各施工队仍能连续、均衡地依次在各施工段上施工,应按成倍节拍流水组织施工。其步骤如下:

(1)求各流水节拍的最大公约数 K,它相当于各施工过程都共同遵守的"公共流水步距"。为了使用方便和便于与其他流水作业法比较起见,仍称这个 K 为流水步距。

(2)求各施工过程的专业施工队数 b_i。每个施工过程的流水节拍 t_i 是 K 的几倍,就要相应安排几个施工队,才能保证均衡施工。同一施工项目的各个施工队依次相隔 K 天投入流水施工,因此,施工队数目 b_i 按下式计算:

$$b_i = \frac{t_i}{K} \tag{2-10}$$

(3)将专业施工队数目的总和 $\sum b_i$ 看成是施工过程数 n,将 K 看成是流水步距后,按全等节拍流水的方法安排施工进度。

(4)计算总工期 T。由于 $n = \sum b_i$,因此可以按式(2-11)来计算总工期:

$$T = (m + \sum b_i - 1)K \tag{2-11}$$

【例2-6】　图2-6表示6座管涵按成倍节拍流水组织施工的一个例子。

由于作业面受限制,只能容纳4人同时操作,因此每个专业施工队按4人组成时,挖槽需2d,砌基础4d,安涵管6d,洞口砌筑2d。它们的最大公约数 $K=2$,由式(2-10)计算得到的各施工过程数 b_i 为:挖槽1个队;砌基础2个队;安涵管3个队;洞口砌筑1个队。

该例 $m=6$,$\sum b_i = 1+2+3+1 =7$,$K=2$,由式(2-11)计算得到总工期:

$$T = (m + \sum b_i - 1)K = (6 + 7 - 1) \times 2 = 24(d)$$

3. 分别流水

所谓分别流水是指各施工过程的流水节拍各自保持不变(t_i =常数),但不存在最大公约数,流水步距 B_{ij} 也是一个变量的流水作业。分别流水作业的组织方法用图2-7说明。

组织分别流水施工时,首先应保证各施工过程本身均衡而不间断地进行,然后将各施工过程彼此搭接协调。也就是说,既要避免各施工过程之间发生矛盾,也要尽可能减少作业面的间隙时间,使整个施工安排保持最大程度的紧凑,以达到缩短工期的目的。

施工过程 (工序)	所需 工日 (d)	施工 队数	施工进度(d)											
			2	4	6	8	10	12	14	16	18	20	22	24
挖槽	8	1	1	2	3	4	5	6						
砌基础	16	2		1	2	3	4	5	6					
安涵管	24	3					1	2	3	4	5	6		
洞口砌筑	8	1							1	2	3	4	5	6

a)水平图表(横道上方的数值为施工段号)

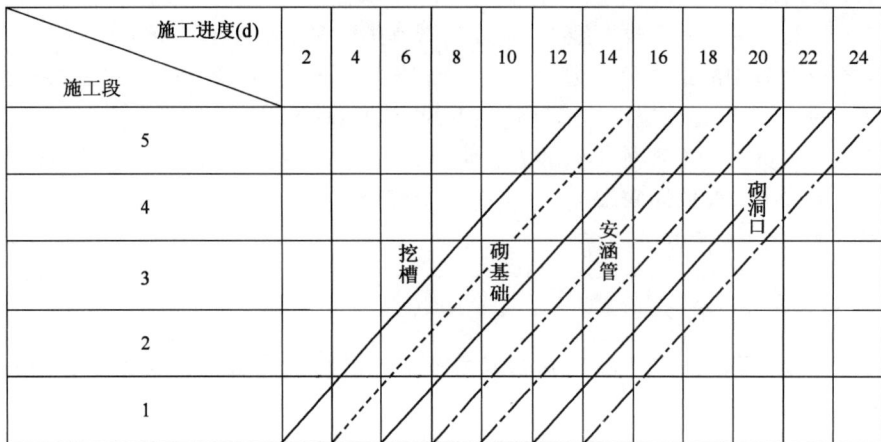

b)垂直图表

图2-6 成倍节拍流水

由于流水步距是个变数,因此必须分别确定,这对各施工过程的相互配合和正确搭接是一个很重要的参数。下面用一个四道工序、五个施工段的项目(见图2-7)来说明流水步距的计算方法。

(1)当后一个施工过程的流水节拍 t_{i+1} 大于或等于前一个施工过程的流水节拍 t_i 时,流水步距根据前一个施工过程所要求的时间间隔(或足够的作业面)决定,即 $B = t_i$。图2-7 中的 A 与 B 和 B 与 C 都属于这种情形,其流水步距分别为 2d 和 3d。

(2)当 $t_{i+1} < t_i$ 时,流水步距 B 用下式计算:

$$B = m(t_i - t_{i+1}) + t_{i+1} \tag{2-12}$$

式中:m——施工段数;

其余符号意义同前。

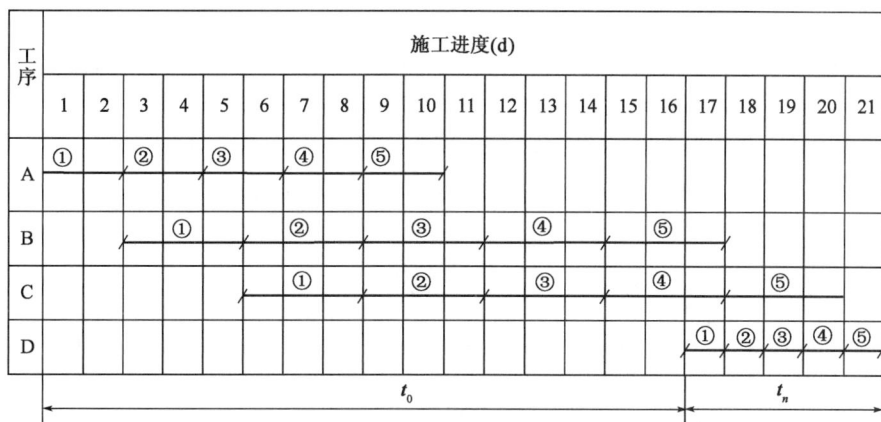

a)水平图表

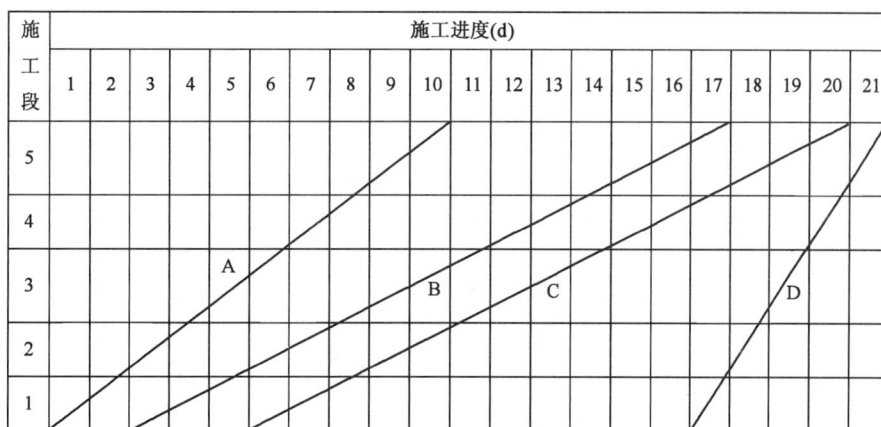

b)垂直图表

图 2-7 分别流水

图 2-7 中的 C 与 D 属于这种情形,图中 $t_i = t_c = 3$,$t_{i+1} = t_D = 1$,$m = 5$,由式(2-12)计算流水步距为 11d。

分别流水的总工期用下式计算:

$$T = t_0 + t_n = \sum B + t_n \qquad (2-13)$$

式中:t_n——最后一个专业施工队的作业持续时间;

t_0——流水展开期,为最初施工过程开始至最后的施工过程开始之间的时间间隔;

$\sum B$——各相邻工序之间流水步距之和。

在实际的公路工程施工中,对于一个专业施工队来说,它可以按固定的流水节拍(或不变的速度)前进。但从整个工程的流水作业组织来看,各专业施工队按自己的流水节拍(或移动速度)前进,彼此不一定相同,也不一定成倍数关系,这主要是由于机械配备、施工条件、劳动生产率或其他外界因素影响所致。如果要求流水速度绝对统一,必然会使机械效率不能充分发挥或造成某些施工队窝工。为此,需要在统一的进度要求下,各专业施工队按照本身最合理、施工效率最高的流水速度进行作业。这是组织分别流水作业时应着重考虑和需仔细解决的问题。

4. 无节拍流水

所谓无节拍流水是指各施工过程的流水节拍全不相等。对于公路工程施工来说，沿线工程量的分布都是不均匀的，因此，实际上各专业施工队在机具和劳动力固定的条件下，流水作业速度不可能保持一致，各施工段上同一施工过程的流水节拍无法相等。也就是说，大部分情况下在组织流水施工时，$t_i \neq$ 常数，$B \neq$ 常数，$t_i \neq B$，也非整数倍，如图2-8所示。

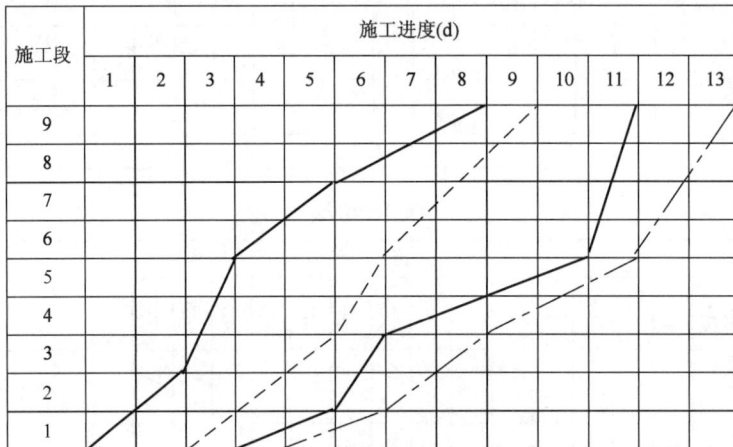

图2-8 无节拍流水

对于上述情况，只能按照无节拍流水组织施工。无节拍流水的各个参数以及总工期的确定，都必须通过对专业施工队逐个落实，反复调整，才能得到满意的结果。以下介绍一种称为"数字错差法"的数字算法来计算流水步距。

数字错差法是先作错误的假设，即设各道工序(队组)在第一施工段上同时开工，分别求出各施工队(组)在各施工段上的完工时间，形成新的数列矩阵；前行数列向左移一位，相对紧邻后一行数列向右移一位；对应两行数列相减，缺位补零，即可求出差值数列，其中最大差值即为流水步距。即所谓"相邻工序(队组)每段节拍时间累加数列错位相减取大差"法。

【例2-7】 表2-4表示某四个施工段的三项工序(甲、乙、丙)所需的作业时间，按照无节拍流水组织施工，求各工序(施工过程)之间的流水步距和总工期。

表2-4 三道工序、四个施工段的施工时间列表

工 序	施 工 段			
	1	2	3	4
甲	2d	3d	3d	2d
乙	2d	2d	3d	3d
丙	3d	3d	3d	2d

由表2-4中数据可以看出：$t_i \neq$ 常数，$B \neq$ 常数，$t_i \neq B$，也非整数倍，故只能作无节拍流水施工组织，采用"数字错差法"求解。先分别将两相邻工序的每段作业时间(流水节拍)逐项累

加,得出两个数列,然后将后工序的累加数列向后错一位对齐,逐个相减,得到第三个数列(仅取正值),从中取大值即为两工序的流水步距 B。

据此可分别计算确定甲与乙,乙与丙的流水步距分别为 4d 和 2d。

具体计算方法为:

$B_{甲乙}$:

2,	5,	8,	10
(-)	2,	4,	7,	10

2, 3, <u>4</u>, 3

$B_{乙丙}$:

2,	4,	7,	10
(-)	3,	6,	9,	11

<u>2</u>, 1, 1, 1,

用横道图表示出来,这个流水作业施工进度计划就如图 2-9 所示,总工期为 17d。

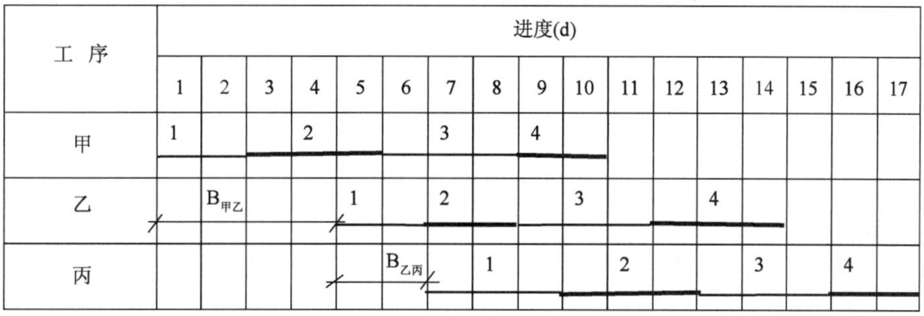

图 2-9　无节拍流水作业施工进度图(横道上方的数值为施工段号)

第四节　施工组织中的最优化方法

最优化方法的应用面非常广泛,渗透到各行各业。在公路施工组织管理学科中,最优化方法也发挥了巨大作用。限于篇幅,仅介绍几例在施工现场组织管理中应用频率较高的最优化方法。

一、穷举法

穷举法也叫枚举法,是利用计算机运算速度快、精确度高的特点,对要解决问题的所有可能情况,一个不漏地进行检查,从中找出符合要求的答案。本节以施工过程的最优排序为例介绍穷举法的具体应用。

针对 m 个施工段、n 道工序组织流水施工时,设 S_n 为施工段的排序总数,T_{op} 为最优工期,T_n 为第 n 道工序的施工总时间,$O_p(m)$ 为最优排序。利用穷举法求解最优排序的 VB 算法如下:

```
For i = 1 to m-1
    For j = i+1 to m
        lk = Od(j)
        Od(j) = Od(i)
        Od(i) = lk
```

＊＊计算流水步距

＊＊＊构造累加数列

For k = 1 to n

    For h = 1 to m

        $Ft(k,h) = Ft(k,h\text{-}1) + Tm(Od(h),k)$

    Next h

Next k

＊＊＊相邻数列错位相减取大值

For k = 1 to n-1

    $Fd(k) = Ft(k,1)$

    For h = 2 to m

        $lk = Ft(k,h) - Ft(k+1,h-1)$

        If $Fd(k) < lk$ Then $Fd(k) = lk$

    Next h

Next k

＊＊＊计算工期

$Fs = 0$

For k = 1 to n-1

    $Fs = Fd(k) + Fs$

Next k

If $Fs + Tn > T_{op}$ Then

    $T_{op} = Fs + Tn$

    For k = 1 to m

        $Op(k) = Od(k)$

    Next k

    Next j

  Next i

二、规划与优化方法

1.线性规划

线性规划是一种解决带有约束条件的最优化问题的方法。解决线性规划问题的过程分为以下步骤:第一步,定义问题和收集数据。通过调查咨询收集所要解决问题涉及的数据并确定研究的合理目标。第二步,建立模型,用恰当的数学式表达。第三步,求出问题的最优解。第四步,进行敏感性分析,检查条件发生变化时可能发生的情况。

线性规划的数学模型如下:

目标函数: $\text{Max(Min)}z = c_1x_1 + c_2x_2 + \cdots + c_nx_n$ (2-14)

约束条件:

$$\begin{cases} a_{11}x_1 + a_{12}x_2 + \cdots + a_{1n}x_n \leq b_1 \\ a_{21}x_1 + a_{22}x_2 + \cdots + a_{2n}x_n \leq b_2 \\ \qquad\qquad \cdots\cdots \\ a_{m1}x_1 + a_{m2}x_2 + \cdots + a_{mn}x_n \leq b_n \\ x_1, x_2, \cdots, x_n \geq 0 \end{cases}$$

2. 动态规划

动态规划是研究多阶段决策过程的最优化问题的方法。多阶段决策过程,是指这样一类过程:由于它的特殊性,可将过程分为若干个互相联系的阶段,在它的每一个阶段都需要做出决策,并且一个阶段的决策确定以后,将影响下一个阶段的决策,从而影响整个过程的活动路线。动态规划的方法是从终点逐段向始点方向寻找最短路线的一种方法。

使用动态规划解决可分阶段的多阶段决策问题时,一般包含以下步骤:

(1)将系统分为恰当的阶段,并编号;

(2)确定状态变量、状态集合;

(3)确定决策变量,以及允许决策的集合;

(4)建立状态转移方程;

(5)建立指标函数。

3. 网络技术

网络技术是应用网络模型形象地、直观地、正确地描述各种工程技术、生产组织、经营管理问题或系统,简捷地分析、求解、优化这类问题或系统的有效技术。网络模型是一种图示模型,同时又是能反映各组成要素和参数间相互关系并按照一定的拓扑逻辑关系进行分析和计算的标准模型。

网络模型构造的一般步骤如下:

(1)确定所研究系统或问题的性质及目标;

(2)确定系统或问题所包含的内容及组成部分,即将系统或问题分解成相对独立的组成部分,即活动以及各活动间的相互制约关系;

(3)确定活动的有关参数及变量;

(4)根据活动间的逻辑关系及已确定的参数和变量,构造网络模型;

(5)进行必要的数据处理、符号调整和逻辑关系检查,保证网络模型的正确性;

(6)根据网络模型的逻辑关系及相应的参数及变量,进行计算,求解网络模型。

4. 排队论

排队是日常生活中经常遇到的现象。图2-10就是排队过程的一般模型,顾客由顾客源出发,到达服务机构前排队等待接受服务,服务完成后就离开。影响排队模型的主要参数有三个:顾客相继到达间隔时间的分布、服务时间的分布、服务台个数。因此,一般将排队模型依据上述三个参数进行分类,并表示为:

$$X / Y / Z$$

式中:X——顾客相继到达间隔时间的分布;

Y——服务时间的分布;

Z——服务台个数。

图 2-10　排队模型

一个实际问题作为排队问题求解时,首先要研究它属于哪个模型,其中只有顾客到达的间隔时间分布和服务时间分布需要实测的数据来确定,其他因素都是在问题提出时给定的。

解排队问题的目的,是研究排队系统运行的效率,估计服务质量,确定系统参数的最优值,以决定系统结构是否合理,研究设计改进措施等。所以必须确定用以判断系统运行优劣的基本数量指标,解排队问题要首先求出这些数量指标的概率分布,这些指标一般有:

(1)队长:在系统中排队等待服务的顾客数;

(2)等待时间:一个顾客在系统中排队等待的时间;

(3)服务时间:一个顾客在系统中接受服务的时间;

(4)逗留时间:一个顾客在系统中停留的时间;

(5)忙期:从顾客到达空闲服务台至服务台再次空闲为止的这段时间长度,即服务台连续繁忙的时间长度。

三、层次分析法

层次分析法(AHP:Analytical Hierachy Process)是美国匹兹堡大学教授托马斯·塞蒂(T. L. Saaty)于 20 世纪 70 年代提出的一种能将定性分析与定量分析相结合的系统分析方法,是分析多目标、多准则的复杂系统的有力工具,最适宜于解决那些难以完全用定量方法进行分析的决策问题。

1. 基本思路

应用 AHP 解决问题的思路:首先,把要解决的问题分层系列化,即根据问题的性质和要达到的目标,将问题分解为不同的组成因素,按照因素之间的相互影响和隶属关系将其分层聚类组合,形成一个递阶的有序的层次结构模型;其次,对模型中每一层次因素的相对重要性,依据人们对客观现实的判断给予定量表示,再利用数学方法确定每一层次全部因素相对重要性次序的权值;最后,通过综合计算各层因素相对重要性的权值,得到最底层(方案层)相对于最高层(总目标)的相对重要性次序的综合权值,以此作为评价和选择方案的依据。

2. 基本步骤

用 AHP 分析问题一般要经过以下步骤:

(1)建立层次结构模型

运用 AHP 进行系统分析,首先要将所包含的因素分组,每一组作为一个层次,按照最高层、若干有关的中间层和最底层的形式排列,层次结构模型如图 2-11 所示。其中:

①最高层:表示解决问题的目的,即应用 AHP 要达到的目标;

②中间层:表示采用某种措施和方法来实现预定目标所涉及的中间环节;

③最底层:表示解决问题的措施或方法。

(2)构造判断矩阵

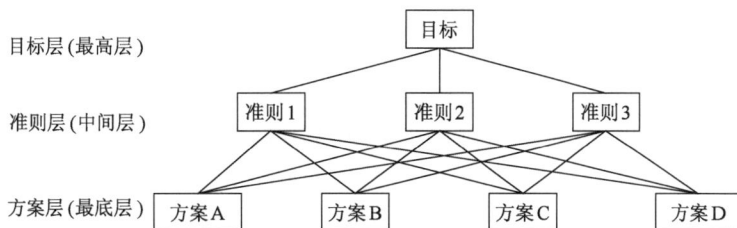

图 2-11 层次结构模型

AHP 的信息基础主要是人们对每一层次各因素的相对重要性给出的判断,这些判断用数值表示,写成矩阵形式就是判断矩阵。

(3)层次单排序

根据判断矩阵,计算对于上一层某因素而言,本层次与之有联系的因素的重要性次序的权值。它是本层次所有因素相对上一层次而言的重要性进行排序的基础。同时,计算判断矩阵的一致性指标,检验矩阵是否具有一致性。

(4)层次总排序

利用同一层次中所有层次单排序的结果,计算针对上一层次而言,本层次所有因素重要性的权值。

(5)一致性检验

计算层次总排序的一致性指标,检验层次总排序的计算结果的一致性。

四、遗传算法

1. 主要特点

遗传算法(GA:Genetic Algorithms)是美国密歇根大学约翰·霍兰德(John. Holland)创建的一种概率搜索算法。它采用解集的种群作为工作单元,借鉴生物进化的适者生存、不适者淘汰原则指导搜索并改进目标。与传统的优化算法比较,遗传算法主要有以下特点:

(1)遗传算法不是直接作用在参变量集上,而是利用参变量集的某种编码;

(2)遗传算法不是从单个点,而是从一个点的群体开始搜索;

(3)遗传算法利用适应值信息,不需要导数或其他辅助信息;

(4)遗传算法利用概率转移原则,而非确定性原则。

遗传算法像撒网一样,在参变量空间中进行搜索。它不受搜索空间限制性假设的约束,不要求诸如连续性、导数存在和单峰等假设,且不易陷入局部最优,一般能以很大的概率找到整体最优解。因此,目前遗传算法已经在最优化、机器学习和并行处理等领域得到越来越广泛的应用。

2. 基本步骤

遗传算法的主要步骤如下:

(1)随机产生一个由确定长度的特征串组成的初始群体;

(2)对串体迭代执行以下两步,直到结果满足停止准则:

①计算群体中每个个体的适应值;

②应用复制、交叉和变异算子产生下一代群体。

(3)把在任一代中出现的最好的个体串指定为遗传算法的执行结果。这个结果可以表示问题的一个解。

3.遗传算子

一个简单的遗传算法由复制、交叉和变异三种遗传算子组成。

(1)复制

复制是把当前群体中的个体,按与适应值成比例的概率复制到新的群体中。低适应值的个体趋向于被淘汰,高适应值的个体趋向于被复制。复制算子体现了生物进化过程中的优胜劣汰的思想。

(2)交叉

交叉是在当前群体中选取两个个体,相互交换各自的基因,形成具有这两个个体特性的新个体。

(3)变异

变异是按一定的变异率改变个体中某个基因的值,保证群体中重要的信息不会过早地失去。

五、系统仿真技术

系统仿真技术是一门多学科综合的技术性学科,是近年发展十分迅速的新兴科学,在各个领域中得到广泛应用。

1.系统、模型、系统仿真

系统是按照某些规律结合,互相作用、互相依存的所有实体的集合或总和。任一系统都包含有三要素:实体、属性、活动。实体确定了系统的构成,也就确定了系统的边界;属性用来描述每一个实体的特征;活动定义了系统内部实体之间的相互作用,从而确定了系统内部发生变化的过程。

模型就是用某种形式来近似地描述或模拟所研究的对象或过程。模型大体可以分为两类:数学(抽象)模型和具体(实物)模型。在系统仿真技术中,是指数学模型。数学模型是客观世界中客观事物(实体、过程)的数学抽象和数学描述,即用数学公式来描述(表示、模拟)所研究的客观对象或系统中某一方面存在的规律。

系统仿真技术是以相似原理、信息技术、系统理论及其应用领域有关专门技术为基础,以计算机和专门设备为工具,利用真实系统、或概念系统的模型进行动态试验研究的一门多学科综合的技术性学科。

"系统、模型、仿真"三者之间关系密切。系统是研究的对象,模型是系统的抽象,仿真是通过对模型的实验来达到研究系统的目的。系统仿真有三个基本的活动:系统建模、仿真建模和仿真实验。联系这三个活动的是系统仿真的三要素:系统、模型、计算机,它们的关系如图2-12所示。

2.仿真实现的基本步骤

对实际系统的仿真过程是一个不断发展和完善的过程,一般分为以下几步:

(1)问题描述与定义

系统仿真是面向问题的而不是面向整个实际系统。因此,首先要明确要解决的问题,以及要实现的目标。确定描述这些目标的主要参数以及评价准则,并定义系统边界,辩识主要状态变量和影响因素,定义环境及控制变量。同时,给定仿真的初始条件。

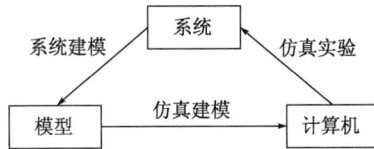

图 2-12　仿真三要素

(2)系统建模

模型是关于实际系统某一方面本质属性的抽象描述和表达。基于问题的定义,确定模型的边界,将系统抽象为数学上的逻辑关系和数学描述。

(3)数据收集与模型论证

对真实系统或类似系统进行数据调查,收集和仿真初始条件及系统内部变量有关的数据,对数据进行统计检验,确定其概率分布及相应的参数,并对模型的可信性进行检验。

(4)仿真建模

根据系统的特点和仿真的要求选择合适的算法。要求采用该算法建立仿真模型时,其技术的稳定性、计算精度、计算速度应能满足仿真的需要。

(5)编程实现

建立仿真模型后,需要按照所选用的仿真语言编制相应的仿真程序,以便在计算机上做仿真运行试验。

(6)仿真模型确认

在仿真模型运行之前,判断模型是否能够代表所仿真的实际系统。一个复杂系统的仿真模型只是实际系统的一种近似,因此仿真模型的确认只能说明仿真模型近似实际系统的程度。

(7)仿真模型运行

经过确认模型,就可以在试验框架指导下在计算机上进行运行计算。在运行过程中,及时了解模型对各种不同输入及各种不同仿真方案的输出响应情况。

(8)仿真结果分析

对仿真模型进行多次独立重复运行可以得到一系列的输出响应和系统性能参数的均值、标准偏差及其他分布参数等,掌握系统的变化规律。

思考题

1. 施工过程的组成及其基本原则是什么?
2. 试述约翰逊-贝尔曼法则的主要思想/操作方法。
3. 施工基本作业方法有几种?哪种作业最科学?为什么?
4. 流水施工的特点和实质是什么?
5. 什么是流水步距?它的主要作用是什么?

6.施工中常用的最优化方法有哪些? 简述其基本原理。

练习题

1.工序的持续时间见表2-5,按照2号、4号、1号、5号、3号的施工段先后顺序组织流水施工,计算计划总工期,并画出流水作业的横道图及垂直图。

2.工序的持续时间见表2-6,采用流水作业施工,试考虑较短工期方案,计算计划总工期,并画出流水作业的横道图及垂直图。

表2-5 工序持续时间

工序 施工段	作业时间(d)				
	1号	2号	3号	4号	5号
A	5	3	4	5	5
B	4	5	4	3	3
C	4	3	4	4	3
D	6	5	6	5	3

表2-6 工序持续时间

工序 施工段	作业时间(d)				
	1号	2号	3号	4号	5号
A	8	6	3	5	6
B	3	4	1	2	3
C	3	4	1	3	2
D	3	5	4	4	6

第三章

公路工程施工组织设计

第一节　施工组织设计概述

一、施工组织设计的编制原则和依据

1.编制原则

（1）严格执行基本建设程序和施工程序

严格遵守合同签订的或上级下达的施工期限,按照基建程序和施工程序的要求,保质保量完成施工任务。对工期较长的大型工程项目,可根据施工情况,合理组织力量,确保重点,分期分批进行安排。

（2）科学安排施工顺序

按照公路工程施工的客观规律安排施工顺序,可将整个项目划分为几个阶段,例如施工准备、基础工程、主体结构工程、路面工程、附属结构物工程等。各个施工阶段合理搭接、衔接紧凑,在保证质量的基础上,尽可能缩短工期,加快建设速度。

（3）采用先进的施工技术和设备

在条件允许的情况下,尽可能采用先进的施工技术,不断提高施工机械化、预制装配化程

度,减轻劳动强度,提高劳动生产率。

(4)应用科学的计划方法制定合理的施工组织方案

根据工程特点和工期要求,因地制宜地采用快速施工,尽可能采用流水作业施工方法,组织连续、均衡且有节奏的施工,保证人力、物力充分发挥作用。

(5)落实季节性施工的措施,确保全年连续施工

恰当地安排冬、雨季施工项目,增加全年连续施工日数,应把那些确有必要而又不因冬、雨季施工而带来造价提高的技术复杂工程列入冬、雨季施工,全面平衡人工、材料的需用量,提高施工的均衡性。

(6)确保工程质量和施工安全

贯彻施工技术规范、操作规程,提出确保工程质量的技术措施和施工安全措施,尤其是采用国内外施工新技术和本单位较生疏的新工艺时更应注意。

(7)节约基建费用,降低工程成本

合理布置施工平面图,节约施工用地;充分利用已有设施,尽量减少临时性设施费用;尽量利用当地资源,减少物资运输量;尽量避免材料二次搬运,正确选择运输工具,以节约能源,降低运输成本,提高经济效益。

2.编制依据

(1)与工程建设有关的法律、法规和文件;

(2)国家现行有关标准和技术经济指标;

(3)工程所在地区行政主管部门的批准文件,建设单位对施工的要求;

(4)工程合同、设计文件、招标投标文件;

(5)工程施工范围内的现场条件,工程地质及水文地质、气象等自然条件;

(6)与工程有关的资源供应情况;

(7)施工企业的生产能力、机具设备状况、技术水平等。

二、施工组织设计的分类和主要内容

1.施工组织设计的分类

施工组织设计按所起作用的不同分为两大类:一类是属于设计文件的组成部分,其中按设计阶段不同,可分为两阶段设计中初步设计阶段的"施工方案",三阶段设计中技术设计阶段的"修正施工方案"和两阶段设计或三阶段设计中的施工图阶段的"施工组织计划"。另一类是属于指导施工的技术经济文件,即"实施性施工组织设计"或称为"施工组织设计",其中又可分为"施工组织总设计""单位工程施工组织设计""分部分项工程施工组织设计(也称施工方案)"。

施工方案、修正施工方案和施工组织计划由勘测设计单位负责编制,并编入相应的设计文件,按规定上报审批。实施性施工组织设计则完全由施工单位根据批准的初步设计或施工图设计中的施工方案或施工组织计划,综合施工时的自身和客观条件进行编制,并报监理和业主、上级行业主管部门审批或备案。

2.施工组织设计的主要内容

设计阶段施工方案、修正施工方案和施工组织计划主要内容见第一章第二节"公路施工

组织概述"中第二部分"设计阶段的公路施工组织",本章主要针对施工阶段实施性施工组织设计内容进行说明。

在施工阶段,由施工单位编制的施工组织设计是实施性施工组织设计。其是根据设计阶段施工组织计划和设计资料,计划工期,施工企业的具体情况,以及企业定额或历年统计资料整理的定额为依据而编制的。此时,施工图设计已获批准,所有施工方案已定,施工条件明确。因此,这一阶段的施工组织设计十分具体,对各分项工程各工序和各施工队都要进行施工进度的日程安排和具体操作的设计。其主要内容一般包括:

(1)编制说明。编制说明是对所编制的施工组织设计简略概要的介绍。

(2)编制依据。主要依据一般是:所涉及的国家和行业标准、规范和规程;与施工组织及管理工作有关的政策规定、环境保护条例、上级部门对施工的有关规定和工期要求等;工程招标文件、工程投标书、工程设计文件和设计图纸、与业主签订的施工合同文件;现场调查资料或报告;企业质量管理体系、环境管理体系和职业健康安全管理体系文件;定额及概预算资料等。

(3)工程概况。主要内容一般包括:工程项目的主要情况,如工程性质、工程位置、工程规模、结构形式、技术标准、总工期、主要工程数量等;地形、地貌、气象、水文和地质等自然条件;资源供应情况、交通运输及水电等施工现场条件和技术经济条件;工程施工的特点和难点分析;合同特殊要求等。

(4)施工总体部署。主要内容一般包括:施工管理机构;项目目标;施工段及项目划分;施工顺序等。

(5)主要分部分项工程的施工方案。

(6)施工进度计划。

(7)资源供需计划。主要内容一般包括:劳动力需求计划、材料供需计划、机械设备需求计划等。

(8)施工平面布置。

(9)季节性施工保证措施。工程在冬季和雨季施工时,由于气候原因可能会造成施工中断,因此有必要制订相应的施工技术措施,以保证工程的质量、安全及施工的连续性。对缺水、风沙、高原、严寒、台风、潮汐等特殊地区的施工,也要根据其特殊性有针对性地制订专门的技术组织保证措施。

(10)质量、安全、职业健康、环境保护、文明施工等方面的保证措施。

3.施工组织设计编制程序

编制施工组织设计要遵守一定的程序,要按照施工的客观规律,协调和处理好各个影响因素的关系,用科学的方法进行编制。同时,必须注意有关信息的反馈。编制流程见图3-1,一般的编制程序如下:

(1)分析设计资料,进行必要的调查研究;

(2)项目划分,复核工程数量;

(3)选择施工方法,确定施工方案;

(4)编制工程进度计划;

(5)计算人工、材料、机械设备需要量,制定供需计划;

(6)确定生产、生活用临时设施和临时工程;

(7)布置施工平面图;

(8)确定季节性施工保证措施;

(9)确定施工组织管理机构,制定管理制度;

(10)确定质量、安全、职业健康、环境保护、文明施工等方面的保证措施;

(11)编写说明书。

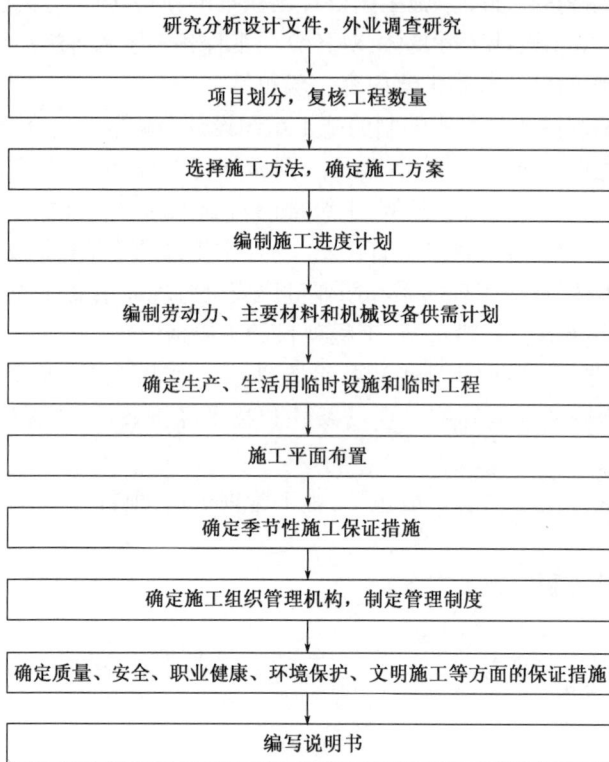

图 3-1　施工组织设计的编制流程

三、公路施工组织调查

为了做好施工组织设计,必须事先进行施工组织调查工作。所谓施工组织调查,就是为编制施工组织文件所进行的收集和研究有关资料的活动。为编制设计阶段的施工组织文件所进行的施工组织调查活动是在勘察设计阶段进行的,为编制施工阶段的施工组织文件所进行的施工组织调查活动是在开工前的施工准备阶段完成的。前者带有勘察调研的性质,后者则具有复查和补充的性质,但其总的内容和方法基本上是一致的。施工组织调查是施工组织设计的基础,必须脚踏实地深入现场同有关部门进行认真细致地查询、研究,调查工作一般与概、预算资料调查工作结合一起进行,主要包括现场勘察和收集资料两个方面。

1. 勘察

所谓勘察是指对施工现场进行勘察。设计阶段的外业勘测,由勘测队的调查组来完成;施工阶段是在开工前组成专门的调查组来完成。勘察的对象主要是路线、桥位、大型土石方地段、地质地形复杂地段、材料采集加工场地等处。勘察的主要内容有:

(1)施工现场及沿线的地形地貌

对于公路沿线的大、中型桥位,附属加工临时用地等施工现场,应结合勘察测绘平面图,进行定性地描述。

(2)施工现场的地上障碍及地下埋设物

对于需要拆迁的建筑物等地上障碍物以及地下埋设的管线、文物等,除在勘测中进行实地调查外,还应在施工前由施工单位去现场进行复查,并办理有关手续。

(3)其他必须去现场实地勘察的事项

2. 施工组织设计资料的收集

施工组织调查收集资料的基本要求是:座谈有纪要,协商有协议,有文件规定的要索取书面或复印资料。资料要确实可靠,措辞严谨,手续健全,符合法律要求。一般调查收集以下资料:

(1)施工技术水平、管理水平

在设计阶段未明确施工单位的,调查当前施工企业的平均技术和管理水平。

(2)气象资料

在勘测中或施工前应与工程所在地气象部门联系,收集工程所在地的气温、季风、雨量、雨季、积雪、冰冻等有关资料。

(3)水文地质资料

可向工程所在地的水文地质部门或向本测量队的桥涵组、地质组收集下列主要内容:地质构造、土质类别、地基土承载能力、地震等级;地下水位、水量、水质、洪水期、洪水位。

(4)技术经济情况

①施工现场(沿线)附近可以利用的场地,可供租用的房屋等情况。在勘测中或施工前,通过调查并与地方主管部门(如乡政府等)签订协议,尽量解决施工期间住宿办公等用房。

②对工程所需的外购材料应进行详细调查,并填写"调查证明",由提供材料单位盖章证明。

③自采加工材料的料场、加工场位置、供应数量、运距等情况。

④当地能够雇用或支援建设的劳动力数量以及技术水平。

(5)运输情况

关于材料运输方面,除分别了解施工单位自身运输及当地可能提供的运力(指可能参加施工运输的运力,包括汽车、拖拉机等)状况外,还应对筑路材料的运输途径、转运情况、运杂费标准等进行调查。除车辆调查外,还应对施工便道情况进行调查。

(6)供水、供电、通信情况

了解施工用水水源、供水量、水压、输水管道长度。了解供电线路的电容量、电压、可供施工用的用电量及接线位置,对临时供电线路和变电设备的要求等。对于供电,应与当地电业部门签订用电协议书。通过调查确定施工动力类别的构成。了解当地通信情况,合理选择地方通信网或是自办无线电网。

(7)生活供应与其他

了解粮、煤、副食品供应地点;调查医疗保健情况等等。

通过上述实地勘察和资料收集,既可对施工总体部署做到心中有数,据此对施工过程进行空间组织和时间组织;同时也是确定施工方案、选择施工方法的重要依据之一。总之,施工组织调查是施工组织设计的基础工作,对工程施工的社会经济效益具有重大影响。

第二节　公路工程施工程序

一、签订工程承包合同

施工企业获得工程施工任务通常有三种方式:一是由上级主管单位统一接受任务,按行政隶属关系安排计划下达;二是经主管部门同意后,对外接受任务;三是自行对外投标,中标后获得任务。随着我国改革开放的深入和社会主义市场经济体制的形成和发展,施工任务主要以参加投标的方式,在建筑市场的竞争中获得。

获得施工任务,从法律角度上讲,是以签订工程承包合同加以确认的。因此,施工企业接受工程项目,必须与项目业主签订工程施工承包合同,明确双方的经济、技术责任,互相制约,互相促进,共同保证按质、按量、按期完成工程项目的建设任务。合同一经签订,就具有法律效力,双方均应认真履行。

二、施工准备工作

施工企业的施工准备工作千头万绪,涉及面广,必须有计划、按步骤、分阶段地进行,才能在较短的时间内为工程开工创造必要的条件。准备工作的基本任务是:了解施工现场的客观条件,根据工程的特点、进度要求,合理安排施工力量,从人力、物力、技术和施工组织等方面为工程施工提供一切必要的条件。开工前的施工准备工作分为战略性的规划组织和战术性的现场条件准备两大部分内容。前者是总体的部署,后者是具体的落实。

1. 开工前的规划组织准备

(1)熟悉核对设计文件

设计文件是工程施工最重要的依据,组织技术人员熟悉和了解设计文件,是为了明确设计者的设计意图,掌握图纸、资料的主要内容及有关的原始资料。此外,从设计到施工通常都要间隔一段时间,勘测设计时的原始自然状况也许会由于各种原因有所变化,因此,必须对设计文件和图纸进行现场核对。

(2)补充调查资料

进行现场补充调查,是为了优化和修改设计,编制实施性施工组织设计,因地制宜地布置施工场地等。调查的主要内容有:工程地点的地形、地质、水文、气候条件;自采加工材料料场储备、当地生产加工情况、施工期间可供利用房屋数量;当地劳动力资源、工业生产加工能力、运输条件和运输工具;施工场地的水源、水质、电源,以及生活物资供应情况;当地民俗风情、生活习惯等。

(3)组织先遣人员进场

公路施工需要调用大量人员、材料和机械设备,施工先遣人员的任务,就是结合施工现场的实际情况,具体落实施工队一旦进入工地后在生产、生活、环境等方面必须解决的问题。对施工中涉及其他部门的问题,做好联系、协调工作,签订相应的会谈纪要、协议书或合同。同时还要及时与当地政府取得联系,积极争取地方政府对工程施工的支持。

（4）编制实施性施工组织设计和施工预算

实施性施工组织设计是指导施工技术的重要技术文件。公路施工系野外作业，又是线形工程，各地自然地理状况和施工条件差异较大，不可能采用一种定型的、一成不变的施工方案和施工方法，每项工程的施工均需要通过深入细致的工作，确定施工方案和施工组织方法，编制相应的施工预算，作为控制施工成本的依据。

2.开工前的现场条件准备

施工企业经过现场核对后，应依据设计文件和实施性施工组织设计，认真做好施工现场的准备工作，包括征地拆迁，技术准备工作，建立临时生产、生活设施，以及人员、机械、材料的陆续进场。

上述各项具体准备工作完成后，即可向项目业主或监理工程师提出开工申请。工程开工申请报告必须按照规定的格式编写，并在上级要求或合同规定的最后日期之前完成。施工准备工作未做好，不得提出开工申请。

三、组织施工

在施工准备工作完成、提交开工申请并被批准后，才能开始正式施工。施工应严格按照设计图纸进行，如需变更必须事先按规定程序报经批准。按照施工组织设计确定的施工方法、施工顺序及进度要求进行施工。各分项工程，特别是地下工程和隐蔽工程，要逐道工序检查合格，做好施工原始记录，才能进行下一道工序的施工。施工要严格按照设计要求和施工技术规范、验收规程进行，保证质量，安全操作，不留隐患，发现问题及时解决。

公路工程施工是一项复杂的系统工程，必须科学合理地组织，建立正常、文明的施工秩序，有效地使用人力、物力和财力。施工方案要因地制宜、结合实际，施工方法要先进合理、切实可行。施工中既要注意工程质量和施工进度，又要注意保护环境、安全生产，确保优质、高效、低耗、安全地全面完成施工任务。

四、工程验收

公路工程验收分为交工验收和竣工验收两个阶段。

交工验收阶段，其主要工作是：检查施工合同的执行情况，评价工程质量，对各参建单位工作进行初步评价。交工验收一般按合同段进行，由项目法人负责组织，各合同段的设计、施工、监理等单位参加交工验收工作。路基工程作为单独合同段进行交工验收时，应邀请路面施工单位参加。拟交付使用的工程，应邀请运营、养护管理等相关单位参加。交通运输主管部门、公路管理机构、质量监督机构视情况参加交工验收。

竣工验收阶段，其主要工作是：对工程质量、参建单位和建设项目进行综合评价，并对工程建设项目做出整体性综合评价。竣工验收由交通主管部门按项目管理权限负责。竣工验收委员会由交通运输主管部门、公路管理机构、质量监督机构、造价管理机构等单位代表组成。国防公路应邀请军队代表参加。大中型项目及技术复杂工程，应邀请有关专家参加。项目法人、设计、施工、监理、接管养护等单位代表参加竣工验收工作，但不作为竣工验收委员会成员。竣工验收委员会对项目法人及设计、施工、监理单位工作进行综合评价。

第三节 施工方案

施工方案根据施工图纸、施工现场勘察调查收集的资料和信息、施工验收规范、质量检查验收标准、安全操作规程、施工机械性能手册等资料,按照科学、经济、合理的原则,确定单位工程或分部分项工程的施工方法和工艺、施工顺序、施工队伍和机械配备等。

一、施工方案的特点和要求

施工方案是施工组织设计的核心,是决定整个工程全局的关键,方案一经确定,施工的进程、工程资源的配置、工程质量与施工安全、工程成本等现场组织管理就被确定下来。施工组织的各个方面都与施工方案发生联系并受其影响。所以施工方案的优劣很大程度上决定了施工组织设计质量的好坏和施工任务能否圆满完成,具有以下特点和要求:

1. 技术先进

技术先进指能有效地采用新技术、新方法、新工艺、新材料,从而提高工效、缩短工期、保证施工安全和质量。

2. 切实可行

施工方案要能从实际出发,符合现场实际情况,有较强的操作性。

3. 安全可靠

施工方案必须符合相关安全规程,有保证安全施工的技术措施。

4. 经济合理

施工方案应尽可能地采用降低施工费用的有效措施,挖掘施工潜力。

二、总体施工部署

公路施工标段里程较长,为了方便管理,应根据项目的实际情况,如施工任务的大小、项目的复杂程度及施工工期的要求等,进行施工总体部署及施工队伍的布置。对于大型项目或路线较长的项目,为了管理方便,可以将整个项目划分为若干个施工段落分别管理,同时进行施工,以加快进度,减少管理难度。采用联合体或联营体投标的项目,在施工以前应将各自施工范围划分清楚。

1. 施工段落的划分

施工段落的划分应符合以下原则:

(1)为便于各段落的组织管理及相互协调,段落的划分不能过小,应采用现代化的施工方法和施工工艺,即采用目前市场上拥有的效率高、能保证施工质量的施工机械,保证正常的流水作业和必要的工序间隔,从而保证施工质量;也不能过大,过大起不到方便管理的作用。段落的大小应根据单位本身的技术能力、管理水平、机械设备状况结合现场情况综合考虑。

(2)各段落之间工程量基本平衡,投入的人力、材料、施工设备及技术力量基本一致,都能够在一个合理的(或最短的)工期内完成工程。

（3）避免造成各段落之间的施工干扰（施工交通、施工场地、临时用地等）。即各段落之间应有独立的施工道路及临时用地，土石方填、挖数量基本平衡，避免或减少跨段落调配，以避免造成段落之间相互污染或损坏修建的工程，影响工效等。

（4）工程性质相同的地段（如石方、软土段）或施工复杂难度较大而施工技术相同的地段尽可能避免化整为零，以免既影响效率，也影响质量。

（5）保持构造物的完整性，除了特大桥之外，尽可能不肢解完整的工程构造物。

2. 施工队伍的布置

在项目确定及完成施工段落划分以后，确定施工队伍的布置，施工队伍的布置应根据项目或施工段落划分情况，结合施工作业方式进行。一般道路工程可按照工程内容来划分和布置，如土方施工队，石方施工队，涵洞、通道施工队，桥梁施工队，排水、防护工程施工队，路面基层施工队，路面面层施工队等；也可以按照专业作业方式划分，如机械土石方施工队、人工土石方施工队、砌筑工程施工队、钢筋工程施工队、模板工程施工队、混凝土浇筑工程施工队等。

对于一般大型项目其施工段落划分和施工队伍的布置常常以上述两种方法交替使用，即某一个项目中按照专业划分后又按若干个作业班组进行施工，如涵洞、通道施工队中又可根据涵洞、通道数量的多少划分为基础开挖、基础砌筑、模板安装、混凝土浇筑、盖板预制、盖板安装等；桥梁施工队中又可划分为基础施工、下部构造、上部构造、桥面铺装等。

3. 施工方法的确定

施工方法是施工方案的核心内容，它对工程的实施具有决定性作用。各施工过程均可采用不同的施工方法进行施工，而每一种方法都有其各自的优点和缺点。要从若干可行的施工方法中，选择能够保证施工质量、提高劳动生产率、加快施工进度及充分利用施工机械的方法。选择施工方法应考虑以下几个方面的问题：

（1）选择的施工方法必须具备实现的可能性；

（2）选择的施工方法应满足合同工期的要求；

（3）选择的施工方法能够保证施工质量和施工安全，降低工程成本；

（4）选择施工方法时应进行多种可能方案技术经济比较；

（5）选择施工方法时，尽量采用机械化施工，提高机械化施工水平，加快施工进度。

4. 施工顺序的安排

施工顺序安排得好，可以加快施工进度，减少人工和机械的停歇时间，并能充分利用工作面，避免施工干扰，达到科学地、均衡地、连续地施工。在安排施工顺序时，要重点考虑决定施工顺序的主要因素，仔细分析各种不同施工顺序对工期、质量、成本等所产生的效果，做出最佳的施工顺序安排。

安排施工顺序的原则是：

（1）必须符合工艺的要求。

公路工程项目各施工过程之间存在一定的工艺顺序关系，例如钻孔后必须尽快灌注水下混凝土，否则就要塌孔，所以两道工序必须紧密衔接。

（2）必须使施工顺序与施工方法、施工机械相协调。

例如，桥梁上部构造采用现浇混凝土的施工顺序与采用架桥机进行装配化施工的施工顺序就显然不相同，所以，施工方法不同，采用的机械设备不同，其施工顺序也必然不同。

(3)考虑施工质量的要求。

在安排施工顺序时,要以确保施工质量作为前提条件,影响工程质量时,要重新安排或者采取必要的技术措施。

(4)必须考虑水文、地质、气候的影响。

安排施工顺序时,必须充分考虑洪水、雨季、冬季、季风、不良地质地段的影响。有的因素对施工顺序的安排起着决定性的作用,如桥梁下部构造工程一般应安排在汛期之前完成或之后开始。

(5)必须考虑影响全局的关键工程的合理施工顺序。

例如,路线工程中的某大桥、某隧道、某深堑,若不在前期完工,将导致其他工程无法开展(如无法运输材料、机具,工期太长等),此时应集中力量攻克关键工程。

(6)必须遵从施工过程的基本原则。

即符合施工过程的连续性、协调性、均衡性、经济性的原则。

(7)必须考虑安全生产的要求。

(8)充分考虑工期和成本等。

三、施工机械的选择

拟定施工方法和选择施工机械是合理组织施工的关键,二者有紧密的联系。施工方法一经确定,机械设备的选择就应以满足施工方法的要求为基本依据。而正确地选择施工机械能使施工方法更为先进、合理。因此,施工机械选择的恰当与否在很大程度上决定了施工方法是否可行。在选择施工机械时,应注意以下几点:

(1)只能在现有的或可能获得的机械中进行选择,尽管某种机械在各方面都是合适的,但如不能得到,就不能作为一个供选择方案。

(2)所选择的机械(具)必须满足施工的需要,但又要避免大机小用。

(3)选择机械(具)时,要考虑互相配套,充分发挥主机的作用。如在土方工程施工中,用自卸汽车运输配合单斗挖土机挖土时,自卸汽车的数量必须保证挖土机能连续不断地工作而不致因等车停歇。同时汽车的容量也必须与挖土机斗容量相匹配,以保证充分发挥挖土机的效力。

(4)施工机械(具)的选择,必须满足施工质量和工期的要求。

(5)在选择施工机械(具)时,必须从全局出发,不仅要考虑到在本单位工程或某分部分项工程施工中使用,还要考虑到同一现场上其他单位工程或其他分部分项工程是否也可使用。

四、案例分析

某绕城线北段高速公路项目土建工程第 X 合同段,起止桩号为:主线 K20+046.8—K25+310(含互通);一级公路连接线 LK0+000—LK1+482.508。其中主线 5.2632km 采用四车道高速公路标准建设,设计行车速度 100km/h,路基宽度 26.0m;连接线 1.4825km 采用一级公路标准建设,设计行车速度 100km/h,路基宽度 25.5m。本合同段路线全长 6.7457km。

1.本合同段包含的工程项目

路基工程:清理场地、临时工程、土石方工程、排水工程和防护工程;

桥涵工程:中桥、小桥、互通式和分离式立交桥、通道、涵洞、人行天桥等;

路面工程:主线、互通匝道、一级公路路面底基层,支线路面基层、面层工程;

沿线设施:改路、改渠、改沟和接线工程。

2. 主要工程数量

主要工程数量见表3-1。

表3-1 主要工程数量

序号	项目	单位	设计工程量	备注
1	路基开挖土方	万 m³	91.1723	含借土开挖
2	路基开挖石方	万 m³	63.5072	
3	挖除淤泥	万 m³	10.6379	
4	路基填筑	万 m³	145.9219	含路基填石
5	水泥稳定砂砾底基层	万 m²	20.3116	
6	中桥	m/座	53.12/1	
7	小桥	m/座	0	
8	圆管涵	m/道	485.7/10	
9	盖板通道(涵)	m/道	1079.3/26	
10	互通式立交	处	1	
11	分离式立交(含人行天桥)	m/处	364.56/7	
12	排水工程	km	21.024	
13	防护圬工	万 m³	2.53	

3. 工程特征分析及施工对策

(1)工程特点

地质条件较差、工期短、工程量大、构造物多是本合同段的主要特点。

(2)工程重点和难点

本合同段的重点、难点工程为石方爆破、路基填石和K23+741.5处分离式跨线桥(上跨G107国道)35m预应力T梁的预制安装。

(3)施工对策

①路基石方爆破施工对策:成立专业爆破小组,由项目副经理任组长,多开工作面,采用平行作业,加大人员、机械设备的投入。

②路堤填石施工对策:以技术为保障,合理组织,加强现场控制,利用晴好天气分段施工,重点突出。

③35m预应力T梁施工对策:加大人员、设备和资金的投入,精心组织、合理安排。配备专门的施工机械设备,安排专业队伍施工。

4. 工程施工总体部署

(1)任务划分。

根据招标文件的总体要求及本合同段特点结合具体情况,项目部计划将本合同段的施工任务划分成两个路基责任工区,一个桥梁施工组和一个路面施工组。其中第一工区负责K20+046.8—K23+790段路基土石方、通道、涵洞、防护和排水施工(含接线工程);第二工区负责互通(K23+790—K25+310)和一级公路(LK0+000—LK1+482.508)的路基土石方、通道、涵洞、防护和排水施工(含接线工程);桥梁施工组负责本合同段全部桥梁施工;路面施工组负责本合同段路面工程的施工。

(2)路基土石方施工及桥梁施工任务划分及人员、设备配备见表3-2、表3-3。

表3-2 路基土石方任务划分及人员、设备配备表

作 业 队	负责施工区段	主 要 设 备	人员数量	主要工程量
土石方施工1队 (第一工区)	K20+046.8—K22+200	挖掘机2台、平地机1台、洒水车1台、羊足碾1台、振动压路机1台、推土机1台、自卸汽车10台、潜孔钻1台	30人	填方: 329448.3m³ 挖方: 262694m³
土石方施工2队 (第一工区)	K22+200—K23+790	挖掘机2台、羊足碾1台、振动压路机1台、推土机1台、自卸汽车10台、潜孔钻1台、平地机1台、洒水车与1队共用1台	30人	填方: 269358 m³ 挖方: 257921 m³
土石方施工3队 (第二工区)	K23+790—K25+310 CK0+142.073—CK0+250 EK0+225—EK0+581.711	挖掘机2台、羊足碾1台、平地机1台、洒水车1台、潜孔钻1台、推土机2台、自卸汽车15台、振动式压路机1台	30人	填方: 346959.5m³ 挖方: 293722m³
土石方施工4队 (第二工区)	A匝道、B匝道、D匝道、养护工区 CK0+250—CK0+561.316 EK0+110—EK0+225	挖掘机2台、羊足碾1台、平地机1台、洒水车1台、潜孔钻1台、推土机1台、自卸汽车10台、振动压路机1台	30人	填方: 363090m³ 挖方: 219546m³
土石方施工5队 (第二工区)	LK0+000—LK1+482.508 (包括平交口)	挖掘机2台、平地机1台、推土机1台、羊足碾1台、汽车10台、潜孔钻2台、振动压路机1台、洒水车与4队共用1台	30人	填方: 218079m³ 挖方: 215456m³

表3-3 桥梁工程任务划分及人员、设备配备表

工区	施工队	负责梁段位置/中心桩号	主要工程数量	作业时间	主要设备数量	劳动力
一工区	桥梁1队	K21+228 中桥	桩基:32根 16m空心板:60片	2013.8.20—2014.4.10	旋转钻机2台 电焊机2台 发电机2台	90人
	桥梁2队	K23+741.5	T梁:12片 下构混凝土:3353m³	2013.8.20—2014.3.15	电焊机2台 发电机2台	80人
	桥梁3队	K20+675	桩基:8根 连续箱梁:61.48m	2013.10.1—2014.3.31	旋转钻机2台 发电机2台	80人
		K21+060	桩基:8根 连续箱梁:61.48m	2013.11.1—2014.4.30	旋转钻机2台 发电机2台	80人
		K22+120	预应力混凝土斜腿 刚构49.28m	2014.1.10—2014.7.31	电焊机2台 发电机2台	80人

续上表

工区	施工队	负责梁段位置/中心桩号	主要工程数量	作业时间	主要设备数量	劳动力
二工区	桥梁4队	K22+440	13M空心板:20片 下构混凝土:3205m³	2013.7.20— 2013.12.31	拌和机3台 发电机2台	70人
		LK0+015	13M空心板:20片 下构混凝土:3430m³	2013.10.15— 2014.4.15	电焊机2台 发电机2台	70人
		AK0+691.45	25m空心板:24片 下构混凝土:2300m³	2014.1.15— 2014.6.30	电焊机2台 发电机2台	70人

（3）进度安排。

①影响进度的因素

该项目的计划总工期及本合同段的工程量、工程特点、气候因素以及投入人员、设备情况是本施工组织设计进度安排的主要影响因素。

②总工期的安排

本标段计划开工日期为2013年6月28日，计划竣工日期为2014年11月28日。招标文件规定工期为18个月，计划提前1个月完工。

③施工总体安排

项目开工后，组织相关人员、机械设备到位，修建好临时设施，拉通路基的纵向施工便道，然后进行路基清表及软基处理工作，为大面积的路基填筑和桥涵施工创造条件。路基填筑时，优先考虑桥梁及通道、涵洞作业场地，尽早为本项目的关键工程打开工作面。主线K23+741.5处，35m预应力简支T梁上跨107国道，对主线路基土石方调配和主线路基的贯通有很大的影响，因此，将尽可能提早该座跨线桥的开工日期，以确保其他工程按期完成。涵洞、通道严重制约路基土石方的施工进度，对当地群众的农业生产及生活也有很大的影响，施工中计划把通道、涵洞施工和路基填筑作为一个整体来考虑，合理组织施工，防护、排水工程根据路基填筑的进展情况及时组织施工，同时路基填筑也要兼顾防护工程的施工。待路基填筑、桥梁工程的主体工程、通道、涵洞全部工程完成后，组织队伍进行路基精加工的施工。路基精加工完成40%，且桥梁半幅通车后，开始进行路面底基层施工，最后完成本合同段的路基扫尾工作，并作退场准备。

5.施工方案及施工方法

（1）普通路段路基土石方施工

本合同段路基挖土方911723m³（包括软土），挖石方635072m³，填土方1199219 m³，填石方260000m³，土石方作业设五个施工队，平行作业。

土石方施工方案如下：

①土方调运在100m以内采用推土机施工；

②土方调运在100m以上采用挖掘机配自卸汽车施工；

③开挖石方采用机械打眼、人工爆破后采用推土机清渣，挖掘机装车，自卸汽车运输；

④填土方采用推土机粗平，平地机精平，振动压路机碾压成型；

⑤填石方采用推土机整平，羊足碾配振动压路机碾压成型，辅以洒水车洒水。

（2）石方爆破施工方案和施工方法

本合同石方开挖工程数量有635072m³，主要集中在K23+700—LK1+482.5段，一般切深

$8 \sim 10m$,最大切深22.5m,基岩主要为钙泥质砂岩,根据该基岩的特征,采用小型爆破方法进行开挖。(具体人员、设备的配备及方案等省略)

(3)路面工程施工方案和施工方法

本标段路面工程有:34cm 厚4%水泥稳定砂砾底基层133033m^2,17cm 厚4%水泥稳定砂砾底基层49274m^2,15cm 厚4%水泥稳定砂砾底基层20809m^2;15cm 厚4%水泥稳定砂砾基层752m^2,15cm 厚6%水泥稳定碎石基层3340m^2;18cm 厚水泥混凝土路面3702m^2,20cm 厚水泥混凝土路面460m^2,15cm 厚泥结碎石路面1933m^2,20cm 厚泥结碎石路面7810m^2。其中34cm 厚、17cm 厚和15cm 厚4%水泥稳定砂砾底基层分别为主线、互通匝道及一级公路的路面底基层,其余均为连接线工程的路面工程数量。

根据设计要求,结合现场情况及目前施工状况,主线、互通匝道和一级公路底基层混合料采用300t/h稳定土厂拌设备集中拌和,自卸汽车运输,具有自动调平、摊铺宽度大于12m的ABG摊铺机一次性摊铺成型,压路机压实,其中34cm 厚的底基层按每层17cm 厚分两层摊铺压实。底基层拌和场设在K23+500路线左侧。连接线工程的路面基层采用集中拌和,平地机摊铺。泥结碎石路面采用机械沿路拌和法施工;水泥混凝土路面采用拌和站集中拌和,人工摊铺。

(4)35m 预应力T梁的预制及安装

①预制

a)台座

在桥梁1号台背处选择一个合理的预制场场地,经平整、压实、硬化后开始预制台座的浇筑,距梁两端100cm 处各留一缺口来安放托梁架,台座每隔80cm 埋设一根塑料管,以便装模时穿对拉栓螺杆。为了保证梁底平整与光洁,台座顶面铺6mm 厚的钢板。预制台座位置以方便施工和便于转运T梁进行合理布置。

b)模板

T梁模板采用定制的钢模,侧模上安装附着式振动器。两相邻模板采用螺栓连接,并用橡胶止缝,以防漏浆。模板在拼装之前将表面清理干净,并涂抹脱模剂,模板的对拉螺杆采用$\phi18mm$ 的圆钢制作,对拉螺杆套塑料管,拆模后抽除螺杆并用砂浆封灌。

c)钢筋

钢筋在加工棚制作好后,在台座现场绑扎成型,施工过程中必须控制保护层厚度,确保钢筋间距达到设计要求,以保证预应力管道安装和混凝土的浇筑。

d)预应力索的加工和布置

预应力索采用高速砂轮切割机切断,下料长度满足设计和张拉操作的需要。预应力索每隔1.5m用18号铁丝绑扎成束,成束的钢绞线端头对拼,并编号标明长度及所用部位。预应力束的设计位置及高程需精确测放并标置于骨架上,波纹管安装按此位置固定,穿预应力索前根据管道编号与长度,将预应力索穿入端戴上铁帽固紧,用人工慢速卷扬机牵引预应力索。

e)混凝土施工

预制场混凝土施工分为三大内容:混凝土拌和、混凝土浇筑、混凝土养护。

混凝土浇筑工艺直接影响到混凝土强度和耐久性。混凝土浇筑工艺主要从两方面控制:一是浇筑方法,二是良好的振捣。

f)预应力张拉

预应力张拉采用张拉应力和伸长量进行双控。张拉前对预应力设备进行校准、标定,并计算出理论伸长量、张拉油压。在混凝土强度达到设计要求的强度时开始张拉。张拉程序：

$$0 \rightarrow 初应力 \rightarrow 1.05\sigma_{con} \rightarrow \sigma_{con}(持荷 2min) \rightarrow 锚固$$

其中：σ_{con} 为张拉控制应力。

预应力张拉经分级加压至设计值后，量测伸长量，如实际伸长量与预计伸长量之差 >
±6% 时，应查明原因，采取相应措施。梁体预应力全部张拉后，注意梁体的上拱值，若不符合
设计值则分析原因，进行调整。

g) 孔道压浆

预应力张拉完毕后，应尽快进行压浆。在灌浆前，用手持式砂轮机将外露的钢绞线割断，
然后吹入无油分的压缩空气清洗管道，再用 0.5~0.7MPa 的恒压将水泥浆由梁的一端注入从
另一端流出，直到流出的稠度达到注入稠度，灌浆完成后将出气孔逐一封闭，再浇筑封锚混
凝土。

h) 封锚

孔道压浆后应立即将梁端水泥浆清洗干净，同时清除支承垫板、锚具及端面混凝土的污
垢，并将端面混凝土凿毛，以备浇筑封端混凝土。预应力钢束用手持式砂轮切割机割除。首先
绑扎端部钢筋网，妥善固定封端模板，在校核梁体长度无误后，浇筑封端混凝土。在浇筑封端
混凝土时，需仔细操作并认真振捣，以确保混凝土密实。

②T 梁的安装

T 梁使用双导梁穿行式架桥机架设。先在桥头路堤上拼装架桥机并牵引至桥墩上，再吊
运预制梁。用纵移平车将预制梁运至导梁并穿过平衡部分，当梁前端进入前横行的吊点下面
时，用前横行上的链滑车将预制梁前端稍稍吊起，去纵移平车后再落至原来高度使梁保持水
平，由缆车牵引前行车前进，当预制梁后端进入后横行吊点下面时，仍按上述操作进行。完毕
后，继续牵引梁前进至规定位置。

预制梁横移，先把纵桁行车轮制动，然后将横桁上的跑车横移至设计位置，再平稳就位。

预制梁的安装顺序是先边梁、再中梁，安装一片进行一处横隔板的连接钢板焊接和湿接缝
混凝土浇筑，以保证 T 梁的稳定，不至倾倒，安装示意图如图 3-2 所示。

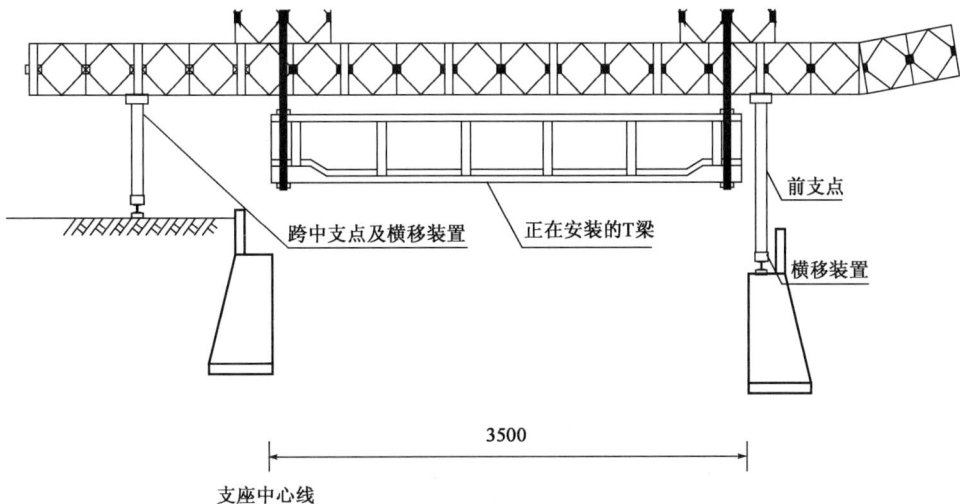

图 3-2　T 梁安装示意图(单位:cm)

(5)安装空心板

空心板安装采用架桥机进行,具体施工方法如下:

①在桥头路堤上拼装双导梁架桥机并延伸到桥头,导梁长度为吊安桥跨长度的2.5倍,上铺枕木和钢轨,导梁上设置两个吊点,每吊点吊重40T,纵移采用2台5T单筒慢速卷扬机纵向牵引,如图3-3所示。

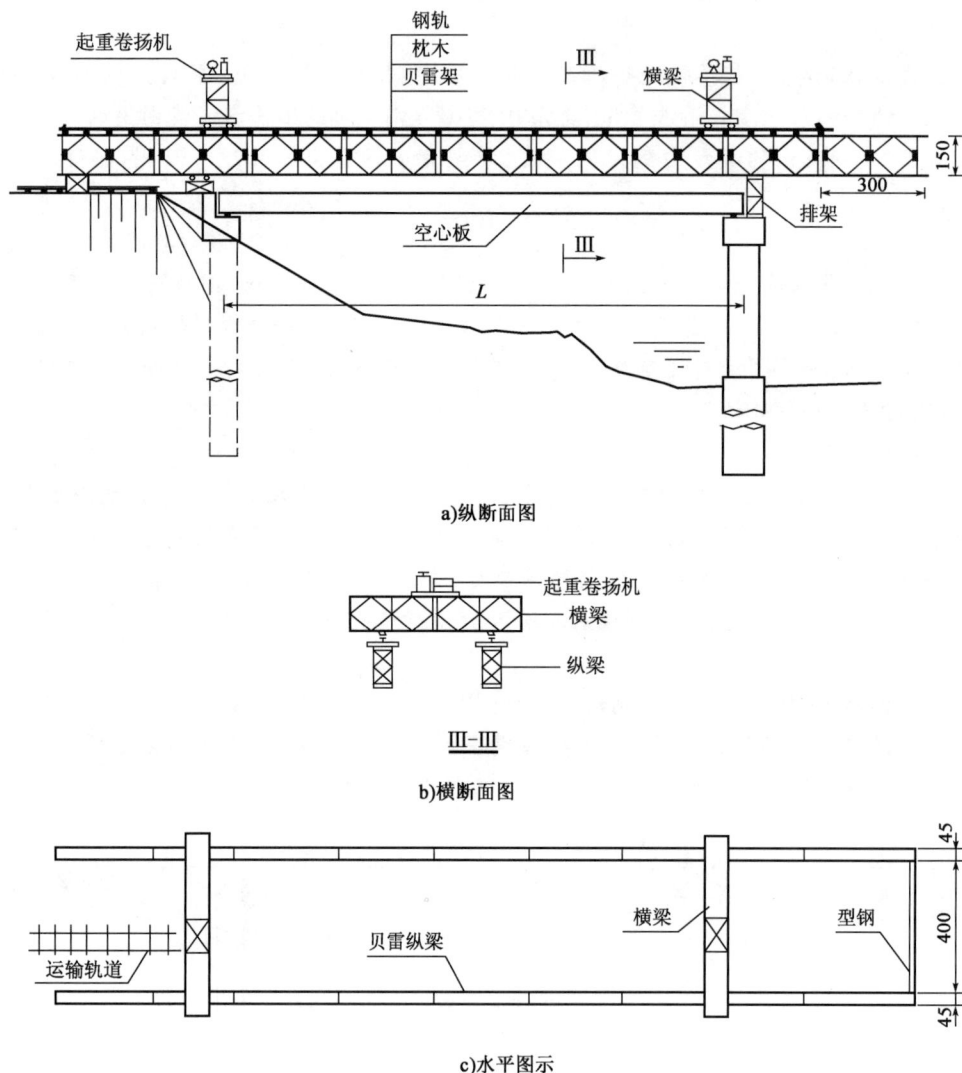

a)纵断面图

Ⅲ—Ⅲ

b)横断面图

c)水平图示

图3-3 导梁安装构造图(单位:cm)

②由架桥机两个吊点将预备安装的空心板吊起,牵引到安装位置,搁置在墩台上。

③由于盖梁设有三角坡垫,不平整,可采用在盖梁上铺放钢轨的方法,在钢轨上安放滑轮,用滑轮将空心板横向移到安装位置,再用千斤顶顶升,抽出钢轨,安放支座,落梁。

④当第一孔安装以后,架桥机向前拖至第二安装孔,运梁轨道相应延至第1孔,依次向前进行安装。采用同样方法安装第3孔。

第四节　施工进度计划

一、施工进度计划的作用

施工进度计划是控制工程施工进度和工程竣工期限等各项施工活动的依据,施工组织工作中的其他有关问题都要服从施工进度计划的要求,如计划部门提出月、旬作业计划,平衡劳动力计划;材料部门调配材料、构件;设备部门安排施工机械(具)的调度;财务部门的用款计划等均须以施工进度为基础。

施工进度计划反映了工程从施工准备工作开始,直到工程竣工为止的全部施工过程;反映了工程建筑与安装的配合关系,各分部分项工程及工序之间的衔接关系。所以施工进度计划有助于领导部门抓住关键,统筹全局,合理布置人力、物力,正确指导施工生产活动的顺利进行;有利于工人明确目标,更好地发挥主人翁精神;有利于施工企业内部及时配合,协同作战。

二、编制施工进度计划的依据和步骤

1. 编制施工进度计划的依据

(1)工程的全部施工图纸及有关水文、地质、气象和其他技术经济资料;

(2)上级或合同规定的开工、竣工日期;

(3)主要工程的施工方案;

(4)劳动定额和机械使用定额;

(5)劳动力、机械设备供应情况。

2. 编制施工进度计划的步骤

(1)研究施工图纸和有关资料及施工条件;

(2)划分施工项目,计算实际工程数量;

(3)编制合理的施工顺序,选择施工方法;

(4)计算各施工过程的实际工作量(劳动量);

(5)确定各施工过程的劳动力需要量(及工种)和机械台班数量及规格;

(6)设计与绘制施工进度图;

(7)检查与调整施工进度。

三、施工进度图的形式

施工进度图通常是以图表表示的,主要形式有:横道图、垂直图和网络图三种。

1. 横道图

其常用的格式如图3-4所示。它由两大部分组成,左面部分是以分部分项工程为主要内容的表格,包括了相应的工程量、定额和劳动量等计算依据;右面部分是指示图表,它是由左面表格中的有关数据经计算得到的。指示图表用横向线条形象地表示出分部分项工程的施工进度,线的长短表示某工作施工持续时间;线的位置表示施工过程的实际作业时间段;线上的数字表示劳动力需要量;线的不同符号表示作业队或施工段别,图中线段表示出各施工阶段的工期和总工期,并综合反映了各分部分项工程相互间的搭接关系。

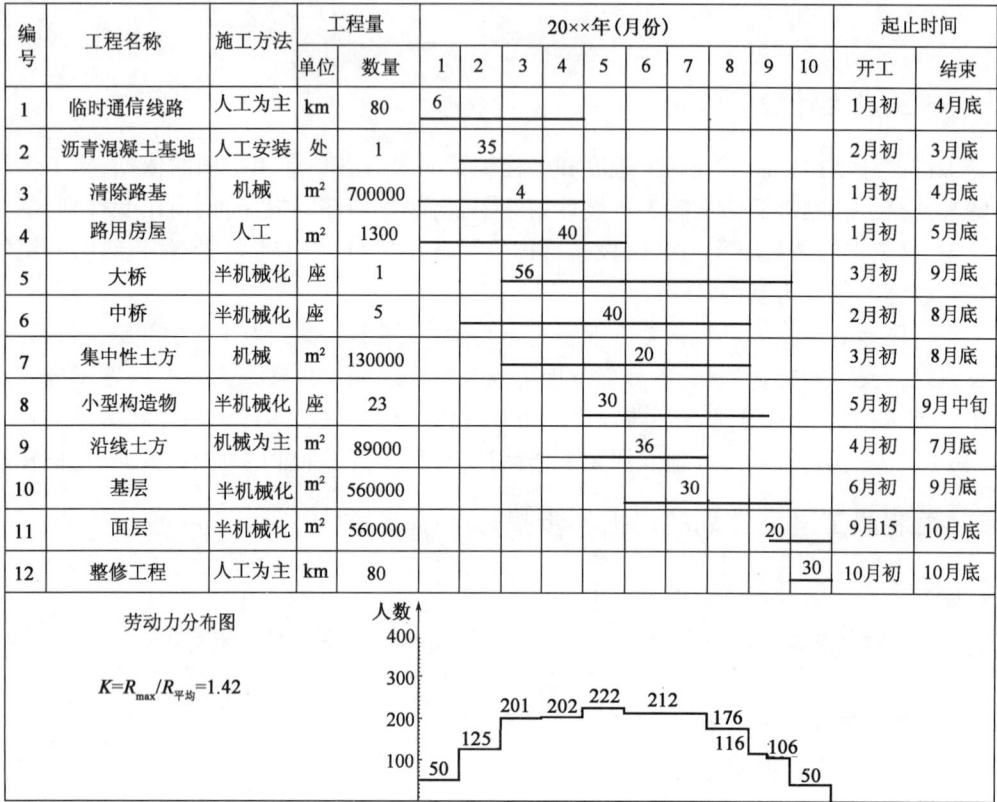

编号	工程名称	施工方法	工程量		20××年(月份)										起止时间	
			单位	数量	1	2	3	4	5	6	7	8	9	10	开工	结束
1	临时通信线路	人工为主	km	80	6										1月初	4月底
2	沥青混凝土基地	人工安装	处	1		35									2月初	3月底
3	清除路基	机械	m²	700000			4								1月初	4月底
4	路用房屋	人工	m²	1300				40							1月初	5月底
5	大桥	半机械化	座	1			56								3月初	9月底
6	中桥	半机械化	座	5					40						2月初	8月底
7	集中性土方	机械	m²	130000						20					3月初	8月底
8	小型构造物	半机械化	座	23					30						5月初	9月中旬
9	沿线土方	机械为主	m²	89000					36						4月初	7月底
10	基层	半机械化	m²	560000							30				6月初	9月底
11	面层	半机械化	m²	560000									20		9月15	10月底
12	整修工程	人工为主	km	80										30	10月初	10月底

劳动力分布图

$K = R_{max}/R_{平均} = 1.42$

人数

400
300
200
100

50 125 201 202 222 212 176 116 106 50

图 3-4 施工进度横道图

这种表示方法比较简单、直观、易懂,容易编制,但有以下缺点:

(1)分项工程(或工序)的相互关系不明确;

(2)施工地点无法表示,只能用文字说明;

(3)工程数量实际分布情况不具体;

(4)仅反映出平均施工强度。

它适用于绘制集中性工程进度图、材料供应计划图或作为辅助性的图示附在说明书内用来向施工作业队下达任务。

2.垂直图

垂直图的表示特点是以纵坐标表示施工日期,以横坐标表示里程或工程位置,而各分部分项工程的施工进度则相应地以不同的斜线表示。工程量在图表上方相应位置表示,施工组织平面示意图可在图表的下方相应地表示,资源分布图可在图表右侧以曲线表示。图 3-5 为垂直图的应用实例。

垂直图的优点:弥补横道图的某些不足之处,工程项目的相互关系、施工的紧凑程度和施工速度都十分清楚,工程的分布情况和施工日期一目了然,从图中可以直接找出任何一天各施工队的施工地点和应完成的工程数量。

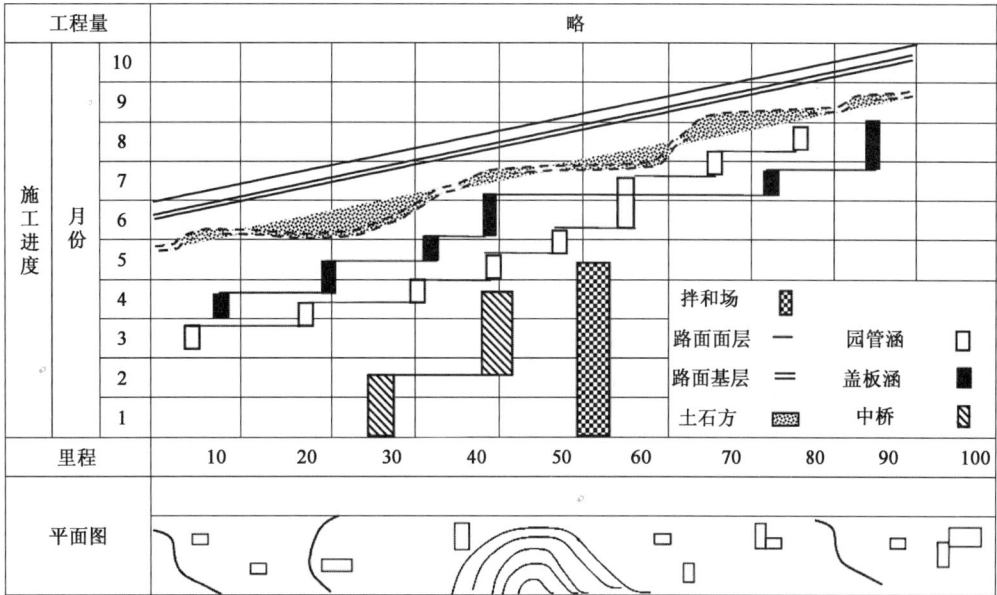

图 3-5 施工进度垂直图

但垂直图仍有一些不足之处：

(1)反映不出某项工作提前(或推迟)完成对整个计划的影响程度；

(2)反映不出哪些工程是主要的,不能明确表达出哪些是关键工作；

(3)计划安排的优劣程度很难评价；

(4)绘制和修改进度图的工作量较大。

3. 网络图

用网络图来表示施工进度的基本原理及计算方法将在第四章中详细讲述。网络图与横道图、垂直图比较,不但能反映施工进度,而且更能清楚地反映出各个工序、各施工项目之间错综复杂的相互联系、相互制约的生产和协作关系。不论是集中性工程,还是线形工程,都可以用网络图表示工程进度,是一种广为使用的工程进度图的表示形式。

四、横道图及垂直图进度计划的编制

在施工组织设计中进度计划有三种形式,即横道图、垂直图和网络图,网络图的编制方法将在以后的章节中介绍,本章仅介绍横道图及垂直图的编制方法和步骤。

1. 划分施工项目,确定施工方法

在编制单位工程施工进度计划时,首先要划分施工项目的细目,即划分为若干工序、施工过程,并填入相应的栏内。划分时应注意：

(1)划分施工项目应与施工方法一致,使进度计划能够完全符合施工实际进展情况,真正起到指导施工的作用。

(2)划分施工项目的粗细程度一般要按施工定额(或预算定额)的细目和子目来填列,这样即简明清晰,又便于查定额计算。

(3)施工项目在进度计划表内填写时,应按工程的施工顺序排列(指横道图),而且应首先

67

安排好主导工程。

(4)施工项目的划分一定要结合工程结构特点仔细分项填列,切不可漏填,以免影响进度计划的准确性。

选择施工方法首先要考虑工程的特点和机械(具)的性能,其次要考虑施工单位所具有的机械(具)条件和技术状况,最后还要考虑技术操作上的合理性。确定施工方法后,还应根据具体条件选择最先进合理的施工组织方法。

2.计算工程量与劳动量

(1)工程量计算

施工进度计划项目划分好以后,即可根据施工图纸及有关工程量的计算规则,按照施工顺序的排列,分别计算各个施工过程的工程量并填入表中。工程量的计算单位,应与相应定额的计算单位相一致。

(2)劳动量计算

所谓劳动量,就是施工过程的工程量与相应的时间定额的乘积。也是劳动力数量与生产周期的乘积,机械台数与生产周期的乘积。

人工操作时叫劳动量,机械操作时又叫作业量。劳动量(或机械作业量)可按下式计算:

$$D = Q/C \text{ 或 } D = Q \cdot S \tag{3-1}$$

式中:D——劳动量(工日或台班);

Q——工程量;

C——产量定额;

S——时间定额。

劳动量的计量单位,对于人工为"工日",对于机械则为"台班"。

计算劳动量时,应根据现行的相应定额(施工定额或预算定额)计算。

受施工条件或施工单位人力、设备数量的限制,对生产周期起控制作用的劳动量称为主导劳动量。一般取生产周期较长的劳动量作为主导劳动量。

在人员、机械数量不变的情况下,采用二班制或三班制将会有效缩短施工过程的生产周期。当主导劳动量生产周期过于突出,就可以采用二班或三班制作业缩短生产周期。

3.生产周期计算

由于工期要求不同和施工条件的差异,其具体计算方法有以下两种:

(1)以施工单位现有的人力、机械的实际生产能力以及工作面大小,来确定完成该劳动量所需的持续时间(周期)。一般可按下式计算:

$$T = \frac{D}{R \times n} \tag{3-2a}$$

式中:T——生产周期(即持续天数);

D——劳动量(工日或台班);

R——每班人数或机械台数;

n——生产工作班制数。

确定生产工作班制应考虑施工工艺的要求,例如钻孔过程必须连续,安排生产作业和计算生产周期时就应按三班制作业。

（2）根据规定的工期来确定施工队（班组）人数或机械台数。

在某些情况下，可以根据已规定的或后续工序需要的工期，来计算在一班制、二班制或三班制条件下，完成劳动量（或剩余工程量）所需作业队的人数或机械台数。一般按下式计算：

$$R = D/(t \times n) \tag{3-2b}$$

限于篇幅，具体计算及分析参见有关公路施工组织管理的参考书。

4.施工进度图的编制

以上各项工作完成后，即可着手编制不同阶段的施工进度计划。

（1）横道图法的编制步骤

①按标准横道图格式绘制空白图表；

②根据设计图纸、施工方法、定额、概预算（项目表）进行列项，并按施工顺序填入横道图的工程名称栏内；

③逐项计算工程量；

④逐项选定定额，将其编号填入横道图中；

⑤进行劳动量计算；

⑥按施工力量（作业队、班、组人数，机械台数）以及工作班制，按上述公式计算所需施工周期（即工作日数）；或按限定的周期以及工作班制、劳动量确定作业队、班（组）的人数或机械台数，将计算结果填入横道图相应栏内；

⑦按计算的各施工过程的生产周期，并根据施工过程之间的逻辑关系，安排施工进度日期。其具体做法是：明确整个工程的工作日期，将日期填入横道图的日程栏内，然后即可按计算的生产周期，用直线或绘有符号的直线绘制进度图；

⑧绘制劳动力分布曲线；

⑨进行反复调整与平衡，最后择优确定方案。

（2）垂直图法编制步骤

对于线形工程，当施工方案确定以后，即可按下列步骤绘制用垂直图法表示的施工进度图。

①绘出图表轮廓及表头，即将项目以及项目的工程量按相应的里程绘于图的上半部，见图3-5的垂直图；

②根据工程的工作日期，将日历绘于图左的纵坐标上；

③将里程及工程的空间组织，即施工平面草图绘于图的下部；

④进行列项，计算劳动量、生产周期、劳动力数、机械台数，一般可先列表算好，并与绘图结合，反复平衡优化；

⑤按已算出的生产周期，分别以铅笔绘出不同符号的进度线，并按紧凑的原则，使各进度线相对移动至最佳位置，其具体画法是：

a）小桥涵工程

根据每座小桥涵的施工工期长短，从可能施工之日起，在各桥涵的位置上用垂直直线画出，其垂直方向的全长即等于所有小桥涵施工期的总和。

b）大中桥工程

绘制方法与小桥涵相同，但上、下部工程最好用两种线条表示。

c)路面工程

路面是连续和等速的施工过程,故进度应是一条斜直线,线的垂直高度等于路面工程所需的总工期,水平线的长度等于路面总里程。

d)路基工程

几个施工队(班组)在指定的里程范围内同时从某月某日开始开工,以斜线(用不同线条)表示时间和里程关系。为了保证路基施工不致中断,所有的斜线不能和桥涵线相交,否则要相对移动线的位置,改变其开工日期。

⑥最后调整。

调整的要点:

a)力求各线靠近而不相交;

b)检查总工期是否符合规定要求;

c)劳动力需要量力求均衡,避免出现高峰低谷;

d)补充图例和说明等;

e)最后以黑线加深线条。

五、施工进度计划的检查与调整

施工组织设计是一个科学的有机整体,编制的正确与否直接影响工程的经济效益。施工管理的目的是使施工任务能如期完成,并在企业现有资源条件下均衡地使用人力、物力、财力,力求以最少的消耗取得最大的经济效果。因此,当施工进度计划初步完成后,应按照施工过程的连续性、协调性、均衡性及经济性等基本原则进行检查与调整,这是一个细致的、反复的过程。现简述如下:

1.施工工期

施工进度计划的工期应当符合上级或合同规定的工期,并尽可能缩短,以保证工程早日交付使用,从而达到最好的经济效果。

2.劳动力消耗的均衡性

每天出勤的工人人数力求不发生大的变动,即劳动力消耗均衡。劳动力需要量图表明劳动力需要量与施工期限之间的关系。如前所述,正确的施工组织设计应该使劳动力消耗趋于均衡,以减少服务性的各种临时设施和避免因调动频繁而形成的窝工。任何一项工程的施工组织设计,由于施工人数和施工时间不同,均有可能出现资源消耗不均衡的情况,故在编制施工进度图时,应以劳动力需要量均衡为原则,对施工进度进行恰当的安排和必要的调整。

不同的工程进度安排,劳动力需要量图呈现不同的形状,一般可归纳成如图3-6所示的三种典型的图式。图3-6a)中出现短暂的劳动力高峰,图3-6b)中劳动力数量频繁波动。这两种都不便于施工管理并增大了临时生活设施的规模,应尽量避免。图3-6c)中一个较长时间内劳动力保持均衡,符合施工规律,是最理想的状况。

劳动力消耗的均衡性,可用劳动力不均衡系数 K 表示。其值按下式计算:

$$K = \frac{R_{\max}}{R_{平均}} \tag{3-3}$$

式中:R_{max}——施工期间人数最高峰值;

$R_{平均}$——施工期间加权平均工人人数。

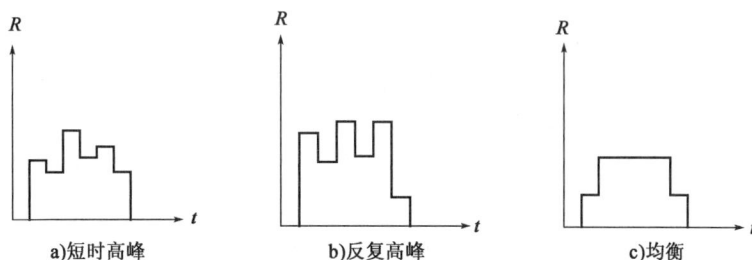

图 3-6 劳动力需要量图

劳动力不均衡系数的值大于 1,一般不超过 1.50,要做到这一点通常需要多次调整工程进度图。

3. 施工工期和劳动力均衡性的调整

(1)如果要使工期缩短,则可对生产周期较长的主导工序采取措施,如增加班制或工人数(包括机械数量),来达到缩短总工期的目的;

(2)若所编计划的工期不允许再延长,而劳动力出现较大的高峰或低谷,则可在允许的范围内,通过调整工序的开工或完工日期,使劳动力需要量趋于均衡。

某些工程由于特定的条件,工期没有严格限制,而在投资、主要材料及关键设备等某一方面有时间或数量的限制时,就要将这些特定条件作为控制因素进行调整。复杂的工程要获得符合均衡施工的最合理的优化计划方案,必须进行多次反复调整计算,这个计算过程十分复杂,宜使用计算机软件完成。

第五节 资源组织计划

一、时间组织计划与资源组织计划的关系

在施工进度计划确定以后,即可编制资源组织计划,资源组织计划必须依照施工进度计划进行编制。只有根据已确定的施工进度计划,计算出各个施工项目每天所需的各种资源种类和数量,将同一时间内所有施工项目的各种资源的数量分别累加,才可计算出每种资源随时间而变化的需要量。施工进度计划的变动必然影响到资源组织计划的变化,因此资源组织计划应与施工进度计划相对应。反之,当资源组织不平衡或受到限制满足不了进度计划的要求时,则必须对进度计划进行调整以满足资源组织的要求。

二、主要资源组织计划编制方法

(1)根据所需资源数量的种类确定其主要资源,编制资源组织计划。所谓主要资源一般为:劳动力;主要材料、成品、半成品、预制构件;主要施工机械和对项目作业时间起控制作用的主导施工机械。

(2)编制资源组织计划的表格。其内容根据资源种类、重要性及供应情况不同而采用不同的形式,但是一般应包括以下内容:序号、名称、规格、单位、数量、来源、运输方式、计划时间、备注等。

(3)计算每个施工项目单位时间的资源需要量。根据设计工程数量和定额消耗量计算某种资源消耗总数量,除以施工进度计划中该项目实际作业天数(或单位时间),则得到每个施工项目单位时间的某种资源需要量。

(4)累计汇总,将同一时间内各施工项目的同一资源数量累加,则得到其所需要的资源总需要量。

(5)根据资源需要量、资金计划、施工进度计划和工期及交通运输能力进行资源组织计划的优化平衡。

三、劳动力使用计划编制

根据已确定的施工进度计划,可计算出各个施工项目每天所需的人工数,将同一时间段内所有施工项目的人工数进行累加,即可计算出每日人工数随时间变化的劳动力需要量。可编制劳动力需要量计划,附于施工进度图之后,为现场主管部门提供劳动力进退场时间,保证及时调配,协调平衡,以满足施工的需要。如现有劳动力不足或过多时,应提出相应的解决措施,以按时或提前完成任务。劳动力需要量计划见表3-4。

表3-4　劳动力需要量计划

序号	工种名	需要人数及时间										备　注
		年　度										
		20××					20××					
		一季度	二季度	三季度	四季度	合计	一季度	二季度	三季度	四季度	合计	
1	2	3	4	5	6	7	8	9	10	11	12	13

编制:　　　　　　　　　　　复核:

四、主要材料供应计划编制

1. 主要材料需要量计划编制

主要材料包括施工需要的由专业厂家生产的材料、地方供应和特殊的材料,以及有关临时设施和拟采取的各种施工技术措施用料,预制构件及其他半成品亦列入主要材料计划中。

材料的需要量,可按照工程量和定额规定进行计算,然后根据施工项目的施工进度计划编制年、季、月主要材料计划表,见表3-5。主要材料(包括预制构件、半成品)计划表应包括材料的规格、名称、数量、材料的来源及运输方式等。材料需要量计划是物资部门采购供应、组织运输和筹建仓库及堆料场的依据。

表 3-5　主要材料计划表

序号	材料名称及规格	单位	数量	来源	运输方式	20××年					20××年					备　注
						一季度	二季度	三季度	四季度	合计	一季度	二季度	三季度	四季度	合计	
1	2	3	4	5	6	7	8	9	10	11	12	13	14	15	16	17

编制：　　　　　　　　　　　复核：

2. 材料运输组织

工地运输组织的任务是：编制运输计划、确定运输量、选择运输方式、计算运输工具的需要量等。公路施工需要运输的物资有建筑材料、构件、半成品，以及机械设备、施工及生产生活用品等。

这些物资由外地运到工地，即场外运输，一般都由专业运输单位承运。工地内的运输，即场内运输，通常由施工单位承担。不论哪种运输，都应有组织，按计划进行。

（1）确定运输量

每日需要运输物资的吨·公里（或立方米·公里）数称为运输量或货运量。一般情况下，工地运输的货运量可按下式计算：

$$q = \sum_{i=1}^{n} Q_i \cdot L_i / T \cdot K \tag{3-4}$$

式中：q——每日货运量，t·km；

Q_i——各种物资的年度需用量，或整个工程的物资用量；

L_i——运输距离，km；

i——货物种类；

T——工程年度运输工作日数，或计划运输天数；

K——运输工作不均衡系数，公路运输取 1.2，铁路运输取 1.5。

若已用差额曲线或累积曲线编制运输计划，则每日需要运输的物资数量和运输工作日数为已知，每日货运量公式为：

$$q = \sum_{i}^{n} Q_i \cdot L_i \cdot K \tag{3-5}$$

式中：Q_i——每日运到工地的物资数量，t/d；

i——货物种类。

其余符号意义同前。

（2）选择运输方式

目前工地运输的方式有铁路运输、公路运输、水路运输和特种运输（索道、管道）等。选择运输方式，必须充分考虑各种影响因素，例如运量大小、运距和物资性质，现有运输设备条件，

73

利用永久性道路的可能性,地形、地质及水文等自然条件,敷设、运输和装卸费用多少等。

一般来说,当货运量大、运距远,又具备条件时,宜采用铁路运输,内部加工场地与原料供应点之间可采用窄轨铁路运输;运距短、地形复杂、坡度较陡时,宜采用汽车运输。当有几种可能的运输方式可供选择时,应通过比较后确定。

场内运输一般采用汽车运输。在场地狭小或运输长大笨重构件时,如隧道、特大桥等的施工,也可采用窄轨铁路运输或索道运输。

(3)计算运输工具需要量

运输方式确定后,即可用下式计算每班作业所需运输工具的需要量:

$$N = Q \cdot K_1/q \cdot T \cdot n \cdot K_2 \tag{3-6}$$

式中：N ——所需的运输工具台数;

Q ——全年(季)度最大运输量;

K_1——运输不均衡系数,场外运输一般采用1.2,场内运输采用1.1;

q ——汽车台班产量,t/台班,根据运距按定额确定;

T ——全年(季)的工作天数;

n ——每日的工作班数;

K_2——运输工具供应系数,一般取0.9。

3. 主要材料运输供应计划编制

材料运输供应计划的编制原则是寻求施工物资需用量、每日运输量、库存量三者之间的最佳平衡关系。通过运输计划,达到确保施工需要、运量均衡、库存最小的目的。运输供应计划是确定运输日期、计算运输工具需用量和工地临时仓库面积的依据。常用方法有如下三种。

(1)指示性供应图

图3-7是以砂、石料和水泥三种材料为例的指示性材料供应图。图中表示需要量的曲线是按照施工进度图的要求绘制的,而供应曲线的绘制则必须考虑供应工作的几个原则,即满足需求,适量储存,有利于运输,完工不剩余材料等。

图中砂石材料是提前5个月开始运输,至开工时止,施工现场已有石料124000m³和砂100000m³。水泥不宜长期储存,以免造成积压和变质,提前20d运至工地。开工前,三种材料储备量都能保证施工时的实际需要。

图中的曲线是假定工地使用材料数量和每日运的材料数量相同,或者按平均数量所绘制,故称为指示性的材料供应图。

(2)差额曲线图

图3-8以砂为例,基线向上的曲线①是材料的实际消耗线,每日消耗有20m³、30m³和40m³三种情况,在100个工作日内共消耗3150m³;曲线②是每月固定运输的材料供应线,供应量为每日33m³(3150/95 =33.16m³/d ≈ 33m³/d)供应95.5d。基线以下曲线③是材料在工地上储备数量的差额线,由于每日消耗量和供应量并不相同,故材料的储备数量很不稳定。由图可知,材料的最大储备量为590 m³,最小储备量为280 m³,并在整个施工期间内变化不定。

(3)累积曲线图

上述差额曲线图能真实反映工地材料储备量的大小,同时可以看出由于供应量和消耗量每日不同,工地上的材料储备量很不稳定(图3-8),最大最小储备量相差近一倍,这对设置工地仓库很不利。由于运距不同等原因,每日运输的数量不可能相同,为了供应量与消耗量大致一致,可利用累积曲线加以控制,如图3-9所示。

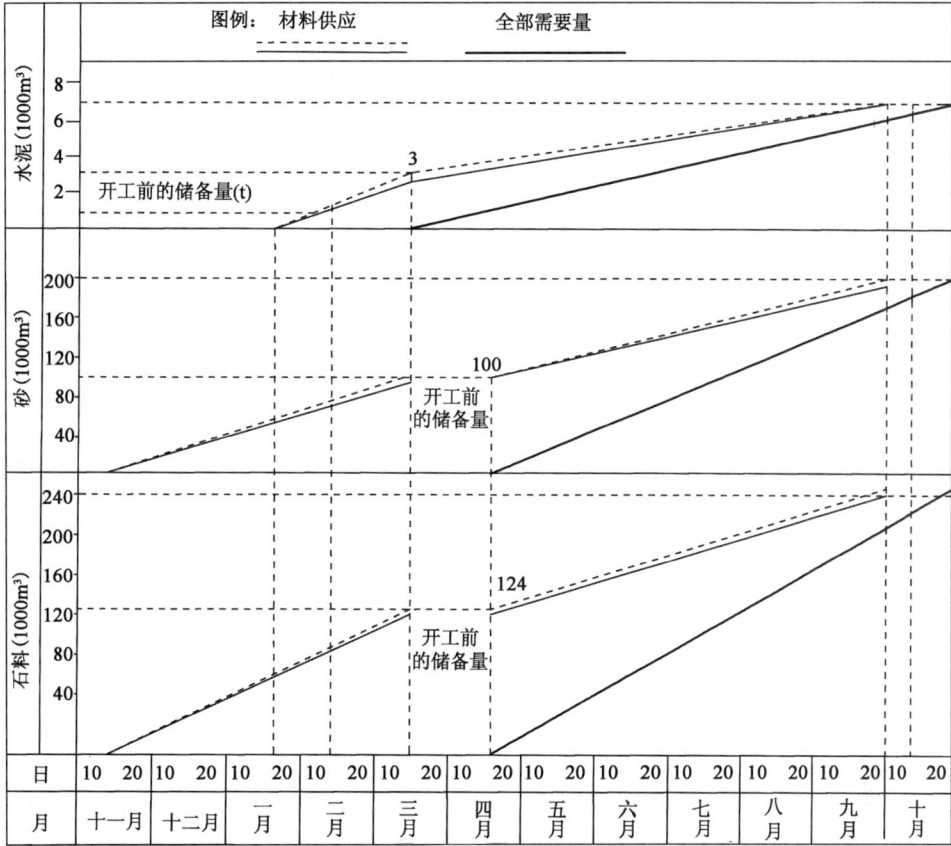

图3-7 材料需要量和供应量指示图

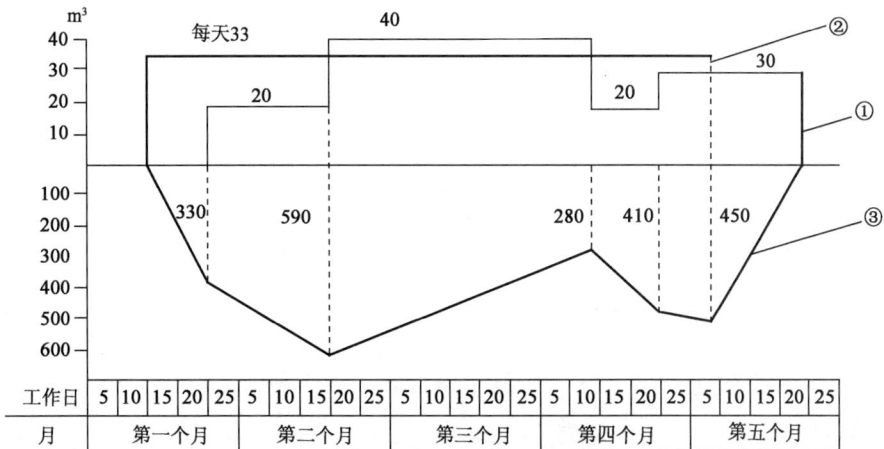

图3-8 差额曲线实施性材料供应图

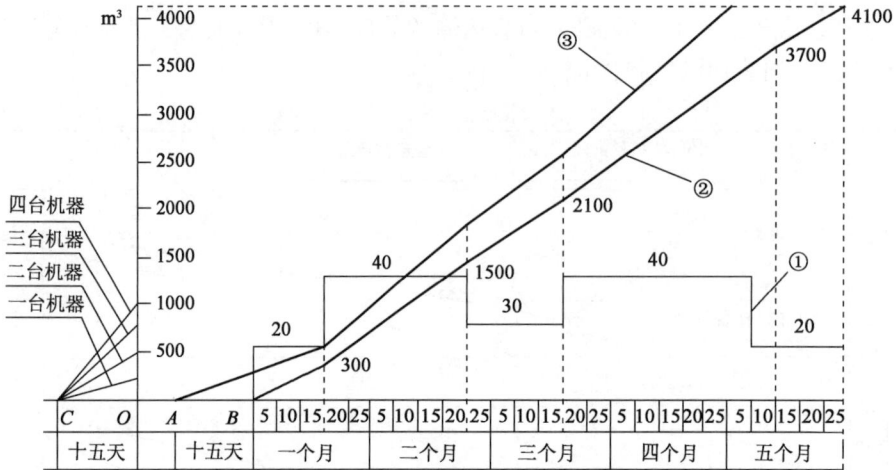

图 3-9 累积曲线实施性材料供应图

在图中,曲线①是材料的实际消耗线(材料需要量计划),曲线②是材料的累积消耗线,曲线③是材料供应的累积曲线。为了使累积供应线③与累积消耗线②力求平衡,以保证工地材料储备量趋向稳定,必须调整运输工具的需要量。为此可以在图的左下角绘制辅助图。

运输工具辅助图的绘制顺序是,先按材料提前供应的日数(图中直线 A = 15 工作日),在坐标零点左边定出 C 点(令 OC = AB),再计算一辆运输工具运输 15 工作日的材料总数量。本例中一辆汽车 15 工作日的运输材料总数量等于 245m³,按已知的总数量(245m³)和运输日期(15d)即可绘制一辆运输工具的射线。同理,可绘出两辆或两辆以上运输工具的射线。为保证图解的正确,上述计算和绘图工作要求按比例精确无误。利用辅助图,即可由 A 点开始按照尽可能与累积消耗线②平行的原则,相应地依照左下图射线的斜率绘出材料供应线③。

如果运输工具到达工地的日期有相同的间隔(例如火车每隔 15d 到达工地一次),则可依相同的方法绘出实施性的材料供应图。

由上可知,材料供应图能够明确地反映材料供应数量与供应日期的关系,亦能表示出材料消耗、储备数量与运输供应量的变化。其中累积曲线还能按均衡供应的要求,合理调整运输工具的数量。所以,累积曲线材料供应图是供应组织与计划中一种比较完善的表达形式。其中供应线与消耗线之间的垂直间距是材料储备数量,而水平间距是表示材料储备量在暂时停运后仍能维持供给的日期。工地材料储备量是设置工地仓库时计算仓库用地面积的依据。

五、主要机械使用计划编制

在确定施工方法时,已经考虑了各个施工项目应选择何种施工机械(具)或设备。为了做好机械、设备的供应工作,应根据已确定的施工进度计划,将每个项目采用的施工机械种类、规格和需用数量,以及使用的具体日期等综合统计编制施工机械设备计划表(表 3-6),以配合施工,保证施工进度的正常进行。

表 3-6 主要机械设备计划表

序号	机械名称及规格	数 量		使用期限		年								备注
						一季度		二季度		三季度		四季度		
		台班	台辆	开始日期	结束日期	台班	台辆	台班	台辆	台班	台辆	台班	台辆	
1	2	3	4	5	6	7	8	9	10	11	12	13	14	15

编制：   复核：

主要施工机械(具)设备需要量包括基本施工过程、辅助施工过程所需的所有主要机械(具)、设备,并应考虑机械设备进、出厂(场)所需台班以及使用期间检修、轮换的备用数量。

第六节 施工平面图设计

一、施工平面图设计的依据、原则和步骤

施工平面图设计是施工过程空间组织的具体成果。根据施工过程空间组织的原则,对施工过程所需的工艺路线、施工设备、原材料堆放、动力供应、场内运输、半成品生产、仓库、料场、生活设施等进行空间布置的科学规划与设计,并以平面图的形式加以表达。

1. 施工平面图设计的依据

(1)施工进度计划和主要施工方案;

(2)各种材料、预制构件及半成品的供应计划和运输方式;

(3)各类临时设施的性质、形式、面积和尺寸;

(4)各加工车间、场地规模和设备数量;

(5)水源、电源资料;

(6)有关设计资料。

2. 施工平面图设计的原则

施工平面布置是一项综合性的规划课题,在很大程度上取决于施工现场的具体条件。它涉及的因素很广,不可能轻易获得令人满意的结果,必须通过方案的比较和必要的计算与分析才能决定。施工平面图设计一般应遵循下列原则:

(1)在保证施工顺利的前提下,少占农田并考虑洪水、风向等自然因素的影响。所有临时性建筑和运输线路的布置,必须便于为基本工作服务,且不得妨碍地面和地下建筑物的施工。

(2)力求材料直达工地,减少二次搬运和场内的搬运距离。笨重和大型的预制构件或材料宜设置在使用点附近。

(3)加工基地应尽可能设在使用地、原料产地或运输集汇点(如车站、码头)。

(4)加工基地内部的布置应以生产工艺流程为依据,并有利于生产的连续性。

(5)应符合安全文明施工和消防的要求,要慎重考虑避免自然灾害(如洪水、泥石流、山

崩)的措施。

(6)施工管理机构的位置必须有利于全面指挥,生活设施要考虑工人的休息和文化生活,办公区、生活区和生产区宜分离设置。

(7)场地布置应与施工进度、施工方法、工艺流程和机械设备相适应。

(8)场地布置经济合理。

3.施工平面图的设计步骤

(1)分析有关调查资料;

(2)合理确定起重、吊装、运输机械的布置(它直接影响仓库、料场、半成品制备场的位置和水、电线路以及道路的布置);

(3)确定水泥混凝土、沥青混凝土搅拌站的位置;

(4)考虑各种材料、半成品的合理堆放;

(5)布置水、电线路;

(6)确定各临时设施的位置和尺寸;

(7)决定临时道路位置、长度和标准。

二、施工平面图的类型和主要内容

1.施工总平面图

施工总平面图在地形图上是以整个工程为对象的,是研究施工平面布置方案的平面地物设计图。公路工程施工总平面图应包括以下内容:

(1)原有河流、居民点、交通路线(公路、铁路等)、车站、码头、通信、运输点等及工地附近与施工有关的建筑物;

(2)施工用地范围和工程主要项目,沿线大中桥、隧道、渡口、交叉口、集中土石方等的位置,加油站等运输管理服务建筑物位置;

(3)施工组织设计的成果,如采料场、附属工厂和基地、仓库、临时动力站(如抽水站、发电所、供热站等)、临时便道、便桥、电源线路、变压器位置以及大型机械设备的停放、维修场地等;

(4)施工管理机构,如工程局、工程处、施工队及工程指挥系统的驻地;

(5)其他与施工有关的内容,如地质不良地段、国家测量标志、气象台、水文站、防洪、防风、防火、安全设施等需要标示的内容。

2.局部施工平面图

局部平面图在施工总平面图的控制下进行布置,应比施工总平面图更加深入、更加具体。

(1)重难点工程施工场地布置图。一般说来,大桥、隧道、立交枢纽等都是重难点工程,其施工场地布置图应在有等高线的地形图上按比例绘制。图上应详细绘出施工现场、辅助生产、生活等区域的布置情况,绘出原有地物情况。

(2)其他单项局部平面布置图。对于大型项目,因施工周期长,管理工作量大,附属、辅助企业多,必要时应绘制局部平面布置图。这类图主要有以下几种:

①沿线砂石料场平面布置图;

②大型附属企业如沥青混合料拌和厂、预制构件厂、主要材料加工厂(木工厂、机修厂)等

平面布置图；

③临时供水、供电、供热基地及管线分布平面图；

④主要施工管理机构的平面布置图。

三、驻地建设

施工单位驻地建设应体现以人为本的理念,着力改善项目各参建单位的生产、生活环境。驻地建设应因地制宜,尽量减少对环境的影响。

1. 驻地选址

(1)选址位置宜靠近工程项目现场的中间位置,应远离地质自然灾害区域,用地合法,周围无塌方、滑坡、落石、泥石流、洪涝等自然灾害隐患,无高频、高压电源及油、气、化工等其他污染源。满足安全、环保的要求,交通、通信便利,水电设施齐全。

(2)选址位置要求距离集中爆破区 500m 以外,不得占用独立大桥下部空间、河道、互通匝道区及规划的取、弃土场。

2. 场地建设

(1)可自建或租用沿线合适的单位或民用房屋,应坚固、安全、实用、美观,并满足工作、生活需求,自建房还应安装、拆卸方便且满足环保要求。自建房屋最低标准为活动板房,建设宜选用阻燃材料,搭建不宜超过两层,每组最多不超过 10 栋,组与组之间的距离不小于 8m,栋与栋之间的距离不小于 4m,房间净高不低于 2.6m。

(2)办公用房建设应实用、隔热、通风、防潮,满足办公需要。驻地办公室人均使用面积不少于 $6m^2$,具有多媒体功能的会议室面积不少于 60 m^2,档案资料室面积不少于 20 m^2,试验室面积不少于 180 m^2。

(3)生活用房建设应体现以人为本的理念,应实用、隔热、通风、防潮,满足生活需要。生活用房应设宿舍、食堂、浴室、厕所等,具备条件的应设文体活动室、活动场地、医疗室等。具体用房面积标准见表 3-7(参照《高速公路施工标准化技术指南》)。

表 3-7　驻地生活用房面积标准

各室名称	配备标准(m^2)	备注
宿舍	3.5	人均面积
食堂(含餐厅)	0.8	人均面积
浴室	0.3	人均面积,总面积不少于 20 m^2
厕所	0.2	人均面积,总面积不少于 20 m^2

(4)驻地内消防设施应满足《建设工程施工现场消防安全技术规范》(GB 50720—2011)的有关规定,在适当位置设置临时室外消防水池和消防沙池,配置相应的消防安全标识和消防安全器材,并经常检查、维护、保养。

(5)驻地内应设置消防通道,并保证消防通道的畅通,禁止在车道上堆物、堆料或挤占消防通道。

(6)驻地内使用的电气设备和临时用电应符合《施工现场临时用电安全技术规范》(JGJ 46—2005)的规定。

(7)生活污水排放应进行专业设计,设置多级沉淀池,通过沉淀过滤达到排放标准。厕所污水应通过集中独立管道进入化粪池,封闭处理。

(8)驻地内应设置一个大型垃圾堆积池,容积不小于3m×2m×1.5m,将各种垃圾集中分类存放,定期按环保要求处置。

(9)驻地内应设有必要的防雷设施,加强驻地安全管理工作,维护企业财产安全和职工生命财产安全,在条件允许情况下驻地应设置报警装置和监控设施。

四、场站建设

场站建设一般包括拌和站、钢筋加工场、预制场、施工材料存放场等。

1. 一般规定

(1)场站选址应满足用地合法,周围无塌方、滑坡、落石、泥石流、洪涝等地质灾害;无高频、高压电源及其他污染源;离集中爆破区500m以外;不得占用规划的取、弃土场。

(2)施工材料存放场应与拌和站、钢筋加工场、预制场等场地配套建设。应根据实际需要进行施工材料存放的选址与规划,明确其设置规模及位置等。

(3)场站临时用电应符合《施工现场临时用电安全技术规范》的有关规定。

(4)场站消防设施应满足《建设工程施工现场消防安全技术规范》的有关规定,配置相应的消防安全标识和消防安全器材,并经常检查、维护、保养。

(5)施工机械设备产生的废水、废油及污水应经过处理后排放,不得直接排入河流、湖泊或其他水域中,不得排入饮用水源附近的土地中。

2. 拌和站

拌和站选址除应符合一般规定外,还应根据合同段的主要构造物分布、运输条件、通电和通水条件等特点综合选址,尽量靠近主体工程施工部位,做到运输便利、经济合理;并远离生活区、居民区,尽量设在生活区、居民区的下风向。拌和站场地建设应该满足下列要求:

(1)拌和站应根据工程实际情况集中布置,宜采用封闭式管理,四周设置围墙,入口设置彩门和值班室。

(2)拌和站建设应综合考虑施工生产情况,合理划分拌和作业区、材料计量区、材料库、运输车辆停放区、试验区、集料堆放区及办公区,内设洗车池(洗车台)、污水沉淀池和排水系统。办公区应与其他区隔离。

(3)拌和站场地面积、搅拌机组配置及产能应满足生产、需求和工程进度要求,一般不低于表3-8规定(参照《高速公路施工标准化技术指南》)。

表3-8 拌和站建设标准

拌和站类型	场地面积(m²)	每个拌和站搅拌机组最低配置
水泥混凝土拌和站	5000	2台拌和机(每台至少有3个水泥罐、4个集料仓)
沥青混合料拌和站	35000	1台拌和机(每台至少3个沥青罐、2个矿粉罐、冷热集料仓各5个)
水稳拌和站	15000	1台拌和机(每台至少3个水泥罐、4个集料仓)

注:①场地面积为拌和站(含备料场)面积;对于崇山峻岭条件困难地区的面积可适当调减。

②场地面积、搅拌机组配置可结合施工进度要求、备料场大小等情况优化调整。

（4）场地（含堆料区、加工区）应做硬化处理，主要运输道路应采用不小于20cm厚的C20混凝土硬化，基础不好的道路应增设碎石掺石屑功能层。场内排水宜按照中间高四周低的原则预设不小于1.5%的排水坡度，四周宜设置砖砌排水沟，并采用M7.5砂浆抹面。

（5）拌和站各罐体宜连接成整体，安装缆风绳和避雷设施，同种罐体应喷涂成统一颜色，并绘制高速公路项目名称以及施工单位简称，两者竖向平行绘制，颜色（建议采用白底蓝字）、字体醒目。

（6）原材料堆放一般符合以下要求：

①凡用于工程的砂石料应按级配要求，不同粒径、不同品种分场存放，每区醒目位置设置材料标识牌，并采用不小于30cm厚的水泥混凝土或厚度不小于60cm的浆砌片石隔墙等构造物分隔，隔墙高度应确保不串料（一般不小于2.5m）。碎石储料仓的走向宜与拌和楼冷料仓的排列平行一致，并预留一定的空间，方便装载机上料。

②水泥混凝土、路面面层储料场应用水泥混凝土进行硬化处理，路面基层储料场可用水稳材料进行硬化处理。料场底应高于外部地面，修筑成向外顺坡（不小于3%），并在料场口设置排水沟，防止料场积水。

③水泥混凝土、路面面层储料场应搭设顶棚，禁止太阳直接照晒或雨淋，顶棚宜采用轻型钢结构，高度应满足机械设备操作空间（一般不宜小于7m），并满足受力、防风、防雨、防雪等要求。路面基层、底基层储料场地中细集料堆放区宜搭设防雨顶棚，防止石料雨淋。

（7）所有拌和机的集料仓应搭设防雨棚，并设置隔板，隔板高度不宜小于100cm，确保不串料。

（8）拌和设备一般符合以下要求：

①混凝土拌和应采用强制式拌和机，单机生产能力不宜低于90m³/h。拌和设备应采用质量法自动计量，且具备计算机控制及打印功能。水、外掺剂计量应采用全自动电子称量法计量，禁止采用流量或人工计量方式，保证工作的连续性、自动性、准确性。减水剂罐体应加设循环搅拌水泵。

②水泥稳定混合料拌和应采用强制式拌和机，设备具备自动计量功能，一般设自动计量补水器加水，单机生产能力不宜低于400t/h。

③沥青混合料采用间歇式拌和机，配备计算机及打印设备，单机生产能力不宜低于240t/h。

④拌和站计量设备应通过当地责权部门标定后方可投入生产，使用过程中应不定期进行复检，确保计量准确。

（9）拌和站应根据拌和机的功率配备相应的备用发电机，确保拌和站有可靠的电力保障。

（10）其他要求

①作业平台、储料仓、集料仓、水泥罐等涉及人身安全的部位均应设置安全防护装置。传动系统裸露的部位应有防护装置和安全检修保护装置。

②设专人定期进行拌和站的清理和打扫，保持拌和站内卫生。每次拌和作业完成后，及时清洗机具，清理现场，做到场地整洁。

③临近居民区施工产生的噪声，应符合现行的《建筑施工场界环境噪声排放标准》的规定。

④应根据需要设置机动车辆、设备冲洗设施，排水沟及沉淀池，施工污水处理达标后方可

排入市政污水管网或河流。

⑤砂石料场底部、上料台、上料输送带下部应经常清理并保持清洁,严禁装载机铲料时铲底。地面应定期洒水,对粉尘源进行覆盖遮挡。

⑥水泥、粉煤灰等材料进料时,应保证材料罐顶的密封性能,预留通气孔应设有降尘措施;当粉尘较大时,应暂时停止上料,待处理完毕后方可继续。

⑦沥青混合料拌和站推荐设置碎石加工除尘与石灰水循环水洗设施,确保细集料洁净无杂质。

⑧纤维材料、抗车辙剂、抗剥落剂等外加剂必须采用仓库存放,地面设置架空垫层,高度离地面至少30cm,以免受潮。

3. 钢筋加工场

钢筋加工场选址除应符合一般规定外,还应根据本项目的主要构造物分布、运输条件、钢筋加工量等特点综合选址,做到运输便利、经济合理。钢筋加工场建设应该满足下列要求:

(1)宜采用封闭式管理。场地内应按原材料堆放区、钢筋下料区、加工制作区、半成品堆放区、成品待检区、合格成品区、废料处理区等科学合理设置,功能明确,标识清晰。

(2)场地面积应根据钢筋(材)加工量的大小、工期等要求设置,一般不低于表3-9规定(参照《高速公路施工标准化技术指南》)。

表3-9　钢筋加工场规模及面积标准

规　　模	加工总量 $T(t)$	场地面积(m^2)
大	$T > 10000$	3500
中	$6000 \leqslant T \leqslant 10000$	2000
小	$3000 < T < 6000$	1500

注:如受场地限制,可适当调整场地面积大小,但功能分区布局应科学、合理。

(3)场内路面宜做硬化处理。主要运输道路应采用不小于20cm厚的C20混凝土硬化,基础不好的道路增设碎石掺石屑功能层。场内排水宜按照中间高四周低的原则预设不小于1.5%的排水坡度,四周宜设置砖砌排水沟,并采用M7.5砂浆抹面。

(4)钢筋加工场架构宜采用钢结构搭设,顶部采用固定式拱形防雨棚,高度应满足加工设备操作空间(一般不小于7m),并设置避雷及防风的保护措施。

(5)个别桥梁、隧道、涵洞受地形、运输条件限制可视实际情况采用简易钢筋棚加工。简易钢筋棚面积应满足生产、施工需求。棚内地面应按规定进行硬化或设置支垫。

(6)钢筋加工机械设备应满足工程质量和进度需要,并符合以下要求:

①机械设备应根据加工工艺的流水线要求合理布设,做到作业"无缝化",并悬挂机械操作安全规定公示牌(即安全操作规程)和设备标示牌;

②钢筋吊移宜采用龙门吊等专用吊装设备,设备应证照齐全、检验合格;

③金属加工机械(如卷扬机等)工作台应稳固可靠,防止受力倾斜;

④用于桥梁桩基、立柱等直径大于或等于25mm以上的主筋宜采用机械连接工艺;

⑤箍筋、弯起钢筋等宜采用数控设备加工。

(7)在加工制作区应悬挂各种型号钢筋的大样设计图,标明尺寸,确保钢筋下料及加工准确。

（8）其他要求

①场内应设置照明（含应急照明）设施，照明电路与工作用电电路分开。电路铺（架）设应科学、合理，一般沿棚的两侧设置，严禁乱拉或随地放置。

②各种气瓶应有标准色，气瓶间距不小于5m，距明火不小于10m，且应采取隔离措施。气瓶使用或存放符合要求，应有防振圈和防护帽。

③焊接、切割场所应设置禁止标志、警告标志；使用氧气、乙炔等易燃易爆场所应设置禁止标志和警示标志。

④易产生粉尘、有害气体的加工场、存放场应采取除尘及有害气体净化措施，且远离生活区、居民区，尽量将加工场设于生活区下风向。

⑤加工剩余的短小材料及废料应合理回收，充分利用。

⑥严禁将不易腐化的合成材料、化工原料等擅自埋入地下。

⑦起吊钢筋时，下方禁止站人，必须待钢筋降落到距地面1m以内方准靠近，就位支撑好方可摘钩。

⑧钢筋进行防腐处理时，制作区应远离办公生活区。焊接时，有可靠的接地装置导线，绝缘良好。焊接操作时应佩戴防护用品。

⑨人工断料工具必须牢固。小于30cm的短钢筋，应用钳子夹牢，并在外侧设置防护箱笼罩，禁止用手把挟。

4. 预制梁场

预制梁场选址除应符合一般规定外，还应以方便、合理、安全、经济及满足工期为原则，结合施工合同段所属预制梁的尺寸、数量、架设要求以及运输条件等情况进行综合选址。预制梁场地建设应该满足下列要求：

（1）预制梁场地建设前施工单位应将梁场布置方案报监理工程师审批，方案内容应包含各类型梁板的台座数量、模板数量、生产能力、存梁区布置及最大存梁能力等。预制场建设要与桥梁下部结构施工基本同步启动，避免出现"梁等墩"或"墩等梁"状况。

（2）宜采用封闭式管理，场地内应按办公区、生活区、构件加工区、制梁区和存梁区、废料处理区等科学合理设置，功能明确，标识清晰。生活区应与其他区隔开。

（3）各项目预制场应统筹设置，建设规模和设备配备应与预制梁板的数量和生产工期相适应，一般不低于表3-10规定（参照《高速公路施工标准化技术指南》）。

表3-10 预制场规模和相关设备配备表

内　　容	加工总量 $T(t)$
钢筋棚	至少一座
台座数量	应与预制时间、数量相匹配
吊装设备	满足起吊吨位需要，至少2台
模板数量	按照台座数量的 $1/(4\sim6)$ 匹配
自动喷淋养生设施	每片梁板设喷管不得少于3条（顶部1条，侧面各1条）；喷管长为梁体长+1m，喷头间距0.5m
必备的施工辅助设施	横隔板钢筋定位架、钢筋骨架定位架、横隔板底模支撑架
其他施工设备	满足施工需要

（4）场内路面宜做硬化处理,主要运输道路应采用不小于20cm厚的C20混凝土硬化,基础不好的道路应增设碎石掺石屑功能层。场内不允许积水,四周设置砖排水沟,并采用M7.5砂浆抹面。

（5）预制梁场应尽量按照"工厂化、集约化、专业化"的要求规划建设,每个预制梁场预制的梁板数量不宜少于300片。若个别受地形、运输条件限制的桥梁梁板需单独预制,规模可适当减小,但钢筋骨架定位胎膜、自动喷淋养护等设施仍应满足施工生产要求。

（6）预制场钢筋加工、混凝土拌和应尽量使用合同段既有的钢筋加工场、拌和站。

（7）预制梁板钢筋骨架应统一采用定位胎膜进行加工,并设置高强度砂浆垫块确保钢筋保护层厚度。

（8）设置自动喷淋养生设备,预制梁板采用土工布包裹喷淋养生(北方地区应根据气候情况采用蒸汽保湿养生),养生水应循环使用。喷淋水压加压泵应能保证提供足够的水压,确保梁板的每个部位均能养护到位,尤其是翼缘板底面及横隔板部位。

（9）预制梁板台座布设一般应满足以下要求:

①预制梁板的台座强度应满足张拉要求,台座尽量设置在地质较好的地基上,在不良地基路段,应先进行地基处理。为防止发生张拉台座不均匀沉降、开裂事故,影响预制梁板的质量,先张法施工的张拉台座不得采用重力式台座,应采用钢筋混凝土框架式台座。台座端部受力处应设置钢筋网片。

②底模宜采用通长钢板,钢板厚度应不小于6mm,不得采用混凝土底模,推荐使用不锈钢底模板,并确保钢板平整、光滑,防止黏结造成梁板底"蜂窝"、"麻面"。底模钢板应采取防止变形措施。

③存梁区台座混凝土强度等级不低于C20,台座尺寸应满足使用要求。用于存梁的枕梁应设在离梁两端各50~80cm处,且不影响梁片吊装,支垫材质应采用承载力足够的非刚性材料,且不污染梁底。

④在使用过程中,监理和施工单位应定期对台座进行复测检查,非不良地基区域的台座每3个月复测1次,不良地基区域的台座每月应复测1次,并建立观测数据档案,分析台座沉降情况,发现异常应及时处理。

⑤梁板预制完成后,移梁前应对梁板喷涂统一标识和编号,标识内容包括预制时间、张拉时间、施工单位、梁体编号、使用部位名称等。

⑥空心板、箱梁最多存放层数应符合设计文件和相关技术规范要求。设计文件无规定时,空心板叠层不得超过3层,小箱梁和T梁堆叠存放不超过2层。预制梁存放时(特别是叠层存放)应采取支撑等措施确保安全稳定。

（10）龙门吊设置一般应满足以下要求:

①预制场内应设置起重设备,如龙门吊等,便于预制梁(板)模板的安装拆卸、存梁堆码以及浇筑混凝土的调运。电热设备、起重设备应进行专业安检。

②吊装作业区应进行封闭,设置安全警告标示牌,作业场所应有安全执勤人员负责看守,严禁非工作人员进入,所有人员均不得在起吊和运行的吊物下站立。

③对组装好的龙门吊,在使用前必须进行满载试吊,运梁轨道和龙门轨道在使用前应进行试运行,满足要求后方可正式使用。

（11）其他要求

①预制场出入口宜设置洗车台(池),防止运料车辆、混凝土罐车等将泥土带进场内。场内应设置沉淀池,施工污水应先汇入沉淀池,处理达标后方能排放。

②场内应设置张拉防护台座,确保张拉操作时的人员安全。

③推广采用智能张拉与压浆技术。

④预制场施工用水应满足相应的水质和水量要求,预制场的蓄水池应确保施工用水充足。

⑤施工现场安装、拆卸大型吊装设备,必须由具有相应资质的单位承担,施工单位负责人、安质部长、安全(设备)主管工程师到场把关。

5. 小型构件预制场

小型构建预制场选址除应符合一般规定外,还应以方便、合理、安全、经济及满足工期为原则,结合合同段工程量及运输条件综合选址。可结合拌和站或预制梁场综合设置。

(1)宜采用封闭式管理,场地内应按构件生产区、存放区、养护区、废料处理区等科学合理设置,功能明确,标识清晰。

(2)预制场的建设规模应结合小型构件预制数量和预制工期等参数来规划,场地面积一般不小于 2000m²。

(3)场内路面宜做硬化处理,主要运输道路应采用厚度不小于 20cm 的 C20 混凝土硬化,基础不好的道路应增设碎石掺石屑功能层。场内不允许积水,四周宜设置砖砌排水沟,并采用 M7.5 砂浆抹面。

(4)生产区根据合同段设计图纸确定的预制构件的种类设置生产线,同时配备小型拌和站 1 座(尽可能利用既有拌和站)。

(5)养护区采用自动喷淋养护系统结合土工布覆盖对构件进行养护,确保构件处于湿润状态。混凝土养生应符合规范要求。

(6)成品按不同规格分层堆码,堆码高度应保证安全。预制件养护期不得堆码存放,以防损伤。运输过程中应采取措施,防止缺边掉角。

(7)其他要求

①小型构件预制应选用振动台振捣,振动台电机功率应经过现场试验,对振动台的性能进行分析与比选,确定振动台的电机功率,一般为 1.2~1.5kW,振动台数量根据预制构件生产数量确定。

②模板应使用钢模板或高强度塑料模具,入模前应进行拼缝检查。对拼缝达不到要求的,辅以双面胶或泡沫剂。应选用优质脱模剂,保证混凝土外观。在周转间隙应有覆盖措施,防止雨淋、生锈、被污染。

6. 原材料、半成品、成品存放场

(1)一般规定

①存放场应合理选择设置地点,尽量靠近使用地点,确保运输及卸料方便;模板、脚手架等周转材料,应选择装卸、取用、整理方便且靠近拟建工程地点放置;水泥、砂石料等原材料应靠近拌和站放置。

②各种材料应分区存放,堆放场地应进行硬化处理。存放场应留有足够宽度的通道,便于装运。

③材料存放场应做到整齐干净,无砖瓦块、钢筋头、杂物等,各种材料的堆放应做到一头

齐、一条线。

④预制构件的堆放位置应考虑吊装顺序,力求直接装卸就位。

⑤贵重物资、装备器材应存入库内。

(2)砂、石料存放

①用于实体工程的砂石料应分不同粒径、不同品种分仓存放,不得混堆或交叉堆放。料场应采用不小于30cm厚的混凝土墙体等构造物(高度一般不小于2.5m)隔开,场内地面应设向外顺坡,确保不积水。

②砂石料应按规定进行材料的质量检验及状态标识,标识包括材料名称、产地、规格、数量、进料时间、检验状态、试验报告号、检验批次等。

③砂石料存放场集料清洗区应设置单向流水坡;上料通道应结合拌和场配料机设备参数进行平面和坡度设置。

(3)钢材存放

①钢筋、钢绞线、型钢等钢材应按不同钢种、等级牌号、规格及生产厂家分类存放在仓库或防雨棚内,并挂牌标识。地面应做硬化处理,并垫高不小于30cm,严禁与潮湿地面接触,不得与酸、盐、油类物堆放一起。

②钢筋场内需设置不小于3m×12m的废料堆放区,加工过程中产生的钢筋废料统一堆放处理。

(4)半成品、成品存放区

①存放场地应通风良好,有条件宜搭设专业存储棚库。

②材料储存时应按使用、安装次序进行分类、分批存放,并按规定做好标识,小件(散件)材料及配件宜存放于箱、盒内。

③金属、木材及构配件等材料底部应按规定垫高,并避免与酸碱等腐蚀性物质接触。

④易滑落的材料应捆绑牢固,堆放有序。

⑤支座、锚具等主要成品材料应在室内存放。

⑥防水卷材及土工材料等应避免雨淋、日晒、受潮,注意通风,远离热源。

(5)周转料具的存放应随拆、随整、随保养,码放整齐。大模板存放时,应有可靠的防倾倒措施,不得靠在其他模板或物件上。

7. 库房

(1)一般规定

①库房应合理选择设置地点,设置位置应位于交通方便处,距各使用地点综合距离较近,遵循安全技术和防火规定。危险品仓库应远离施工现场、居民区和既有设施,附近应设有明显标志及围挡设施,并设置视频监控系统。

②原则上采用砖砌房屋,库房内外部采用水泥砂浆抹面,地面采用C20混凝土硬化,具有良好的排水系统。

③各库房门口应设置库房标识牌,内容包括:库房名称、存放物品名称、型号、数量、危险级别、仓库管理员等。各种材料库房内应设置材料标识牌。氧气、乙炔等易燃易爆物放置场所应设置禁止、警示标志,消防器材放置场所应设置提示标志。

④严禁在库区吸烟,使用明火。库房内消防设施符合防火防爆要求。电力线路、电器设备应满足安全用电要求。

⑤火工品库、危险品库、油库等存放应符合《爆破安全规程》《民用爆炸物品安全管理条例》《化学危险品安全管理条例》《油库安全管理规程》等国家现行法律法规和其他规章的有关规定。

（2）袋装水泥、掺和料、外加剂库房

①袋装水泥、掺和料应采用库房储存。库房内地面应做硬化、防潮处理，水泥应架空离墙、地均不小于30cm。库房内应定期清理散灰。

②袋装水泥应按品种、强度等级、生产日期分别堆放，并树立标识，做到先到先用，防止混掺使用。

③袋装水泥应避免与石灰、石膏以及其他易飞扬的粒状材料同存，以防混杂影响质量。袋装水泥堆高不得超过10袋，宜一车一垛。

④袋装水泥的储存时间不宜太长，以免结块降低强度。出场后超过三个月未用的水泥，应及时抽样检查，经检验后按重新确定的强度等级使用。

⑤外加剂应按不同批次、不同品种、不同生产日期分开存放，根据不同的检验状态和结果采用统一的材料标识牌进行标识，注明生产厂家、品种、出厂日期、进库保管日期等。存放高度不应超过1.5m，液态外加剂应分罐存放。

⑥受潮、过期的袋装水泥和掺和料，以及过期、变质的外加剂，均不得随意丢弃，应运送到指定地点集中处理。

⑦水泥库房宜设置进、出库门，确保水泥的正常循环使用。根据面积和出入口布置水泥垛的位置和顺序，确保水泥先进先发。

（3）火工品库

①施工现场的火工品应储存在公安机关批准并验收合格的仓库内。

②库房应设有专人管理，并制订火工品验收制度、发放制度、防火制度、安全保卫制度、交接班制度、出入库检查和登记制度、废爆炸物品销毁制度等。

③库房应与居民区、工厂、公共建筑保持安全距离并隔离。炸药、雷管应分库设置，距离不小于30m。库内应设置自动报警装置以及监控系统。

④库门应为外开式且开启灵活、关闭严密；库房应具备良好的通风、防爆、照明设备和防静电措施，应符合防爆、防雷、防潮、防火、防鼠、防盗等要求。

⑤库存量不准超过公安机关批准的容量。库内货架应保证牢固，距墙不小于0.1m。库内堆放的物资距墙应不小于0.3m，垫高不小于0.3m，放置雷管时应铺设胶质皮垫。

⑥严禁在库房内住宿和进行有碍安全的活动，严禁把其他容易引起燃烧、爆炸的物品带入仓库，严禁无关人员进入库区（检查等确需进入的应做好登记）。

⑦库房周围不应有杂草和灌木丛。在库区所控制的外部安全距离内不得进行有碍库房安全的活动。

（4）危险品库

①氧气瓶、乙炔瓶应分开存放，间距不小于5m。

②剧毒、放射源等危险物品存放应符合防爆、防雷、防潮、防火、防鼠、防盗等要求，且远离生活区。

（5）油库

①油库应严格制订安全管理制度、用火管理制度和外来人员登记制度。

②油库应划分消防区域，制订消防预案，设置消防砂池，配备相应的消防工具和器材，并定

期检查维护。

③油罐应按设计规定装油,不能混装。夏季露天装轻质油料的油罐应有降温措施,周围应采用围墙或通透式围栏进行隔离。

④露天存放的桶装油料,应隐蔽、遮盖,桶身应倾斜,单口朝上,双口在同一水平线上,防止雨水侵入,垛位四周应设排水沟。

⑤油罐区内禁止存放危险品、爆炸品和其他易燃易爆物资。

五、临时工程

临时工程主要包括临时用电,施工便道、便桥等。临时工程应与现场地形、地物和现有生活、生产设施相协调,尽量减少对现有地形地貌的破坏,充分利用现有生活、生产设施。

1.临时用电

(1)施工现场临时用电应符合《施工现场临时用电安全技术规范》的规定,并尽量与运营期永久用电相结合。施工前应编制临时用电方案和临时用电施工组织设计,确定电源进线、总配电箱、分配电箱的位置及线路定向,进行负荷计算,选择变压器容量和导线截面,制订安全用电技术措施和电气防火措施,经相关部门审核批准后实施。

(2)施工现场临时用电应采用 TNS 接地、接零保护系统,采用三相五线制(三根火线,一根工作零线,一根保护零线)和三级配电两级保护方式(总控、分控、开关、分控、开关分设漏电保护)。

(3)严格按照施工用电专项组织设计与施工现场平面布置进行架设和管理电力线,动力和照明线应分开架设。

(4)用电设备实行"一机一闸一漏一箱"制,不得用一个开关直接控制两台及以上的用电设备;漏电保护器符合国家现行标准《剩余电流动作保护电器(RCD)的一般要求》(GB/T 6829—2017)的规定,并与用电设备相匹配。

(5)配电系统需设置室内总配电箱和室外分配电箱,实行分级配电;总配电箱应设置在靠近电源的地方,分配电箱应设在用电设备或负荷相对集中的地方。

(6)开关箱由末级分配电箱配电,开关箱内应一机一闸,严禁一个开关直接控制两台及以上的用电设备;配电箱、开关箱应装设在干燥、通风及常温场所,并保证有足够两个人同时作业的空间,其周围不得堆放任何有碍操作、维修的物品。

(7)所有配电箱、开关箱均编号配锁,标明负责人姓名、联系电话、使用部位,张贴安全警示标识牌,设专人负责管理。

(8)进入现场的电气设备、固定吊装设备、钢梁梁体等可能因雷击或外壳带电造成人身伤害的设备、设施均应设线接地。

(9)配电房(室)、变压器等固定电力设备均应设安全防护屏障或网栅围栏,高度不低于2.5m,应设置明显的禁止、警告标志。

(10)架空线应采用绝缘导线或电缆线,应架设在专用电杆上,严禁架设在树木、脚手架及其他设施上。

(11)电力作业人员应持证上岗,按规定正确穿戴、使用劳动防护用品。

(12)雨季施工应增加用电设备巡视次数,做好用电设施防雨措施。下雨时关好配电箱箱门,防止进水、受潮,发生漏电事故。雨后应对所有用电设备进行绝缘测试,合格后方可使用。

2. 施工便道、便桥

（1）一般规定

①施工便道、便桥的建设应满足施工需要，尽量结合地方道路规划进行专项设计，尽可能提前实施，完工后尽量保留移交地方使用。新建便道、便桥应尽量不占用农田，少开挖山体，节约资源，保护环境。

②施工便道、便桥应充分利用既有道路和桥梁。避免与既有铁路、公路平面交叉，避免对当地居民生活造成困扰。

③施工便道、便桥应结合施工平面布置，满足工程施工机械、材料进场的要求。

④施工便道分为主干线和引入线，主干线尽可能靠近合同段各主要工点，引入线以直达施工现场为原则，并考虑与相邻合同段施工便道的衔接。

⑤施工便道应畅通，旧、危桥应加固处理。

⑥条件允许的，施工便道应布设在主线外的一侧，并尽可能设置在路基坡脚及小型构造物洞口、桥梁锥坡以外，以利于路基、锥坡的填筑和压实。

（2）建设标准

①根据地形条件，确定便道、便桥平纵线形及横断面宽度：便道路基宽度不小于 4.5m，路面宽度不小于 3.0m；原则上每 100m 范围内应设置一个长度不小于 20m、路面宽度不小于 5.5m 的错车道；便道在急弯、陡坡处应视地形情况适当加宽，并进行硬化处理。便桥结构按照实际情况专门设计，同时应满足排洪要求，人行便桥宽度不小于 2.5m，人车混行便桥宽度不小于 4.5m；若便桥长度超过 1km，宜适当增加宽度。

②便道路面最低标准应采用泥结碎石或级配碎石。在条件允许的情况下，便道路面可采用隧道洞渣或矿渣铺筑。特大桥、隧道洞口、拌和站和预制场等大型作业区进出便道 200m 范围路面宜采用不小于 20cm 厚的 C20 混凝土硬化。

③便道两侧设置排水系统，在汇水面积较大的低凹处应设置涵洞，以满足排水泄洪要求。

④便桥高度不低于上年最高洪水位，海上施工的便桥（栈桥）高度应根据 10～20 年遇波浪要素值与潮汐特征值确定。桥头设置限高、限重、限速标牌，桥面设立柱间距 1.5～2.0m、高 1.2m 的防护栏杆，栏杆颜色标准统一，在适当位置设置醒目的警示反光标志。

（3）其他要求

①施工期间应指定专人（队）负责施工便道、便桥的日常检查和养护，及时修复路面坑槽，清理排水沟和涵洞的淤泥、杂物，保障便道、便桥畅通。

②每个合同段至少配备 1 台洒水车用于洒水，做到晴天少粉尘，雨天不泥泞，日常无投诉。

③对施工便道应统一进行数字编号，并标明便道通往的方向和主要工程名称。编号可由高速公路简称首字母、合同段号及便道排序号三项组成。

④便道路口应设置限速标志，遇建筑物、城市道路转角、视线不良地段应设置警示标志，跨越（临近）道路施工应设置警告标志，道路危险段应设置防护及警告标牌。途经小桥，应设置限载限宽标志；途经通道，应设置限宽限高警告标志。路线明显变化处、便道平面交叉处，应设置指路和警告标志。

六、施工组织平面图设计案例

某绕城线北段高速公路项目土建工程第 X 合同段，起止桩号为：主线 K20+046.8—K25＋

310（含互通）；一级公路连接线 LK0+000—LK1+482.508。其中主线 5.2632km 采用四车道高速公路标准建设，设计行车速度 100km/h，路基宽度 26.0m；连接线 1.4825km 采用一级公路标准建设，设计行车速度 100km/h，路基宽度 25.5m。本合同段路线全长 6.7457km。

1. 本合同段包含的工程项目

路基工程：清理场地、临时工程、土石方工程、排水工程和防护工程；

桥涵工程：中桥、小桥、互通式和分离式立交桥、通道、涵洞、人行天桥等；

路面工程：主线、互通匝道、一级公路路面底基层及支线路面；

沿线设施：改路、改渠、改沟和接线工程。

2. 施工便道设计及施工

项目开工后，路基范围内拉通一条纵向施工便道，便道宽 7m，采用挖掘机、推土机、平地机、压路机和自卸汽车施工。当有河沟、渠道横穿主线时，安装临时过水圆管涵来保证农田用水和泄洪的需要。

3. 施工驻地的设置

计划将承包人驻地设置在主线 K23+650 处路基左侧。第一批人员进场后，首先搞好"三通一平"工作，然后进行临时房屋建设。临时房屋建设包括办公室、宿舍、工地试验室、会议室、食堂、浴室、卫生间、仓库、机修车间和污水处理池等。根据初步估算修建临时房屋面积共计 1870m²。为丰富职工业余生活，还将在驻地内修建篮球场和职工娱乐室。驻地建设应以环保为原则，以人为本，在不铺张浪费的前提下，营造一个清洁、舒适的工作环境。施工驻地需临时用地约 3.8 亩（2533m²）。

4. 拌和站及预制场的设置

根据招标文件的要求，结合现场实际情况，计划在主线 K21+228 处中桥 0 号台后路基范围设置一个空心板预制场，主线 K23+800 右侧设一个 T 梁预制场和一个混凝土拌和站，在 AK0+691.45 跨线桥右侧再增设一个空心板预制场，小型构件预制场设在主线 K22+100 右侧，底基层稳定料拌和场设在主线 K23+500 左侧。

5. 施工用电和施工用水

本合同段沿线电力资源十分丰富，能满足本工程施工用电的需要，生活、施工用电将以外电输送为主。施工中，将准备 3 台发电机作为备用电源。

沿线水系发达，水源丰富，水质洁净，施工用水可直接就近取用，生活用水采取打井取水。如遇旱季或供水困难时，计划用水车运输来保证生活及施工用水。

6. 施工通信

本合同段所在的村镇都开通了程控电话，移动网络也基本上覆盖了全线。施工中，将以对讲机、程控电话和移动电话作为主要的施工通信工具。另外项目驻地还将配置传真机、开通互联网，以加强与业主和外界的联络。

7. 临时工程总体布置与数量

本合同段临时工程布置详见《施工总平面布置图》（图 3-10），《桥梁预制场平面布置图》（图 3-11）。

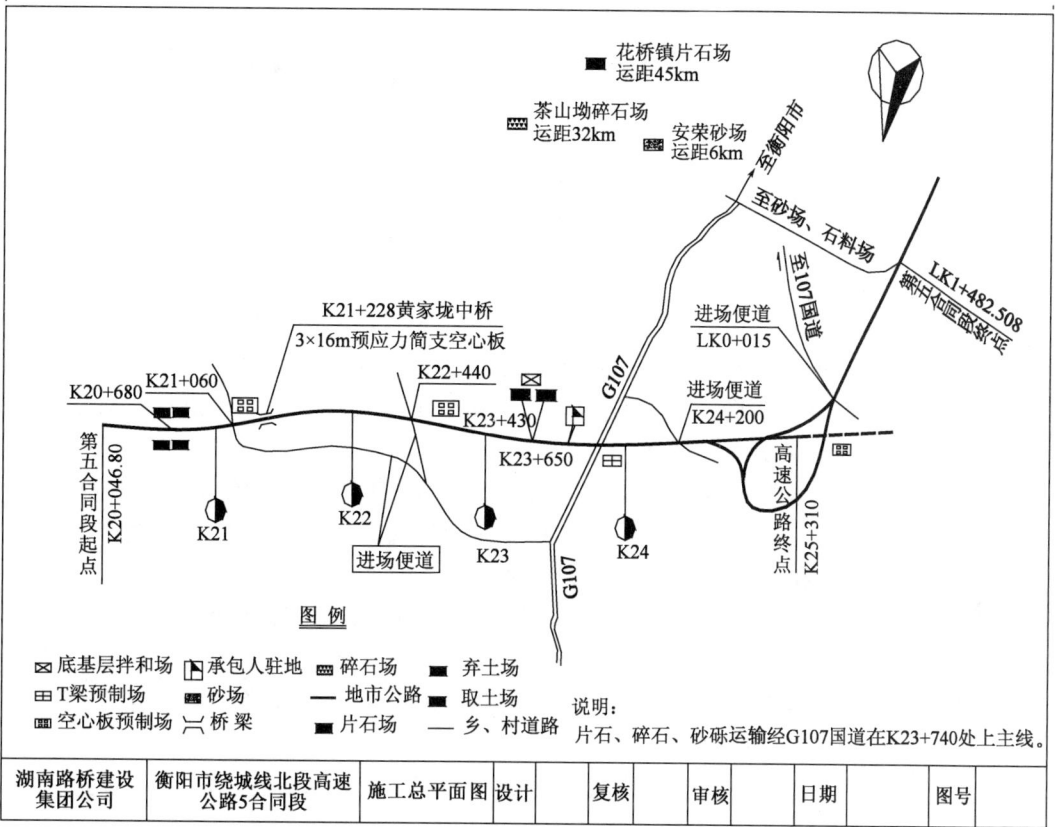

图 3-10　施工总平面布置图

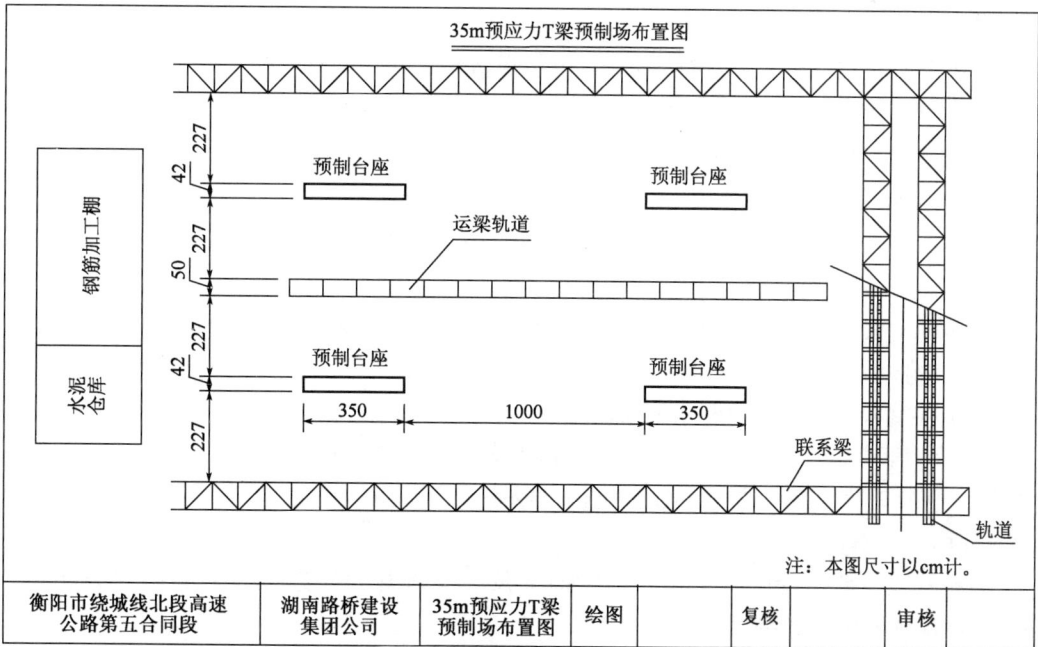

图 3-11　桥梁预制场平面布置图

第七节 施工组织设计其他文件

一、施工机构的设置

1. 施工机构的职能

施工现场的施工机构一般以项目部的形式组建,它是以具体的施工项目为对象,以实现质量、工期、成本、安全和文明施工相统一的综合效益为目标的项目管理机构,它负责施工项目从开工到完工的全过程施工生产经营管理,是企业在某一工程项目上的管理层,同时对作业层负有管理与服务双重功能。其具体职能包括:

(1)执行项目负责人的决策意图,并为项目负责人的决策提供信息依据,当好参谋。

(2)代表企业履行工程施工承包合同,承担企业的各项责任和义务,完成企业规定的项目工期、质量、成本、安全和文明施工的目标和各项指标。

(3)负责配合专业管理职能部门的工作,为专业管理职能部门提供信息,并接受指导和监督。

(4)对参加施工的业务单位和作业队进行全过程的计划、组织、指挥、协调、监督、考核,经企业授权还可向外发包劳务。

(5)按项目目标要求,编制相应的施工组织设计和网络计划,并据此对工程项目进行指挥和控制。

(6)在施工项目内部做好资源的优化配置与动态平衡,并进行施工项目内部的各项专业管理。

(7)进行必要的外部协调和经营活动,努力提高项目施工的效益和信誉。

(8)推行技术责任制,按要求整理交、竣工资料,组织收尾交工。

(9)做好后勤供应和生活服务工作。

2. 机构的设置原则

(1)要根据所设计的项目管理形式设置机构,因为不同管理形式对机构的管理力量和管理职责提出了不同的管理要求。

(2)机构的设置必须满足项目管理功能的需求,即根据工程项目的规模、复杂程度和专业特点设置机构。如大型项目机构可设职能部(处),而小型项目一般只需设置职能人员。

(3)机构宜根据项目内容和不同阶段需求实行弹性建制,即一方面根据项目任务、特点确定相应的管理职能部门,另一方面根据规划和实施进度随时增减各部门内部人数,满足项目管理的需要,保持动态平衡。同时不能把机构设成一个固定组织,它必须在工程施工前建立,竣工交付使用后就解体。

(4)机构设置要坚持现代管理的组织原则,反映实现管理目标的内在要求,体现出精干、高效、责任权利相统一的特点。

(5)机构的人员配备应面向施工现场,满足现场计划与调度、技术与质量、成本与核算、劳务与物资、安全与文明施工的需要。

3.机构设置及人员管理

项目部机构的设置应满足现场管理的要求,一般应设有满足计划、合同、技术、质量、安全、财务、设备物资、综合、试验等要求的职能部门。

(1)人员配备

①项目部应根据投标承诺以及工程实际需要,配置项目部主要负责人、各部室负责人及其他人员,相关人员的任职资格、数量配置应满足国家有关规定和现场施工需要。

②专业工程师应根据工程内容、项目规模大小及类别配备,满足投标承诺以及工程实际需要,任职资格应满足国家有关规定。

(2)技术人员管理

①所有人员上岗时应佩戴工作牌,工作牌应标明人员姓名、工号、照片、所在部门、职务等相关信息。

②技术人员应满足合同要求,并持有相应主管部门核发的证书方可上岗。

③质检员、试验员、安全员、测量员等技术人员上岗前应经过监理工程师组织的考核,考核合格报建设单位批准。

④技术人员进行培训每年累计不少于12天或72学时,并建立培训记录台账,及时将培训情况进行登记,报监理工程师备案。

(3)劳务人员管理

①所有劳务人员应身体健康,具备适应相关工作的身体条件。上岗时应佩戴工作牌,工作牌应标明人员姓名、工号、照片、工种等相关信息。

②项目部应依据劳动法明确劳务人员的合同关系,并对所有劳务人员进行信息化管理,登记造册,建立流动档案管理。

③凡新进项目的劳务人员必须进行安全教育和岗前(转岗)培训,并经考核合格后方准安排生产岗位。

④特殊工种应具有国家有关部门颁发的证件,上岗前必须进行相关作业的安全技术交底学习,报监理工程师备案。特殊工种实行定岗定人制管理,不允许随意变动;如需更换,应报监理工程师批准。

⑤所有劳务人员作业时应按照要求佩戴规定的防护用品(如安全帽、水鞋、手套、口罩等),并严格遵守安全操作规程。

⑥项目部应对全体进场劳务人员进行教育培训和技术交底,并建立培训、交底记录台账,及时将培训、交底情况进行登记,报监理工程师备案。在关键工艺、工序和关键步骤施工前再次对劳务人员进行教育培训,以提高工程的施工质量,确保安全生产。

二、安全生产责任体系

1.一般规定

(1)责任制是安全生产的核心,是改进安全状况的根本途径、基本方法和工作平台。工程参建单位应按"安全第一,预防为主,综合治理"的方针和"建设单位主导、监理单位督促、施工单位负责"的原则,构建工程项目安全生产责任体系。责任体系主要包括但不局限于:项目安全生产目标、组织管理机构、安全生产条件、安全生产责任及安全生产管理制度等重点内容。

（2）安全生产管理必须坚持"管生产必须管安全""谁主管谁负责"的原则，坚持全员参与、全面覆盖和全过程管理的原则。

（3）工程项目应成立由项目建设单位牵头，设计、施工、监理等单位项目负责人共同参与的工程项目安全生产领导小组（或项目安全生产委员会），负责规范、指导、协调工程参建单位的安全生产行为。

（4）工程参建单位应建立内部安全生产责任体系，依法设立安全生产组织管理机构，完善安全管理制度，明确安全生产条件，确定安全考核目标，开展安全检查和隐患排查工作，落实安全生产责任。

（5）安全生产责任制是安全生产责任体系的重要载体。建设单位应与勘察、设计、施工、监理等单位每年签订一次安全生产责任书。

（6）工程参建单位应落实"一岗双责"要求，细化各岗位职责，按年度层层签订安全生产责任书，并定期组织考核。

（7）在施工过程中，当责任人发生变更时，应重新签订安全生产责任书。

2.安全生产目标

安全生产目标应以"减少危害，预防事故，尽量避免生产过程中的人身伤害、财产损失、环境污染等"为准则设定。

项目安全生产目标应通过设立相应的考核指标来强化落实。

（1）安全生产考核指标

①工程项目安全生产领导小组应确定工程项目安全生产总目标。工程参建单位应将项目安全生产总目标分解为分项目标，制订各自的安全生产考核指标。

②安全生产考核指标包括以下几类。管理类：项目安全管理总体目标、安全管理人员到位率、培训教育覆盖率、设备完好率等；事故类：事故起数、重伤人数、死亡人数、设备事故率等；隐患类：重大安全事故隐患整改率等。

（2）安全生产目标实施

为确保工程项目安全生产总目标达到预期效果，一般从以下几个方面组织实施。

①制订实施计划，分解总目标。依据工程项目的安全生产总目标，结合社会形势、施工环境、气候变化和工程进展等情况，提出年度、季度、月度分项目标和考核指标，并分解到各参建单位，各类管理人员和作业队、班组，制订相对应的安全生产管理措施，认真组织实施。

②落实主体责任，分级考核控制。工程项目安全生产总目标的实现，主要依靠各级目标责任者根据设定的考核目标自我控制来完成。在实施安全生产总目标保证措施计划的过程中，应积极发挥参建单位的主体作用，落实自我管理、自我控制的分级考核措施。

③组织考评验收，整改管理缺陷。在安全生产总目标管理过程中，应对分项目标的实施情况加强检查、考核与评价，并提出下一阶段的分项目标及措施。结合工程进展情况，对分项目标措施的实施情况，每个月检查验收一次，利用安全工作例会讲评一次；每个季度考评一次，以通报形式排出名次，分出优劣；结合半年和年度工作总结讲评一次。每次检查、考核、验收和讲评，应紧紧围绕有关薄弱环节，利用通报或《隐患整改指令》的方式，按照"三定一落实"（定人、定时、定措施、复查确认落实）的原则组织缺陷整改，做到认真考核，严格验收，整改到位。

④兑现目标奖惩，推动循环活动。在实施安全生产总目标管理过程中，将各级领导、各个部门、各类人员的岗位考核指标成果与经济利益挂钩，按照考评情况兑现奖惩。通过目标分

解、检查考评、缺陷整改、兑现奖惩,实现安全生产总目标管理向前滚动发展。

3.施工单位安全生产责任体系

(1)组织管理机构

工程项目施工单位安全生产领导小组,组长由项目经理担任,副组长由安全总监、副经理、总工程师担任,成员由各相关职能部门负责人以及分包单位负责人组成。安全生产领导小组下设办公室,由安全管理职能部门负责人兼任。

(2)安全生产条件

①取得有效的施工企业安全生产许可证,具备法律法规等规定的相关资质和资格。

②建立健全安全生产责任制,制定相应的安全生产规章制度和操作规程。

③保证安全生产资金投入,并能自觉遵守、执行《建筑施工安全检查标准》等有关法律、法规、规范各项规定。

④设置安全管理机构,专职安全生产管理人员的任职资格和数量满足国家的有关规定。

⑤企业主要负责人、项目负责人和专职安全生产管理人员(简称"三类人员")必须取得交通运输主管部门颁发的"安全生产考核合格证书"。特种作业人员应经有关业务主管部门考核合格,取得特种作业操作资格证书。所有从业人员应按规定参加安全生产教育培训。

⑥施工企业必须依法参加工伤保险,为从业人员缴纳保险费,为从事危险作业的人员办理意外伤害险。

⑦按照"平安工地"考核标准,每月组织自查,作业场所和安全设施、设备、工艺等符合有关安全生产法律法规和标准规范的要求,为从业人员配备符合国家、行业标准的劳动防护用品。

⑧按规定开展施工安全风险评估工作,实施重大风险源监控管理。

⑨制订生产安全事故应急救援预案,为应急救援组织或应急救援人员配备必要的应急救援器材、设备。

⑩法律、法规规定的其他条件。

(3)安全生产责任

①施工单位是安全生产责任主体,主要负责人依法对本单位安全生产工作全面负责。项目负责人应由取得相应执业资格证书的人员担任,经授权对相应的工程项目施工安全生产负责。

②工程项目实行施工总承包的,总承包单位对施工现场安全生产负总责。总承包单位依法将建设工程分包给其他单位的,应在分包合同中明确各自的安全生产权利义务,总承包单位和分包单位对分包工程的安全生产承担连带责任。

③列入工程概算的安全作业环境及安全施工措施所需费用,应用于施工安全防护用具及设施的采购和更新、安全施工措施的落实、安全生产条件的改善。安全生产费应单列,专款专用,不得挪作他用。

④施工组织设计方案应明确安全技术措施;危险性较大的分部分项工程还应编制专项施工方案,并附安全验算结果,经施工单位技术负责人、总监理工程师签字后实施;超过一定规模的危险性较大的分部分项工程,施工单位应组织专家对专项施工方案进行论证、评审。施工单位应按规定制订施工现场临时用电方案。

⑤施工单位应将施工现场的办公区、生活区与作业区分开设置,并保持安全距离;现场临

时搭建的建筑物应符合安全使用要求,使用装配式活动房屋应具有产品合格证;施工单位不得在尚未竣工的建筑物内设置员工集体宿舍。职工的膳食、饮水、休息场所等应符合卫生标准。

⑥施工单位应在施工现场出入口、沿线各交叉口、施工起重机械所在处、拌和场、临时用电设施所在处、爆破物及有害危险气体和液体存放处,以及孔洞口、隧道口、基坑边沿、脚手架边沿、码头边沿、桥梁边沿等危险部位,设置明显的符合国家标准的安全警示标志以及必要的安全防护设施。

⑦施工单位应建立健全消防安全责任制度,确定消防安全责任人,制定用火、用电、使用易燃易爆材料等各项消防管理制度和操作规程。设置消防通道,配备相应的消防设施和灭火器材,并在施工现场出入口处设置明显标志。

⑧工程施工前,施工单位应将有关施工安全技术要求分三级向施工项目部各职能部门、施工作业班组、一线作业人员做出详细说明,向作业人员书面告知危险岗位的操作规程和应急措施,并由双方签字确认。

⑨施工单位应定期开展安全检查评价和隐患治理工作,消除安全事故隐患。专职安全员应按规定每日巡查施工现场安全生产,并做好检查记录,发现安全事故隐患时,应及时向项目安全管理机构负责人报告;对违章指挥、违章操作的,应立即制止;一时难以消除的事故隐患,施工单位应制订治理方案,明确治理的措施、时限、资金、验收和责任人等要素。

⑩施工单位应根据不同施工阶段、周围环境及季节、气候的变化,在施工现场采取相应的安全施工措施。施工现场暂时停止施工的,应做好现场防护,所需费用由责任方承担,或按合同约定执行。

⑪施工单位对可能因工程施工造成损害的毗邻建筑物、构筑物和地下管线等,应进行安全风险论证并采取专项防护措施。

⑫施工单位应遵守环境保护的法律法规,在施工现场采取必要措施,防止或减少粉尘、废气、废水、固体废物、噪声、振动和施工照明对人和环境的危害和污染。

⑬施工现场的安全防护用具、机械设备、施工机具及配件必须由专人管理,定期进行检查、维修和保养,建立相应的资料档案。采购、租赁的安全防护用具、机械设备、施工机具及配件,应具有生产(制造)许可证、产品合格证,在进入施工现场前进行查验。

⑭安装、拆卸施工起重机械、整体提升脚手架、模板等自升式架设设施,必须由具有相应资质的单位承担。使用前,应组织有关单位进行验收,也可以委托具有相应资质的检验检测机构进行验收(并出具相关验收合格证明文件);使用承租的机械设备、施工机具及配件的,应由施工总承包单位、分包单位、出租单位和安装单位共同进行验收,验收合格的方可使用;使用起重机械等特种设备,在验收前应经有相应资质的检验检测机构监督检验合格。

⑮在签订的起重机械租赁合同中,应明确租赁双方的安全责任,要求租赁单位提供起重机械特种设备制造许可证、产品合格证、制造监督检验证明、备案证明和自检合格证明,提供安装使用说明书。

⑯施工单位不得租用有下列情形之一的起重机械:

a)属国家明令淘汰或者禁止使用的;

b)超过安全技术标准或者制造厂家规定的使用年限的;

c)经检验达不到安全技术标准规定的;

d)没有完整安全技术档案的;

e）没有齐全有效的安全保护装置的。

⑰作业人员应遵守安全施工的规章制度、强制性标准和操作规程,正确使用安全防护用具、机械设备。有权对施工现场的作业条件、作业程序和作业方式中存在的安全问题提出批评、检举和控告,有权拒绝违章指挥和强令冒险作业。发生危及人身安全的紧急情况时,有权立即停止作业或者在采取必要的应急措施后撤离危险区域。

⑱施工单位应建立安全培训教育制度,对管理人员和作业人员每年至少进行1次安全生产教育培训。作业人员进入新的岗位、新的施工现场前或在采用新技术、新工艺、新设备、新材料前应先接受安全生产教育培训。未经教育培训或者教育培训考核不合格的人员,不得上岗作业。

⑲施工单位应针对本工程项目特点制定生产安全事故应急预案,定期组织演练。发生事故时,施工单位应立即采取措施减少人员伤亡和事故损失,启动应急预案,并按有关规定及时、如实地向建设单位、监理单位和事故发生地的公路水运工程安全生产监督管理部门以及地方安全监督部门报告。

三、施工质量管理

制定施工阶段施工组织设计时,保证与提高工程质量的措施主要有以下几方面:

（1）认真学习和复核设计图纸,吃透设计意图,并做好逐级的技术交底工作。

（2）建立和健全各级质量检验、监理制度,坚持专业检查和群众性检查相结合,贯彻班组自检互检制度。

（3）严格执行国家施工验收规范和有关操作规程,如《建筑安装工程施工验收规范》《建筑安装工程质量检验评定标准》《公路工程质量检验评定标准》等。

（4）及时填报各项工程验收报表,特别是隐蔽工程的验收签证、施工日志等,建立技术档案,保存原始资料。

（5）建立和健全试验机构,充实试验人员,认真做好原材料、半成品、构件和设备的检验工作。

（6）做好施工机械的保养、检修工作,保持机械设备的完好和精度。

（7）做好质量事故分析,找出产品质量缺陷的原因,采取预防措施,尽可能把质量问题消除于出现之前。

四、环境保护措施

由于公路建设的规模大、线路长、涉及范围广,对环境的影响较大。特别是施工阶段对沿线环境影响,对附近居民的生产、生活造成的干扰,随着机械化施工水平的提高也越来越大。因此在施工组织设计中应采取各种措施,减少施工对环境的影响,具体有以下几个方面:

1. 生态环境的保护

对施工界限内、外的植被、树木等尽量维持原状。因施工需要必须砍伐时,事先必须征得有关部门、所有者和业主的同意,严禁乱砍滥伐。对临时用地范围内的裸露地表,进行植草或种树绿化。借土区、弃土区应采取措施防止水土流失,例如修建挡土墙和排水沟等。工程完工后,及时彻底进行现场清理,并按设计要求采用植被覆盖或其他处理措施,营造良好环境。在施工现场和生活区设置足够的临时卫生设施,经常进行卫生清理,同时在生活区周围种植花草、树木,美化生活环境。对各种有害物质(如燃料、废料、垃圾等),按应有关规定进行处理,防止对动、植物造成损害。

2. 水资源保护

靠近生活水源的施工,应用沟壕、堤坝或采取其他措施隔开生活水源,避免污染生活水源。钻孔灌注桩钻孔的泥浆水及清洗机械、施工设备的废水严禁直接排入江河,禁止将机械在运转中产生的油污未经处理就直接排放,钻孔时禁止维修机械的油水直接排放入江河。施工产生的废浆要用专用汽车拉运至指定地点倾倒,并设渗坑进行处理,不得排放到河流、水沟、灌溉系统里,以免造成河流和水源污染。

3. 大气环境保护及粉尘的防治

在设备选型时选择低污染、低噪声、震动小的设备,安装空气污染控制系统。沥青、水泥混凝土、稳定土拌和站设置应选择离居民聚居地较远,对居民生产、生活影响较小的位置,并采取一定的防尘、防噪声措施。按照《环境噪声污染防治法》规定,22:00 至次日 6:00,施工场界噪声应小于 70 分贝,夜间场界噪声应小于 55 分贝。对施工现场和运输道路,配备洒水设备,经常进行洒水湿润,减少扬尘;运输水泥、砂、石、土等如有漏失,及时清扫干净,保持施工现场和施工道路整洁,做到文明施工。

五、安全文明施工措施

1. 一般规定

(1)路基、路面、桥梁、隧道等施工现场应做到文明施工,保证场地规范、整洁,并尽量减少施工污水、废油、废气、粉尘等污染物的排放,采取对应处置措施,避免对环境的破坏。

(2)施工现场不得随意占用或破坏周围的土地、道路绿地以及各种公共设施场所,不得影响周围群众日常通行和正常的活动。

(3)施工现场(特别是隧道、桥梁、预制场等)宜采用封闭式管理,施工过程中应保证施工场地规范、整洁,并在显著位置悬挂工程简介、安全文明生产、质量管理、廉政建设等"五牌一图"标牌标语。

(4)施工现场应根据需要设置机动车辆冲洗设施、排水沟及沉淀池。施工机械设备产生的废水、废油及生活污水不得直接排入河流、湖泊或其他水域中,严禁排入饮用水源附近的土地中。

(5)现场施工中应有防止大气污染、噪声(振动)污染,水土保持和其他保护环境卫生的有效措施;应配备洒水设施,对施工现场进行灭尘,不得出现天晴"扬灰"、下雨"泥泞"现象。

(6)易发生机械伤害的场所、施工现场出入口、坑道及临边处,施工便道与公路、铁路的交叉等危险场所,应设置明显的安全警示标志。

(7)现场各类机械设备停放位置应合理规划,分区布置,摆放整齐。施工单位应定期对施工机械(具)设备进行检查维修、保养清洗。施工机械、设备应具有明显的标识,标识包含单位名称、设备型号、编号、施工参数及责任人。

(8)进入施工现场的人员应佩戴安全帽和上岗证,现场管理人员和作业人员的安全帽应区分,劳动保护用品穿戴齐全,安全监察人员应佩戴袖标(牌)。

2.路基工程

(1)宜避开雨季作业,及时完善临时排水设施,修筑边坡临时急流槽和排水沟,保证水路畅通,做到路基表面不积水、边坡不冲刷。

(2)路基施工清理与挖除的地表土(物)应运至指定弃土场堆放,不得随意堆弃。

(3)各类注浆作业均应加强地面观测,注意环境保护,及时清理浆液污染物。

(4)路基挖方施工时,截水沟与路基挖方开口线之间的原地表植被不许破坏,最大限度地保护自然环境。路基填方施工时,应做好"五度"(填层厚度、压实度、横坡度、平整度、宽度)的控制,确保路基质量和排水顺畅。

(5)取土场的设置应根据各地段取土性质、数量并结合路基排水、地形、土质、施工方法、节约用地、环保等统一规划;取土后的裸露面应按设计采取土地整治或防护措施。

(6)弃土场的位置与高度应保证山体和自身稳定,不得影响附近建筑物、农田、水利、河道、交通和环境等;必要时应加设挡护或采取其他措施。

(7)在雨水地面径流汇集处、临时土堆周围及其他容易产生水土流失的地段开挖路基时,应设置临时沉淀池,使雨水流经时减慢流速使泥沙下沉,防止水土流失。待路基建成后,及时将临时沉淀池推平,进行绿化或还耕。

3.路面工程

(1)路面各结构层施工应合理安排工序,尽可能减少废气、废渣、废水对环境造成污染。施工单位施工过程中排放的废气、尘土,应当符合国家现行《环境空气质量标准》(GB 3095—2012)的规定。

(2)科学安排附属工程与路面工程的交叉施工顺序,推行沥青面层"零污染"施工理念,禁止在已铺设沥青面层上拌和砂浆、直接堆放建筑材料、倾倒泥土、修理机械设备等。

(3)施工废料、路面整形翻挖废料,以及中央分隔带的换填料、路肩废弃料应及时清运至指定场地集中处理。

(4)沥青路面施工出入主线道口应设立洗车点,减少进出场车辆对路面的污染。运输车辆应进行有效覆盖。

(5)沥青路面碾压作业段的起始点应有标示牌,碾压区域应用专门的指示牌注明初压区、复压区、终压区。

(6)路面摊铺作业时,要采取劳保措施防止沥青烟威胁施工人员健康。废沥青渣应及时处理。

4.桥涵工程

(1)钻孔桩施工时,钻机需设工程标示牌,标明所施工桥梁名称、墩台及桩位编号、护筒顶高程、设计桩长、桩径及桩底高程等。

(2)钻孔桩施工应设置泥浆循环系统,防止泥浆外溢污染环境;沉淀池和泥浆池应分开设置,并设置防护栏和安全警示标志。制浆材料堆放处应有防水、防雨和防风措施,弃渣泥浆应及时外运,废弃后应回填处理。

(3)水上桩基施工时,可利用相邻桩护筒作为循环池,多余的泥浆排放至泥浆船,远运排放,或用罐车抽取后排放,排放应符合环保要求,不得污染水源。

(4)挖孔桩施工孔口处设高于地面不小于30cm的护圈,孔口四周1.0m范围内用砂浆硬化;孔口不得堆集土渣、机具及杂物;孔口四周应搭设防护围栏和安全警示标志。停止作业时,孔口应设置钢筋防护网,网格间距不得大于20cm。

(5)基坑防护设置双横杆钢管防护栏,栏杆柱打入地面深度不少于50cm,防护栏埋设距基坑边缘不能小于50cm,立柱间距不大于3m;当基坑周边采用板桩时,钢管可打在板桩外侧。防护栏应挂设安全警示标志。

(6)现浇、悬浇箱梁以及预制梁板架设时,桥面应及时封闭,设置防护网和踢脚板。临时存放的施工材料应放置整齐,且不能集中堆放。定期对桥面进行清扫,保证桥面整洁、干净。

(7)跨公路(铁路)桥梁施工封闭、防护应有专项方案。施工期间应设置防护棚架、防护网以及桥下限高架、防撞设施、减速信号标志等。

(8)伸缩缝施工时所有伸缩缝材料应放置在封闭区内,平放防晒,加设防撞措施,设置警示标志,并及时清理沥青混凝土废料。

(9)围堰施工时应考虑河床集中冲刷、通航及导流的影响。施工结束后,废弃的材料应及时清除。因围堰施工导致沟渠、河道淤塞的,应及时清理。

5. 隧道工程

(1)洞口场地布置应编制专项规划方案,上报监理工程师审批。方案应结合工程规模、工期、地形特点、弃渣场和水源等情况,本着因地制宜、合理布置、统筹安排的原则编制。

(2)隧道洞口场地应进行硬化处理,洞口空压机、料场、材料加工区、机械设备摆放区应设置合理。洞门附属工程完工后,及时对洞口进行绿化。

(3)洞口应设置值班室,并有专人负责,设立人员、设备进洞登记制度;长大隧道宜配置门禁系统及电子安全监控系统。

(4)隧道施工照明电线敷设应整齐划一,和动力线路安装在同一侧时,应分层架设。在成洞段每15~20m设一个固定灯,近掌子面40m内若无敷线应配备移动式照明灯具,保证洞内照明充足。隧道衬砌台车等设备处应架设红色警示灯显示限界。

(5)隧道施工现场各类通风管路应敷设平顺,接头严密,无扭曲、褶皱漏风,并有专人负责检查、养护,破损时及时修复。

(6)隧道洞内应配备移动式沟槽辅料车,收集临时不用的辅料,保持洞内清洁。

(7)隧道已完成的衬砌段落应及时挂牌标明里程桩号,标志牌按20cm×10cm制作,白底红字,同时加强对成品的保护。监控量测各预埋测点设置专用标识牌,标明测点的名称、部位、编号、埋设日期等。同时应加强测点的保护,不得任意撤换和破坏。

(8)成洞面开挖前应先在开挖面上修建截水沟,防止水土流失,并尽可能避开雨季施工。

(9)隧道施工时在洞内对施工机械如空气压缩机、混凝土拌和机、送风机等加设隔音罩、隔音墙等设施。

(10)爆破时应严格控制放爆时间,宜增设隔音门;采取特殊爆破方式,应进行周密的爆破管理。当隧道通过对振动有严格要求的结构物或地区时,应采取低振动的爆破方法,必要时采取隧道掘进机施工,以减小振动。

6. 附属工程

(1)立柱、波形板、防阻块等防护设施卸装或转运时应做好防护措施,避免对浸塑、喷塑层的破坏和沥青路面的损坏。

（2）封闭刺铁丝网等防护设施施工时，应尽量减少对周围农作物及植被的人为破坏。

六、冬、雨季及农忙季节施工措施

1. 冬季施工措施

（1）在冬季来临之前，对于计划在冬季施工的工程，做好详细的施工计划，准备好工程材料、保温材料及保温设施。

（2）当室外日平均温度连续 5 天低于 5℃ 或最低气温低于 0℃ 时，一般应停止浇筑混凝土和砌筑圬工。特殊地段需采取保温措施进行保温砌筑或保温浇筑时，应将水和集料适当加温，砂浆或混凝土的流动性应比常温时大。

（3）制拌砂浆或混凝土一次不可太多，要与浇筑速度密切配合，随拌随用。砌筑或浇筑完成部分夜间应盖以草帘等保温材料，直到其强度达到设计强度的 70%。

（4）为加速混凝土凝固，缩短保温时间，可在砂浆或混凝土中掺加减水剂及早强剂，其掺加量应报监理工程师确认。

2. 雨季施工措施

（1）雨季应注意做好场地排水，保持排水沟畅通。施工场地的临时排水设施与永久性排水设施相结合，流水不得直接排入农田，亦不得污染自然水源和引起河流的淤积或冲刷等。

（2）下列项目尽可能避开雨季施工：

① 低洼地段的土质路基施工；

② 工程地质不良地段的路基施工。

（3）雨季修筑路堤，应做到随挖随运、随铺随压实，每层应有 2% ~ 4% 的横坡，雨前和收工前将铺填的松土压实完毕，不致积水，且雨后不允许车辆通行。

（4）聘请气象部门工作人员为气象顾问，随时掌握气象情况，合理安排施工。

（5）在雨季抓紧设备的维修、技术人员培训和学习等工作，做好内业资料整理工作，抓紧原材料的采备工作。

（6）尽量开展一些受雨水影响小的工作，如桥梁、涵洞砌石工程等。

（7）预制场搭设简易防雨工棚，混凝土现浇施工场地备好足量的防雨布。施工面小、混凝土现浇数量大，又不能停止作业的项目，搭设简易防雨工棚进行施工。

3. 农忙季节的施工安排

（1）对合同制民工采取特殊津贴，并适当提前发放，让他们提前安排好农活；

（2）职工、合同制民工在农忙季节时错时休假；

（3）提高机械化施工程度，充分发挥机械化施工作用；

（4）对影响沿线村民生产生活的排灌系统和通道预先做好安排，优先施工，尽量减少对当地民众的影响；

（5）控制工期的项目、劳动密集型项目，避开农忙季节安排。

思考题

1. 施工组织设计的基本原则是什么?
2. 施工方案及施工组织计划的主要内容是什么?
3. 编制施工组织设计文件的主要步骤是什么?
4. 施工进度图的主要形式有哪些? 横道图的制作步骤是什么?
5. 横道图与垂直图的主要区别是什么?
6. 劳动力需求曲线图的画法步骤是什么? 从分布图上怎样判别进度计划的优劣?
7. 施工平面图有几种形式,包括哪些主要内容? 应该注意什么问题?
8. 施工组织设计的临时设施设计包括哪些内容?
9. 指示性材料计划与实施性材料计划的主要区别是什么?
10. 累积材料供应曲线中累积供应线的绘制思路是什么?

练习题

1. 如表 3-11 所示,计算各工作的工期、劳动力人数,画出横道图,并用不均衡系数进行调整,以优化横道图。建议工期为两年(2020.4 ~ 2022.3)。

表 3-11　工程内容及资源消耗量汇总表

工 程 名 称	单 位	数 量	劳动量(工日)	机械量(台班)
Ⅰ.准备工作				
清除场地	m²	182000	2400	37
汽车运材料	千吨	58.6		2500
临时工程	m²	45000	11000	
Ⅱ.路基工程				
土石方工程	m³	808448	2425	420
汽车运土	m³	500400		1380
清淤工程	m³	54493	330	220
Ⅲ.涵洞通道				
盖板涵	座	1	818	—
石拱涵	座	1	1448	—
圆管涵	座	28	16658	—
盖板通道	座	16	12084	—
石拱通道	座	4	6953	—
Ⅳ.桥梁工程				
天然基础	m³	18195	3840	630
基础混凝土	m³	3307	3313	242

续上表

工 程 名 称	单 位	数 量	劳动量(工日)	机械量(台班)
桩基础	m	1815	7409	411
下部结构	m³	9339	14345	682
上部结构	m³	4676	18433	320
其他工程	m³	2518	9559	—
桥面系	m³	1559	3218	134
V.钢筋工作	t	1148	1172	—
VI.路面工程				
垫层	m²	46586	400	32
基层	m²	120045	3720	110
路肩	m³	6801	1300	140
面层	m²	120045	24850	1540
VII.防护工程				
挡土墙	m³	1982	2160	—
护坡	m³	1642	1920	—
急流槽	m³	181	220	—
VIII.沿线设施	—	—	—	—

2.某施工项目部共有行政办公人员 36 人,根据施工进度计划安排,高峰期施工人数达 450 人。试确定临时办公、生活用房屋建筑面积。

第四章
网络计划技术

第一节　概　　述

要对一个复杂的工程建设项目进行有效的管理,就必须依赖于进度计划;要做好进度计划,必须将工程建设项目的全部作业内容具体形象化,并按适当顺序加以安排,形成进度计划,从而对工程实行控制,达到预期建设目标。传统进度计划的表达方式是横道图法。随着科学技术的不断进步,工程建设规模的日益扩大,要求计划、生产管理的方法也必须科学化和现代化。网络计划技术符合"统筹兼顾,适当安排"的思想,适应现代化生产的组织管理和科学研究的需要,因而,在现代化生产的组织管理中,该方法正在迅速地取代传统的进度计划管理方法。

一、网络计划发展简史

网络计划技术是50年代国外陆续出现的计划管理方法。由于这些方法将计划的工作关系一建立在网络模型上,把计划的编制、协调、优化和控制有机地结合起来,所以称之为网络计划技术。

1956年,美国杜邦·奈莫斯公司的摩根·沃克与赖明顿·兰德公司的詹姆斯·E·凯利合作,为管理公司内不同业务部门的工作,利用公司的 UNIVAC – 1 计算机,开发了一种面向计算机描述工程项目的合理安排进度计划的方法,此方法后来被称为关键线路法(CPM)。并于 1958 年初,将其用于一座价值一千万美元的新化工厂的建设,通过与传统横道图法对比,结果使整个工程的工期缩短四个月。后来,此法又被用于设备维修,使原来因设备大修需停产 125h 的工程缩短为 78h。仅一年就节约了近 100 万美元,五倍于公司用于发展研究 CPM 法所花费的经费。从此,网络计划技术的关键线路法得以广泛应用。

1958 年美国海军特种计划局在研制北极星导弹核潜艇时,首次提出了这种控制进度的先进计划方法。北极星计划规模庞大,组织管理复杂,整个工程由 8 家总承包公司、250 家分包公司、3000 家三包公司、9000 多厂商承担,采用网络计划技术的计划评审技术(PERT),使原定 6 年的研制时间提前了两年完成。

20 世纪 60 年代后,美国又采用 PERT 技术,组织了阿波罗载人登月计划,该计划运用了一个 7000 人的中心实验室,把 120 所大学、2 万多个企业、42 万人组织在一起,耗资 400 亿美元。在 1969 年,人类第一次踏上了月球,使 PERT 技术名声大振。

随后,网络计划技术风靡全球,使之得到了进一步发展。为适应各种计划管理需要,以 CPM 方法为基础,又研制出了其他一些网络计划法,如搭接网络技术(DLN)、图形评审技术(GERT)、决策网络计划法(DN)、风险评审技术(VERT)、仿真网络计划法和流水网络计划法等等。至此,网络计划技术作为一种现代计划管理方法,被广泛应用于工业、农业、建筑业、国防和科学研究各个领域。

我国是从 20 世纪 60 年代开始运用网络计划的,著名数学家华罗庚教授结合我国实际,在吸收国外网络计划技术理论的基础上,将 CPM、PERT 等方法统一定名为统筹法。目前,网络计划技术在我国已广泛应用于国民经济各个领域的计划管理中,而应用最多的还是工程项目的施工组织与管理,并取得了巨大的经济效益。根据国内统计资料,工程项目的计划与管理应用网络计划技术,可平均缩短工期 20%,节约费用 10% 左右。随着计算机的普及,网络计划技术在组织管理中的优越性已经已经突显。

二、网络计划技术的特点

说明网络计划技术,首先要了解什么是网络图。所谓网络图是由箭线和节点组成的,用来表示工作流程的有向、有序的网状图形。常见的网络图分为单代号网络图和双代号网络图两种。在网络图上加注工作的时间参数而编制成进度计划,称为网络计划。用网络计划对任务的工作进度计划进行安排和控制,以保证实现预定目标的科学的计划管理技术,即称为网络计划技术。

网络计划技术与传统的横道图计划管理比较,具有以下特点:

(1)从工程整体出发,统筹安排,能明确地反映各工作间的先后顺序和相互制约、相互依赖关系。

(2)通过网络时间参数计算,能找出决定工期的关键线路和关键工作,以及有机动时间的非关键工作,从而使管理人员胸中有数,抓主要矛盾,确保控制计划总工期和合理安排人力、物力、财力等资源,从而降低成本,缩短工期。

(3)通过网络计划优化,可在若干可行方案中找出最优方案。

(4)网络计划执行过程中,由于可通过时间参数计算预先知道各工作提前或推迟完成对整个计划的影响程度,管理人员可以采取技术组织措施对计划进行有效控制与监督,从而加强施工管理工作。

(5)可以利用计算机进行时间参数计算、优化、调整,从而提高管理效率。

(6)它不仅可用于控制项目施工进度,还可用于控制工程费用,如一定费用下工期最短或一定工期内费用最低等的网络计划优化。

(7)对规模庞大、联系复杂,所涉及单位、人员广泛的大型公路工程项目,使用网络计划技术编制工程进度计划可省时、省力,并加快计划变更、维护、反馈的速度和灵活性、准确性。

网络计划实际计算工作量大,调整复杂,如果不利用计算机处理这些工作,实际工作中很难发挥该技术的特点。此外,网络计划技术方法比横道图法和垂直图法难学难懂,因而,对技术人员的素质要求较高。

三、网络计划技术的分类

按照不同的分类原则,可以将网络计划分成不同的类别。

1. 按表示方法分类

(1)双代号网络计划

双代号网络计划是以双代号表示法绘制的网络计划。网络图中,箭杆线用来表示工作,节点表示工作之间的相互连接关系。

(2)单代号网络计划

单代号网络计划是以单代号表示法绘制的网络计划。网络图中,每个节点表示一项工作,箭杆线仅是用来表示各项工作间相互制约、相互依赖关系。

2. 按性质分类

(1)肯定型网络计划

这是指工作、工作与工作之间的逻辑关系以及工作持续时间都肯定的网络计划。在这种网络计划中,各项工作的持续时间都是确定的单一数值,整个网络计划有确定的计划总工期,肯定型网络计划是关键线路法(CPM)的模型。

(2)非肯定型网络计划

这是指工作、工作与工作之间的逻辑关系和工作持续时间三者中一项或多项不肯定的网络计划。在这种网络计划中,各项工作的持续时间只能按概率方法确定出三个值,整个网络计划无确定计划总工期,但可以计算完成工作的工期概率,非肯定型网络计划是计划评审法(PERT)的模型。

3. 按有无时间坐标分类

(1)时标网络计划

俗称时标网络,即与时间坐标联系在一起的网络图,即将网络图的箭杆线按时间比例画成横道线,并保持原有网络的逻辑关系,是网络计划优化的工具。

(2)非时标网络计划

不按时间坐标绘制的网络计划,即一般网络,或抽象网络,其箭杆线无时间比例,只代表非矢量的逻辑关系。

4. 按层次分类

(1)总网络计划

总网络计划是以整个计划任务为对象编制的网络计划,常用于编制整体进度计划。

(2)局部网络计划

局部网络计划是以计划任务的某一部分为对象编制的网络计划,常用于编制分部、分项工程的进度计划,俗称子体网络计划。

5. 按工作衔接特点分类

(1)普通网络计划

普通网络计划是工作间关系均按首尾衔接关系绘制的网络计划,如单、双代号及概率网络计划。

(2)搭接网络计划

搭接网络计划是按照各种规定的搭接时距绘制的网络计划。

(3)流水网络计划

流水网络计划是充分反映流水施工特点的网络计划。

四、网络计划技术在项目计划管理中的应用

1. 准备阶段

(1)确定网络计划目标

在编制网络计划时,首先应根据需要确定网络计划的目标。常见的目标有:

①时间目标;

②时间—资源目标;

③时间—成本目标。

(2)调查研究

为了使网络计划科学而切合实际,计划编制人员应通过调查研究,拥有足够的、准确的各种资料。其调查研究的内容主要包括:

①项目有关的工作任务、实施条件、设计数据资料;

②有关定额、规程、标准、制度等;

③资源需求和供应情况;

④有关经验、统计资料和历史资料;

⑤其他有关技术经济资料。

调查研究可使用以下几种方法:即实际观察、测量与询问、会议调查、查阅资料、计算机检索、信息传递、分析预测等。通过对调查的资料进行综合分析研究,就可掌握项目全貌及之间的相互关系,从而预测项目的发展及其变化规律。

(3)工作方案设计

在确定计划目标和充分调查研究的基础上,可进行工作方案的设计,其主要内容包括:

①确定施工顺序;

②确定施工方法;

③选择需使用的机械设备;

④确定重要的技术政策和组织原则;

⑤对施工中关键问题的技术和组织措施的制定;

⑥确定采用网络图的类型。

在进行工作方案设计时,应遵循以下几项基本要求:

①尽可能减少不必要的步骤,在工序分析基础上,寻求最佳程序;

②工艺应达到技术要求,并保证工程质量和安全;

③尽量采取先进技术和先进经验;

④组织管理分工合理、职责明确,充分调动全员积极性;

⑤有利于提高劳动生产率,缩短工期,降低成本和提高经济效益。

2. 绘制网络图

(1)项目分解

根据网络计划的管理要求和编制需要,确定项目分解的粗细程度,将项目分解为网络计划的基本组成单元——工作。

(2)逻辑关系分析

逻辑关系分析就是确定各项工作开始的先后顺序、作业方法及工艺流程,使之成为相互依赖和相互制约关系,它是绘制网络图的基础。

(3)绘制网络图

根据选定的网络计划类型以及项目分解和逻辑关系表,就可进行网络图的绘制,具体方法见后面几节内容。

3. 时间参数计算

按照网络计划的不同类型,根据相应的方法,即可计算出所绘网络图的各项时间参数,并确定出关键线路。

4. 编制可行网络计划

(1)检查与调整

对上述网络计划时间参数计算完后,应检查:工期是否符合要求;资源配置是否符合资源供应条件;成本控制是否符合要求。如果工期不满足要求,则应采取适当措施压缩关键工作的持续时间,如仍不能满足要求时,则需改变工作方案的组织关系进行调整;当资源强度超过供应能力时,则应调整非关键工作使资源消耗强度降低。

(2)编制可行网络计划

对网络计划进行检查和调整之后,重新计算时间参数。根据调整后的网络图和时间参数,重新绘制可行网络计划。

5. 网络计划优化

可行网络计划一般需进行优化,方可编制正式网络计划。

（1）网络计划优化目标的确定

常见的优化目标有以下几种,可根据工程实际需要进行选择:

①工期优化;

②"时间固定,资源均衡"的优化;

③"资源限定,时间最短"的优化;

④时间—成本优化。

（2）编制正式网络计划

根据优化结果,即可绘制拟实施的正式网络计划,并编制网络计划说明书,其内容包括:

①编制说明;

②主要计划指标一览表;

③执行计划的关键点的说明;

④需要解决的问题及主要措施;

⑤其他需要说明的问题。

6.网络计划的实施

（1）网络计划的贯彻

正式网络计划报请有关部门审批后,即可组织实施。一般应组织宣讲,进行必要的培训,建立相应的组织保证体系,将网络计划中的每一项工作落实到责任单位。作业性网络计划落实到责任者,并制定相应的保证计划实施的具体措施。

（2）计划执行过程中的检查和数据采集

为了对网络计划的执行进行控制,必须建立健全相应的检查制度和执行数据采集报告制度。检查和数据采集的主要内容有:关键工作的进度,非关键工作的进度及时差利用;工作逻辑关系的变化情况,资源状况,成本状况,及存在的其他问题。对检查的结果和收集反馈的有关数据进行分析,抓住关键问题,及时制定对策。对网络计划在执行中发生的偏差,应及时予以调整,从而保证计划的顺利实施。计划调整的内容常见的有:工作持续时间的调整;工作项目的调整;资源强度的调整;成本控制等。

7.网络计划的总结分析

为了不断积累经验,提高计划管理水平,应在网络计划完成后,及时进行总结分析,并应形成制度。通常总结分析的内容包括:

（1）各项目的完成情况,包括时间目标、资源目标、成本目标等的完成情况;

（2）计划执行中存在的问题及原因分析;

（3）计划执行中的经验总结分析;

（4）提高计划工作水平的措施等。

网络计划管理程序如图4-1所示。

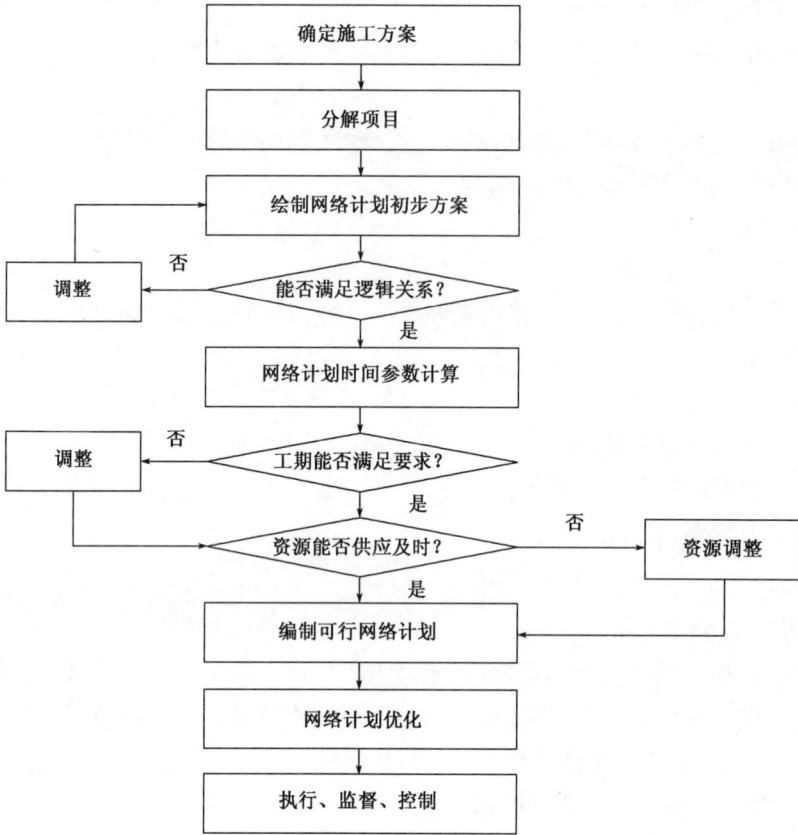

图 4-1　网络计划管理流程图

第二节　双代号网络图的绘制

一、双代号网络图的组成

网络图是一种表示整个计划中各道工序(或工作)的先后次序、相互逻辑关系和所需时间的网状矢线图。双代号网络图是目前应用较为普遍的一种网络计划形式,它利用网络技术表示一项工程任务或一个计划中各项工作的先后次序、衔接关系和所需时间、资源,其中工作用两个节点加箭线表示。双代号网络图由三个要素组成,即箭杆线、节点和线路。如图 4-2 所示。

1. 双代号网络图组成要素

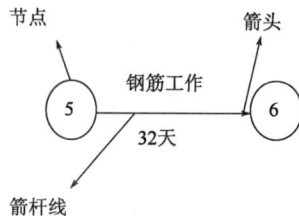

图 4-2　双代号网络图组成要素

1. 箭杆线(工作或工序)

箭杆线是网络图的重要组成部分,在双代号网络图中,用箭杆线" ⟶ "表示工作,每一个箭杆线表示一道工序或一项工作。该工作或工序可以是作为成本计算对象的单位工程,如路基工程、路面工程、桥梁工程和交通工程等;也可以是进一步细分的分项工程,如面层、基层、基础等;甚至还可以细分到具体的工序,如支模、绑扎钢筋、混凝土浇筑等。就具体的网络计划而言,箭杆线所代表的工作,主要取决于网络计划的详细程度。

在网络计划中的工序可分为实工序和虚工序两种。

(1)实工序

用实箭杆线" ⟶ "表示实工序,是指需要消耗时间或资源的工序,如开挖基坑、浇筑混凝土、填筑路堤等这些既消耗资源又消耗时间的工作,如混凝土的养生、稳定类基层的养生就只消耗时间而不消耗资源。

(2)虚工序

用虚箭杆线" ----⟶ "表示虚工序,如图4-3中"③----⟶④"所示,表示的工作既不消耗时间也不消耗资源,它只是表示相邻前后工作之间的逻辑关系。

箭线的方向表示工序进行的方向,箭线的长短和曲折对网络图没有影响(时标网络图除外)。

2. 节点

节点即前后两工序的交点,表示工序的开始、结束和连接等关系。它是一个瞬间概念,不消耗时间和资源。

网络图中第一个节点称原始(或开始)节点,最后一个节点称结束(或终点)节点,其他节点称为中间节点。同一节点(除原始和结束节点外),既是前面工序的完工节点,又是后面工序的开工节点,如图4-3所示。

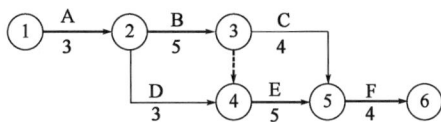

图4-3 双代号网络图

2. 双代号网络图的路线与关键路线

节点的编号要求是:由小到大、从左至右,箭头的号码大于箭尾的号码,不允许重号,但可不必连续编号,以便增减新的节点。

3. 线路

它是指网络图中从原始节点到结束节点之间可连通的线路。显然,一个网络图中线路有许多条,通过计算,就可以从中找到总工作时间最长的线路,此线路就称为关键线路。工作时间少于关键线路的线路称为非关键线路。位于关键线路上的工序称为关键工序,在网络图中常用粗箭线或双线箭线表示,如图4-3所示。

关键线路上关键工序完成的快慢直接影响着整个工程的工期。但关键线路不是一成不变的,在一定条件下会转化。非关键线路上的工序有一定的机动时间,称为时差,它意味着该工序(线路)开工时间或完成日期容许适当提前或延期而不影响整个计划的按期结束。

时差是网络计划优化的基础,如果将非关键工序在允许时差范围内放慢施工速度,增加工序的持续时间,并把部分人力、机具转移到关键工序上去,加快关键工序的进行,就可达到均衡施工和缩短工期的目的。

二、双代号网络图的识图

1. 工作的表示方法

一项工作用一条箭杆线和两个节点表示,节点可以是圆圈,也可以是其他形式,在其中填入编号,如 i、j 等。而工作名称和完成工作所需的时间标注在箭杆线的上、下方,如图 4-4 所示。工作名称和持续时间可以用相应的代码表示,于是图 4-4 又可表示为图 4-5。

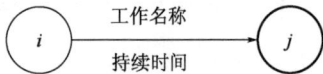

图 4-4 工作表示示意图 1   图 4-5 工作表示示意图 2

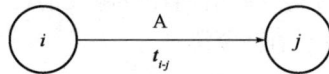

2. 工作关系及其表示

(1)工作关系

工作关系是指工作进行时客观上存在的一种先后次序关系。这种关系有五种类型:

①紧前工作:就某一项工作而言,紧靠其前面的工作称为该工作的紧前工作;

②紧后工作:就某一项工作而言,紧靠其后面的工作称为该工作的紧后工作;

③平行工作:就某一项工作而言,与其平行的工作称为该工作的平行工作;

④先行工作:就某一项工作而言,其前面的工作称为该工作的先行工作;

⑤后续工作:就某一项工作而言,其后面的工作称为该工作的后续工作。

该工作本身则可叫本工作。下面以图 4-6 所示的双代号网络图为例说明各种工作关系。

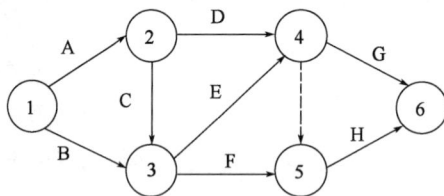

图 4-6 双代号网络图

以 F 工作作为本工作,则 F 工作的紧前工作是在 F 工作开始节点③结束的工作,即 B、C 工作;F 工作的紧后工作是在 F 工作结束节点⑤开始的工作 H;F 工作的平行工作是与 F 工作同一节点开始的工作 E;F 工作的先行工作有 A、B 和 C 工作;F 工作的后续工作有 H 工作。以 E 工作作为本工作,则 E 工作的紧前工作是工作 B、C;E 工作的紧后工作很显然有 G 工作,由于 E 工作的结束节点④上有一条流出去的虚箭线,而虚工作是不消耗时间也不消耗资源的工作,只表示工作之间的逻辑关系,所以 E 工作的紧后工作还应沿着该虚箭线追到其箭头节点⑤上,在⑤开始的工作 H 也是 E 工作的紧后工作。同理,以 H 工作为本工作,则 H 工作的紧前工作有 F 工作,又由于 H 工作的开始节点⑤有虚工作流入,因而应逆着该虚箭线追到其箭尾节点④,

在④节点结束的工作也为 H 工作的紧前工作,所以 H 工作的紧前工作有 F、D 和 E 工作。

（2）工作关系的表示

在网络计划图中,各工作之间的关系变化多端,下面就常见的工作关系的表示方法介绍如下:

①全约束:A、B 工作均完成后同时进行 C 和 D 工作,即 A 工作的紧后工作有 C、D 工作,B 工作的紧后工作亦有 C、D 工作。网络计划图即可表示为图 4-7。

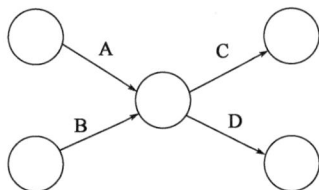

图 4-7 全约束网络计划图

②半约束:A 工作的紧后工作有 C、D 工作,B 工作的紧后工作有 C、D 工作中的一半,即一项工作 D,其网络图可表示为图 4-8。

③三分之一约束:A 工作的紧后工作有 C、D 工作,B 工作的紧后工作有 D、E 工作,C、D、E 三项工作只有一项 D 工作是 A 工作的紧后工作,又是 B 工作的紧后工作。其网络图可表示为图 4-9。

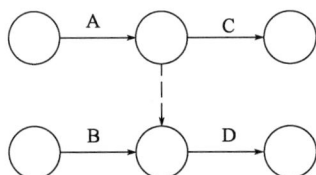

图 4-8 半约束网络计划图

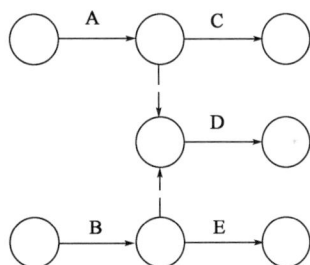

图 4-9 三分之一约束网络计划图

3.箭线

对于一个节点而言,可能有许多箭线同时进入或流出该节点,进入该节点的箭线称为该节点的内向箭线;流出该节点的箭线称为该节点的外向箭线。如图 4-6 中所示,②节点的内向箭线为①——→②,外向箭线为②——→③和②——→④。

4.节点

开始节点:无内向箭线的节点,如图 4-6 中的①节点;

结束节点:无外向箭线的节点,如图 4-6 中的⑥节点;

中间节点:既有内向箭线又有外向箭线的节点,如图 4-6 中的②、③、④、⑤节点。

三、绘制双代号网络图的基本规则

绘制双代号网络图时,应正确地表达工作间的逻辑关系和引用虚工作,并遵循有关绘图的基本规则,否则,绘制的网络图就不能正确地反映工程项目的施工流程和进行时间参数的计算。绘制双代号网络图必须遵循以下基本规则:

1. 一张网络图只允许有一个开始节点和一个终点节点

例如,图4-10a)双代号网络图有两个起始节点①、②,这是不允许的。解决此问题的最简单的方法是用虚箭线把节点①与②连接起来,使网络图变成一个起点,见图4-10b)。

此外,图4-10a)中还出现了两个终点节点⑦、⑧,这也是不允许的。此时须同样增设虚箭线把节点⑦与⑧连接起来,或虚设节点⑨,将⑦、⑧连接起来使之成为一个终点节点,如图4-10b)所示。

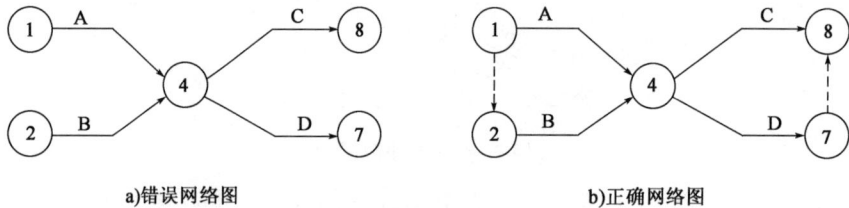

a)错误网络图　　　　　　　　　b)正确网络图

图4-10　网络图的开始、结束节点画法

2. 一对节点之间只允许存在一条箭线

在双代号网络图中,两个代号表示一项唯一的工作,如果一对节点之间有两条甚至更多条箭线同时存在,则无法分清这两个代号究竟代表哪一项工作。这种情况下正确的表达方法是引入虚箭线,见图4-11。

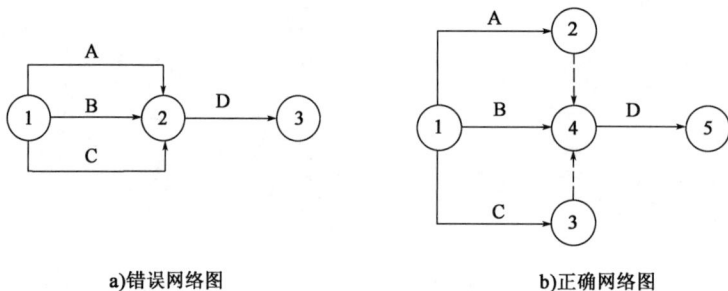

a)错误网络图　　　　　　　　　b)正确网络图

图4-11　网络图的一对节点间引入虚箭线画法

3. 不允许出现闭合回路

在网络计划图中,如果从一个节点出发沿某一条线路又能回到原出发的节点,称此线路为闭合回路。图4-12a)中节点③、④、⑤是一条闭合回路,它表示的工作关系是错误的,工艺流程相互矛盾,工作 A_2、A_3、A_4 的每一项都无法开始,也无法结束。此时若用计算机计算网络图时间参数也只进行循环运行,不能输出计算结果。遇到这种情况的处理办法一般是更改箭线方向消除闭合回路,如图4-12b)所示。

4. 不允许出现无箭头线段、双向箭头,并应避免使用反向箭线

表示工程进度计划的网络图是一种施工进程方向的网状流程图,箭头方向为施工前进方向,所以不允许出现无箭头的线段和双向箭头的箭杆线。箭杆线所表达的工作需要占用时间,而时间是不可逆的,应避免使用反向箭杆线,否则容易引起闭合回路;在时标网络计划图中,不允许出现反向箭线。

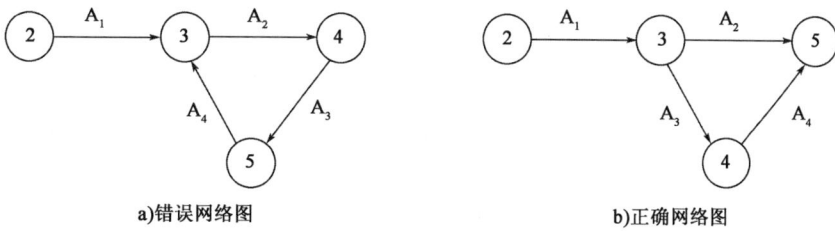

a)错误网络图 b)正确网络图

图 4-12　网络图中不允许出现闭合回路

5. 布局应合理,尽量避免箭线交叉

网络图的布局调整,除应避免箭线交叉外,还应尽量使图面整齐美观,如图 4-13 所示。当箭杆线交叉不可避免时,应采用"暗桥""断线""指向"等方法加以处理,如图 4-14所示。

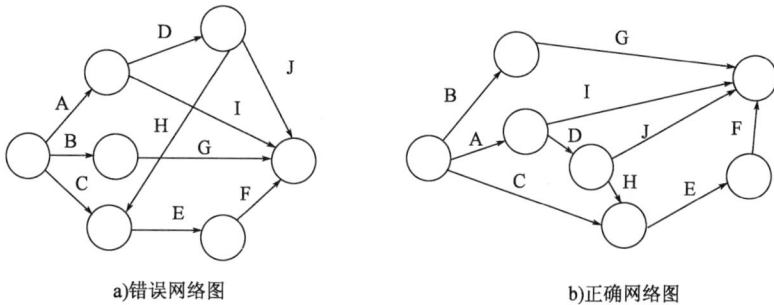

a)错误网络图 b)正确网络图

图 4-13　网络图尽量避免交叉

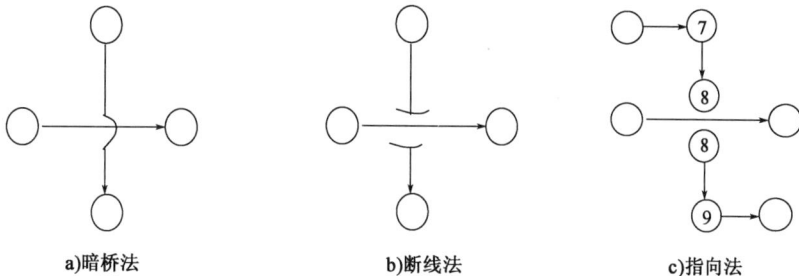

a)暗桥法 b)断线法 c)指向法

图 4-14　箭杆线交叉的处理方法

四、双代号网络计划图的绘制

1. 绘制双代号网络计划图的步骤

（1）工程任务分解

应清楚地显示计划的内容,将工程任务分解为若干个单项的工作。

（2）确定各单项工作的相互逻辑关系

逻辑关系包括工艺逻辑关系和组织逻辑关系,即明确指出各工作在开始之前应完成哪些工作(紧前工作),以及工作结束之后有哪些工作(紧后工作)。这一点对于一个熟悉工程任务具体情况和本单位物质技术条件的计划人员来说,找出工作之间的相互逻辑关系并不困难。

(3)确定各单项工作的持续时间

确定工作的持续时间至关重要,工作持续时间的可靠性,直接影响计划的质量。若时间定的太短,则会造成人为的紧张局面,甚至工作无法完成;如果时间定的太长,又造成时间上的浪费。在确定工作的持续时间时,应不受工作重要性、指令工期等条件的约束,也就是在考虑资源和费用的前提下按正常情况下所需时间而确定。

(4)填写工作关系表

以上三项确定之后,应将这些资料填写到工作关系表中去。通常工作关系表的基本内容包括:工作代号、工作名称、紧后工作(或紧前工作)、持续时间等。

(5)绘制双代号网络计划草图

草图绘制时,可根据拟定的紧前工作关系,按后退法绘制,所谓后退法即指采用从最终节点到最初节点的方法来绘制;如果拟定的是紧后工作关系,则可按前进法绘制,所谓前进法,即指从最初节点开始到最终节点的方法。当然紧前工作关系和紧后工作关系也可以相互转换。比如说:A 的紧后工作是 B,则换句话说,B 的紧前工作是 A,这两句话意思是一样的,只是表达方式不同。后续举例中,以前进法来绘制双代号网络图。

(6)整理成图

由于绘制草图时,主要目的是表明各工作关系,所以布局上不是十分合理,同时难免会有多余虚工作等。因而需要对草图进行整理,去掉多余的虚箭线,调整位置,尽量去掉箭杆线的交叉,检查工作关系是否正确,检查是否符合绘图规则。

(7)进行节点编号

节点编号的要求是:由小到大、从左至右,箭头的号码大于箭尾的号码,不允许重号,但可不必连续编号,以便增减新的节点。在满足节点编号规则的前提下,可按以下方法进行节点编号:

①水平编号法:从网络图起点开始,由左到右按箭线顺序编号。

②垂直编号法:从网络图起点开始,自左到右逐列由上而下编号,每列编号根据编号规则进行。

③删除箭线法:先给网络图起点编号,再在图上划去该节点引出的全部箭线,对图中剩下的没有箭线进入的节点依次编号,直到全部节点编完号为止。

2.双代号网络图工作逻辑关系的表示方法

工作逻辑关系是工作进展中客观存在的一种先后顺序关系。在表示工程进度计划的网络图中,工作之间的逻辑关系是由施工组织、施工技术、工艺流程、资源供应、施工场地等决定的。各项工作之间逻辑关系表达正确与否,是网络计划图能否反映工程项目实际情况的关键。如果工作逻辑关系表示错了,则网络计划图的时间参数计算就会发生错误,关键线路和工程计划总工期也跟着发生错误。

要绘制一张正确反映工作逻辑关系的网络计划图,就必须弄清工作之间的关系。工作之间基本的逻辑关系有四种:

(1)本项工作必须在哪些工作之前进行?

(2)本项工作必须在哪些工作之后进行?

（3）本项工作可以与哪些工作平行进行？

（4）本项工作的进行与哪些工作无关？

在工程实际的网络计划图中,各项工作之间的逻辑关系是复杂多变的,表 4-1 的所列的是网络计划图中常见的一些工作关系的表示方法,供绘制双代号网络计划图时参考。各工作名称以字母表示。

表 4-1　常见工作逻辑关系的表示方法

序号	工作之间的逻辑关系	网络图中的表示方法
1	A 完成后同时进行 B 和 C	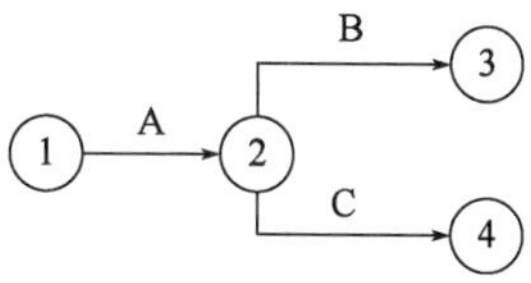
2	A 和 B 同时完成后进行 C	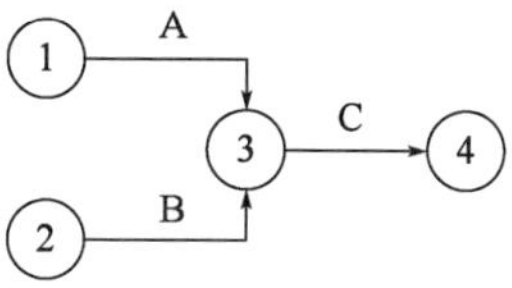
3	A 和 B 同时完成后, 同时进行 C、D	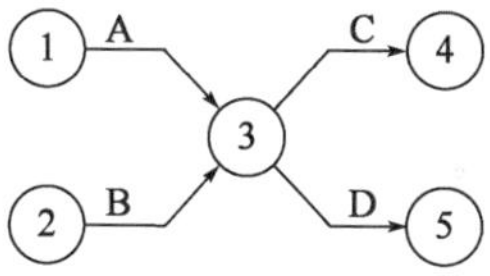
4	A 完成后进行 C; A 和 B 同时完成后,进行 D	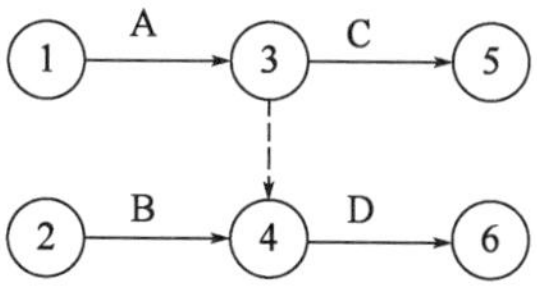
5	A 和 B 同时完成后进行 D; A 和 B、C 同时完成后进行 E; D 和 E 同时完成后进行 F	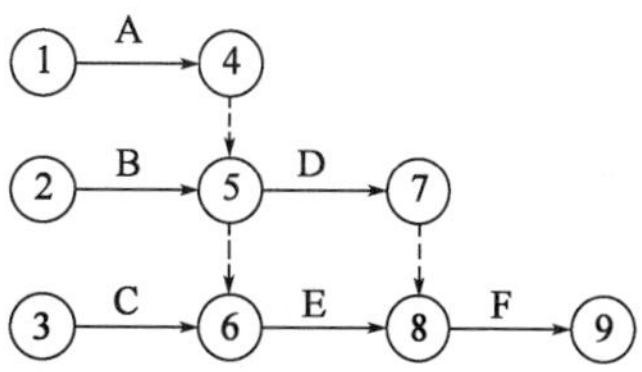

序号	工作之间的逻辑关系	网络图中的表示方法
6	A 和 B 同时完成后进行 C； B、D 同时完成后进行 E	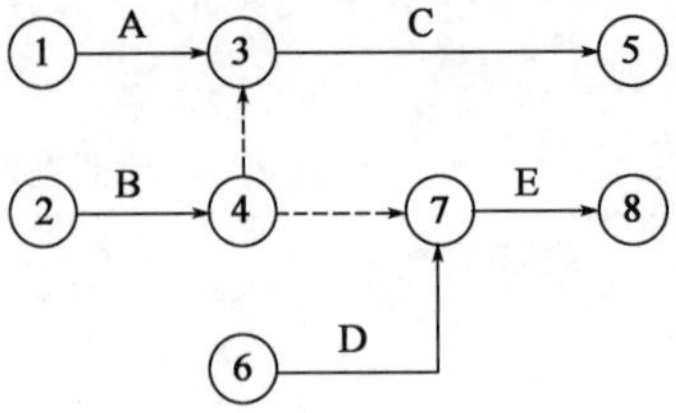
7	A 和 B、C 同时完成后进行 D； B 和 C 同时完成后进行 E	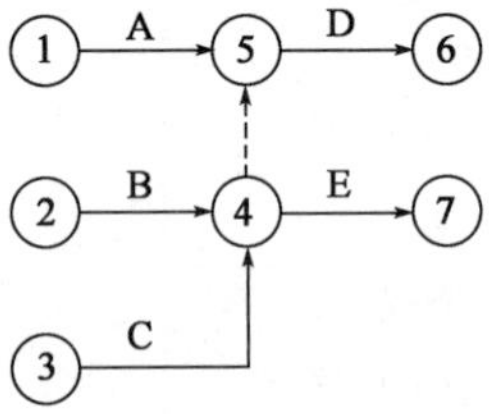
8	A 完成后进行 C； A 和 B 同时完成后进行 D； B 完成后进行 E	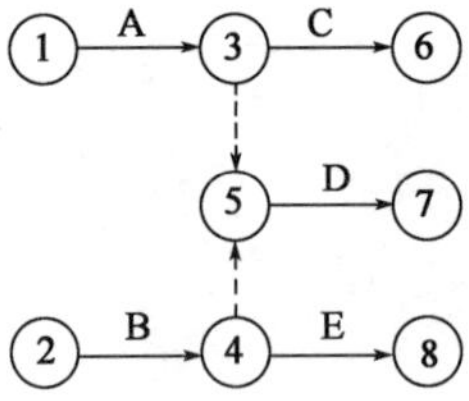
9	A 和 B 流水施工： A_1 完成后进行 A_2 和 B_1； A_2 完成后进行 A_3； A_2 和 B_1 同时完成后进行 B_2； A_3 和 B_2 同时完成后进行 B_3	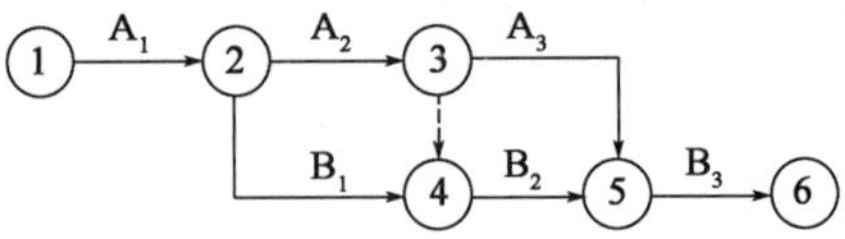

3. 虚箭线的应用

(1)虚箭线用于解决工作间逻辑关系的连接

在表4-1 序号 4 中，工作 A 的紧后工作为 C，工作 B 的紧后工作为 D，但工作 D 又同时是工作 A 的紧后工作，为了把 A、D 两项工作的前后关系连接起来，需引入虚工作。虚工作的持续时间为零，A 工作完成后 D 工作才能开始。同理在表4-1 序号 5、6、7、8 和 9 中，虚箭线都是在工作关系连接方面的应用。

（2）虚箭线用于解决工作关系的逻辑断路问题

绘制双代号网络计划图时，容易产生错误之处是把不该发生的工作逻辑关系连接起来，使网络图发生与实际不相符的逻辑错误。这时必须引入虚箭线隔断原来没有联系的工作，这种处理方法称为"断路法"，绘制双代号网络图时应特别注意，下面举例说明。

【例 4-1】 某桥基础工程施工可分解为挖基坑、地基处理、砌基础、回填土 4 道工序,分两个施工段流水施工。如果绘成图 4-15a)双代号网络图那就错了,因为第二施工段上的挖基坑(挖2)与第一个施工段上砌基础(砌1)并不存在逻辑关系,同样填1与处2也不存在逻辑关系。正确的绘制方法应把不该发生逻辑关系的工序连接引入虚箭线断开,如图 4-15b)所示。此法在流水作业施工进度计划双代号网络图中广泛应用。

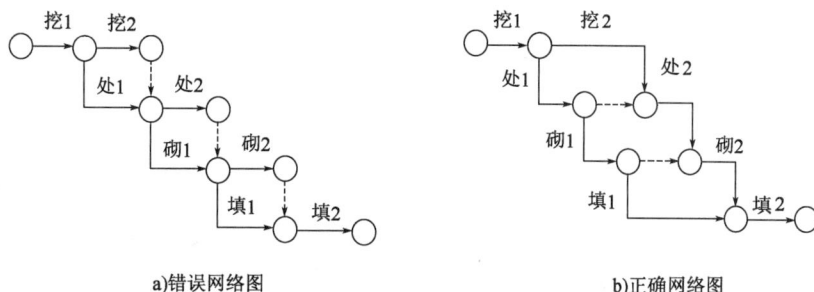

图 4-15 虚箭线在工作关系断路中的应用

（3）当两项或两项以上的工作同时开始且同时结束时，必须引入虚箭线，以免造成混乱。

图 4-16a)中,工作 B、C、D 三条箭线共用③、⑤两个节点,则代号(3,5)同时表示工作 B、C、D,这样就产生了混乱。此时需引入虚箭线,才符合双代号网络图每项工作均由一根箭线和两个节点代号组成的基本含义,如图 4-16b)所示。

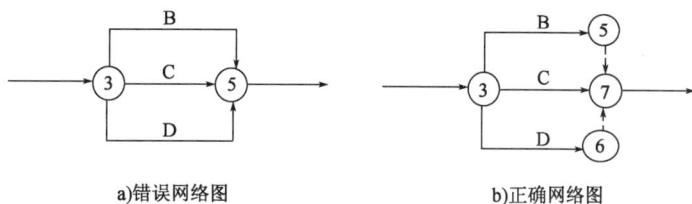

图 4-16 虚箭线在两项或两项以上同时开始同时结束工作中的应用

（4）虚箭线在不同工程项目之间工作有联系时的应用

虚箭线在不同工程项目之间工作有联系时的应用，具体举例说明。

【例 4-2】 甲、乙两项独立的工程项目施工时,应分别绘制双代号网络图;但如果两工程的某些工序需要共用某台施工机械或某个技术班组时,可以引入虚箭线表示这些联系,如图 4-17 所示。

从图 4-17 可以看出,乙工程项目的 I 工序不仅要等紧前工序 H 完成,而且要在甲工程项目的 B 工序也完成后才能开始。

综上所述,在绘制双代号网络计划图时,引用虚箭线是非常重要的。但是,在什么地方、什么情况下引用虚箭线的判断比较困难,一般是先增设虚箭线,待网络计划图构成以后,再删除

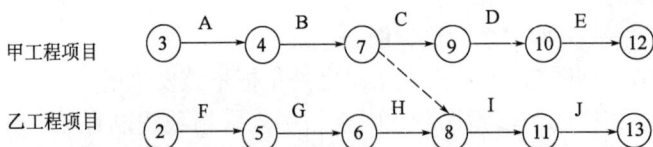

图 4-17　虚箭线在不同工程项目中的应用

不必要的虚箭线。因为多余的虚箭线会增加绘图工作量和计算工作量,而且没有必要的虚箭线还会使网络图复杂,所以应将其删除。删除多余虚箭线的方法有:

①如果虚箭线是由节点发出的唯一的外向箭线,一般应将这条虚箭线删除;但当这条虚箭线是为了区分两个或两个以上同时开始同时结束的工作时,其流水网络中的虚箭线就不能删除,如图 4-18 所示。

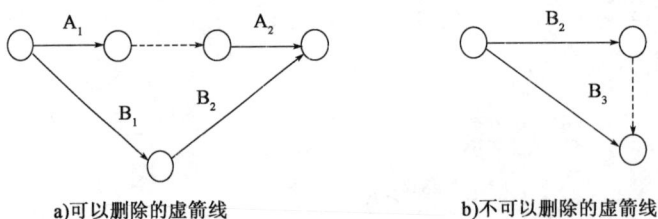

a)可以删除的虚箭线　　　　　　　　b)不可以删除的虚箭线

图 4-18　虚箭线处理方法之一

②当一个节点有两条虚箭线进入,一般可清除其中一条虚箭线,如图 4-19 中所示。但应注意是否会改变工作关系,若改变原本逻辑关系则不能删除,如图 4-20 中节点②的两条外向虚箭线和节点⑤的两条内向虚箭线都不能删除。

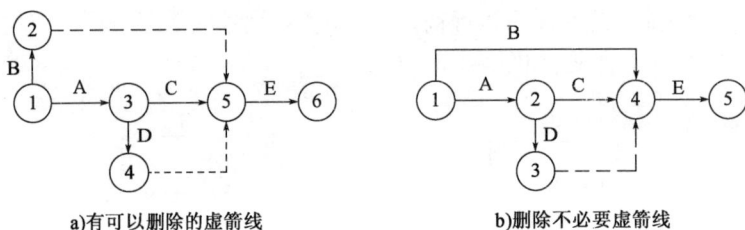

a)有可以删除的虚箭线　　　　　　　b)删除不必要虚箭线

图 4-19　虚箭线处理方法之二(有可删除虚箭线)

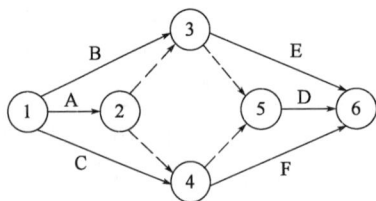

图 4-20　虚箭线处理方法之二(无可删除虚箭线)

4.双代号网络图的绘制方法

确定工作关系及工作持续时间后,绘制网络计划图通常采用以下方法:

(1)前进法

前进法是从网络图起点开始顺箭线方向逐节点生长绘图,直到各条线路均达到网络图的终点为止。一般当工作关系表中列出本工作与紧后工作的关系时,可方便地采用前进法绘制网络图。前进法绘图的关键是第一步,要正确而又清楚地确定出最先开始的工作。

(2)后退法

后退法是从网络图终点节点开始逆箭线方向逐节点后退,直到各条线路均退回到网络图的起点为止。一般当工作关系表中列出本工作与紧前工作关系时,使用后退法较为方便。后退法绘网络图的关键是后退的第一步,要正确又清楚地确定出最后结束的工作。

(3)先粗后细法

在工程进度计划实际网络图绘制中,可先粗略划分工程项目,然后逐步细分,先绘制分项或分部工程的子网络图,再拼成单位工程或单项工程总网络图。因此,工程实际绘制网络计划图时应广泛采用先粗后细法。

5. 工程应用实例

(1)某段城市道路更新工程应用实例

某一段城市道路扩建工程,工作项目划分与工作相互关系及工作持续时间见表4-2,试绘制其施工进度双代号网络计划图。

根据表4-2所列工作关系,如果采用前进法绘网络图,关键是确定 A 为开始工作,然后从表4-2中找出本工作的紧后工作,逐节生长绘图直至网络图的终点;若采用后退法绘制网络图,关键是确定 H 为结束工作,再从表4-2中寻找本工作的紧前工作,逐节后退绘图直到网络图的起点。绘制的双代号网络计划图如图4-21所示。

表4-2 工作项目划分明细表

工作代号	A	B	C	D	E	F	G	H
工作名称	测量	土方工程	路基工程	安装排水设施	清理杂物	路面工程	路肩施工	清理现场
紧前工作	—	A	B	B	B	C、D	C、E	F、G
持续时间(d)	1	10	2	5	1	3	2	1

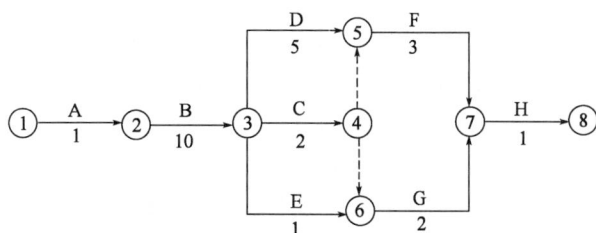

图4-21 道路更新工程施工进度双代号网络计划图

(2)某立交桥工程应用实例

某合同段立交桥工程施工工期直接影响主线路基和四条匝道路基填筑,该工程项目的工作组成和工作间的逻辑关系及工作持续时间,如表4-3所示。

表4-3 工作关系表

工作代号	工作内容	紧前工作	持续时间(周)	工作代号	工作内容	紧前工作	持续时间(周)
A	临建工程	—	5	I	修筑预制场	E	1
B	施工组织设计	A	3	J	主梁预制	I	6
C	平整场地	A	1	K	盖梁施工	H	4
D	材料进场	B	3	L	预制场吊装设备安装	F	1
E	主桥施工放样	B	1	M	吊装准备工作	L	1
F	材料及配合比试验	C	1	N	主梁安装	J、K、M	3
G	基础工程施工	D	4	P	桥面系统施工	N	2
H	桥墩施工	G	3				

根据表4-3工作逻辑关系,利用后退法或前进法绘制该立交桥施工进度的双代号网络图,见图4-22。

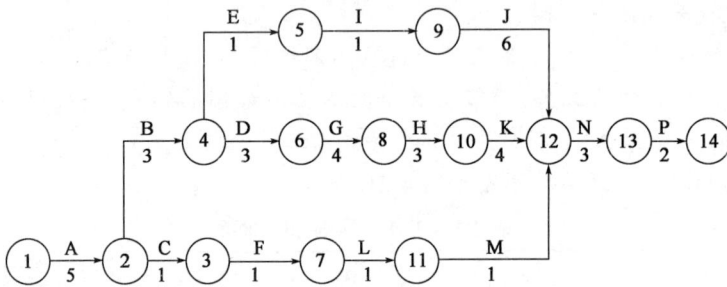

图4-22 某立交桥施工进度双代号网络图

(3)根据表4-4绘制双代号网络图

表4-4 工作关系表

工作代号	A	B	C	D	E	F	G	H	I	J
紧后工作	D	G	E、F	G、H	H、I	—	J	J	—	—

第一步根据工作关系表4-4用前进法绘制草图,首先确定A、B、C工作同时开始,并且在"紧后工作"栏目中找到有约束关系的局部联系,按"越是简单的关系越要先画"的原则,将系列局部联系从左而右的连接即可,见图4-23a)。

第二步调整网络图的步距,避免箭杆线交叉,见图4-23b)。

第三步用后退法检查图4-23b)中工作相互关系是否全部符合表4-4。检查发现节点⑤处前面有虚工作(4,5)后面还有虚工作(5,6)使工作E和工作G产生前后关系,此关系在表4-4中不存在,应引入虚箭线断路以隔断工作E和工作G的前后关系。网络图的复核也可采用紧前工作或者紧后工作的定义,将图中定义的关系与表中给定的关系相比较,检查两者是否吻合来决定是否调整图中的关系。

第四步对工作关系正确的网络图进行节点编号,见图4-23c)。

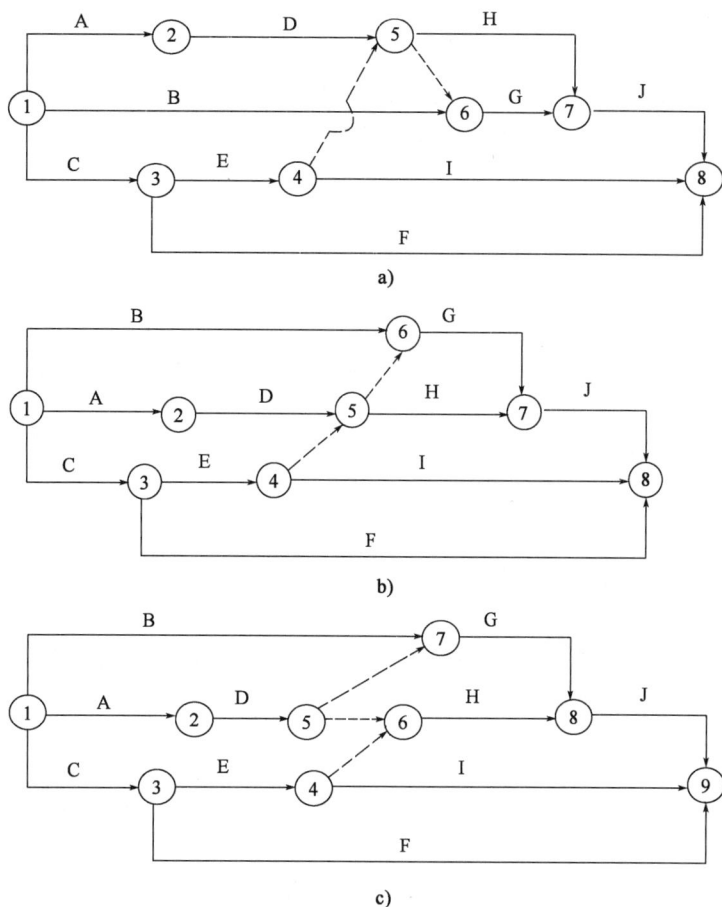

图 4-23　双代号网络图

第三节　时间参数的计算及关键线路法

一、基础知识概述

正确地绘制代表工程项目进度计划的双代号网络图,只是把工程项目各工作之间的逻辑关系用网络计划的形式表达出。而网络计划技术作为一种定量分析方法,它可以为工程计划管理提供一系列重要的定量信息,而这些定量信息是通过网络计划图时间参数计算以后获得的。

1. 时间参数的计算目的

通过网络计划图时间参数的计算可以达到下列目的:

(1)确定完成整个计划的总工期,各项工作的最早可能开始时间和最早可能完成时间。

(2)确定各工作的最迟必须开始时间和最迟必须完成时间,各项工作的各种机动时间与计划中的关键工作及关键线路。

（3）是绘制时标网络计划图的基础，网络图经过时间参数计算后，才可绘制时间坐标网络计划图，以便为网络计划下达执行提供依据。

（4）是网络计划调整与优化的前提条件。时间参数计算后发现工期超出合同工期，工程费用消耗过高，由时标网络图上绘出的资源调配图看出资源供应明显不均衡等，必须对原网络计划图进行必要的调整与优化，以达到既定的管理目标。

2. 时间参数分类

网络计划图的时间参数按其特性可分为两类：

（1）控制性时间参数

①最早时间系列参数包括：工作的最早可能开始时间（ES）、工作的最早可能完成时间（EF）、节点的最早可能实现时间（ET）。

②最迟时间系列参数包括：工作的最迟必须开始时间（LS）、工作的最迟必须完成时间（LF）、节点的最迟必须实现时间（LT）。

（2）协调性时间参数

包括工作的总时差（TF）、工作的局部时差（或称工作的自由时差）（FF）、工作的相干时差（IF）、工作的独立时差（DF）。

这里所说的时差，即为工作的机动时间，它意味着一些工作适当地推迟开始或者推迟完成时，并不影响整个计划的完成时间。

3. 时间参数的计算假定

为了使网络图时间参数计算都建立在统一的网络模型上，规定时间计算的起点，必须做出以下计算假定：

（1）网络计划图中工作的持续时间是已知的，即为肯定型网络模型；

（2）工作的可能开始或完成，或者必须开始或完成时间均以单位时间终了时刻为计算标准。

如 $ES_A = 6\mathrm{d}$ 表示工作 A 的最早可能开始时间为第 6 天（末），又如 $LF_B = 16\mathrm{d}$ 则表示工作 B 最迟必须在第 16 天（末）完成。工作日以时间的原点为起算点，与实际工程进度控制的日历时间有一定的差距。在日历上，$ES_A = 6\mathrm{d}$ 表示工作 A 的最早开始时间为某月 7 日，$LF_B = 16\mathrm{d}$ 则为工作 B 最迟必须在某月 16 日完成。

4. 双代号网络图图算法的图例

无论是双代号网络图还是单代号网络图，网络图时间参数计算原理完全相同。本节以双代号网络图为例，采用图上计算法计算时间参数。双代号网络图既可进行工作时间参数计算，也可进行节点时间参数计算，其图算法的图例是计算者定义的，为了说明时间参数的意义与图中图例的对应位置，计算者在计算前都应该对图例的定义有一个约定。在此不一一列举。

二、节点时间参数计算

1. 节点的最早可能实现时间（ET）

节点的最早可能实现时间（ET）是指以计划起始节点的时间 $ET_{(1)} = 0$ 为起点，沿着各条线路达到每一个节点的时刻，它表示该节点之前工作已经全部完成，其后的紧后工作最早可能开始的时间。用公式表示即为：

$$ET_{(j)} = \max\{ET_{(i)} + t_{(i,j)}\} \qquad (j = 2,3,4\cdots\cdots n) \tag{4-1}$$

式中：$t_{(i,j)}$——工作(i,j)的持续时间；

　　　n——网络计划图中终点节点的编号。

按上式计算得到终点节点的最早可能实现时间即是计划(算)工期。

$$ET_{(n)} = T$$

2. 节点的最迟必须实现时间(LT)

节点的最迟必须实现时间(LT)：是指在计划工期确定的情况下，从网络计划图结束节点开始，逆向推算得到的各节点的最迟实现时间。先给定 $LT_{(n)} = ET_{(n)} = T$，由此递推：

$$LT_{(i)} = \min\{LT_{(j)} - t_{(i,j)}\} \qquad (i = n-1,n-2,\cdots\cdots 2,1;j-1>1) \tag{4-2}$$

3. 节点时间参数计算步骤

(1)设起始节点的最早可能实现时间 $ET_{(1)} = 0$，顺箭头计算各节点的最早可能实现时间 $ET_{(j)}$；如果是汇集节点，即有多条箭线进入的节点，则应对进入节点的各条箭线分别进行计算，然后取其中最大值作为该节点的 ET 值；继续计算直到终点节点得到最早可能实现时间 $LT_{(n)}$。

(2)终点节点的最早可能实现时间 $ET_{(n)} = T$，即等于计划工期。

(3)设终点节点的最迟必须实现时间 $LT_{(n)} = ET_{(n)}$，逆箭头计算各节点的最迟必须实现时间 $LT_{(i)}$；如果是分枝节点，即有多条箭线发出的节点，则应对发出节点的各条箭线分别进行计算，然后取其中最小值作为该节点的 LT 值；继续计算直到起始节点。

三、工作时间参数计算

1. 工作的最早可能开始时间(ES)

工作的最早可能开始时间是指一项工作在其紧前工作都结束后，可以开始工作的最早时间。很显然工作(i,j)的最早可能开始时间就等于该工作箭尾节点(i)的最早可能实现时间，即：

$$ES_{(i,j)} = ET_{(i)} \tag{4-3}$$

2. 工作的最早可能结束时间(EF)

正常情况下，工作(i,j)若能在最早可能开始时间开始，对应就有一个最早可能结束时间，它就等于箭尾节点的最早可能实现时间或者工作的最早可能开始时间加上工作(i,j)的持续时间 $t_{(i,j)}$，即：

$$EF_{(i,j)} = ES_{(i,j)} + t_{(i,j)} \tag{4-4}$$

3. 工作的最迟必须结束时间(LF)

工作的最迟必须结束时间是指一项工作在不影响工程按总工期结束的条件下，最迟必须结束的时间，它必须在紧后工作开始之前完成。从工作终点节点逆箭线计算，工作(i,j)最迟必须结束时间应等于节点j的最迟必须实现时间，即：

$$LF_{(i,j)} = LT_{(j)} \tag{4-5}$$

4. 工作的最迟必须开始时间(LS)

在正常情况下,与工作的最迟必须结束时间相对应,有工作的最迟必须开始时间。它即为工作最迟结束时间减去该工作的持续时间。

$$LS_{(i,j)} = LF_{(i,j)} - t_{(i,j)} \tag{4-6}$$

四、工作的时差计算

时差反映工作在一定条件下的机动时间范围。通常分为总时差、局部时差、相干时差和独立时差。

1. 总时差(TF)

工作的总时差 $TF_{(i,j)}$ 是指在不影响任何一个紧后工作的最迟开始时间的条件下,工作 (i,j) 所拥有的最大机动时间。具体地说,它是在保证本工作以最迟完成时间完工的前提下,允许该工作推迟其最早开始时间或延长其持续时间的幅度。工作 (i,j) 的总时差计算公式如下:

$$
\begin{aligned}
TF_{(i,j)} &= LT_{(j)} - ET_{(i)} - t_{(i,j)} \\
&= LF_{(i,j)} - ES_{(i,j)} - t_{(i,j)} \\
&= LS_{(i,j)} - ES_{(i,j)} \\
&= LF_{(i,j)} - EF_{(i,j)}
\end{aligned} \tag{4-7}
$$

由上式看出,对任何一项工作 (i,j),其总时差可能有三种情况:

(1) $TF_{(i,j)} > 0$,说明该工作存在机动时间;

(2) $TF_{(i,j)} = 0$,说明该工作没有机动时间;

(3) $TF_{(i,j)} < 0$,说明该工作存在负时差,实际工期长于规定工期,应采取技术或组织措施予以缩短,确保计划总工期。

2. 局部时差(FF)

工作的局部时差 $FF_{(i,j)}$ 也称自由时差,是指在不影响其紧后工作的最早可能开始时间的条件下,工作 (i,j) 所具有的机动时间。具体地说,它是在不影响紧后工作按最早开始时间开工的前提下,允许该工作推迟最早开始时间或延长其持续时间的幅度。工作 (i,j) 的局部时差计算公式如下:

$$FF_{(i,j)} = ET_{(j)} - ET_{(i)} - t_{(i,j)} \tag{4-8}$$

3. 相干时差(IF)

工作的相干时差 $IF_{(i,j)}$ 是指可以与紧后工作共同利用的机动时间。具体地说,是在工作总时差中,除局部时差外,剩余的那部分时差。工作 (i,j) 的相干时差计算公如下:

$$IF_{(i,j)} = TF_{(i,j)} - FF_{(i,j)} = LT_{(j)} - ET_{(j)} \tag{4-9}$$

4. 独立时差(DF)

工作的独立时差 $DF_{(i,j)}$ 是指为本工作所独有而其前后工作不可能利用的时差。具地说,它是在不影响紧后工作按照最早开始时间开工的前提下,允许该工作推迟其最迟开始时间或延长其持续时间的幅度。其计算公式如下:

$$DF_{(i,j)} = ET_{(j)} - LT_{(i)} - t_{(i,j)}$$

$$= FF_{(i,j)} - IF_{(h,i)} \qquad (h < i) \qquad (4\text{-}10)$$

式中: $IF_{(h,j)}$——紧前工作的相干时差。

当 $DF_{(i,j)} < 0$ 时,取 $DF_{(i,j)} = 0$。

综上所述,四种工作时差的形成条件和相互关系如图 4-24 所示。

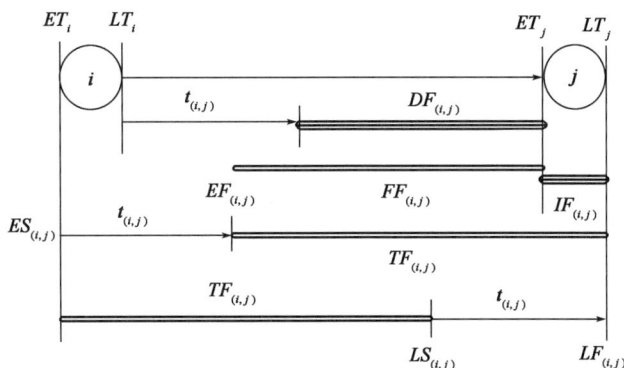

图 4-24　时间参数关系图

(1)总时差对其紧前工作和紧后工作均有影响。

(2)一项工作的局部时差只限于本工作利用,不能转移给紧后工作利用,对紧后工作的时差无影响,但对其紧前工作有影响,如运用,将使紧前工作时差减少。

(3)一项工作的相干时差对其紧前工作无影响,但对紧后工作的时差有影响,如果动用该时差,将使紧后工作的时差减少或消失。它可以转让给紧后工作,变为紧后工作的局部时差而被利用。

(4)一项工作的独立时差只能被本工作使用,如动用,对其紧前工作和紧后工作均无影响。

五、关键线路

1. 线路

线路是指网络计划图中沿箭线方向由开始节点至结束节点的一系列节点箭线组成的通路。每条线路均由一些工作组成,这些工作持续时间之和就是这条线路的长度。

2. 关键线路

网络图的各条线路中,持续时间之和最长的线路即为关键线路。关键线路上的工作称为关键工作。

3. 非关键线路

网络计划图中除关键线路以外的线路,即为非关键线路。非关键线路中存在时差的工作称为非关键工作。非关键线路上的工作并非全都是非关键工作。

4. 关键线路的确定

确定关键线路的方法有很多,下面介绍两种简单易行的方法:

(1)关键线路上所有工作的总时差均为零,反过来,如果工作的总时差为零,则它必是关键工作。由此,只要连接网络计划中总时差为零的工作,就可以确定出关键线路。

(2)关键线路上所有节点的两个时间参数均相等,反过来,如果节点的两个时间参数相等,该节点一定是关键线路上的节点,即成为关键线路上的关键节点。但是由任意两个关键节点组成的工作,并非一定是关键工作。如果采用这种方法判别还需加上另一个条件:箭尾节点时间+工作持续时间=箭头节点时间。同时满足上述两个条件的工作,即为关键工作。

5.关键线路的特性

(1)关键线路上各工作的总时差均为零。

(2)关键线路在网络计划中不一定只有一条,有时存在多条,但关键工作所占比重并不大。据资料统计,对于一个具有100项工作的网络计划,它的关键工作数目约有12~15项;一个具有1000项工作的网络计划,关键工作的数目约是70~80项;而一个具有5000项工作的网络计划,关键工作数目仅约有150~160项。这样就有可能使工程项目的管理者集中精力抓住主要矛盾,做好计划管理工作。

(3)非关键工作如果将总时差全部用完,就会转化为关键工作。

(4)当非关键线路延长的时间超过它的总时差,关键线路就转变为非关键线路。

六、时间参数的计算方法

1.方法概述

(1)列式计算法

列式计算法是根据各项时间参数的计算公式,逐一计算的方法。该法是网络计划时间参数计算的基本方法。

(2)图上计算法

图上计算法是按照各时间参数计算公式,直接在网络图上计算时间参数的方法。由于计算过程在图上直接进行,不需列计算式,既快又不易出错,计算结果直接标在网络图上。此法只限于对简单网络计划图的认识、理解、计算,不适合于大型网络计划图的时间参数计算。

(3)电算法

由于网络计划技术是一个数学模型,可以采用电子计算机进行计算,电算法是按照各时间参数的计算公式编制电算程序,计算网络图的各项时间参数,适合于大型网络计划图的时间参数计算。

2.图算法计算双代号网络图时间参数

(1)节点时间参数的计算

①计算节点最早时间(ET)

节点最早时间即为节点的最早可能实现时间(ET),是节点后各工作的统一最早可能开始时间。网络图起始节点①的最早可能实现时间为零,$ET_{(1)}=0$,沿箭线方向逐个节点地计算到网络图的终点⑩,某节点的紧前工作全部完成,本工作才能最早开始。所以节点最早时间不一定等于该节点前各工作的最早可能完成时间,进入这个节点的紧前工作不全部完成,本项工作就无法开始。因此,节点j的最早可能实现时间应等于该节点全部紧前工作(i,j)的最早可能完成时间的最大值,用公式(4-1)表示。

现以图4-25所示的双代号网络图为例,计算各节点的最早可能实现时间如下,并按节点时间参数计算图例规定标注在图4-25上。

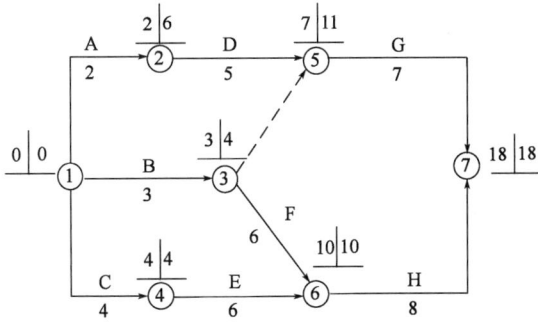

图 4-25 节点时间参数计算

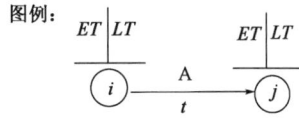

3.图算法计算双代号网络图时间参数

$ET_{(1)} = 0$,其他节点根据式(4-1)计算得。

$ET_{(2)} = ET_{(1)} + t_{(1,2)} = 0 + 2 = 2$

$ET_{(3)} = ET_{(1)} + t_{(1,3)} = 0 + 3 = 3$

$ET_{(4)} = ET_{(1)} + t_{(1,4)} = 0 + 4 = 4$

$ET_{(5)} = \max \left\{ \begin{array}{l} ET_{(1)} + t_{(1,3)} = 0 + 3 = 3 \\ ET_{(2)} + t_{(2,5)} = 2 + 5 = 7 \end{array} \right\} = 7$

$ET_{(6)} = \max \left\{ \begin{array}{l} ET_{(3)} + t_{(3,6)} = 3 + 6 = 9 \\ ET_{(4)} + t_{(4,6)} = 4 + 6 = 10 \end{array} \right\} = 10$

$ET_{(7)} = \max \left\{ \begin{array}{l} ET_{(5)} + t_{(5,7)} = 7 + 7 = 14 \\ ET_{(6)} + t_{(6,7)} = 10 + 8 = 18 \end{array} \right\} = 18$

网络图终点ⓝ的最早可能实现时间就是计划的总工期 T,即 $T = ET(n)$,因此,图 4-25 双代号网络计划图的总工期 $T = 18$。

②计算节点最迟时间(LT)

节点最迟时间即为节点的最迟必须实现时间(LT),是节点之前的各工作统一最迟必须完成时间。由式(4-2)知,节点的最迟必须实现时间,就是计划工期确定的条件下,从网络图的终点ⓝ开始,逆着箭线方向逐个节点地算到网络图的起点。终点ⓝ节点的最迟必须实现时间等于计划工期,即:$LT_{(n)} = T$。

需要注意的是,节点最迟时间不一定等于该节点后各工作的最迟必须开始时间。箭尾节点的最迟必须实现时间等于箭头节点的最迟必须实现时间与其工作持续时间之差;当节点ⓘ有多条箭线同时发出时,应对每条箭线都进行计算,然后取其最小值作为该节点的最迟必须实现时间。

以图 4-25 双代号网络图为例,计算各节点的最迟必须实现时间,并将计算结果标注在图例规定的位置。

$LT_{(7)} = ET_{(7)} = 18$,其他节点按式(4-2)计算如下:

$ET_{(6)} = LT_{(7)} - t_{(6,7)} = 18 - 8 = 10$

$$ET_{(5)} = LT_{(7)} - t_{(5,7)} = 18 - 7 = 11$$

$$ET_{(5)} = LT_{(6)} - t_{(4,6)} = 10 - 6 = 4$$

$$LT_{(3)} = \min\left\{\begin{array}{l} LT_{(6)} - t_{(3,6)} = 10 - 6 = 4 \\ LT_{(6)} - t_{(3,5)} = 11 - 0 = 11 \end{array}\right\} = 4$$

$$LT_{(2)} = LT_{(5)} - t_{(2,5)} = 11 - 5 = 6$$

$$LT_{(1)} = \min\left\{\begin{array}{l} LT_{(4)} - t_{(1,4)} = 4 - 4 = 0 \\ LT_{(3)} - t_{(1,3)} = 4 - 3 = 1 \\ LT_{(2)} - t_{(1,2)} = 6 - 2 = 4 \end{array}\right\} = 0$$

（2）工作时间参数计算

①工作最早可能开始时间（ES）

工作的最早可能开始时间,是指一项工作在具有了一定工作条件和资源条件后可以开始工作的最早时间。在工作流程上,各项工作要等到其紧前工作都结束以后方能开始。很明显工作(i,j)的最早可能开始时间就等于箭尾节点①的最早可能实现时间,即按照公式（4-3）计算如下,并标注在图4-26上。

$$ES_{(1,2)} = ET_{(1)} = 0; \qquad\qquad ES_{(4,6)} = ET_{(4)} = 4;$$
$$ES_{(1,3)} = ET_{(1)} = 0; \qquad\qquad ES_{(3,6)} = ET_{(3)} = 3;$$
$$ES_{(1,4)} = ET_{(1)} = 0; \qquad\qquad ES_{(5,7)} = ET_{(5)} = 7;$$
$$ES_{(2,5)} = ET_{(2)} = 2; \qquad\qquad ES_{(6,7)} = ET_{(6)} = 10。$$

②工作最早可能结束时间（EF）

正常情况下,工作(i,j)若能在最早可能开始时间开始,对应就有一个最早可能结束时间,它就等于箭尾节点的最早可能实现时间或者工作的最早可能开始时间加上工作(i,j)的持续时间 $t_{(i,j)}$,即按照公式（4-4）计算如下,并标注在图4-26上。

$$EF_{(1,2)} = ES_{(1,2)} + t_{(1,2)} = 0 + 2 = 2; \qquad EF_{(1,3)} = ES_{(1,3)} + t_{(1,3)} = 0 + 3 = 3;$$
$$EF_{(1,4)} = ES_{(1,4)} + t_{(1,4)} = 0 + 4 = 4; \qquad EF_{(2,5)} = ES_{(2,5)} + t_{(2,5)} = 2 + 5 = 7;$$
$$EF_{(3,6)} = ES_{(3,6)} + t_{(3,6)} = 3 + 6 = 9; \qquad EF_{(4,6)} = ES_{(4,6)} + t_{(4,6)} = 4 + 6 = 10;$$
$$EF_{(5,7)} = ES_{(5,7)} + t_{(5,7)} = 7 + 7 = 14; \qquad EF_{(6,7)} = ES_{(6,7)} + t_{(6,7)} = 10 + 8 = 18。$$

③工作最迟必须结束时间（LF）

工作最迟必须结束时间（LF）是指一项工作在不影响工程按总工期结束的条件下最迟必须结束的时间,它必须在紧后工作开始之前完成。计算工作的最迟必须结束时间应从箭头方向向箭尾逐项进行计算。工作(i,j)就等于箭头节点①的最迟必须实现时间 $LT_{(j)}$,按照式（4-5）计算如下,并标注在图4-26上。

$$LF_{(1,2)} = LT_{(2)} = 6; \qquad\qquad LF_{(4,6)} = LT_{(6)} = 10;$$
$$LF_{(1,3)} = LT_{(3)} = 4; \qquad\qquad LF_{(3,6)} = LT_{(6)} = 10;$$
$$LF_{(1,4)} = LT_{(4)} = 4; \qquad\qquad LF_{(5,7)} = LT_{(7)} = 18;$$
$$LF_{(2,5)} = LT_{(5)} = 11; \qquad\qquad LF_{(6,7)} = LT_{(7)} = 18。$$

④工作最迟必须开始时间（LS）

在正常情况下,工作(i,j)结束的迟是因为开始的迟,所以工作(i,j)如果能在最迟必须结束时间结束,对应的就有一个最迟必须开始时间,它等于工作(i,j)的箭头节点①的最迟必须

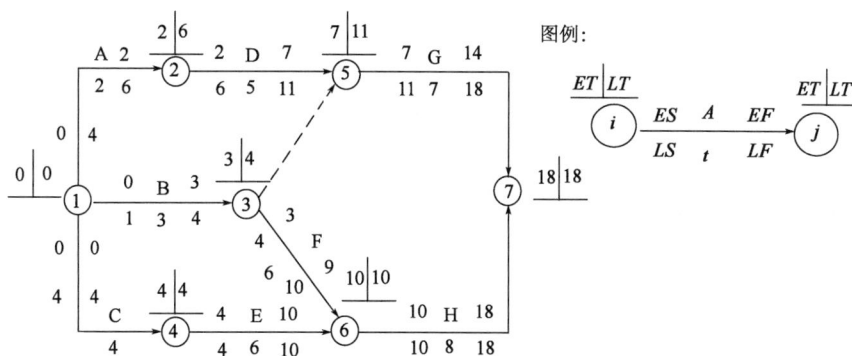

图 4-26 工作时间参数计算

实现时间 $LT_{(j)}$ 或其最迟必须结束时间 $LF_{(i,j)}$ 减去工作 (i,j) 的持续时间 $t_{(i,j)}$，即按照公式(4-6)计算如下，并标注在图 4-26 上。

$$LS_{(1,2)} = LF_{(1,2)} - t_{(1,2)} = 6 - 2 = 4; \qquad LS_{(1,3)} = LF_{(1,3)} - t_{(1,3)} = 4 - 3 = 1;$$
$$LS_{(1,4)} = LF_{(1,4)} - t_{(1,4)} = 4 - 4 = 0; \qquad LS_{(2,5)} = LF_{(2,5)} - t_{(2,5)} = 11 - 5 = 6;$$
$$LS_{(3,6)} = LF_{(3,6)} - t_{(3,6)} = 10 - 6 = 4; \qquad LS_{(4,6)} = LF_{(4,6)} - t_{(4,6)} = 10 - 6 = 4;$$
$$LS_{(5,7)} = LF_{(5,7)} - t_{(5,7)} = 18 - 7 = 11; \qquad LS_{(6,7)} = LF_{(6,7)} - t_{(6,7)} = 18 - 8 = 10。$$

⑤网络图工作时间参数的计算步骤总结

工作参数的计算以控制性参数——节点参数为依据，在节点参数的图例中，起点到终点的节点参数符合从小到大排列的规律，因此最左边的为 $ET_{(i)}$，最右边的为 $LT_{(j)}$，称 $[ET_{(i)},$ $LT_{(j)}]$ 为工作 (i,j) 的时间边界。

工作的最早可能时间就是在图例中向左看齐，让开始时间对准箭尾的 $ET_{(i)}$（左边界），则最早完成时间为在左边界上加一个持续时间 $t_{(i,j)}$。

工作的最迟时间就是在图例中向右看齐，让结束时间对准箭头的 $LT_{(j)}$（右边界），则最迟开始时间为在右边界上减去一个持续时间 $t_{(i,j)}$。

(3)时差参数计算

①工作的总时差(TF)

工作 (i,j) 的总时差 $TF_{(i,j)}$，是在不影响任何一项紧后工作的最迟必须开始时间条件下，本工作 (i,j) 所拥有的极限机动时间。按公式(4-7)计算如下，并标注在网络图 4-27 上。

$$TF_{(1,2)} = LS_{(1,2)} - ES_{(1,2)} = 4 - 0 = 4 = LT_{(2)} - ET_{(1)} - t_{(1,2)} = 6 - 0 - 2 = 4;$$
$$TF_{(1,3)} = LS_{(1,3)} - ES_{(1,3)} = 1 - 0 = 1 = LT_{(3)} - ET_{(1)} - t_{(1,3)} = 4 - 0 - 3 = 1;$$
$$TF_{(1,4)} = LS_{(1,4)} - ES_{(1,4)} = 0 - 0 = 0 = LT_{(4)} - ET_{(1)} - t_{(1,4)} = 4 - 0 - 4 = 0;$$
$$TF_{(2,5)} = LS_{(2,5)} - ES_{(2,5)} = 6 - 2 = 4 = LT_{(5)} - ET_{(2)} - t_{(2,5)} = 11 - 2 - 5 = 4;$$
$$TF_{(3,6)} = LS_{(3,6)} - ES_{(3,6)} = 4 - 0 = 4 = LT_{(6)} - ET_{(3)} - t_{(3,6)} = 6 - 0 - 2 = 4;$$
$$TF_{(4,6)} = LS_{(4,6)} - ES_{(4,6)} = 4 - 4 = 0 = LT_{(6)} - ET_{(4)} - t_{(4,6)} = 10 - 4 - 6 = 0;$$
$$TF_{(5,7)} = LS_{(5,7)} - ES_{(5,7)} = 4 - 0 = 4 = LT_{(7)} - ET_{(5)} - t_{(5,7)} = 18 - 7 - 7 = 4;$$
$$TF_{(6,7)} = LS_{(6,7)} - ES_{(6,7)} = 10 - 10 = 0 = LT_{(7)} - ET_{(6)} - t_{(6,7)} = 18 - 10 - 8 = 0。$$

②工作的局部时差(FF)

工作 (i,j) 的局部时差 $FF_{(i,j)}$，是在不影响任何一项紧后工作最早可能开始时间的条件

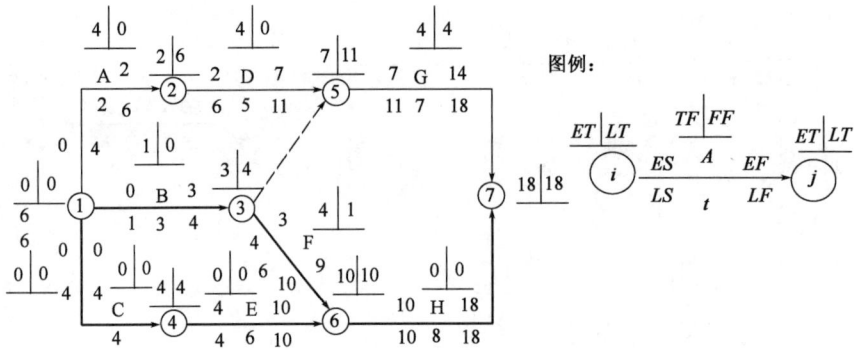

图4-27 时差参数计算

下,本工作(i,j)所具有的机动时间。工作(i,j)的局部时差反映了工作(i,j)最早可能完成时间到其紧后工作(j,k)最早可能开始时间之间的时间间隔,有时也被称为自由时差,它属于总时差的一部分。按公式(4-8)计算如下,并标注在图4-27上。

$$FF_{(1,2)} = ET_{(2)} - ET_{(1)} - t_{(1,2)} = 2 - 0 - 2 = 0;$$
$$FF_{(1,3)} = ET_{(3)} - ET_{(1)} - t_{(1,3)} = 3 - 0 - 3 = 0;$$
$$FF_{(1,4)} = ET_{(4)} - ET_{(1)} - t_{(1,4)} = 4 - 0 - 4 = 0;$$
$$FF_{(2,5)} = ET_{(5)} - ET_{(2)} - t_{(2,5)} = 7 - 2 - 5 = 0;$$
$$FF_{(3,6)} = ET_{(6)} - ET_{(3)} - t_{(3,6)} = 10 - 3 - 6 = 1;$$
$$FF_{(4,6)} = ET_{(6)} - ET_{(4)} - t_{(4,6)} = 10 - 4 - 6 = 0;$$
$$FF_{(5,7)} = ET_{(7)} - ET_{(5)} - t_{(5,7)} = 18 - 7 - 7 = 4;$$
$$FF_{(6,7)} = ET_{(7)} - ET_{(6)} - t_{(6,7)} = 18 - 10 - 8 = 0。$$

工作局部时差有以下主要特点:

a)工作的局部时差总是小于或等于其总时差,即$FF_{(i,j)} \leqslant TF_{(i,j)}$;

b)使用工作的局部时差,对紧后工作的最早可能开始时间没有任何影响;

c)工作的局部时差用于控制工程项目实施过程中的中间进度或形象进度,即用来掌握网络计划图中各项工作的最早时间,以便控制计划各阶段按期完成。

综上所述,工作时差的计算有十分重要的意义,计划管理人员根据时差的大小来协调施工组织,控制项目的总工期。可在允许时差范围内改变工作的开始或完成时间以达到施工均衡性的目的;或在机动时间内适当增加非关键工作的持续时间,相应地将其部分劳动力和设备、材料转移到关键工作中去,以确保关键工作按期完成,从而达到按期或提前完成工程进度计划的目的。

③工作时差的计算步骤

网络图工作时间参数的计算采用图算法计算时差,主要是避免抽象记忆计算公式,而是利用图例的相对位置理解参数的计算过程和方法。因此计算步骤为:

a)掌握计算工作参数的左右时间边界,找到节点参数从小到大排列的规律,分清左边最小,右边最大;

b)通过"最右边减去最左边再减去时间"或者"最大值减去最小值再减去时间"即可求出总时差数值大小,即工作的总时差等于箭头节点最迟时间减去箭尾节点最早时间再减去其工

作的持续时间;

c)通过"两节点上左边时间相减再减去时间"或者"左边相减再减时间"的方法即可求出局部时差的数值大小,即工作的局部时差等于箭头节点最早时间减去箭尾节点最早时间再减去其工作的持续时间。

(4)关键工作和关键线路的确定

①判别关键工作

使用总时差判断关键工作的充要条件是:

$$TF_{(i,j)} = 0$$

如图 4-27 中① ④ ⑥ ⑦即为关键线路,关键线路一般在图中以双箭线或加粗线标明。

②关键工作与非关键工作区别

关键线路上的工作称为关键工作。关键工作没有任何机动时间,即工作的总时差为零。在网络计划中除了关键线路之外的线路称为非关键线路,在非关键线路中总是存在有一定数量的时差,其中存在时差的工作称为非关键工作。值得注意的是非关键线路并不是全由非关键工作组成,在网络图的任何一条线路中,只要有一项非关键工作,则这条线路就是非关键线路,其线路长度小于关键线路长度。所以,只有全部由关键工作组成的线路才能构成关键线路,即关键工作连成关键线路,不在关键线路上的工作则为非关键工作。

网络计划图中的每个节点都有两个时间参数,最早可能实现时间和最迟必须实现时间。利用节点时间参数来确定关键线路时,首先要判别节点是否为关键节点,如果节点最早可能实现时间等于节点最迟必须实现时间,即 $ET_{(j)} = LT_{(j)}$,则称节点②为关键节点;其次要判断两个关键节点之间的工作是否构成关键工作,其判别式为:

$$箭尾节点时间 + 工作持续时间 = 箭头节点时间$$

如果上式成立,则这项工作为关键工作,否则就是非关键工作。

计算网络计划时间参数的目的之一是找出计划中的关键线路。找出了关键线路也就抓住了工程进度计划的主要矛盾,这样就可使工程管理人员在施工的组织和管理工作中做到心中有数。

第四节 时间坐标网络计划

一、时间坐标网络计划的概念

时间坐标网络计划,简称时标网络计划,是网络计划的另一种表达形式。前面所介绍的网络计划是一般网络计划。在一般网络计划中,工作的持续时间由箭杆线下方标注的时间来表明,箭杆线的长短与时间无关,这种网络计划的好处是修改起来方便。工作顺序、相互间关系及时间要求变动时,改动网络计划很方便。但是因为没有时间坐标,看起来就不直观,不能清楚地在网络计划图上直接看出各项工作的开始时间和结束时间。

为了克服一般网络计划所存在的不足,产生了时间坐标网络计划。与一般网络计划相比,时标网络计划更能够表达进度计划中各项工作之间恰当的时间关系,使网络计划图易于理解、方便应用,其箭杆线的长短和所在位置表示着工作的时间进程。此外,时标网络计划还是计划管理人员分析计划和对网络计划进行优化的有力工具。

1.时标网络计划的特点

(1)时标网络计划结合了横道图和网络图的优点,既有通常使用的横道计划图的时间比例,又具有网络计划图中的逻辑关系,能直观地反映出整个计划的时间进程。

(2)时标网络计划能直接反映出各项工作的开始和结束时间、机动时间及网络计划中的关键线路。在计划执行过程中,可以随时查出哪些工作已经完成,哪些工作正在进行及哪些工作将要开始。

(3)由于时标网络计划图能清楚地表示出哪些工作需要同时进行,因此可以确定在同一时间内对劳动力、材料和机械设备等资源的需要量。

(4)通过优化调整后的时标网络计划,可以直接作为进度计划下达到执行单位使用。

(5)时标网络计划的调整比较麻烦,当情况发生变化时,如资源的变动或工期拖延后要对时标网络计划进行修改时,因为改变工作持续时间就需要改变箭杆线的长度和节点的位置,这样往往因移动局部几项工作而牵动整个网络计划。

2.时标网络计划的应用

(1)利用时标网络可以方便地编制工作项目少,并且工艺过程较简单的施工进度计划,编制中能迅速地边计算、边绘制、边调整。

(2)对于大型复杂的工程,可以先用时标网络计划的形式绘制各分部工程的网络计划,然后再综合起来绘制出比较简明的总网络计划。也可以先编制一个总的施工网络计划,然后每隔一段时间,再对下一阶段应开始的分部工程绘制详细的时标子网络计划图。在执行过程中,如果时间有变化,则不必改动整个网络计划图,而只对这阶段分部工程的子网络图计划进行修订就可以了。

(3)由于时间坐标网络计划清楚、直观,能直接表示各项工作的时间进程,所以一般将已编制并计算优化好的一般网络计划绘制成时标网络计划,作为进度计划下达执行。

二、时间坐标网络计划图的绘制

时间坐标网络计划图可以按节点最早时间和节点最迟时间标画。这种时标网络计划图主要供计划管理人员分析计划和实施资源优化之用。

1.按节点最早时间绘制时标网络图

(1)绘制前,首先对一般网络计划进行计算,求出各节点的时间参数作为绘制时标网络图的依据,并确定关键线路;

(2)绘出时间坐标,网络起点节点定位在时标网络计划图的起始刻度线上,将关键线路上的关键工作所对应的节点定位于时间坐标的刻度线上,并绘制于图中适当的位置;

(3)按工作的最早可能实现时间将各节点绘制在相应的时间坐标刻度上,自左向右依次确定其他节点的位置,直至终点节点;

(4)用实线水平投影长度表示工作持续时间,其他不足以到达该节点的实箭线用波形线补足,波形线靠右画;

(5)虚工作应绘制成垂直的虚箭线,若虚箭线的开始节点与结束节点之间有水平距离时,用波形线补足,波形线的长度为该虚工作的自由时差。

【例 4-3】 按节点最早时间绘制时标网络图

绘制无时标双代号网络图,如图 4-28 所示,计算时间参数(此处略),确定关键线路 ①→②→⑤→⑦→⑨。

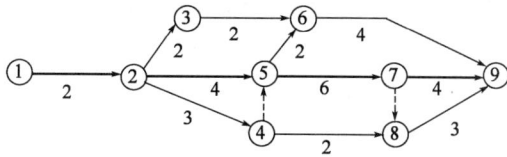

图 4-28　一般网络计划图

现按节点最早时间将各节点准确定位在时间坐标的刻度上,并按上述步骤把它绘制成时标网络计划图,见图 4-29。

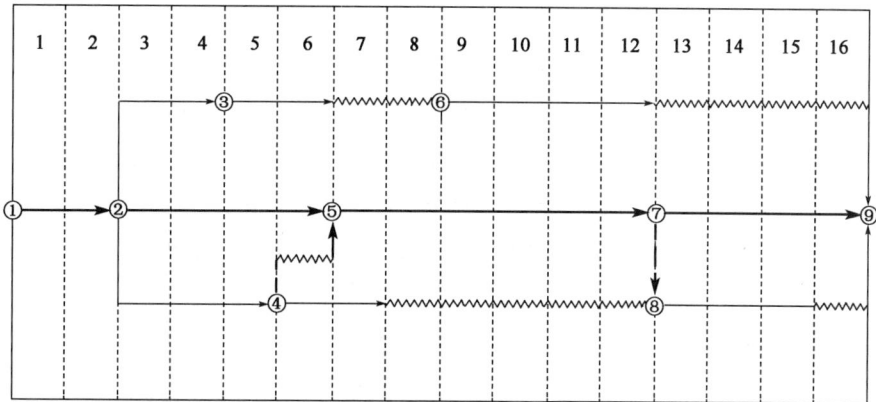

图 4-29　按节点最早时间绘制的时标网络图

按节点最早时间绘制的时标网络计划图,需要注意:

①时标网络计划图中所有节点的位置,应按节点的最早可能实现时间绘制在相应的时间坐标上。

②实工作用实箭线表示,实箭线的长短表示工作持续时间的长度;虚工作仍用虚箭线表示;工作的机动时间用波形线表示。

③时间坐标网络计划图中各节点的纵向位置没有时间的含意。

2. 按节点最迟时间绘制时标网络图

这里仍以图 4-28 所示一般网络计划为例,按节点最迟必须实现时间绘制成时标网络,画法步骤如下:

(1)首先对一般网络计划进行计算,求出各节点的时间参数作为绘制时标网络图的依据,并确定关键线路;

(2)绘出时间坐标,网络起点节点定位在时标网络计划图的起始刻度线上,将关键线路上的关键工作所对应的节点定位于时间坐标的刻度线上,并绘制于图中适当的位置;

(3)按工作的最迟必须实现时间将各节点绘制在相应的时间坐标刻度上,自右向左依次确定其他节点的位置,直至起点节点;

(4)用实线水平投影长度表示工作持续时间,其他不足以到达该节点的实箭线用波形线

补足,波形线靠左画;

(5)虚工作应绘制成垂直的虚箭线,若虚箭线的开始节点与结束节点之间有水平距离时,用波形线补足,波形线的长度为该虚工作的自由时差。

图4-30所示为按节点最迟时间绘制的时标网络计划图。同样应注意,时标网络计划图中所有节点的位置应按各节点的最迟必须实现时间绘制在相应的时间坐标上。图中各项工作及其持续时间、机动时间和虚工作的表示方法与按最早时间绘制的时标网络计划相同。

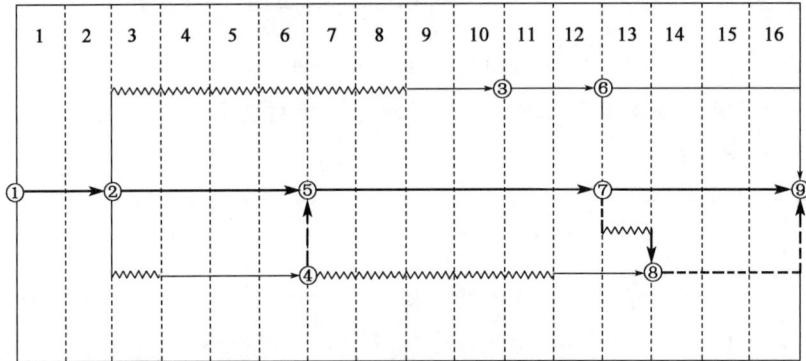

图4-30 按节点最迟时间绘制的时标网络图

从图4-29和图4-30可以看到,按最早时间绘制的时标网络图的特点是"前紧后松",线路的机动时间多半分布在后面,此时图中所表示的机动时间为各工作的局部时差。按最迟时间绘制的时标网络图的特点是"前松后紧",即线路的机动时间多半分布在前面,此时图中所表示的机动时间不是各项工作的局部时差,它是工作以最迟必须开始时间开始,并以最迟必须结束时间结束时所具有的机动时间。

在绘制时要注意以下几点:

①在定各个节点的位置时,一定要在所有内向箭线全部绘出以后,才能最后确定该节点的位置。

②每项工作的实箭线长度,必须严格按照其持续时间来画,如果该工作与紧后工作的开始节点还有距离时,应用波形线加以连接。

③绘制的时标网络计划图最好与原一般网络计划图的形状相似,以便检查和核对。

3.时间坐标的表示方法

时间刻度画在什么位置,采用什么形式并无一定的标准,时标可以采用垂直分格,也可以只绘制在网络计划图的上方或者下方。常用的时间坐标有以下几种形式,它们各有特点,可以根据需要选用。

当图面比较窄时,可以使用表4-5的形式,这时时间坐标放在网络图的上方。

表4-5 图面比较窄时时间坐标表示示意图

工作日(d)	1	2	3	4	5	6	7	8	……

当图面比较宽时,可以使用表4-6的形式,这时时间坐标在网络图的上下方都绘制出来,这样看起来方便些。

表 4-6 图面比较宽时时间坐标表示示意图

工作日(d)	1	2	3	4	5	6	7	8	......
工作日(d)	1	2	3	4	5	6	7	8	......

表 4-7 所示的时间坐标形式称为日历时间坐标网络计划。而表 4-8 所示的时间坐标形式适用于安排月旬进度时标网络计划。表 4-9 所示的形式适用于安排年度进度计划。

表 4-7 日历时间坐标网络计划

月份 日期 工程名称	8 月				9 月					
	26	27	28	29	30	31	1	2	3	4
	一	二	三	四	五	六	一	二	三	四

表 4-8 月旬进度时标网络计划

月	6	7	8	9	......
旬	上 中 下	上 中 下	上 中 下	上 中 下	......

表 4-9 年 度 进 度 计 划

年	2019	2020	2021	2022
月	11	12	1	2
周	1 2 3 4	5 6 7 8	9 10 11 12	13 14 15 16

第五节 单代号网络图的绘制与计算

一、单代号网络计划图的构成

单代号网络计划图和双代号网络计划图一样,也由三要素组成,但其含义却完全不同。

4.单代号网络图与双代号网络图的对比

1.节点

单代号网络计划图中的节点可以用圆圈或方框表示,一个节点表示一项具体的工作过程。节点所表示的工作的名称、持续时间和代号一般都标注在圆圈内,如图 4-31 所示。值得注意的是单代号网络图的开始节点和结束节点不同于双代号网络图,而是要视网络图中最先开始的工作数量或者最后结束的工作数量的多少来决定节点的选择方式。如果同时存在多个最先开始或最后结束的工作,就必须虚设一个始工作或终工作,如图 4-32 所示。如果只有一个最先开始工作或一个最后结束工作就不用虚设了。

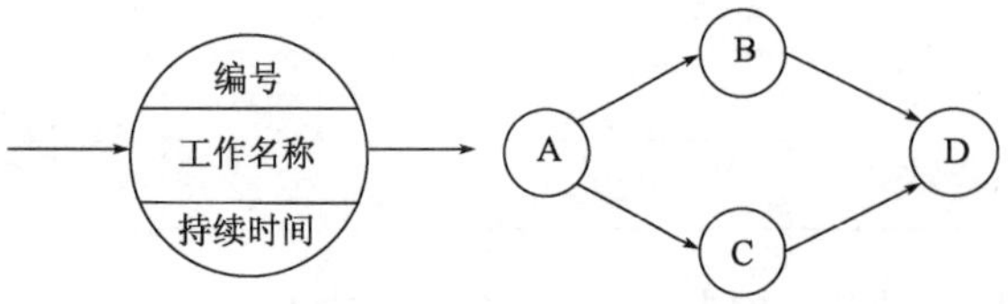

图4-31 节点示意图

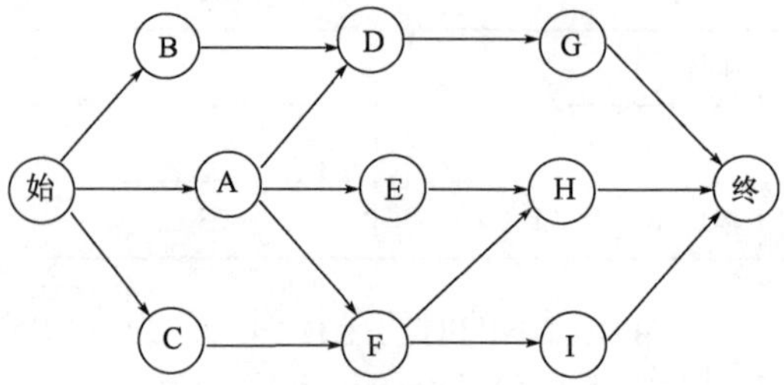

图4-32 虚拟开始节点和结束节点的单代号网络图

2. 箭线

在单代号网络计划图中箭线表示工作之间的相互逻辑关系,它既不消耗时间也不消耗资源,代表工作之间的直接约束关系。因此,在单代号网络计划图中不存在虚箭线,箭杆线的箭头方向表示着工作的前进方向。工作间的逻辑关系越是复杂,表示直接联系的箭线就越多,就可能出现箭线交叉的情况,如图4-32所示单代号网络图中,A 为 D、E、F 的紧前工作,D 为 A、B 的紧后工作,F 为 A、C 的紧后工作。

3. 线路

与双代号网络图一样,在单代号网络计划图中,存在大量的线路,对网络图研究的中心任务是研究关键线路。

二、单代号网络计划图的绘制

单代号网络计划与双代号网络计划图表达的计划内容是一致的,两者的区别仅在于绘图的符号所表示的意义不同。单代号网络计划图的绘制过程和双代号网络计划图一样,先将计划任务分解成若干项具体的工作,然后确定这些工作之间的相互关系,以及各项工作的持续时间,计算各工作的时间参数,确定关键工作和关键线路。

1. 单代号网络图逻辑关系的表示

由于单代号网络图与双代号网络图的区别仅在于图形表达符号不同,而表达进度计划的内容是相同的,所以绘制双代号网络图的基本规则,在单代号网络图绘制中都应遵守。即一张单代号网络图也只能允许有一个起点和一个终点,且除网络图开始节点和结束节点外,其他中间节点,其前面至少必须有一个紧前工作节点,其后面至少必须有一个紧后工作节点,并以箭线相连接。

此外,单代号网络计划图中,一个代号只能代表唯一的某项工作;不允许出现闭合回路,也不允许出现双向箭线或线段,避免使用反向箭线;网络图布局应合理等,与双代号网络图绘制规则完全相同。

2. 单代号网络图的绘图方法

绘制单代号网络计划图,也可采用前进法、后退法和先粗后细法。工程项目进度计划实际应用中,主要采用先粗后细法绘制单代号网络图。确定工作之间的相互关系后,多数采用前进法或后退法绘制单代号网络图。

3. 单代号网络图的特点

通过单代号网络图与双代号网络图的比较可以看出,单代号网络图的绘制方法比较简单,图中各项工作的相互关系容易表达而且不存在虚工作,使得单代号网络图便于检查与修改。但是单代号网络图不能绘制成时标网络图,而双代号网络图可绘成时标图,特别是双代号网络图按节点最早开始时间绘制时标网络图时,可以清楚地反映出工作的局部时差,所以进行进度计划下达和对网络计划优化时,经常采用双代号网络计划图。由于双代号网络图和单代号网络图各有优缺点,因此两种形式的网络计划图的应用都很普遍。

4. 单代号网络图的绘制示例

【例4-4】 绘制下表4-10逻辑关系所示的单代号网络图。

表4-10 工作名称及逻辑关系表

工作名称	A	B	C	D	E	F	G
紧前工作	—	A	A	B	A、B	D、E	D、F、C

解:如图4-33所示。

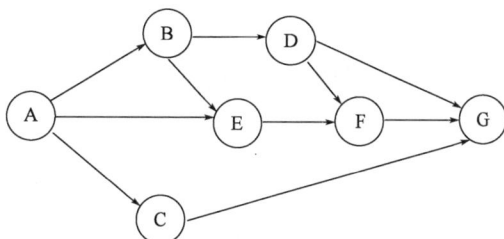

图4-33 单代号网络图

【例4-5】 绘制如下表4-11逻辑关系所示的单代号网络图。

表4-11 工作名称及逻辑关系表

工作名称	A	B	C	D	E	F
紧后工作	D、E、F	D、F	E、F	—	—	—

解:如图4-34所示。

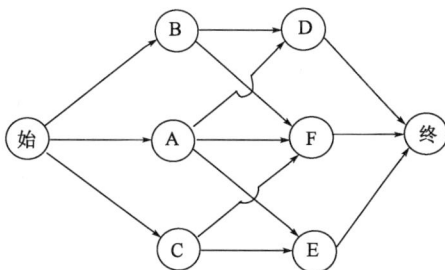

图4-34 单代号网络图

三、单代号网络图时间参数的计算方法

由于单代号网络计划图中用节点表示工作,所以它只有工作时间参数的计算,而不存在节点时间参数的计算。单代号网络图的工作时间参数计算内容和时间参数的含义及其计算目的

与双代号网络图相同,即计算工作的最早时间(ES 与 EF)、工作的最迟时间(LF 和 LS)、工作的机动时间(TF 与 FF)等。单代号网络图工作时间参数的计算步骤和方法,以及计算公式与双代号网络图基本相同,下面以图算法为例予以说明。

1. 工作时间参数计算

(1)工作最早可能开始时间(ES)

计算工作的最早可能开始时间应从网络图起点开始,按箭线方向逐项工作进行计算,直到终点节点为止。由于开始工作的最早可能开始时间为零,即 $ES_1 = 0$(①为起始节点即开始工作),其他工作的最早开始时间应等于紧前工作最早开始时间与其工作持续时间之和最大值,其计算公式为:

$$ES_j = \max\{ES_i + t_i\} = \max\{EF_i\} \tag{4-11}$$

式中:ES_j——工作 j 的最早可能开始时间,工作 i 是工作 j 的紧前工作;

$\quad ES_i$——工作 i 的最早可能开始时间;

$\quad EF_i$——工作 i 的最早可能完成时间;

$\quad t_i$——工作 i 的持续时间,$i = 1 \sim (n-1)$,$j = 2 \sim n$,n 为单代号网络图终点节点代号。

工作的最早可能开始时间也等于紧前工作中最早可能完成时间的最大值,即紧前工作全部完成各自工作才能开始。

(2)工作的最早可能完成时间(EF)

工作的最早可能完成时间(EF_i)的计算公式为:

$$EF_i = ES_i + t_i \quad (i = 1 \sim n) \tag{4-12}$$

终点节点 n 的最早可能完成时间 EF_n 就是单代号网络计划工期 T,即 $T = EF_n$。

现以图 4-35 所示的单代号网络图为例,利用公式(4-11)和公式(4-12)计算各项工作的最早时间,最早时间计算结果标注在图 4-35 图例规定的位置。

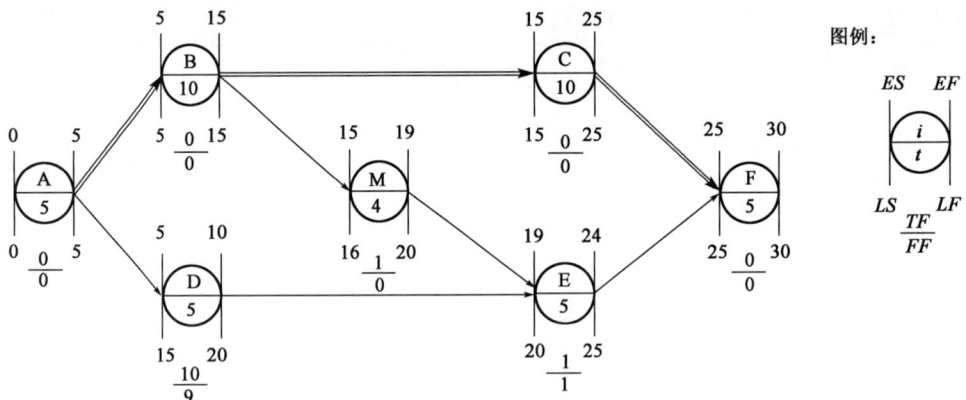

图 4-35 单代号网络图时间参数计算

计算过程为:

$ES_A = 0$,则:$EF_A = ES_A + t_A = 0 + 5 = 5$

$ES_B = EF_A = 5$,则:$EF_B = ES_B + t_B = 5 + 10 = 15$

$ES_D = EF_A = 5$,则:$EF_D = ES_D + t_D = 5 + 5 = 10$

$ES_C = EF_B = 15$,则:$EF_C = ES_C + t_C = 15 + 10 = 25$

5.单代号网络图时间参数的计算方法

$ES_M = EF_B = 15$，则：$EF_M = ES_M + t_M = 15 + 4 = 19$

$$ES_E = \max \begin{cases} ES_D \\ ES_M \end{cases} = \max \begin{cases} 10 \\ 19 \end{cases} = 19$$

$EF_E = 19 + 5 = 24$

$$ES_F = \max \begin{cases} ES_C \\ ES_E \end{cases} = \max \begin{cases} 25 \\ 24 \end{cases} = 25$$

$EF_{(F)} = 25 + 5 = 30$

根据 $T = EF_n$，可得计划工期 $T = 30$。

（3）工作的最迟必须完成时间（LF）

计算工作最迟时间应从网络图的结束节点开始，逆着箭线方向逐项地计算到开始节点。结束工作的最迟必须完成时间应保证总工期不被拖延，所以网络图终点节点的最迟必须完成时间应等于该节点的最早可能完成时间又等于工程的计划总工期，即：$LF_n = EF_n = T$，$LS_n = LF_n - t_n$。

工作 i 的最迟必须完成时间 LF_i 应等于紧后工作 j 的最迟必须完成时间 LF_j 与其工作持续时间 t_j 之差的最小值，即

$$LF_i = \min \{ LF_j - t_j \} = \min \{ LS_j \} \tag{4-13}$$

工作的最迟必须完成时间也等于紧后工作中最迟必须开始时间的最小者，这是因为任何一项工作的完成时间都不应影响紧后工作的最迟必须开始时间。

（4）工作的最迟必须开始时间（LS）

工作最迟必须开始时间的计算公式为：

$$LS_i = LF_i - t_i \tag{4-14}$$

再以图 4-35 为例，利用公式（4-13）和（4-14）计算单代号网络图的各项工作的最迟时间，并将工作的最迟时间参数计算结果标注在图 4-35 的图例对应位置上。

计算过程为：

$LF_F = EF_F = 30$，则：$LS_F = LF_F - t_F = 30 - 5 = 25$

$LF_E = LS_F = 25$，则：$LS_E = LF_E - t_E = 25 - 5 = 20$

$LF_M = LS_E = 20$，则：$LS_M = LF_M - t_M = 20 - 4 = 16$

$LF_C = LS_F = 25$，则：$LS_C = LF_C - t_C = 25 - 10 = 15$

$LF_D = LS_E = 20$，则：$LS_D = LF_D - t_D = 20 - 5 = 15$

而：

$$LF_B = \min \begin{cases} LS_C \\ LS_M \end{cases} = \min \begin{cases} 15 \\ 16 \end{cases} = 15$$

$LS_B = 15 - 10 = 5$

$$LF_A = \min \begin{cases} LS_B \\ LS_D \end{cases} = \min \begin{cases} 5 \\ 15 \end{cases} = 5$$

$LS_A = 5 - 5 = 0$

由此可见，利用公式逐项计算工作的最早时间和最迟时间参数是很麻烦的。在单代号网络图中，控制性工作时间参数的计算，同样可以采用图上计算法直接计算，并将所得的计算结果直接标在图上，如图 4-36 所示。

2. 工作时差参数计算

(1)工作总时差(TF)

在单代号网络计划图中,工作总时差的概念与双代号网络图完全相同,利用已经计算的各项工作最早开始和最迟开始时间,可方便地计算各项工作的总时差,工作的总时差计算公式为:

$$TF_i = LS_i - ES_i = LF_i - EF_i \tag{4-15}$$

(2)工作自由时差(FF)

单代号网络图中工作的局部时差概念也与双代号网络图相同,但是在单代号网络计划图中,本项工作有若干项紧后工作时,紧后工作的最早可能开始时间不一定相同。此时应取紧后工作最早可能开始时间的最小值,减去本工作的最早可能完成时间。所以工作的局部时差的计算公式为:

$$FF_i = \min\{ES_j\} - EF_i \tag{4-16}$$

计算结果见图4-35的图例位置。其计算过程如下:

$TF_A = LS_A - ES_A = 0 - 0 = 0; FF_A = \min\{ES_B, ES_D\} - EF_A = 0$

$TF_B = LS_B - ES_B = 5 - 5 = 0; FF_B = \min\{ES_C, ES_M\} - EF_B = 0$

$TF_D = LS_D - ES_D = 15 - 5 = 10; FF_D = ES_E - EF_D = 19 - 10 = 9$

$TF_C = LS_A - ES_A = 15 - 15 = 0; FF_C = ES_F - EF_C = 25 - 25 = 0$

$TF_M = LS_M - ES_M = 16 - 15 = 1; FF_M = 19 - 19 = 0;$

$TF_E = 20 - 19 = 1; FF_E = 25 - 24 = 1$

$TF_F = 25 - 25 = 0; FF_F = 0$

3. 关键线路的确定

单代号网络计划图中确定关键线路的方法与双代号网络计划图基本相同,单代号网络图主要采用关键工作法确定关键线路,即首先连接自始至终工作总时差为零的关键工作的线路,然后使用条件 $EF_i = ES_j$; $LF_i = LS_j$ 则可判断关键线路。用图算法直接计算如图4-36所示,关键工作为 A、B、C、E、H、J、K,由此连成的路线即为关键线路,用双实线或加粗表示。

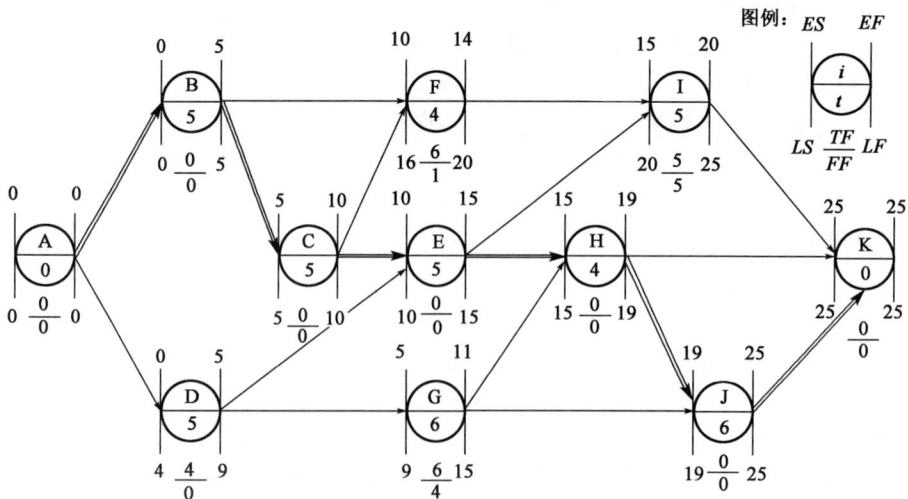

图4-36 图算法直接计算单代号

第六节 网络计划的优化

网络计划经计算后,得出的是初始方案,这个方案只是一种可行方案,要获得最佳方案,还必须进行网络计划的优化。网络计划的优化就是利用时差,不断改善网络计划的初始方案,在满足既定的条件下,按照某一衡量指标(如时间、成本、物资)来寻求最优方案。根据网络计划优化条件和目标不同,通常有工期优化、时间费用优化和资源优化等几种。

一、工期优化

各项工作的工程量一定,持续时间即工期与投入的资源在一定条件下总是呈反比关系。工期优化是在允许的条件下,根据实际需要,对工期适当缩短或延长,以达到按上级规定工期或计划工期完工的要求。所以,当变化工期,而不影响资源的变化,特别是缩短工期而不增加资源当然是最理想的优化方法,其次再考虑其他优化方法。工期优化仅从时间角度进行考虑,即只计算工期,不计算资源。

当计算工期短于规定工期时,意味着所有工作都具有正时差,进行优化时,这些机动时间可以用来增加某些工作的持续时间,从而减少单位时间资源消耗量。

当计算工期大于规定时间时,出现负时差,说明整个工程或计划不能在计划工期内或规定的工期内完工,这时就必须缩短组成关键线路的各项工作的持续时间,或改变网络计划的逻辑关系以缩短工期。

1. 组织措施的优化方法

(1)作业方式的选择

顺序作业方式工期最长、平行作业方式工期最短,流水作业方式工期介于二者之间。条件允许时,可采用平行流水作业,将工期缩短。特别是路基、路面工程可以划分成多段,采用流水作业或平行作业,都可以缩短工期。

(2)作业顺序的选择

对多个施工段、多道工序,其施工的顺序不同,其工期也不一样。如果找到一个最佳的施工顺序进行施工使工期缩短,那么,就可以在不增加资源的情况下,达到缩短工期的目的。该种方法见第二章有关的内容。

(3)从计划外增加资源

从计划外增加资源,如增加机械设备、运输车辆、劳动力等,来加速关键工作的完成,从而使计划工期缩短。

2. 缩短关键线路的优化方法

缩短关键线路的持续时间,有各种不同的途径和方法,下面介绍常用的两种方法。

(1)平均加快法

当网络计划的各项工作采用正常持续时间进行,通过计算所得到的计划工期超过规定工期不多时,可以采用这种方法,即将超过规定工期的时间,平均分摊到所有采取适当措施可能加快施工速度、缩短工期的关键工作上。

【例4-6】 现以图4-37为例加以具体说明,图中持续时间带方括号"[ ]"的表示不能采取加快速度的工作。

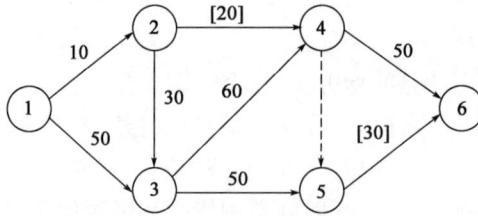

图4-37 工作逻辑及持续时间

①按规定工期计算网络计划的计划工期

采用图算法计算网络计划图4-37工期与关键线路,见图4-38,各节点上方左侧方框内数据为按原网络计划计算得出的工作最早完成时间,双箭线为关键线路,总工期为160天。

假设本例规定工期为130天,确定各工作按规定工期最迟完成时间,标注在图4-38,各节点上方右侧方框内。

采用图算法计算各工作总时差,用圆括号"( )"标注在箭杆线下方,见图4-38。

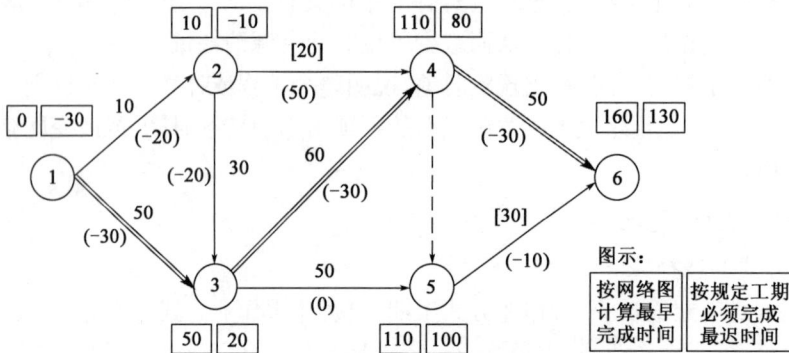

图4-38 时参计算图

②找出可以缩短持续时间的关键工作

根据计算结果,找出网络图上时差最小的线路,即关键线路,可先缩短其中关键工作的持续时间,以满足规定要求。

从图4-38中可以看出,最小时差 $\min TF_{(i,j)} = -30$ 的线路即①→③→④→⑥为关键线路。假设一条关键线路上可以采取措施加快进度的所有工作称为集合 A,则:

$$A = \{(1,3),(3,4),(4,6)\}$$

集合 A 的总持续时间为:

$$T_A = \sum_{(i,j) \in A} t_{(i,j)} \tag{4-17}$$

本例工作(1,3)、(3,4)、(4,6)都可以采取措施加快进度。

$$T_A = t_{(1,3)} + t_{(3,4)} + t_{(4,6)} = 50 + 60 + 50 = 160 \, (\text{d})$$

③计算关键工作所应缩短的时间

$$\Delta t_{(i,j)} = \frac{T_{(i,j)}}{T_A} \min TF \qquad (i,j) \in A \tag{4-18}$$

并满足：

$$\sum_{(i,j)\in A} \Delta t_{(i,j)} = \min TF \tag{4-19}$$

本例：

$$\Delta t_{(1,3)} = \frac{50}{160} \times (-30) = -9.4 \approx -9(\mathrm{d})$$

$$\Delta t_{(3,4)} = \frac{60}{160} \times (-30) = -11.3 \approx -11(\mathrm{d})$$

$$\Delta t_{(4,6)} = (-30) - [(-9) + (-11)] = -10(\mathrm{d})$$

④用缩短后的持续时间重新计算网络图

集合 A 中各关键工作缩短后的持续时间为：

$$t'_{(i,j)} = t_{(i,j)} + \Delta t_{(i,j)} \qquad (i,j) \in A \tag{4-20}$$

因此，本例中：

$$t'_{(1,3)} = 50 + (-9) = 41(\mathrm{d})$$

$$t'_{(3,4)} = 60 + (-11) = 49(\mathrm{d})$$

$$t'_{(4,6)} = 50 + (-10) = 40(\mathrm{d})$$

重新计算结果如图 4-39 所示，此时，将已经缩短持续时间的关键工作，作为不能加快进度的工作处理，并用带方括号的持续时间标在关键工作箭杆线的上方。

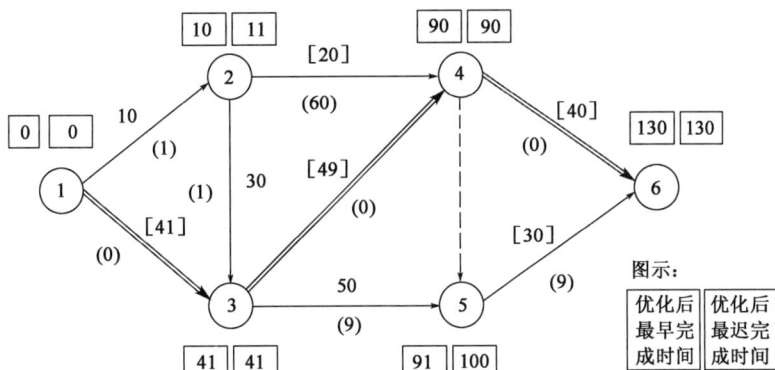

图 4-39 采取加快措施后时参计算图

⑤如果网络图中有两条以上的关键线路，或者重新计算后关键线路已经改变，计划工期仍然超过规定工期，则重复以上步骤，直到计划工期满足规定要求为止(本例已经符合规定工期要求)。

(2)依次加快法

一般来说，当计划工期与规定工期相差较大的时候，通常应该采用增加施工机具和人数或其他技术组织措施来解决，为此，可按照施工工艺要求的先后顺序，并根据技术上可行、经济上合理的原则，事先选择若干可以加快进度的工作，确定其加快后的最短持续时间。

【例 4-7】 现以图 4-40 为例，假设规定工期为 100d，预先确定工作(1,3)、(2,3)、(3,4)、(3,5)和(4,6)采取加快措施后最短持续时间分别为 30d、15d、30d、25d 和 25d(标注在持续时间后的括号内)，现说明采用依次加快法进行工期优化的步骤。

①按规定工期计算网络图,如图4-40所示,总时差标在箭杆线下方的括号内。

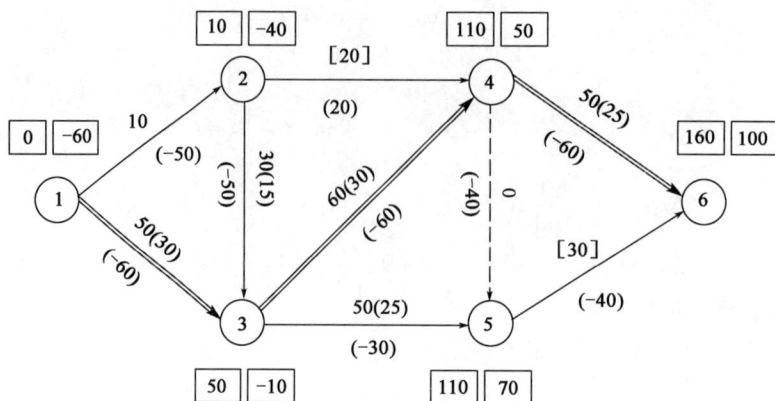

图4-40 时参计算图

②在关键线路上,依次将可加快进度的工作用加快后持续时间 $d_{(i,j)}$ 取代正常持续时间 $t_{(i,j)}$,直到缩短的持续时间总和大于或等于关键线路总时差的绝对值为止,即:

$$\sum \left[t_{(i,j)} - d_{(i,j)} \right] \geqslant \mid \min TF \mid \tag{4-21}$$

然后重新进行网络图的计算,同样,如果网络图中有两条以上的关键线路时,应逐次缩短各条关键线路的持续时间,本例中关键线路为①→③→④→⑥,依次用各关键工作加快后的持续时间取代正常的持续时间。则:

$$\sum \left[t_{(i,j)} - d_{(i,j)} \right] = (50 - 30) + (60 - 30) + (50 - 25) = 75(d)$$

$$\mid \min TF \mid = 60$$

$$\sum \left[t_{(i,j)} - d_{(i,j)} \right] = 75 \geqslant \mid \min TF \mid = 60$$

③重新进行网络图的计算,如图4-41所示。图中关键线路已经转移到①→②→③→⑤→⑥。计划工期缩短为120d,但仍不符合规定工期要求,须继续进行优化。

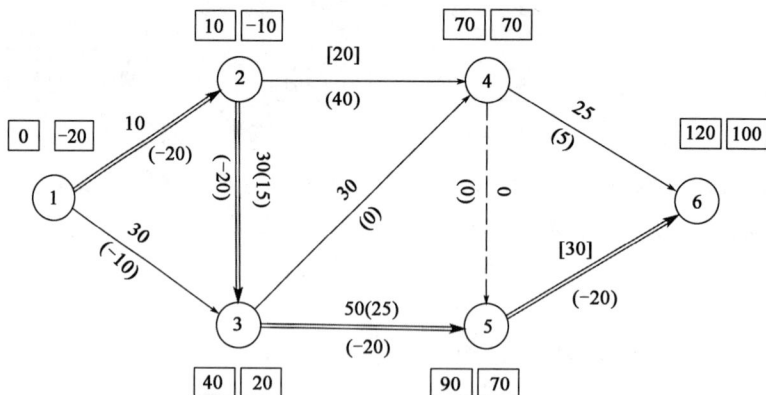

图4-41 采取第一次加速措施后的时参计算图

④在关键线路①→②→③→⑤→⑥上,有工作(2,3)、(3,5)可以加快进度。因此,重复步骤②,分别用 $d_{(2,3)}$、$d_{(3,5)}$ 取代 $t_{(2,3)}$、$t_{(3,5)}$,这时

$$\sum \left[t_{(i,j)} - d_{(i,j)} \right] = (30 - 15) + (50 - 25) = 40 \geqslant | \min TF | = 20(d)$$

第二次采取加速措施后,网络图的重新计算结果如图 4-42 所示,此时关键线路转移到①→③→④→⑤→⑥。到此,计划工期 90 < 100(d),满足工期要求。

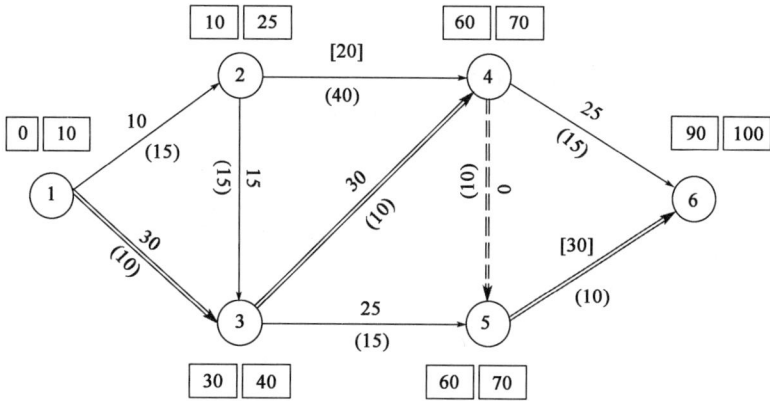

图 4-42 采取第二次加速措施后的最终时参计算图

二、时间—费用优化

工期优化是在不考虑工程费用的情况下进行的。事实上,在一般工程项目中,要加快某项工作,通常都需要增加劳动力、材料或机械设备,而这些都会引起工程费用的增加,工程费用与工期有着密切的关系。公路工程总费用是由直接费用和间接费用两部分组成,其中直接费用是指完成工程所需要的劳动力、原材料、机械设备及其各种影响增加等费用;间接费用则包括管理费、规费、税金、利息和一切不便于计入直接费用的其他附加费用。它们与工期之间的关系如图 4-43 所示。缩短工期,会引起直接费用的增加和间接费用的减少;延长工期,会引起直接费用的减少和间接费用的增加。因此,对于某一个项目来说,不能简单地认为缩短工期就会增加工程费用,或延长工期就会减少工程费用,这就是需解决的时间—费用优化问题,通常工程费用最小(如图 4-44 中的 B 点)时,与最小工程费用相对应的工期即为最优工期。

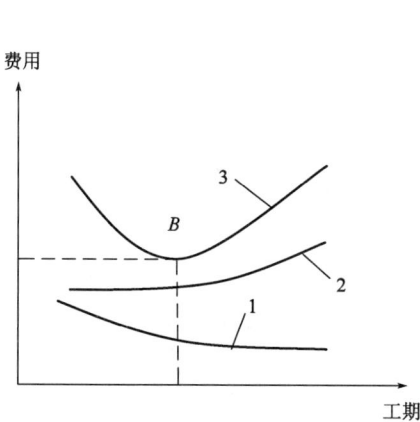

图 4-43 工期—费用曲线
1-直接费用;2-间接费用;3-费用总和

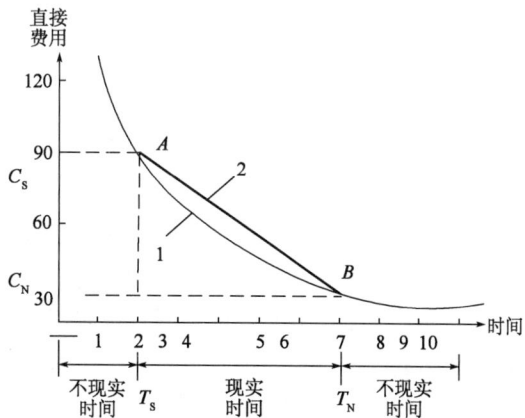

图 4-44 直接费用与时间关系曲线
1-实际的曲线;2-假设的曲线

直接费用与工期之间的关系,最简单的可用连接曲线上的两点的直线 AB 来表示(图4-44)。B 点直接费用最小(C_N),与此费用相对应的工期(T_N)为正常工期。A 点是完成工作的最短期限(极限期限,即 T_S),与此相对应的费用为 C_S。显然,单位时间费用的变化率(费用斜率 E)为:

$$E = (C_S - C_N) \div (T_N - T_S) \tag{4-22}$$

图4-44 意味着某项工序直接费用随着工序持续时间的改变而变化的关系。

由于 AB 之间可近似地取直线,故单位时间费用变化率(E)是固定的。在图4-44中:

$$E = (90 - 30) \div (7 - 2) = 12(元/d)$$

不同工序的 E 值是不同的,E 值愈大,意味着施工持续时间变化一天所增加的费用也越大。为此,要统筹缩短工期,首先要缩短位于关键线路上 E 值最小的工作的持续时间,从而使工期缩短而直接费用增加最小。

优化的目的是通过从计划工期压缩到最短工期,求出整个计划的费用曲线,从而最终得到总费用最少的工期。在关键线路中选择被压缩的各项工作必须满足:

(1)被压缩的工作是关键线路上的工作;

(2)被压缩工作的持续时间不短于最短工期,工期可进行压缩;

(3)被压缩工作的费用斜率是关键线路上可压缩工作中最小的工作。

其优化的步骤为:

(1)在关键线路中,找出费用斜率最小的工作进行压缩,并计算总工期和总费用,然后检查关键线路是否发生变化,若关键线路没有变化,则可继续进行压缩;

(2)若关键线路改变或关键线路增加,此时进行压缩,必须压缩关键线路上的工作,或者对多条关键线路同时压缩;

(3)用压缩工期后得到的费用和工期可以绘制直接(间接)费用和工期的关系曲线;

(4)将直接费用、间接费用与工期的关系曲线叠加,可得总费用与工期的关系曲线,则可得到总费用最少时的工期。

网络计划的时间费用优化,是一个不断调整、逐渐逼近较优解的过程,因此其计算工作量较大,特别是当网络计划中的工序较多时,手算比较麻烦,一般应借助电子计算机来完成。目前,国内已有相应的计算程序。

三、资源优化

任何一个工作的工程量一定,其工期与消耗的资源呈反比。在实际工程中,资源的供应,如材料的供应,在一定时期内的总数量是有限的。如某工作施工需要量较大,多于有限的供应量,那么,在保持不增加供应量的情况下,工期就会延长,那么网络计划的工期就会相应延长。资源优化的目的就是在资源供应有限的情况下,保证工期相对最短。另一方面,资源还有一个合理使用的问题,力求最大限度地降低成本,达到资源的均衡使用。可以概括为两类:

(1)资源有限,工期最短。

(2)工期规定,资源均衡。

1. 资源有限,工期最短

设网络计划需要 S 种不同的资源,已知每天可能供应的数量分别为 $A_1(t)$,$A_2(t)$,$\cdots$,$A_S(t)$,

完成每一项工作(i,j)仅需要其中一种资源,设为第K种,单位时间资源需要量以$r_{(i,j)}^{(K)}$表示,并假定其为常数。在资源供应满足$r_{(i,j)}^{(K)}$的条件下,完成工作(i,j)所需的作业时间以$t_{(i,j)}$表示。以$W_{(i,j)}^{(K)}$表示工作(i,j)所需要的第K种资源总数,则$W_{(i,j)}^{(K)} = r_{(i,j)}^{(K)} \cdot t_{(i,j)}$。整个网络计划第$K$种资源的总需要量为:

$$\sum_{v(i,j)} W_{(i,j)}^{(K)} = \sum_{v(i,j)} r_{(i,j)}^{(K)} \cdot t_{(i,j)} \tag{4-23}$$

假定$A_K(t)(K=1,2,3,\cdots,S)$为常数,即$A_K(t) = A_K$,那么最短工期的下界为:

$$\max_K \left[\frac{1}{A_{Kv(i,j)}} \sum W_{(i,j)}^{(K)} \right] \tag{4-24}$$

如果在不考虑资源供应的限制条件下,求得网络计划关键线路的长度为L_{CP},则在满足资源供应限制的条件下,其工期必然满足下式:

$$T \geq \max \left[L_{\text{CP}}, \max\left(\frac{1}{A_{Kv(i,j)}} \sum W_{i,j}^{(K)} \right) \right] \tag{4-25}$$

此工期即为要求之较短工期。具体求解时,步骤如下:

①根据网络图绘制明确工序最早可能开始时间的时标网络图及相应的资源需要量动态曲线,并找出关键线路的长度、关键工序和非关键工序的总时差。如果资源需要量不满足规定的限制条件,则应对网络计划进行调整。

②调整时先在资源需要量动态图上找出超过规定物资的时间区段,然后把处于这些区段中的非关键工序在总时差范围内移动,以使其满足规定的资源限制条件。

③绘制调整后的网络计划的资源需要量动态曲线,并检查其是否符合规定的限定条件。如不符合,则重复上述步骤,直到所有区段均能满足规定的资源限制条件为止。

为了把问题简化,假定所有工作都需要同样的一种资源,即$S=1$。以下介绍一种近似解法。

(1)第一步

①根据网络图,先绘制相应于各工作最早开始时间的时标网络图及相应的资源需要量动态曲线,从中找出关键线路的长度、位于关键线路的工作及非关键线路上各项工作的总时差。如果资源需要量不满足规定的限制条件时,那么就需要进行调整。

②假定t表示时间,t_0表示整个网络计划的开始瞬间,$t_0 = 0$,资源需要量动态曲线一般是一个阶梯形的情形。

假定在时间区段(以下简称时段)$[t_0, t_1]$内每天需要的资源量为常数。研究在时段$[t_0, t_1]$内的工作,根据以下原则对这些工作进行编号:

a)先对关键线路上的工作进行编号,其编号为$1,2,\cdots\cdots,K_1$;

b)然后对非关键线路上的工作按总时差递增编号,其编号为$K_1+1, K_1+2, \cdots\cdots$;

c)对于总时差相等的非关键工作,按每天需要的资源量递减编号。

③把位于时段$[t_0, t_1]$内的工作,按其编号从小到大的顺序,将每天需要的资源量进行累加,以累加数不超过可能供应的条件为限。余下的工作移至t_1开始。

（2）第二步

假定已计算了 K 步，在时段 $[t_0,t_1]$ 内的工作每天所需的资源需要量没有超过限制条件时，那么就继续计算第 $K+1$ 步。

①重复"第一步①"。

②假定在时段 $[t_K,t_{K+1}]$ 内的工作每天需要的资源需要量为常数。

研究在时段 $[t_K,t_{K+1}]$ 内的工作，即在 t_K 左开始或在 t_K 开始，而在 t_{K+1} 之右结束或在 t_{K+1} 结束的工作。根据以下原则对这些工作进行编号：

a）对于各工作内部不允许中断的问题。

首先，对在 t_K 之前开始，而在 t_{K+1} 结束的工作 (i,j)，根据新的总时差与其开始时间至 t_{K+1} 的距离之差 $[TF_{(i,j)} - (t_{K+1} - ES_{(i,j)})]$ 的递增顺序编号，其编号为 $1,2,\cdots\cdots,K_2$；差值相等的工作，按其每天的资源需要量递增顺序编号。

其次，对于在时段 $[t_K,t_{K+1}]$ 内余下的工作，按"第一步②"的原则编号，依次为 $K_2+1,K_2+2,\cdots\cdots$。

对于各工作内部不允许中断的问题，在 t_K 之前开始的工作如需右移，那么就整个工作右移，移至 t_{K+1} 开始。

b）对于各工作内部允许中断的问题。

在 t_K 之前开始，而在 t_{K+1} 结束的工作，把其 t_K 之前部分当作一个独立的工作处理，t_K 之后部分按"第一步②"的原则编号。

c）其余工作按"第一步③"同样的方法进行。

以上的计算方法同样适用于解决多种资源的问题。

【例4-8】 现以图4-45为例说明以上优化过程。图中箭杆线上方的数据，表示该工作需要的资源需要量 $r_{(i,j)}^{(K)}$，箭杆线下面的数据为工作的持续时间 $t_{(i,j)}$。按照各工作最早开始时间绘制的时标网络图如图4-46所示。

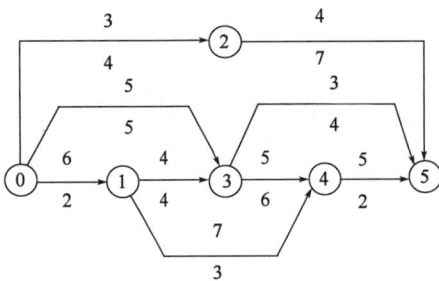

图4-45 工作逻辑关系及持续时间

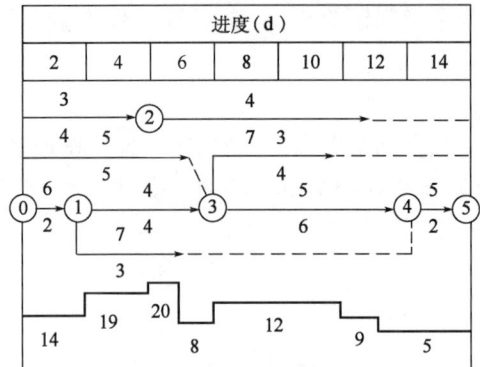

图4-46 时标网络图

假定每天可能供应的资源需要量为常数 $A=12$ 单位，工作不允许中断。

从图4-46可以看出，时段 $[0,2]$、$[2,4]$、$[4,6]$ 每天所需的资源需要量分别为14、19和20单位，都超出了可能供应的限制条件。因此计划必须进行调整。

第一步，研究时段 $[t_0=0,t_1=2]$ 的调整。

处于该时段内同时进行的工作有$(0,1)$、$(0,2)$和$(0,3)$,按照第一步的编号原则,它们的顺序见表4-12。

表4-12 第一步调整后工作顺序及其资源消耗

编号顺序	工作名称(i,j)	每天资源需要量r	编号依据
1	$(0,1)$	6	关键工作 $TF_{(0,1)}=0$
2	$(0,3)$	5	非关键工作 $TF_{(0,3)}=1$
3	$(0,2)$	3	非关键工作 $TF_{(0,2)}=3$

按编号顺序将各工作每天的资源需要量进行累加,其中1、2两项相加为11,而第3项每天资源需要量是3,如果累加进去就等于14,超出了可能的限制条件,因此工作$(0,2)$应推迟到$t_1=2$之后开始。

第二步,首先绘制第一步调整后的时标网络图及其相应的资源需要量动态曲线,如图4-47所示。

研究时段$[t_1=2, t_2=5]$的调整。处于该时段同时进行的工作有$(0,2)$、$(0,3)$、$(1,3)$和$(1,4)$,它们的顺序见表4-13。

表4-13 第二步调整后工作顺序及其资源消耗

编号顺序	工作名称(i,j)	每天资源需要量 r	编号依据
1	$(0,3)$	5	在$t_1=2$之前已经开始
2	$(1,3)$	4	关键工作 $TF_{(1,3)}=0$
3	$(0,2)$	3	非关键工作 $TF_{(0,2)}=1$
4	$(1,4)$	7	非关键工作 $TF_{(1,4)}=7$

按编号顺序工作$(0,3)$、$(1,3)$和$(0,2)$三项资源需要量之和为12,故工作$(1,4)$必须推迟到$t_2=5$之后开始。

第三步,绘制第二步调整后的时标网络图及其相应的资源需要量动态曲线,如图4-48所示。从中可以看出$[t_2=5, t_3=6]$的每天资源需要量为14,故需继续调整。处于该时段的工作有$(0,2)$、$(1,3)$和$(1,4)$,其编号顺序见表4-14。

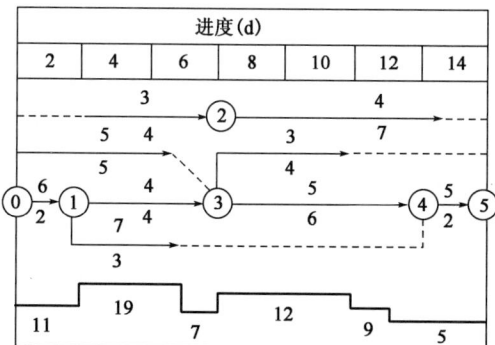

图4-47 第一步调整后时标网络图与资源需要量

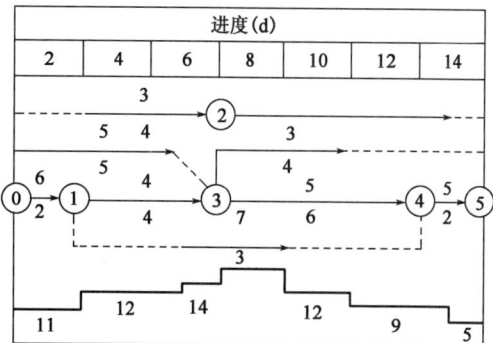

图4-48 第二步调整后时标网络图与资源需要量

表4-14　第三步调整后工作顺序及其资源消耗

编号顺序	工作名称(i,j)	每天资源需要量 r	编 号 依 据
1	$(1,3)$	4	在 $t_2 = 5$ 之前已经开始，$TF_{(1,3)} - (t_3 - ES_{(1,3)}) = 0 - (6-2) = -4$
2	$(0,2)$	4	在 $t_2 = 5$ 之前已经开始，$TF_{(0,2)} - (t_3 - ES_{(0,2)}) = 1 - (6-2) = -3$
3	$(1,4)$	7	非关键工作 $TF_{(1,4)} = 4$

显然，工作$(1,4)$应推迟到 $t_3 = 6$ 之后开始。

以此类推，继续以上各步骤调整，最后可得图4-49所示资源有限、工期最短的优化近似解。

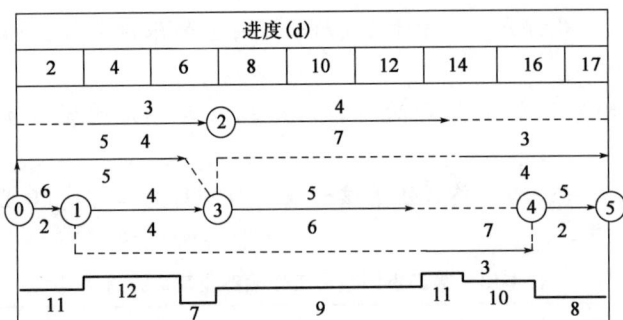

图4-49　优化后时标网络图及资源需求量

2. 工期规定、资源均衡

此种优化目的是在工期限定的条件下，寻求某种资源消耗量均衡。

为使问题简化起见，假定对于每个工序(i,j)，其资源需要量 $r_{(i,j)}$ 为常数，且假定所有工序都需要同一种资源，即 $S = 1$。

衡量资源消耗量的不均衡程度，可用方差与极差两个指标来衡量。由于资源需要量动态曲线一般为阶梯形，其方差值为：

$$\frac{1}{T}\sum_1^T \left[R_{(t)} - R_m \right]^2 = \frac{1}{T}\sum_1^T \left[R_{(t)}^2 - 2R_{(t)}R_m + R_{(m)}^2 \right] \tag{4-26}$$

式中：$R_{(t)}$——在瞬时 t 需要的资源量；

R_m——资源需要量的平均值；

T——规定工期。

由于 T、R_m 为常数，$\dfrac{1}{T}\sum_1^T R_{(t)} = R_m$，因此有

$$\frac{1}{T}\sum_1^T \left[R_{(t)} - R_m \right]^2 = \frac{1}{T}\sum_1^T R_{(t)}^2 - R_{(m)}^2 \tag{4-27}$$

故要使方差值最小，即应使 $\dfrac{1}{T}\sum_{t=1}^T R_{(t)}^2 = R_{(1)}^2 + R_{(2)}^2 + \ldots + R_{(T)}^2$ 为最小。

极差值为：

$$\max_{t \in [0,T]} \left| R_{(t)} - R_m \right| \tag{4-28}$$

使方差和极差值最小,这是两个从不同的角度进行目标优化的问题,其解法也不相同。一般用近似方法求解。限于篇幅,仅介绍方差最小的近似解法,具体如下。

(1)找出关键线路的长度及非关键工作的总时差

根据满足规定工期条件的网络图,绘制相应于各工作最早开始时间的时标网络计划及资源需要量动态曲线,从中找出关键线路的长度和非关键工作的总时差。为使计划的总持续时间满足工期规定的条件,因此在调整过程中不考虑关键工作的调整。

(2)按节点最早开始的先后顺序自右向左进行调整

如果节点④为最右(后)的一个节点,那么就首先对以节点④为结束节点的工作进行调整。又如果以节点④为结束节点的工作中,工作(K,L)为开始时间最迟的非关键工作,那么就首先考虑工作(K,L)的调整。

假定工作(K,L)在第i天开始,在第j天结束,如果工作(K,L)向右移1天,那么第i天的资源需要量将减少$r_{(K,L)}$,而第$j+1$天的资源需要量将增加$r_{(K,L)}$,即:

$$R'_i = R_i - r_{(K,L)} \tag{4-29}$$

$$R'_{j+1} = R_{j+1} + r_{(K,L)} \tag{4-30}$$

工作(K,L)向右移1天后,方差$R_1^2 + R_2^2 + \cdots + R_T^2$的变化值等于

$$2r_{(K,L)}\left[R_{j+1} - (R_i - r_{(K,L)})\right] \tag{4-31}$$

当上式为负值时,即意味着工作(K,L)右移1天能使方差值减小,那么就将工作(K,L)右移1天。

在新的动态曲线上按上述方法继续考虑工作(K,L)是否还能再右移1天,直到不能移动为止。如果出现$R_{j+1} > (R_i - r_{(K,L)})$即表示工作$(K,L)$不能再右移1天。在总时差的范围内,以方差值是否减小为判断,确定工作(K,L)的可右移天数。

工作(K,L)的右移确定以后,继续按上述方法考虑其他工作的右移。

(3)按节点最早开始的先后顺序,自右向左继续调整。

在所有工作都按节点最早开始时间的先后顺序,自右向左进行了一次调整之后,为使方差进一步减小,再按节点最早开始时间的先后顺序,自右向左进行第二次调整。反复循环,直到所有工作的位置不能再移动为止。

以上的计算方法同样适用于近似解决多种资源的优化问题。

【例4-9】 仍用图4-45为例,说明工期规定、资源均衡的优化步骤。

假设资源的供应条件没有限制,图4-46显然是一个可行的进度计划,每天资源最大需要量为$R_{\max} = 20$单位,每天平均需要量为:

$$R_m = \frac{14 \times 2 + 19 \times 2 + 20 \times 1 + 8 \times 1 + 12 \times 4 + 9 \times 1 + 5 \times 3}{14} = 11.85$$

资源需要量的不均衡系数为:

$$K = \frac{R_{\max}}{R_m} = \frac{20}{11.86} = 1.7$$

因为目标是工期不变的条件下改善网络计划的进度安排,所以选择资源消耗量均衡的计划方案。

(1)第一次调整。

①对以节点⑤结束的两项非关键工作(2,5)和(3,5)进行调整,工作(4,5)是关键工作,不考虑调整。由图4-46可知,工作(3,5)的开始时间(第6天)比(2,5)的开始时间(第4天)迟,因此,先考虑工作(3,5)的调整。

由于:$R_{11} - (R_7 - r_{(3,5)}) = 9 - (12 - 3) = 0$,可右移1天,$ES_{(3,5)} = 7$;

$R_{12} - (R_8 - r_{(3,5)}) = 5 - (12 - 3) = -4$,可再右移1天,$ES_{(3,5)} = 8$;

$R_{13} - (R_9 - r_{(3,5)}) = 5 - (12 - 3) = -4$,可再右移1天,$ES_{(3,5)} = 9$;

$R_{14} - (R_{10} - r_{(3,5)}) = 5 - (12 - 3) = -4$,可再右移1天,$ES_{(3,5)} = 10$;

可见,工作(3,5)逐天移到[10,14]内进行均能使资源消耗动态曲线的方差值减少,如图4-50所示。

以图4-50为依据,再对工作(2,5)进行调整。

由于:$R_{12} - (R_5 - r_{(2,5)}) = 8 - (20 - 4) = -8$,可右移1天,$ES_{(2,5)} = 5$;

$R_{13} - (R_6 - r_{(2,5)}) = 8 - (8 - 4) = 4$,不能右移。

因此,工作(2,5)只能右移1天,如图4-51所示。

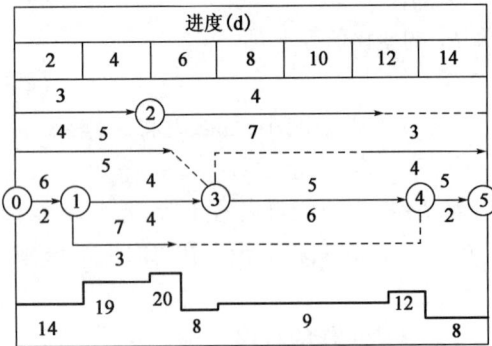

图4-50 调整(3,5)工作后网络图　　　图4-51 调整(2,5)工作后网络图

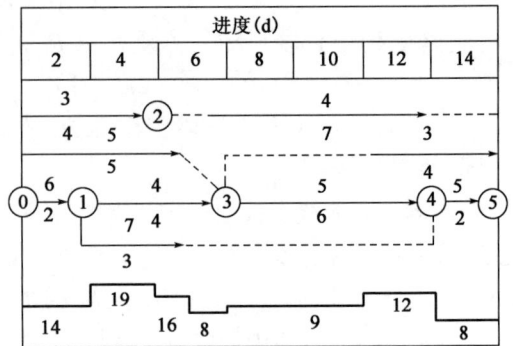

②对以节点④结束的非关键工作(1,4)进行调整,如图4-51所示。

由于:$R_6 - (R_3 - r_{(1,4)}) = 8 - (19 - 7) = -4$,可右移1天,$ES_{(1,4)} = 3$;

$R_7 - (R_4 - r_{(1,4)}) = 9 - (19 - 7) = -3$,可右移1天,$ES_{(1,4)} = 4$;

$R_8 - (R_5 - r_{(1,4)}) = 9 - (16 - 7) = 0$,可右移1天,$ES_{(1,4)} = 5$;

$R_9 - (R_6 - r_{(1,4)}) = 9 - (15 - 7) = 1$,不可右移(必须注意此处$R_6 = 8 + 7 = 15$;是以工作(1,4)右移到时段[5,8]后的动态曲线为依据);

工作(1,4)可右移3天,如图4-52所示。

③分别对以节点③、②、①为结束节点的非关键工作进行调整,发现不能右移。

(2)第二次调整。

①在图4-52的基础上,对以节点⑤为结束节点的工作(2,5)继续调整。

由于:$R_{13} - (R_6 - r_{(2,5)}) = 8 - (15 - 4) = -4$,可右移1天,$ES_{(2,5)} = 6$;

$R_{14} - (R_7 - r_{(2,5)}) = 8 - (16 - 4) = -4$,可右移1天,$ES_{(2,5)} = 7$;

工作(2,5)右移2天后得图4-53。

②分别对以节点④、③、②、①为结束节点的非关键工作进行调整,计算表明不能右移。解毕。

从图4-53可以看出,优化后资源需要量动态曲线的不均衡系数为:

$$K = \frac{R_{max}}{R_m} = \frac{16}{11.86} = 1.35 < 1.7$$

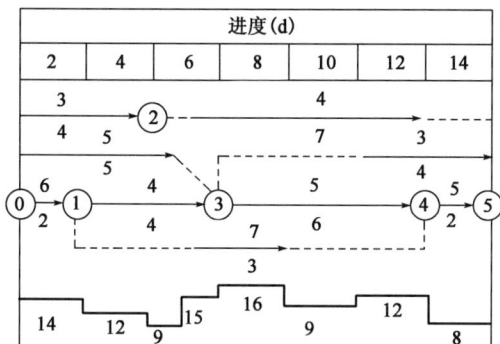

图 4-52　调整(1,4)工作后网络图

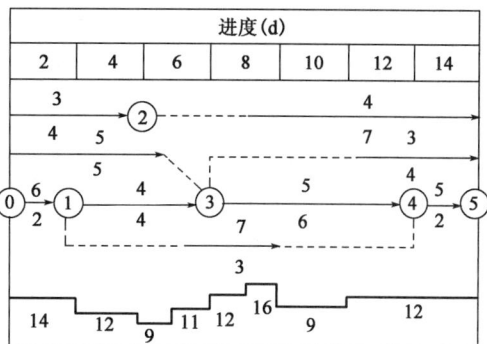

图 4-53　调整(2,5)工作后网络图

第七节　其他网络计划方法

网络计划技术在近几十年的应用和发展中,除前面介绍的最有代表性的关键线路法(CPM)外,世界各国相继开发了一些新型的网络计划技术,如流水施工网络计划、非肯定型网络计划(计划评审法)、搭接网络计划等,本节进行简要介绍。

一、流水施工网络计划

流水施工网络计划方法是 20 世纪 70 年代末与 80 年代初由我国土建施工组织与管理人员研究出的一种新型网络计划方法。它针对我国建筑业多年应用推广的网络计划方法,结合计划管理的实际情况和施工条件,综合运用流水施工原理和网络计划技术,开发研究的一种新型网络计划方法。

一般网络计划方法应用于流水施工时,尽可能使工作连续,以便加快施工进度,缩短工期,而在实施操作上未考虑各作业队能否连续施工。如果采用双代号网络图表示流水施工进度计划,则必须把一个项目分割成为一系列独立的工序,变成完整系统,计算工作量加大,施工组织保证专业施工和机械连续作业是流水施工的核心。

下面举例说明如何利用网络计划满足流水施工组织的要求,并充分发挥两者的优点。

【例 4-10】　某项工程分为 4 个施工段,该工程有三道工序即 A、B、C,分别组织 3 个专业队进行流水施工,各道工序在每个施工段的作业时间见表4-15。

表 4-15　各工序在各个施工段上的持续时间

工　序	各施工段的作业时间(d)			
	I	II	III	IV
A	2	3	3	2
B	2	2	3	3
C	3	3	3	2

1.组织流水施工

(1)计算流水步距 K

相邻两工序之间的流水步距按照第二章介绍的"数字错差法",即"相邻工序(队组)每段节拍时间累加数列错位相减取大差"计算得 $K_{A,B}=4(\mathrm{d})$,$K_{B,C}=2(\mathrm{d})$。

(2)流水施工总工期 T

流水施工总工期 $T = \sum K + \sum t = 4 + 2 + 3 + 3 + 3 + 2 = 17(\mathrm{d})$。

2.一般双代号网络图及时间参数计算

根据表4-15绘制一般双代号网络图并计算时间参数,如图4-54所示,总工期为16d。

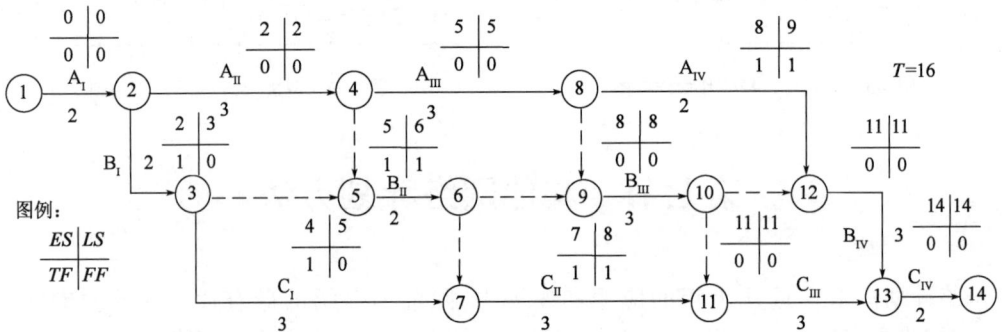

图4-54 流水施工双代号网络图

由图4-54可以看出,专业队A只有按最早开始时间在各个施工段上开始工作才能做到连续施工;专业队C必须按最迟开始时间工作才可不间断地进行;而专业队B不管按最早或最迟开始时间进行,均不能实现连续施工。

3.表达流水施工组织的双代号网络图绘制

目前使用的网络计划方法不能表达流水施工计划,其唯一的原因是没有反映流水施工组织的要求,两相邻工序的最早开始时间不是按流水步距计算确定的。如果把流水步距这个因素加入一般的双代号网络图中,那么,只要所有工序均按最早开始时间进行施工,则所有专业队都能连续作业,从而形成表达流水施工组织的双代号网络图,如图4-55所示,其计划工期为17d。

由此可见,要使网络计划满足流水施工的要求,只要把流水步距的概念引入网络计划方法中,就能使流水施工和网络计划的优势兼而备之。

二、非肯定型网络计划

前面介绍的网络计划关键线路法,其各工作之间的关系是确定的,工作的持续时间也都是确定的,因此称之为肯定型网络计划方法(CPM)。但是,在大型的公路工程项目和技术复杂的桥梁工程项目中,或者在采用新技术、新工艺、新结构和新设备等工程项目中,尽管其中各项工作之间的关系是确定的,但由于受到自然、人为因素多方面影响,各项工作的持续时间是非确定的,或者因为工作的影响因素太多而不便确定。此时可采用网络计划的非肯定型网络计划方法,也称计划评审法(PERT),编制工程项目进度计划。

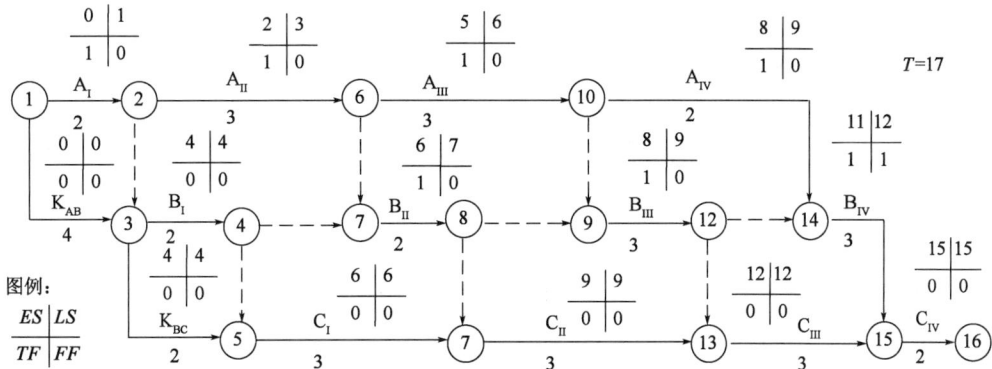

图 4-55 引入流水步距的双代号网络图

非肯定型网络计划图的画法、时间参数计算及优化方法基本上与肯定型网络计划方法相同。但非肯定型网络计划有它独自的特点,就是在时间上要考虑随机因素。首先要对作业时间进行估计,然后针对估计的作业持续时间计算出期望工期,利用概率计算出按指令工期完成计划的可能性大小,从而找出可能性最大的计划完成工期,以提高计划的可靠性。

1. 工作持续时间的估计

非肯定型网络计划是一种概率型网络计划方法,在网络计划阶段一个事件的实现到另一个事件的实现要持续多少时间是难以确定的。而公路工程项目在施工阶段,其进度计划的时间一般为非肯定型,原因是工程基本在野外进行,受气候的影响很大;另外,施工现场呈线性分布,材料运输供应及管理都较困难。所以各项工作的持续时间,需要计划管理人员根据类似性质工程的施工经验进行合理估计,把工作持续时间作为随机变量,应用概率理论进行科学处理。

（1）工作持续时间的三个估计值

①乐观时间 a——在最有利的条件下,完成该项工作所需的最短时间;

②悲观时间 b——在最不利的条件下,完成该项工作所需的最长时间;

③可能时间 c——在正常条件下完成工作所需要的时间,也称最可能实现时间。

以上三个时间估计值存在着这样的关系:$a \leqslant c \leqslant b$。它们是某一随机过程的频率分布代表性数据,如图 4-56 所示。所有的时间可能估计值均位于 a 和 b 两边界之间。如果将此过程进行若干次,可以观察到以不同频率出现的各种估计值均位于 a 和 b 为界的区间内。

（2）工作持续时间的期望值（平均持续时间）

期望值描述了持续时间随机变量的取值中心,有了期望值就可以进行非肯定型网络计划的时间参数计算。我国著名数学家华罗庚教授提出,假定可能时间 c 发生的可能性两倍于乐观时间 a,也两倍于悲观时间 b,用加权平均法计算工作持续时间的期望值 t_m。

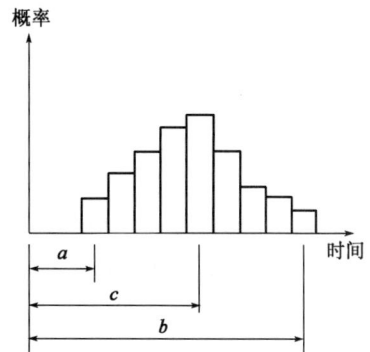

图 4-56 时间估计值的频率分布

157

$$t_{\mathrm{m}} = \frac{a + 4c + b}{6} \tag{4-32}$$

(3)持续时间的离散性分析

判断某活动的平均持续时间估计偏差的大小可用方差 σ^2 来衡量。方差越大,说明平均持续时间分布的离散程度越大,实现的概率便越小。反之,方差越小,说明其分布的离散程度也越小,实现的概率就大。方差用式(4-33)计算。

$$\sigma^2 = (\frac{b - a}{6})^2 \tag{4-33}$$

有时用均方差 σ 或标准离差来衡量工作持续时间的离散性,它是方差的正平方根,即:

$$\sigma = \frac{b - a}{6} \tag{4-34}$$

2. 期望工期与方差及计划完成的概率

(1)计划的期望工期与方差

求出网络计划各项工作持续时间的期望值和方差值后,就可以求出整个计划的期望工期及其方差,并求出计划按期完成的概率。

计算计划的期望工期与肯定型网络计划求总工期的方法一样,即网络计划关键线路上所有工作持续时间的期望值的总和 $\sum t_{\mathrm{m}}$ 和方差 σ^2 的总和为计划的期望工期 T_{m} 和期望工期的方差 $\sigma_{\mathrm{P}}{}^2$:

$$T_{\mathrm{m}} = \sum_{\mathrm{cp}} t_{\mathrm{m}} \tag{4-35}$$

$$\sigma_{\mathrm{P}}{}^2 = \sum_{\mathrm{cp}} \sigma^2 \tag{4-36}$$

式中:cp——关键线路。

由于计划的期望工期 T_{m} 是通过各项工作的持续时间期望值求得的,所以 T_{m} 亦为随机变量。为了判断它的肯定程度,还需计算期望工期的方差 $\sigma_{\mathrm{P}}{}^2$。值得注意的是,当网络计划存在两条以上关键线路时,计划期望工期的方差,应在多条关键线路的方差中取最大值。

(2)计算按期完成的概率

计算出计划工期的期望值和方差后,运用概率论的基本原理,便可以求出一个重要参数,即计划按期完成的概率。

当一个网络计划存在多项工作事件,而且每项工作持续时间的期望值对计划的期望工期影响又不大时,计划期望工期随机变量就能较好地服从概率论中的正态分布,于是可以运用正态分布的原理计算计划指令工期 T 完成的概率。即求出概率系数 Z 之后,再依据正态分布表(表4-16),查表得概率 $P(Z)$。概率系数 Z 的计算公式如下:

$$Z = \frac{T - T_{\mathrm{m}}}{\sigma_{\mathrm{P}}} \tag{4-37}$$

反之,如果预先给定了概率 $P(Z)$,由表4-16中可查出概率系数 Z 值,从而可以计算出所需的指令工期 T。由公式(4-37)可得:

$$T = T_m + Z \times \sigma_P \tag{4-38}$$

表 4-16　概率表（摘录）

Z	P	Z	P	Z	P	Z	P	Z	P
−2.9	0.0019	−1.7	0.0446	−0.5	0.3085	0.7	0.7580	1.9	0.9713
−2.8	0.0026	−1.6	0.0548	−0.4	0.3446	0.8	0.7881	2.0	0.9770
−2.7	0.0035	−1.5	0.0668	−0.3	0.3821	0.9	0.8159	2.1	0.9821
−2.6	0.0047	−1.4	0.0808	−0.2	0.4207	1.0	0.8413	2.2	0.9861
−2.5	0.0062	−1.3	0.0968	−0.1	0.4602	1.1	0.8643	2.3	0.9893
−2.4	0.0082	−1.2	0.1151	0	0.5000	1.2	0.8849	2.4	0.9918
−2.3	0.0107	−1.1	0.1357	0.1	0.5398	1.3	0.9032	2.5	0.9938
−2.2	0.0139	−1.0	0.1587	0.2	0.5793	1.4	0.9192	2.6	0.9953
−2.1	0.0179	−0.9	0.1841	0.3	0.6179	1.5	0.9332	2.7	0.9965
−2.0	0.0228	−0.8	0.2119	0.4	0.6554	1.6	0.9452	2.8	0.9974
−1.9	0.0287	−0.7	0.2420	0.5	0.6915	1.7	0.9554	2.9	0.9981
−1.8	0.0359	−0.6	0.2743	0.6	0.7257	1.8	0.9641	3.0	0.9987

3. 非肯定型网络计划时间参数的计算

求出了非肯定型网络计划的期望工期及其方差，以及计划按指令工期完成的概率以后，则可对整个计划的最终工期目标进行合理的控制。但是，计算计划实施阶段某一时刻实际工作完成情况及其实现的概率，还需计算网络图节点时间参数。

（1）节点最早时间及方差

非肯定型网络计划与肯定型网络计划的计算原理相同，则节点最早时间（ET）和方差 $\sigma^2_{(ET)}$ 计算公式为：

设 $ET_1 = 0$，$\sigma^2_{(ET_1)} = 0$

$$ET_j = \max\{ET_i + t_m\} \tag{4-39}$$

$$\sigma^2_{(ET_j)} = \max\{\sigma^2_{(ET_i)} + \sigma^2_{(t_m)}\} \tag{4-40}$$

式（4-39）、式（4-40）由网络图起点节点开始沿箭线方向逐个计算到终点节点为止。

（2）节点最迟时间及方差

设 $LT_n = ET_n$（①为网络图的终点节点），当指令工期为 T 时，则 $LT_n = T$；当无指令工期时，计划的期望工期 $T_m = LT_n$；$\sigma^2_{(ET_n)} = 0$。

$$LT_i = \min\{ET_j - t_m\} \tag{4-41}$$

$$\sigma^2_{(LT_i)} = \max\{\sigma^2_{(ET_j)} + \sigma^2_{(t_m)}\} \tag{4-42}$$

式（4-41）、（4-42）由网络图终点节点开始逆箭线方向逐个计算到起点节点为止。

（3）节点时差及实现概率

非肯定型网络计划分析及计算均以节点为基准，节点时间变动范围称节点的时差（松弛时间）。

$$TF_i = LT_i - ET_i \tag{4-43}$$

$$\sigma^2_{(TF_i)} = \sigma^2_{(LT_i)} + \sigma^2_{(ET_i)} \tag{4-44}$$

在非肯定型网络计划中,$TF = 0$ 的节点称为关键节点,关键节点及其顺序关键箭杆组成关键线路,这一点与肯定型网络计划类似。不同之处在于非肯定型网络计划中时差是一个正态分布的随机变量,计算所得的 TF 值是一个期望值,因此可以根据 TF 及其方差 $\sigma^2_{(TF)}$ 估计节点完成的概率。

节点按期完成的概率可根据下式求出正态分布偏离值 Z 后,查表 4-16 得出概率 $P(Z)$。

$$Z = \frac{TF_i}{\sigma} = \frac{LT_i - ET_i}{\sqrt{\sigma^2_{(LT_i)} + \sigma^2_{(ET_i)}}} \tag{4-45}$$

(4)保证节点在规定期限完成的概率

有时某一节点的完成期限在网络计划编制以前已有规定,如桥梁工程施工中,基础工程必须在汛期到来之前完成,以便继续进行其他部分施工。对于这种情况,必须求出该节点完成的最早时间 ET 与规定期限 PT 之间的关系。当 $PT > ET$ 时,自然易于保证按期或提前完成;当 $PT < ET$ 时,则需计算保证该节点在规定期限完成的概率 P。

为求保证节点①在 PT_i 期限内完成的概率,可先按下式求出 Z_i:

$$Z_i = \frac{PT_i - ET_i}{\sigma_{(ET_i)}} \tag{4-46}$$

然后根据 Z_i 查表 4-16 求出 P 值。

同理,若工程最终期限已事先确定,则可按式(4-46)计算保证规定工期按最终期限完成的概率;或根据规定的概率寻求可能性最大的工期。由公式(4-46)得:

$$PT_i = ET_i + Z_i \times \sigma_{(ET_i)} \tag{4-47}$$

【例4-11】 已知某项目的网络计划如图 4-57 所示,试计算网络图节点时间参数及其实现的概率,并分析指令工期等于期望工期情况下和指令工期为 28d 和 34d 时计划完成的概率,若要求计划完成概率达 95%,则指令工期应不小于多少天?

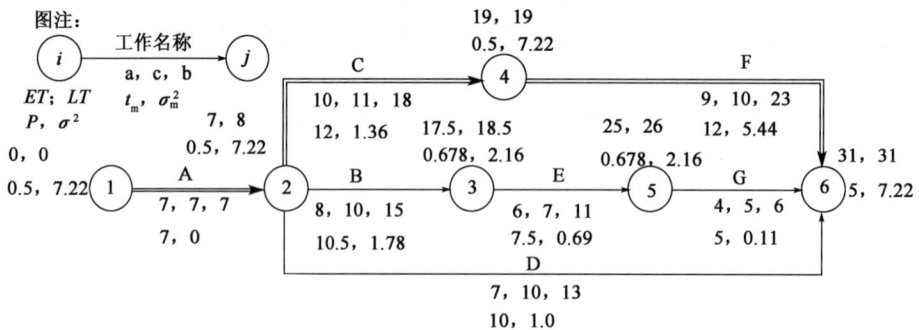

图 4-57 非肯定型网络计划时间参数计算

(1)根据网络图上所标注的数据,计算各项工作的 t_m 及 σ^2_m。按公式(4-32)和公式(4-33)计算,结果标注在图 4-57 上。

（2）计算节点最早时间及方差。

由公式（4-39）、公式（4-40）得：

$ET_1 = 0$ $\sigma^2_{(ET_1)} = 0$

$ET_2 = 0 + 7 = 7$ $\sigma^2_{(ET_2)} = 0 + 0 = 0$

$ET_3 = 7 + 10.5 = 17.5$ $\sigma^2_{(ET_3)} = 0 + 1.36 = 1.36$

$ET_4 = 7 + 12 = 19$ $\sigma^2_{(ET_4)} = 0 + 1.78 = 1.78$

$ET_5 = 17.5 + 7.5 = 25$ $\sigma^2_{(ET_5)} = 1.36 + 0.69 = 2.05$

$ET_6 = \max \begin{cases} 19+12=31 \\ 25+5=30 \end{cases} = 31$ $\sigma^2_{(ET_6)} = \max \begin{cases} 1.78+5.44=7.22 \\ 2.05+0.11=2.16 \end{cases} = 7.22$

（3）计算节点最迟时间及方差。

由公式（4-41）、公式（4-42）得：

$LT_6 = ET_6 = 31$ $\sigma^2_{(LT_6)} = 0$

$LT_5 = 31 - 5 = 26$ $\sigma^2_{(LT_5)} = 0 + 0.11 = 0.11$

$LT_4 = 31 - 12 = 19$ $\sigma^2_{(LT_4)} = 0 + 5.44 = 5.44$

$LT_3 = 26 - 7.5 = 18.5$ $\sigma^2_{(LT_3)} = 0.11 + 0.69 = 0.8$

$LT_2 = \min \begin{cases} 19-12=7 \\ 18.5-10.5=8 \end{cases} = 7$ $\sigma^2_{(LT_2)} = \max \begin{cases} 1.78+5.44=7.22 \\ 1.36+0.8=2.16 \end{cases} = 7.22$

$LT_1 = 7 - 7 = 0$ $\sigma^2_{(LT_1)} = 7.22 + 0 = 7.22$

（4）计算节点时差及实现的概率。

由公式（4-43）、公式（4-44）得：

$TF_1 = 0 - 0 = 0$ $\sigma^2_{(TF_1)} = 0 + 7.22 = 7.22$

$TF_2 = 7 - 7 = 0$ $\sigma^2_{(TF_2)} = 0 + 7.22 = 7.22$

$TF_3 = 18.5 - 17.5 = 1$ $\sigma^2_{(TF_3)} = 1.36 + 0.8 = 2.16$

$TF_4 = 19 - 19 = 0$ $\sigma^2_{(TF_4)} = 1.78 + 5.44 = 7.22$

$TF_5 = 26 - 25 = 1$ $\sigma^2_{(TF_5)} = 2.05 + 0.11 = 2.16$

$TF_6 = 31 - 31 = 0$ $\sigma^2_{(TF_6)} = 7.22 + 0 = 7.22$

关键节点为①、②、④、⑥，连成关键线路①→②→④→⑥。由公式（4-45）得，$Z_1 = Z_2 = Z_4 = Z_6 = 0$，查表4-16得：$P_1 = P_2 = P_4 = P_6 = 0.5 = 50\%$，$Z_3 = Z_5 = 1/2.16 = 0.463$，查表4-16得：$P_3 = P_5 = 0.678 = 67.8\%$。

（5）求规定工期完成的概率。

当指令工期 T 等于期望工期 T_m 时，按期完成计划的概率由公式（4-35）、公式（4-36）、公式（4-37）得：

$T_m = 7 + 12 + 12 = 31$ $\sigma^2_P = 0 + 1.78 + 5.44 = 7.22$ $Z = \dfrac{31-31}{7.22} = 0$

查表4-16得 $P(Z) = P(0) = 50\%$，即当 $T = T_m$ 时，按期完成计划的概率为50%。

当 $T = 28d$ 时，$Z = \dfrac{28-31}{7.22} = -0.416$。

查表4-16得 $P(-0.416) = 35.06\%$，即当 $T = 28d$ 时，按期完成的概率为35.06%。

当 $T = 34d$ 时，$Z = \dfrac{34 - 31}{7.22} = 0.416$。

查表 4-16 得 $P(0.416) = 66.1\%$，即当 $T = 34d$ 时，按期完成的概率为 66.1%。

如果要求计划完成的概率为 95%，即 $P(Z) = 0.95$，查表 4-16 得 $Z = 1.64$，由公式(4-38)计算指令工期 T 为：

$$T = T_m + Z \times \sigma_P = 31 + 1.64 \times 7.22 = 42.84 \ (d)$$

若要求计划完成的可能性达 95%，则应规定工期为 $42.84d$。

三、搭接网络计划

1. 搭接关系的表示方法

关键线路法，无论是双代号网络计划还是单代号网络计划，网络计划方法中的工作关系是一种固定的衔接关系，即一项工作必须在紧前工作结束后才能开始，或必须在其紧后工作开始之前完成。但在实际工程项目的网络计划中，工作之间的逻辑关系并非只有衔接关系，在多数情况下都存在着搭接关系。

(1)搭接关系与搭接网络计划

工程项目网络计划在许多情况下，紧后工作的开始并不以紧前工作的完成为条件，而只要紧前工作开始一段时间以后，就能为紧后工作提供一定的开始的条件，紧后工作就可以开始且与紧前工作平行作业。工作之间的这种关系称为搭接关系。

例如，相邻的两项工作 A 和 B，它们的持续时间分别为 15d 和 10d，A 工作开始 5d 后 B 工作即可开始，而不必等 A 工作结束，此时用横道图表示如图 4-58a)所示。若用前述的网络计划图表示这种搭接关系，则必须把 A 工作分为两部分 A_1 和 A_2，以双代号网络图表示如图 4-58b)所示，以单代号网络图表示则如图 4-58c)所示。这样表达虽然关系清楚、严格，但会增加绘图工作量，也相应增加计算工作量。

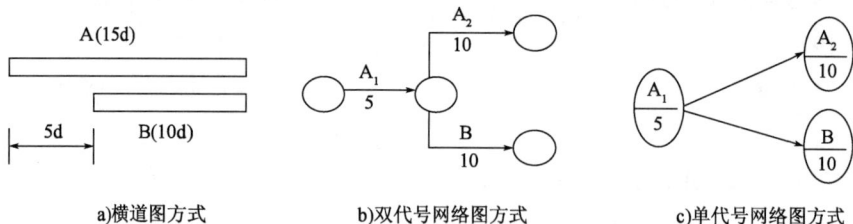

图 4-58　A、B 工作搭接关系表达方式

为了使搭接关系简单直接地表达，以利于网络计划编制工作的简化，于是开发应用了多种搭接网络计划方法，即考虑工作间搭接关系的网络计划方法，称为搭接网络计划。搭接网络计划一般用单代号网络图表达。

(2)搭接关系的分类

在搭接网络计划中，工作间的逻辑关系是由相邻两项工作之间的不同时距决定的。时距就是紧前工作与紧后工作的先后开始或结束之间的时间间隔。由于相邻两项工作各有开始和结束时间，所以基本连接关系有 4 种情况，用单代号网络图表达如图 4-59 所示。

①结束到开始关系(F_iTS_j)

时距 F_iTS_j 表示工作 i 结束后，工作 j 在规定的时距内开始，如图 4-60 所示。

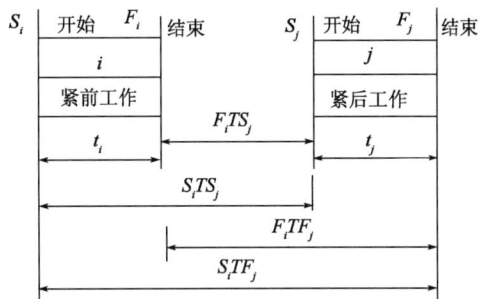

图4-59 单代号网络图表达基本时距

例如，修筑路堤护坡时，应等路堤自然沉降后才能浆砌护坡，这个等待时间就是F_iTS_j时距关系。

②开始到开始关系(S_iTS_j)

时距S_iTS_j表示工作i开始一定的时距后，工作j就可开始，如图4-61所示。

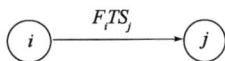

图4-60 结束到开始关系图　　　图4-61 开始到开始关系图

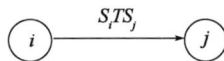

例如，公路工程路基和路面施工中，路基修筑一定时间后，为铺设路面创造了一定的施工条件，路面施工就可以开始，这种工作之间的时间间隔就是S_iTS_j。

③结束到结束关系(F_iTF_j)

时距F_iTF_j表示工作i结束后，经过一定的时距工作j也应该结束，如图4-62所示。

例如，路基施工结束后，路面施工还需一定的时间才能结束，这种工作结束之间的时间间隔就是F_iTF_j时距。

④开始到结束关系(S_iTF_j)

时距S_iTF_j表示工作i开始后一定的时距内，工作j就应当结束，如图4-63所示。

例如，桥梁工程明挖基础施工中，地下水位高程高出基底高程的部分开挖基坑，必须待降低地下水位以后才能开始，即基坑开挖时地下水位降低必须完成。从开始开挖基坑到开挖至地下水位高程处同时开始进行地下水位降低，待水位降低完成后，再开始开挖，这种时距关系就是S_iTF_j时间间隔。

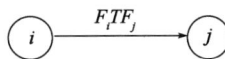

图4-62 结束到结束关系图　　　图4-63 开始到结束关系图

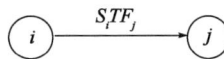

⑤混合时距关系

当出现上述两种以上的时距关系时称为混合关系。搭接网络计划中除上述4种基本时距关系外，还可能同时出现多种工作间的连接关系，如两项工作同时受S_iTS_j和F_iTF_j限制，或者由F_iTS_j和S_iTF_j同时限制等，如图4-64所示。

图4-64a)中，当$S_iTS_j=7d$和$F_iTF_j=4d$时，表示工作i开始7d后，工作j就应当开始，工作i结束后，工作j在4d内结束;图4-64b)中，当$F_iTS_j=5d$和$S_iTF_j=8d$时，则表示工作i结

束5d后,工作 j 就可以开始,工作 i 开始8d后,工作 j 也应该结束。

图 4-64　工作间混合时距关系

2. 搭接网络图的绘制及其时间参数计算

（1）搭接网络计划图的绘制

与双代号网络图或单代号网络图的绘制方法一样,要绘制一个项目的搭接网络图,首先必须分解这个工程项目,即将项目分解成若干项工作;然后确定出各项工作之间的搭接情况,并依据实际情况计算出各种关系所需要的时距;最后根据搭接关系及其时距,按照一般网络计划图的绘制方法,画出搭接网络计划图,如图 4-65 所示。

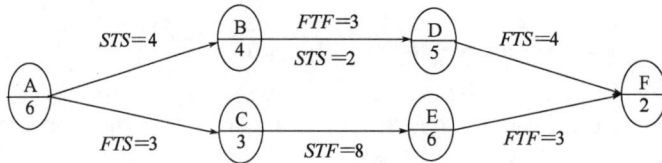

图 4-65　单代号搭接网络计划图

由此可见,绘制搭接网络计划图的关键是确定各项工作之间的搭接关系及其时距,而这些关系及时距的大小由工程项目的实际情况决定,只要知道工作间的各种搭接关系及其时距,就不难绘制搭接网络计划图。

（2）搭接网络计划时间参数计算

如同单代号网络图一样,搭接网络计划的时间参数只有工作时间参数,包括控制性时间参数（ES、SF、LS、LF）和协调性时间参数（TF、FF）。由于搭接网络计划中,各项工作往往受多种连接关系的约束,所以在其时间参数计算时,应依据不同的连接关系分别考虑。其基本关系如图 4-66 所示。

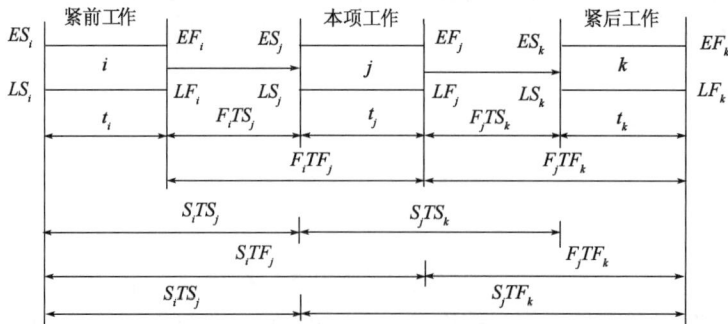

图 4-66　工作之间基本连接关系及时间参数表示

由图 4-66 所示的工作之间基本连接关系,根据单代号网络图工作时间参数计算原理,以及搭接关系及其时距类型,可方便地列出搭接网络计划时间参数的计算公式。

①工作的最早开始时间和最早完成时间

$ES_1 = 0$ （1 为单代号搭接网络图的起点）

$$ES_j = \max \begin{cases} ES_i + S_iTS_j & \big| \; STS \\ ES_i + t_i + F_iTS_j & \big| \; FTS \end{cases} \tag{4-48}$$

$$EF_j = \max \begin{cases} ES_j + t_j & \big| \; STS \\ ES_j + t_j & \big| \; FTS \\ EF_i + F_iTF_j & \big| \; FTF \\ ES_i + S_iTF_j & \big| \; STF \end{cases} \tag{4-49}$$

②工作的最迟结束时间和最迟开始时间

$LF_n = EF_n = T$ （n 为网络图的终点）

$$LF_j = \min \begin{cases} LS_k - F_jTS_k & \big| \; FTS \\ LF_k - F_jT_{Fk} & \big| \; FTF \end{cases} \tag{4-50}$$

$$LS_j = \min \begin{cases} LF_j - t_j & \big| \; FTS \\ LF_j - t_j & \big| \; FTF \\ LS_k - S_jTS_k & \big| \; STS \\ LF_k - S_jTF_k & \big| \; STF \end{cases} \tag{4-51}$$

③工作的总时差

工作总时差的计算公式与一般单代号网络图相同，即

$$TF_j = LS_j - ES_j \tag{4-52}$$

当 $TF_j = 0$ 时，j 为关键工作，关键工作连成关键线路。

④计算工作的局部时差

$$FF_j = \begin{cases} ES_k - EF_j - F_jTS_k & \big| \; FTS \\ ES_k - ES_j - S_jTS_k & \big| \; STS \\ EF_k - EF_j - F_jTF_k & \big| \; FTF \\ EF_k - ES_j - S_jTF_k & \big| \; STF \end{cases} \tag{4-53}$$

当 $TF_j = 0$ 时，FF_j 一定为零，即 $FF_j = 0$。

（3）时间参数计算举例分析

某工程项目搭接网络计划图如图 4-67 所示。

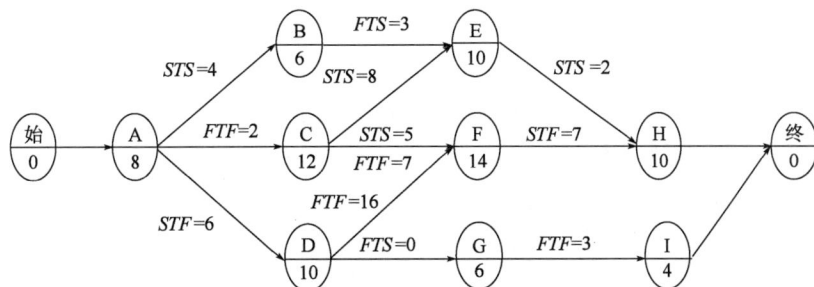

图 4-67　某项目单代号搭接网络计划

①计算工作的最早开始和最早完成时间

计算工作的最早时间系列系数，必须从网络图的起点按箭线方向逐项工作依次算到终点。且与起点相连工作的最早开始时间均为零，即 $ES_A = 0$，而 $EF_A = ES_A + t_A = 0 + 8 = 8$。其他各项工作的最早开始时间和最早完成时间按公式(4-48)与公式(4-49)分别计算如下：

$$\begin{cases} ES_B = ES_A + S_A TS_B = 0 + 4 = 4 \\ EF_B = ES_B + t_B = 4 + 6 = 10 \end{cases}$$

$$\begin{cases} EF_C = EF_A + F_A TF_C = 8 + 2 = 10 \\ ES_C = EF_C - t_C = 10 - 12 = -2 \end{cases}$$

在单代号搭接网络计划图中，虚设的起点应与没有内向箭线的工作相联系。当某项中间工作的 ES_i 为负值时，应把该项工作(如 C)用虚线与起点联系起来，如图 4-68 所示。

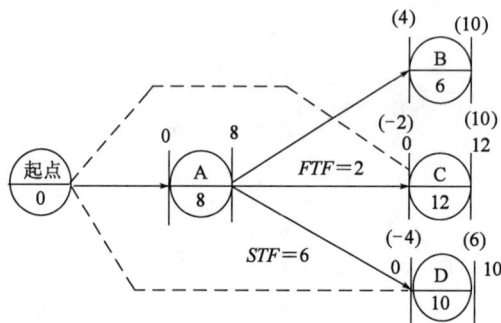

图 4-68 ES 为负值的处理方法

这时工作 C 的最早开始时间由起点决定，即 $ES_0 = ES_C = 0$；工作 C 的最早完成时间也需要重新计算：$EF_C = ES_C + t_C = 0 + 12 = 12$

$$\begin{cases} EF_D = EF_A + S_A TF_D = 0 + 6 = 6 \\ ES_D = EF_D - t_D = 6 - 10 = -4 \end{cases}$$

工作 D 的 $ES_D = -4$，处理方法同工作 C，将工作 D 用虚线与起点连接，如图 4-68 所示。则：

$$ES_D = 0 \qquad EF_D = ES_D + t_D = 0 + 10 = 10$$

$$\begin{cases} ES_E = \max \begin{cases} EF_B + F_B TS_C = 10 + 3 = 13 \\ ES_C + S_C TS_E = 0 + 8 = 8 \end{cases} = 13 \\ EF_E = ES_E + t_E = 13 + 10 = 23 \end{cases}$$

$$\begin{cases} EF_F = \max \begin{cases} ES_C + S_C TS_F + t_F = 0 + 5 + 14 = 19 \\ EF_C + F_C TF_E = 12 + 7 = 19 \\ EF_D + F_D TF_F = 10 + 16 = 26 \end{cases} = 26 \\ ES_E = EF_E - t_F = 26 - 14 = 12 \end{cases}$$

$$\begin{cases} ES_G = ES_D + t_D + F_D TS_G = 0 + 10 + 0 = 10 \\ ES_G = ES_G + t_G = 10 + 6 = 16 \end{cases}$$

$$\begin{cases} ES_H = \max \begin{cases} ES_E + S_E TS_H + t_H = 13 + 2 + 10 = 25 \\ ES_F + S_F TF_H = 12 + 7 = 19 \end{cases} = 25 \\ ES_H = ES_H - t_H = 25 - 10 = 15 \end{cases}$$

$$\begin{cases} ES_I = EF_G + F_G TF_I = 16 + 3 = 19 \\ EF_I = EF_I - t_I = 19 - 4 = 15 \end{cases}$$

$$EF_终 = \max\{EF_H, EF_I\} = \max\{25, 19\} = 25$$

在一般情况下，$EF_终$就是网络计划的总工期。然而在本例中，如图 4-69 所示，决定该项目工期的工作却不是 H、I 这两项工作，而是中间工作 F，此时应按以下方法处理。

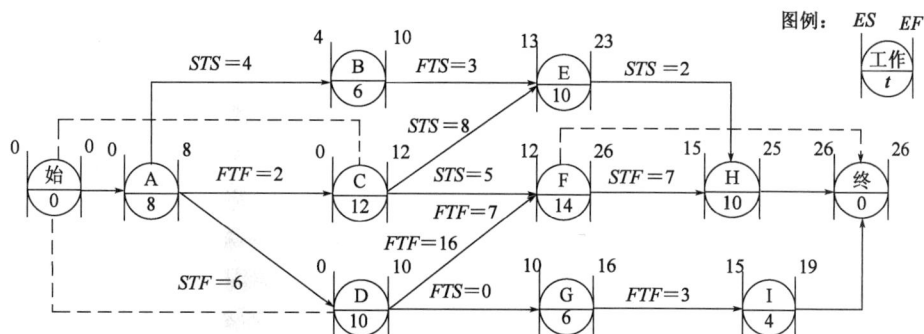

图 4-69　搭接网络图 ES 和 EF 的计算

终点一般是虚设的，只与无外向箭线的工作相连接。但是当中间工作的最早完成时间大于最后工作的最早完成时间时，为了决定工程项目的总工期，必须把该工作与终点节点用虚线联系起来（图 4-69 中应将工作 F 与终点用虚线连接），然后再计算项目计划的总工期 T。

本例中，$T = \max\{26, 25, 19\} = 26$。

②计算工作的最迟开始和最迟完成时间

计算工作的最迟时间系列参数，必须从网络图的终点开始逆箭线方向逐项工作依次算到起点，以计划工期作为与终点相连工作的最迟完成时间开始计算。即

$$\begin{cases} LF_F = LF_H = LF_I = 26 \\ LS_F = LF_F - t_F = 26 - 14 = 12 \\ LS_H = LF_H - t_H = 26 - 10 = 16 \\ LS_I = LF_I - t_I = 26 - 4 = 22 \end{cases}$$

其他各项工作的最迟完成时间和最迟开始时间分别按公式(4-50)和公式(4-51)计算如下：

$$\begin{cases} LS_E = LS_H - S_E TS_H = 16 - 2 = 14 \\ LF_E = LS_E + t_E = 14 + 10 = 24 \end{cases}$$

$$\begin{cases} LF_G = LF_I - F_G TF_I = 26 - 3 = 23 \\ LS_G = LF_G - t_G = 23 - 6 = 17 \end{cases}$$

$$\begin{cases} LF_D = \min \begin{cases} LF_F - F_DTF_F = 26 - 16 = 10 \\ LS_G - F_DTS_G = 17 - 0 = 17 \end{cases} = 10 \\ LS_D = LF_D - t_D = 10 - 10 = 0 \end{cases}$$

$$\begin{cases} LS_C = \min \begin{cases} LS_E - S_CTS_E = 14 - 8 = 6 \\ LS_F - S_CTS_F = 12 - 5 = 7 \\ LS_F - F_CTF_F - t_C = 26 - 7 - 12 = 7 \end{cases} = 6 \\ LF_C = LS_S + t_C = 6 + 12 = 18 \end{cases}$$

$$\begin{cases} LF_B = LS_E - F_BTS_E = 14 - 3 = 11 \\ LS_B = LS_B - t_B = 11 - 6 = 5 \end{cases}$$

$$\begin{cases} LS_A = \min \begin{cases} LS_B - S_ATS_B = 5 - 4 = 1 \\ LF_C - F_ATF_C - t_A = 18 - 2 - 8 = 8 \\ LF_D - S_ATF_D = 10 - 6 = 4 \end{cases} = 1 \\ LF_A = LS_A + t_A = 1 + 8 = 9 \end{cases}$$

$$LS_{起点} = 0 \qquad\qquad LF_{起点} = 0$$

③计算工作的时差

由公式(4-52)计算，各项工作的总时差 TF 分别为：

$TF_{起点} = 0$ $\qquad TF_A = 1 \qquad TF_B = 1 \qquad TF_C = 6 \qquad TF_D = 0 \qquad TF_E = 1$

$TF_F = 0 \qquad TF_G = 7 \qquad TF_H = 1 \qquad TF_I = 7 \qquad TF_{终点} = 0$

由公式(4-53)计算，各项工作的局部总时差 FF 分别为：

$$FF_{起点} = \min\{ES_A, ES_C, ES_D\} - ES_{起点} = 0$$

$$FF_A = \min \begin{cases} ES_B - ES_A - S_ATS_B = 4 - 0 - 4 = 0 \\ EF_C - EF_A - F_ATF_C = 12 - 8 - 2 = 2 \\ EF_D - ES_A - S_ATF_D = 10 - 0 - 6 = 4 \end{cases} = 0$$

$$FF_B = ES_E - EF_B - F_BTS_E = 13 - 10 - 3 = 0$$

$$FF_C = \min \begin{cases} ES_E - ES_C - S_CTS_E = 13 - 0 - 8 = 5 \\ ES_F - ES_C - S_CTS_F = 12 - 0 - 5 = 7 \\ EF_F - EF_C - F_CTF_F = 26 - 18 - 7 = 1 \end{cases} = 1$$

$$FF_D = \min \begin{cases} EF_F - EF_D - F_DTF_F = 26 - 10 - 16 = 0 \\ ES_G - EF_D - F_DTS_G = 10 - 10 - 0 = 0 \end{cases} = 0$$

$$FF_E = ES_H - ES_E - S_ETS_H = 15 - 13 - 2 = 0$$

$$FF_F = \min \begin{cases} EF_{终} - EF_F = 26 - 26 = 0 \\ EF_H - ES_F - S_FTF_H = 25 - 12 - 7 = 6 \end{cases} = 0$$

$$FF_G = EF_I - EF_G - F_GTF_I = 19 - 16 - 3 = 0$$

$$FF_H = ES_{终} - EF_H = 26 - 25 = 1$$

$$FF_I = ES_{终} - EF_I = 26 - 19 = 7$$

某工程项目单代号搭接网络计划所有工作的时间参数结果如图4-70 所示。

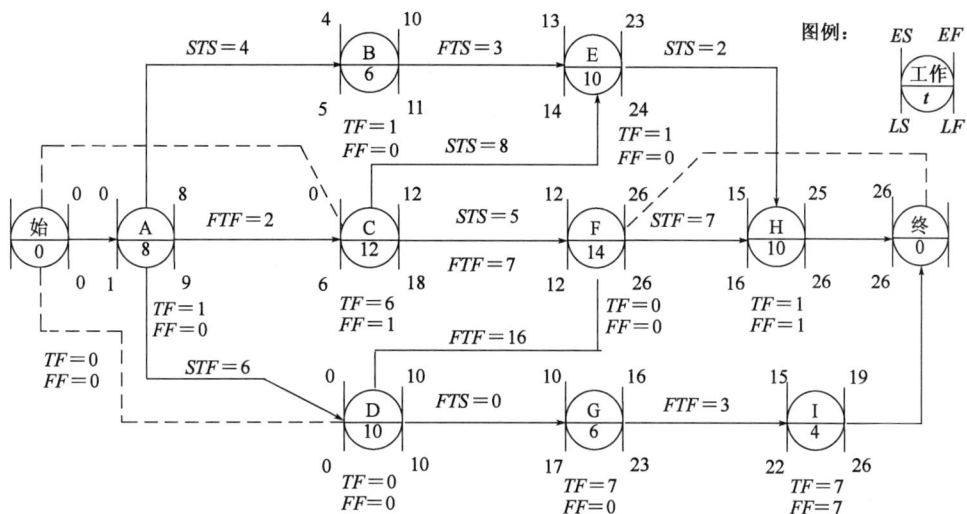

图 4-70　某工程单代号搭接网络计划时间参数计算

④确定关键线路

搭接网络计划同样由多条线路组成,而且各条线路的长度也不一定相同,其中持续时间最长的线路决定着计划的总工期,称之为关键线路。需要注意的是,搭接网络计划各工作之间存在着多种连接关系,这与一般网络计划中仅有顺序衔接关系不同。所以,搭接网络计划中线路的长度并不等于该线路上所有工作持续时间之和,例如,图 4-70 中线路起始→A→C→F→H→终点,其各工作持续时间之和为 44,但计划的总工期却为 26。因此,当搭接网络计划中线路有多条时,不能用线路枚举法确定关键线路,必须通过工作的总时差为零来判别关键工作,关键工作连成关键线路。在图 4-70 中,关键工作为 D、F,关键线路为起始→D→F→终点。

思考题

1.什么是网络计划方法?其表示方法有哪几种?

2.网络图与横道图比较具有哪些优点?

3.双代号网络图中,虚工作怎样表示,其作用是什么?

4.何谓关键线路?它有何特点?

5.什么是时差?时差有哪几种类型?

6.单代号与双代号网络图的绘图规则各有哪些?

7.网络图的时间参数有哪些?如何计算?

8.时标网络图有何特点?绘制步骤是什么?

9.网络计划优化的原理是什么?有哪些内容?

10.试述总时差在实际工程施工中的意义和作用?

11.简述网络计划控制工程进度的操作步骤?

练习题

1. 根据表4-17绘制双代号网络图,计算时间参数,并指出关键线路和计算总工期。

表4-17　工作逻辑及持续时间表

工序名称	A	B	C	D	E	F	G	H	I	J	K	L
紧前工作	—	—	A	A	A,F	B,C	F	D,E	E,G	E,G	H,I	J
持续时间	5	3	2	4	5	3	1	3	2	5	3	5

2. 根据表4-18绘制单代号网络图,计算时间参数,并指出关键线路和计算总工期。

表4-18　工作逻辑及持续时间表

工序名称	A	B	C	D	E	F	G	H	I	J
紧前工作	—	—	A,B	B	B	C,D	C,D,E	D,E	F	F,G,H
持续时间	3	5	3	5	4	5	4	3	4	5

3. 根据表4-19绘制时间坐标网络图。

表4-19　工作逻辑及持续时间表

工序名称	A	B	C	D	E	F	G	H	I
紧前工作	—	—	A	B	B	A,D	E	C,E,F	G
持续时间	2	5	3	5	2	5	4	5	2

4. 某路线工程有四座盖板通道采用流水作业,持续时间如表4-20所示:

(1)绘制双代号网络图。

(2)用图算法计算时间参数。

(3)确定关键线路并分析与一般流水作业的区别。

(4)绘制流水施工网络图,并计算时间参数。

表4-20　各施工段施工工作持续时间表

施工工序	施工段			
	一	二	三	四
挖基	3	5	6	4
砌片石	6	4	7	5
现浇墙体	8	10	9	12
盖板安装	2	4	3	2

第五章

基于 BIM 技术的施工组织设计

第一节　BIM 技术概述

一、BIM 的概念

1. 常见概念表述

随着计算机技术、网络与通信技术的发展，以建筑信息模型（BIM：Building Information Modeling）为代表的新兴信息技术在工程建设领域如火如荼地发展，引领着建筑领域的信息变革。

BIM 自美国佐治亚大学建筑与计算机学院查克·伊士曼（Chuck Eastman）博士 1975 年提出以来，逐步受到全球范围的关注与应用，但至今尚无统一和公认的定义。

2002 年，欧特克（Autodesk）公司《Autodesk BIM 白皮书》提出"BIM 是一种用于设计、施工、管理的方法，运用这种方法可以及时并持久地获得高质量、可靠性好、集成度高、协作充分的项目信息。"

2007 年、2012 年、2017 年分别出版美国建筑信息化模型国家标准《National Building Information Model Standard》（NBIMS），第一版、第二版、第三版，对 BIM 的解释为"BIM 是创建与管

171

理设施物理与功能特性的数字化表达的过程;BIM 是关于设施的共享的知识资源,从最早的概念阶段到最终的拆除阶段,为设施全生命周期的决策制定提供可靠的信息支持;在设施的不同阶段,不同利益相关方通过在 BIM 中插入、提取、更新和修改信息,以支持和反映其各自职责的协同作业。"

2008 年,国际标准组织——设施信息委员会提出"BIM 是在开放工业标准下对设施的物理和功能特性及其相关的生命周期信息的可计算或可运算的形式表现,从而为决策提供支持,以便更好地实施项目的价值。"

2009 年,英国多家设计/施工企业共同成立了 AEC(UK)BIM 标准项目委员会,制定了《AEC(UK)BIM Standard》作为推荐行业标准,BIM 定义参照 Autodesk 公司。

新加坡建筑与工程局(BCA:Building and Construction Authority)分别于 2012 年、2013 年推出《新加坡 BIM 指南》(《Singapore BIM Guide》1.0 和 2.0 版本),并于 2015 年更新和修订《新加坡 BIM 指南》2.0 版本。提出"BIM 是对设施的物理与功能特性的基于对象的数字化表达,它是设施的共享信息资源,在设施建造后的整个生命周期为决策提供稳定的基础。"

2016 年,我国住房和城乡建设部、质量监督检验检疫总局联合发布住房和城乡建设部第 1380 号公告,批准《建筑信息模型应用统一标准》(GB/T 51212—2016),将 BIM 定义为"在建设工程及设施全生命期内,对其物理和功能特性进行数字化表达,并依此设计、施工、运营的过程和结果的总称。"

2. BIM 技术的概念解读

BIM 的核心是通过建立虚拟的三维建筑模型,利用数字化技术,为工程实施的各个阶段、各个参与方的建设活动提供各种与建设产品相关的信息。借助这个包含建筑工程信息的三维模型,提高建筑工程的信息集成化程度,为建筑工程项目的相关利益方提供了一个工程信息交换和共享的平台,为整个建筑生命周期内的决策、变更、管理等提供支持。

综上,围绕"Building"、"Information"和"Modeling"解读 BIM 的概念。

(1)Building 代表 BIM 的行业属性

Building 是建筑物的总称,指各种用途、大小、形式的建筑,包括各类建设工程和设施。BIM 是信息模型在建设行业中的应用,包括房屋建筑工程、市政公用工程、公路工程、铁路工程、民航机场工程、港口与航道工程、水利水电工程等,以及军事设施、卫生设施、防洪设施等。

(2)Information 代表 BIM 的核心内容

Information 指信息、情报、资料,信息管理是 BIM 的核心内容。BIM 是对建设工程全生命周期物理与功能特性的数字化表达。建设工程全生命周期包括规划、勘察、设计、施工、运维、改造、拆除等阶段。数字化表达包括构件尺寸、形状、空间位置、施工现场布局等几何信息;结构类型、材料属性、荷载属性等设计信息;施工段、施工方式、施工工序等逻辑信息;时间与资源消耗信息;建造造价信息;能耗、耐火性能、安全性能等维护信息。

(3)Modeling 代表 BIM 的信息承载形式

Modeling 指建模。BIM 通过开发、使用和传递多维度结构化工程数字模型(目前以三维可视化技术、面向对象技术与数据库技术为基础),为建设工程提供全生命周期的数据承载平台,为各阶段业务活动决策提供真实准确、及时一致、协同共享、可追溯的信息支持。

二、BIM 技术对建筑行业的影响

随着经济与技术的发展,传统建造模式已不再符合可持续发展的要求,迫切需要利用以信息技术为代表的现代科技手段,实现建筑产业转型升级与跨越式发展。BIM 技术的出现,被认为是建筑工程领域的第二次革命,将建筑行业从二维设计带入基于三维数字化集成信息的全生命周期、全方案、全要素、全参与方管理,促使工程管理组织形式、管理模式和建造过程等全方位变迁,工程管理水平和手段发生革命性的变化,如图 5-1 所示。

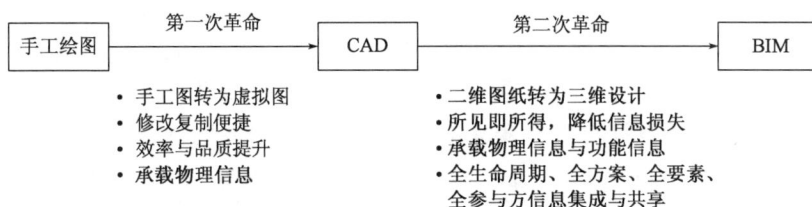

图 5-1 建筑工程领域变革

BIM 给建筑行业带来了革命性,甚至是颠覆性的改变,其根本原因在于提供了新的建筑信息管理方法,彻底改变整个行业信息不对称所带来的各种根深蒂固的弊病,实现建筑产品全生命周期、全员、全面信息共享,从而用更高程度的数字化整合优化全产业链,实现生产标准化和精细化的现代产业模式。

BIM 技术已给建筑行业发展带来了强大的推动力,利于施工方案与项目管理优化,工程质量提高,成本与安全风险降低,工程项目的管理效益提升。美国斯坦福大学整合设施工程中心(CIFE:Center for Integrated Facility Engineering)根据 32 个项目总结了使用 BIM 的优势:消除 40% 预算外的更改,造价估算控制在 3% 精度范围内,造价估算耗费时间缩短 80% ,合同价格降低 10% ,工期缩短 7% 。麦肯锡全球研究院一项研究发现,有 75% 采用 BIM 的企业认为,BIM 技术给他们带来了积极回报,包括更短的项目周期、纸质文档和材料成本的节省等。此外,BIM 还有许多成果附加值,工地配合提升约 50% ,按系统提供材料工程量清单误差降低约 10% ,空间净空有很大提升,节省建筑材料,非功能性修改可节约 80% ~90% 设计工作量。

正因如此,世界各国对 BIM 技术非常重视,据国际组织"Building Smart 联盟"2017 年统计,各国共有 81 本 BIM 相关指引,其大部分由政府发行,用于指导建设单位、设计单位及施工单位如何在建筑结构、基础建设与桥梁等工程项目中具体实施 BIM 技术。

2014 年,我国住房和城乡建设部印发《关于推进建筑业发展和改革的若干意见》,推进 BIM 技术在工程设计、施工和运行维护全过程的应用,提高综合效益,探索开展白图代替蓝图、数字化审图等工作。2016 年住房和城乡建设部发布《2016 – 2010 建筑业信息化发展纲要》明确指出,着力增强 BIM 信息技术的集成应用能力,2017 年印发《建筑工程施工信息模型应用标准》,实现适用于建筑工程全生命周期的 BIM 信息存储、传递和应用。

2017 年,交通运输部办公厅印发《推进智慧交通发展行动计划(2017—2020 年)》,明确提出,主要目标之一为"推进 BIM 技术在重大交通基础设施项目规划、设计、建设、施工、运营、检测、维护、管理全生命周期的应用,实现基础设施建设和管理水平大幅度提升";主要任务之一为"在建设阶段,深化 BIM 在设计交付、虚拟建造、施工组织、质量管理等方面的应用"。同年,交通运输部公路局印发"关于征求对《关于推进公路水运工程应用 BIM 技术的指导意见》的函"，提出"充分利用 BIM 技术推进公路水运工程全生命周期的信息畅通传递，促进设计、建设、养护和运营管理的协调发展，提升公路水运工程设计、建设和运维水平，提高公路水运工程效益；到 2020 年，相关标准体系初步建设，示范项目取得明显成果，BIM 技术应用深度与广度明显提升；建设一批公路、水运示范工程，技术复杂项目实现应用 BIM 技术进行项目管理，大型桥梁、港口码头和航电枢纽等初步实现利用 BIM 数据进行构建辅助制造。"

三、BIM 技术与施工组织设计

基于 BIM 技术的施工组织设计，以建筑物三维模型为载体，构建数字化、参数化建筑信息模型，围绕此模型实现施工方案优化、施工动态模拟、碰撞检测、场地模拟、物料管理等数字化虚拟建造过程，各设计专业、各参与方通过协同平台进行数据信息交流，共同制定和优化施工组织设计。传统施工组织设计与基于 BIM 的施工组织设计总体比较见表 5-1。

表 5-1　传统施工组织设计与基于 BIM 技术的施工组织设计的比较

比较内容	传统施工组织设计	基于 BIM 技术的施工组织设计
价值体现	资源优势与经验	建筑物功能、成本与实现效率
载体	以各阶段、各参与方完成的印刷纸质载体为主	集成在一套完整的模型体系中的数字化信息为载体
编制依据	定额与经验	庞大的数据库支撑（包括工法、工程量、资源消耗、时间消耗、费用等信息与数据）
信息沟通	参与方、上下层之间存在信息断层、信息冲突	基于协同平台和 BIM 模型的协同设计，实现实时沟通
精度与合理性	·专业间信息独立、几何信息与非几何信息独立，精度受到影响。 ·由于图纸表达精细化程度不足，导致施工组织设计与施工方案和现场情况存在不一致	·专业间信息、几何信息与非几何信息集成于 BIM 模型，模型内生的数据库直接导出数据，精度高。 ·数字化虚拟建造，在施工前进行合理性验证
表现形式	文字、统计表与施工设计图纸相结合的方式	施工组织可视化（3D、4D、5D 等）

BIM 技术必然促进施工组织设计朝着精益计划方向发展，通过优化方案指导实际施工作业，施工组织管理由人工方式转变为信息化、智能化管理，为提升工程可实施性，提高工作效率和可靠性，提高工程质量、进度、安全等管理效率，提升管理效果，节约管理成本，提供新的途径与方法。

第二节　基于 BIM 技术的施工组织设计流程与方法概述

一、基于 BIM 技术的施工组织设计流程

施工组织设计须结合施工现场条件，完成施工方案选择、时间组织（进度计划编制）、空

间组织(施工现场布置)、资源组织(资源配置)、保障体系与措施等核心工作。由于工作之间相互影响、相互制约,使用BIM技术完成施工组织设计,可以让项目参与者能够提前在数字化环境中设计和模拟资源组织、空间组织、时间组织,在施工组织设计编制过程中(即实际施工前),进行虚拟建造,及时发现施工组织中可以优化的环节和存在的问题,并进行修正和验证。

基于BIM技术的施工组织设计的典型总体流程见图5-2。

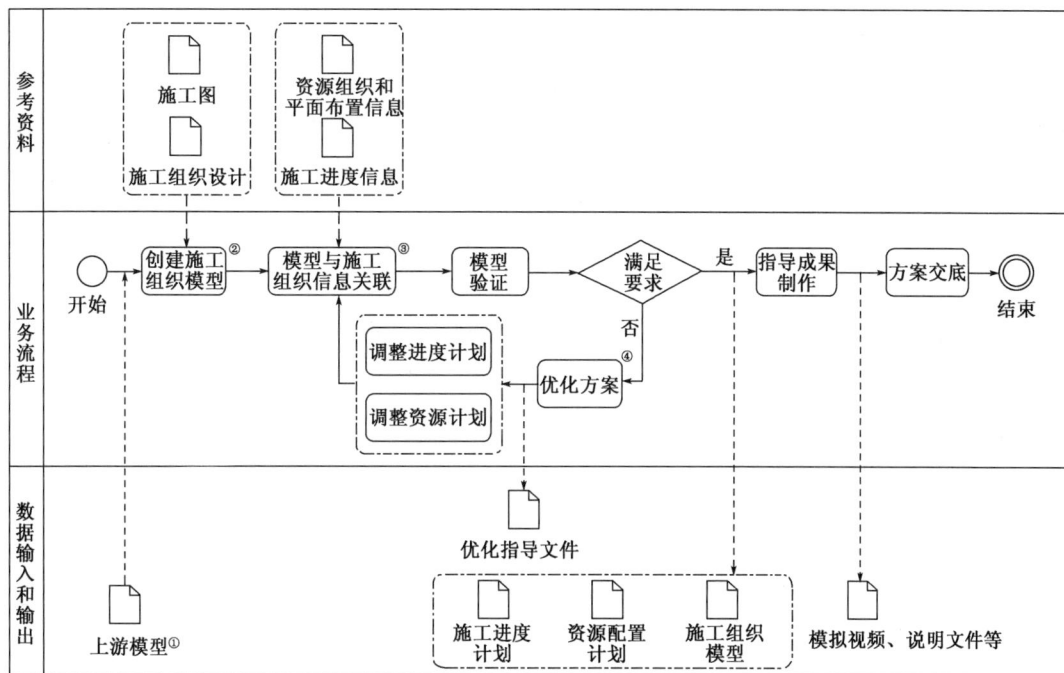

图5-2 基于BIM技术的施工组织设计典型总体流程

第一步,制定工程项目的初步实施计划,形成施工顺序和时间安排。

第二步,创建施工组织模型。基于施工图设计模型或深化设计模型创建施工组织模型。

第三步,将工序安排、资源配置、平面布置等信息附加或关联到模型中。

第四步,按施工组织流程进行模拟。

①工序安排模拟:根据施工内容、工艺选择和配套资源等,明确工序间的搭接和穿插等关系,优化项目工序安排;

②资源配置模拟:根据施工进度计划、合同信息以及各施工工艺的资源的需求等,优化资源配置;

③平面布置模拟:结合施工进度安排,优化各施工阶段垂直运输机械布置、临时设施布置、临时道路布置等。

第五步,根据模拟成果对工序安排、资源配置、平面布置等进行协调和优化,并将相关信息更新到模型中。

第六步,交付成果,包括施工组织模型、施工模拟动画、虚拟漫游文件、施工组织优化报告等。施工组织优化报告应包括施工进度计划优化报告及资源配置优化报告等。

二、上游模型

BIM 模型是整个 BIM 工作的基础,施工组织设计所需设计信息、施工组织要素信息都需要以 BIM 模型为载体,进行参数化设计,所有 BIM 应用都是在 BIM 模型基础上完成的。由于不同目的和需求,在 BIM 实际应用中,建模内容、模型详细程度不同,需要根据不同等级所概括的模型精度要求来确定建模精度。模型精度在满足 BIM 应用需求的前提下,采用较低的模型细度,可使用文档、图形、图像、视频等扩展信息。

1. 各阶段 BIM 模型精度要求

美国建筑学会(AIA:American Institute of Architects)提出相关定义与标准,将模型精度(LOD:Level of Detail)分为 LOD100、LOD200、LOD300、LOD350、LOD400 及 LOD500 六个等级。我国住房和城乡建设部发布行业标准《建筑工程设计信息模型制图标准》(JGJ/T 448—2018),将模型精度分为四个等级。具体见表 5-2。

表 5-2　BIM 模型精度等级划分及描述

模型等级 AIA	模型等级 JGJ/T 448—2018	形成阶段	模型描述	图示
LOD100	G1	方案设计阶段	具备基本形状,粗略的尺寸和形状,包括非几何数据,仅线、面积、位置等。满足二维化或者符号化识别需求的几何表达精度	
LOD200	G2	初步设计阶段	近似几何尺寸、形状和方向,能够反映物体本身大致的几个特征。主要外观尺寸不得变更,细部尺寸可调整,构件宜包含几何尺寸、材质、产品信息。满足空间占位、主要颜色等粗略识别需求的几何表达精度	
LOD300	G3	施工图设计阶段	主要组成部分几何表述准确,能够反映物体的实际外形,保证不会在施工模拟和碰撞检查中产生错误判断,构件应包含几何尺寸、材质、产品信息等。模型包含信息量等同于施工图设计完成时的 CAD 图纸上的信息量	
LOD350		深化设计阶段	以图形方式,依据数量、大小、形状、位置和方向,及与其他建筑物系统的接口,表达成模型中的一个具体的系统、对象或组件。满足建造安装流程、采购等精细识别需求的几何表达精度	

模型等级		形成阶段	模 型 描 述	图 示
AIA	JGJ/T 448—2018			
LOD400	G4	施工实施阶段	详细的模型实体,最终确定模型尺寸,能够根据该模型进行构件的建工制造,构件除包括几何尺寸、材质、产品信息外,还应附加模型的施工信息,包括生产、运输、安装等方面。 满足高精度渲染展示、产品管理、制造加工准备等高精度识别需求的几何表达精度	
LOD500		竣工验收阶段	除最终准确的模型尺寸外,还应包括其他竣工资料提交时所需的信息,资料应包括工艺设备的技术参数、产品说明书/运行操作手册、保养及维修手册、售后信息等	

基于BIM的施工组织设计所需上游模型为施工图设计模型元素或深化设计模型元素及信息。在项目投标阶段编制施工组织设计宜采用施工图设计模型元素及信息,施工阶段实施性施工组织设计宜采用深化设计模型元素及信息。

2.施工图设计模型元素及信息

施工图设计模型的细度应符合国家现行设计文件编制深度规定,施工图设计模型元素及信息量等同于施工图设计完成时的CAD图纸上的信息量,需要准确表述主要组成部分几何尺寸,反映物体的实际外形,保证不会在施工模拟和碰撞检查中产生错误判断,构件应包含几何尺寸、材质、产品信息等。

3.深化设计模型元素及信息

深化设计模型是在施工图设计模型基础上,通过增加或细化模型元素等方式创建的。深化施工图设计模型包括土建、钢结构、机电等子模型,支持深化设计、专业协调、施工模拟、预制加工、施工交底等BIM应用。以钢结构深化设计模型元素与信息为例,具体模型内容与要求见表5-3。

表5-3 钢结构深化设计模型元素及信息

模型元素类别	钢结构深化设计模型元素及信息
上游模型	钢结构施工图设计模型元素及信息

节点	几何信息包括:
	  1.钢结构连接节点位置,连接板及加劲板的位置和尺寸;
	  2.现场分段连接节点位置,连接板及加劲板的位置和尺寸;
	  3.螺栓和焊缝位置。
	非几何信息包括:
	  1.钢构件及零件的材料属性;
	  2.钢结构表面处理方法;
	  3.钢构件的编号信息;
	  4.螺栓规格

预埋件和预留孔洞	几何信息包括:位置和尺寸

三、施工组织 BIM 模型与建模方法

1. 施工组织模型元素及信息

施工组织模型除应包括施工图设计模型或深度设计模型元素外,还应包括场地布置、周边环境等类型的模型元素,具体内容与要求见表5-4。

表5-4 施工组织模型元素及信息

模型元素类别	施工组织模型元素及信息
上游模型	施工图设计模型元素或深化设计模型元素及信息
场地布置	现场场地、地下管线、临时设施、施工机械设备、道路等。 几何信息包括:位置、几何尺寸(或轮廓)。 非几何信息包括:周边建筑物设计参数及道路的性能参数等
其他	施工组织所涉及的其他资源信息,如工程项目进度计划、劳动力计划、设备材料及机械进场计划等

2. BIM 模型建模方法

施工组织设计相关模型宜在设计模型基础上创建,主要有依据图纸建模生成、三维设计建模、实体生成模型三种建模方法。

(1)依据图纸建模生成

依据图纸建模生成方式,是根据设计院出具的设计图纸、施工单位出具的深化设计图纸,(通常为二维设计图纸),用 BIM 建模软件进行建模,俗称"翻模"。此方法实际进行两次设计图纸绘制,工作量大,需要二维设计师与 BIM 三维设计师反复沟通,效率低,设计成果准确性下降。

(2)三维设计建模

三维设计建模,是设计人员根据项目需求和规划方案,直接使用 BIM 建模软件进行三维设计建模,成果即为三维 BIM 模型。工作方式方法较传统有较大的变化,需要硬软件购置、人员学习培训等投入,以及熟悉掌握技术的时间成本。三维设计建模又分半参数化建模、自定义建模、三维实体造型、第三方模型导入。

半参数化建模是利用软件自带的功能模块通过输入外形尺寸和工程属性等参数,自动生成三维模型。由于模型是通过软件预设的函数自动生成,模型样式不能随意修改,因此在运用此方法时,应核实并准确输入参数信息,模型生成后应检查模型的外形、样式和属性是否正确,同时每个模型都应放置在预设好的对应图层上。另外,如果建立半参数化模型时需要使用辅助线,应在绘制时将辅助线设置成构造线的样式,便于模型修改。另外有部分模型是在建模之前需要将参数预先设置,如管道数据库和梁、墩柱等断面库,数据库和断面库应由专业人员配置和维护,其他设计人员在建模时不能对数据库或断面库进行操作,若需进行更改,则按照已制定的数据库及工作空间配置的工作流程提交需求。

自定义建模方法与参数化建模类似,自定义构件,在软件中提前设置模型的外形和工程属性,详细的操作方法需要根据实际需要临时研究,目前不作为主要的自定义建模方法。适用于软件自带的功能模块通常不能满足 BIM 建模的全部需求的项目,例如一些非标混凝土构件等模型。

三维实体造型是根据二维图纸绘制三维模型,或直接绘制大概的三维模型再进行精确修

改。随着模型元件库的逐渐丰富,应针对每一类设备建立标准的建模流程文档,以保证同一类设备的建模方式是相同的,便于模型修改和批量创建模型,减少人为因素造成的模型差异,同时为参数化自定义建模的二次软件开发提供资料。另外模型既有三维模型,也包括二维模型,每建立一个自定义设备,应同时绘制模型的二维平、立、剖面图样,使二维图纸和三维模型建立统一的联系。

第三方模型导入是为了提高渲染效果而增加的模型,包括使用 U3D、RPC、树木单元等,或者是设备厂家提供的三维模型。此类模型需要根据三维实体造型的要求,对模型进行二次加工,然后制作成设备单元,并将对应的属性信息添加入元件库中。

(3)实体生成模型

实体生成模型,即采用三维扫描、全景摄像等技术,采集建筑物、构筑物几何信息,通过专业软件,将其转换为三维模型,通过删减、修改、补充模型信息,最终形成 BIM 模型。

四、施工组织信息与模型关联技术

1. 参数化设计

传统施工组织设计中,几何信息和非几何信息环节相互独立,设计人员画出建筑物的几何形体后,采用标注、文字说明等形式添加材料属性信息。随着计算机技术的应用和发展,以及对建筑产品结构性能的深入了解,将产品几何模型中具有共性的东西提取出来作为参数,同时找出形状约束方程求解方法,以较少的操作完成新的设计方案,参数化设计应运而生。参数化设计具有以下特点:

(1)使用新一代行为建模技术,实现全智能化设计,捕捉设计参数和目标;

(2)目标驱动设计,用户可以定义要解决的问题,给出动作特征、可重复利用的分析特征,可实现多参数的可行性研究和多标准、多参数优化研究;

(3)全关联的、单一的数据结构,具有在系统中做动态修改的能力,使设计、制造的各阶段并行工作,数据修改可自动关联;

(4)以功能为基础,用户可使用外壳、填充体等智能化的功能特征进行复杂形体零件的三维造型和参数化设计,并可同时获得二维参数化图形,特别适合系列产品的变量化设计;

(5)具有强大的装配功能,只需输入简单的命令就能按用户的意图完成产品的装配;

(6)在基于特征的参数化建模技术上,充分利用关联特征和参数化功能,具有相当的行为建模功能,它将参数化设计和功能设计联系在一起。

2. 特征造型设计

特征造型是 BIM 技术的重要特征之一,基于几何特征的造型表达特定的工程含义,同时将其作为尺寸、精度、材料、加工信息等非几何信息的载体,将几何信息、非几何信息与模型关联。特征造型技术有以下特点:

(1)特征造型技术不仅注重完善产品的几何描述能力,而且可以更好地表达产品完整的技术和生产管理信息,为建立产品的集成信息模型服务;

(2)使得产品设计工作在更高的层次上进行,设计人员的操作对象不再是原始的线条和体素,而是产品的功能要素;

(3)有助于加强产品设计、分析、工艺准备、加工、检验各部门之间的联系,更好地将产品

的设计意图贯彻到各个后续环节并且及时得到后者的意见反馈,为实现基于产品信息模型的集成平台创造前提;

(4)有助于推动行业内的产品设计和工艺方法的规范化、标准化和系列化,使得在产品设计中及早考虑制造要求,保证产品结构有更好的工艺性;

(5)可推动各行业实践经验的归纳、总结,从中提炼出更多规律性知识,以此丰富各领域专业系统的规则库和知识库,促进智能设计和智能施工 BIM 系统的逐步实现。

3.参数化实体造型设计

传统的造型方法都只是几何图形元素的简单堆砌,只能描述产品外观形状,而不包含产品的设计思想。一旦改变产品尺寸,就不得不放弃原来的图形,而重新构建。参数化实体造型设计,建立起图形几何尺寸与尺寸数据之间的关联,能够通过调整参数来修改设计模型。

目前大部分的 BIM 建模软件都支持参数化实体造型。参数化实体造型设计一般应用于设计对象的结构形状比较定型,可以用一组参数来约定尺寸关系,参数的求解比较简单,参数与设计对象的控制只存有显式对应关系,设计结果的修改可以由尺寸驱动。当赋予不同的参数序列时,可以驱动原有几何模型达到新的目标几何图形,从而高效建模和快速修改模型。

五、优化方案路径

以 GIS 数据、设计信息、施工组织要素信息为基础,运用计算机及信息网络技术,通过碰撞检查、施工过程模拟、临时设施规划与场布模拟、BIM 5D 模拟、安全检查评估等开展基于BIM 技术的施工组织设计,同时通过建立施工组织设计协同平台,各参与方可以共享和传递数据信息,协同进行三维可视化施工组织设计和优化,优化方案总体路径逻辑架构如图 5-3 所示。

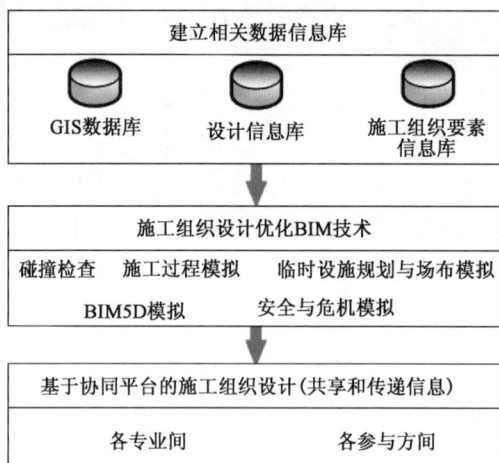

图 5-3 基于 BIM 技术的施工组织设计优化方案路径总体架构

1.建立相关数据信息库

建立施工组织设计所必需的数据信息库,包括 GIS 数据库、设计信息库、施工组织要素信息库,各数据信息库之间数据相关联。

（1）GIS 数据库

GIS 数据库包含不同比例尺的政区图、地形图、地质图、交通图等，能反映地形、地貌、地物、地质、水文、交通等信息。

地图数据可来源于公开地图（OpenStreetMap）开源数据，也可来源于谷歌地图等闭源数据。高程数据可采用 SRTM 的 DEM，用于生成等高线。对于重点大型临时工程所处区域，可以通过现场勘测获得加密的地图数据。把 GIS 数据库中平面坐标数据与高程数据结合起来，可以构建具备空间场景的三维立体模型，方便进行可视化设计。另外，GIS 数据库中包括航拍图片，可以直观地察看现场情况，部分代替人工现场踏勘，减少工作量。

（2）设计信息库

设计信息库包括路线、路基、路面、隧道、桥梁与涵洞、立体交叉、防护与排水、交通工程及沿线设施等专业的设计信息。如线路技术标准、里程、断链信息，路桥隧坐标数据，桥梁孔跨结构、下部结构，隧道辅助导坑等设计信息。

设计信息库的数据，一方面来源于各专业共享的设计数据，另一方面来源于现场调查数据，如交通运输、材料供应、施工干扰等情况。

（3）施工组织要素信息库

施工组织要素信息库既包括可用于材料运输的公路、铁路、水运信息，如公路道路标准、路面类型、路面宽度、路况、利用长度等，铁路技术标准、可利用车站规模、货运情况等，水运航道标准、利用情况等；也包括供应建筑材料的料源信息，如石场、砂场、材料场等。还包括临时工程的设计信息，如里程、位置、占地面积、地形地貌、交通运输等。

施工组织要素信息可通过手机移动端进行数据采集，再通过计算机端进行数据整理和补充。创建施工组织要素对象后，其属性信息必须详细完整、准确无误。

2. 施工组织设计优化 BIM 技术

（1）碰撞检查

碰撞检查指在施工开始前对整套施工图的检查，对不同部门之间发生的冲突的审核。碰撞分为硬碰撞、软碰撞两类。硬碰撞是指两个实体之间位置存在交集。软碰撞是指两个实体之间的距离小于某个规定的范围，导致不安全。如在施工前未及时发现并解决碰撞问题，可能导致资源浪费和工期延误。

（2）施工过程模拟

在 BIM 3D 模型基础上，增加"时间"维，建立基于 BIM 的 4D 模型，模拟机械行进路线和操作空间、土建工程施工顺序、安装工程施工顺序、材料的运输堆放安排等随项目进展而发生的相应变化。微观上可对施工方案进行可行性论证与优化，宏观上可分析不同施工方案的优劣，综合资源消耗、工期控制，从而选择最佳施工方案。

（3）临时设施规划与场布模拟

临时设施规划与场布模拟是综合运用 BIM 4D、碰撞检查和可视化技术进行施工过程中场地空间的时空冲突分析，发现施工方案中空间组织安排上的问题，包括施工场地布设方案问题、机械与施工面间空间冲突、人员活动空间冲突等等。

（4）BIM 5D 模拟

在 BIM 4D 模型基础上，增加"成本"维，建立基于 BIM 的 5D 模型，计算任意节点 WBS 或施工段相关实体构件工程量以及相应施工进度的人力、材料、机械等资源消耗量和预算成本。

同时,将资源与时间结合,进行资源平衡分析,将核心和稀缺资源尽可能地分配给关键线路上的关键工作,充分利用非关键线路上的时差来灵活调整各个资源的使用。

(5)安全与危机模拟

通过构建 BIM 4D + 安全模型,将安全规则、安全规范、实践经验与 BIM 4D 模型结合,用于施工区域安全等级评估,在施工组织设计中制定安全保障体系与措施、安全施工计划。此外,通过在 BIM 4D 模型基础上,导入突发事件发生后的区域疏散路径等参数模型,同时利用可视化技术模拟分析疏散时间、区域人数等,以评估应急处理预案的可靠性,并进行应急处理预案优化调整。

3. 基于协同平台的施工组织设计

可通过协同平台构建,在空间和时间两方面进行施工组织设计。空间上以施工总平面布置图为主线,涉及内容有控制性工程和重点工程的分布及施工方案、临时工程的布置及设计、建筑材料料源分布及运输等。时间上以总体形象进度图为主线,涉及内容有控制性工程和重点工程的开工时间、完工时间及工期,临时工程方案,横道图及年度资源配置等。

协同平台与数据信息库相关联,加载 GIS 数据、设计信息及施工组织要素信息后能够立体展示设计线路的空间形态及施工组织要素与设计线路的空间关系,能结合设计线路周边地形地貌等环境信息及工程设计情况,进行重点工程的施工方案设计及优化。

根据工作范围确定规模,依据重点临时工程的标准模式设计方案数据,进行可视化设计和碰撞检查,调整设计方案数据。利用 GPS 定位及导航服务,根据创建的公路系统和已有的交通系统,按照最短、最经济及均衡供料的原则规划材料运输路线并计算运距,计算完成后在地图上选择工点,得出材料运输路线。

根据全线工程类型和数量计算工期,组织流水施工。同时,根据重点临时工程的设置情况,统计工程数量,计算工期。当各类工程的工期及开工时间和完工时间确定后,即可将 3D 建筑模型与施工进度关联起来,进行 4D 虚拟施工和进度模拟。对临时工程进行工作分解(WBS,Work Breakdown Structure),与造价系统相关联,计算工程费用,创建 5D 费用模型。

通过协同平台能够为各方制定施工组织设计意见、指导性施工组织、实施性施工组织建立起信息沟通的桥梁,进行数据信息的交流,共同编制和优化施工组织设计。

第三节　基于 BIM 技术的施工方案选择

一、应用 BIM 技术选择施工方案的优势

对施工难度大或采用新技术、新工艺、新设备、新材料的分部分项工程,通过碰撞检查和施工模拟等 BIM 技术,实现施工方案的科学选择。

一方面,为了降低设计问题中隐藏的风险,有必要在施工前进行 BIM 建模,检查隐藏的设计问题,以避免施工时才发现问题,讨论解决方案,引起工程进度中断,甚至工程进度无法修正,导致设计与施工责任不清,严重影响工程进度和工程品质。

另一方面,通过 BIM 可对项目重点和难点部分进行可建造性模拟,包括各工序的施工顺序、机电设备的安装顺序、机械设备的行进路线和操作空间等,以验证施工方案的可行性或对

施工方案进行优化,提高工程质量、可控性管理和施工安全。

二、碰撞检查

1. 碰撞检查优势及流程

在施工组织设计之初,需要复核施工图,核算工程量,发现可能存在冲突的问题。在传统施工组织设计中,因为采取传统二维图纸审核,很难完全、立体、系统地检查出存在冲突的问题。通过 BIM 模型对公路工程施工所涉及的路基、桥梁、隧道等各专业施工构件和管线、建筑与结构、结构与管线等进行碰撞检查,对施工中机械位置、物料摆放进行合理规划,在施工前尽早地发现未来可能会面对的问题及矛盾,寻找出施工中不合理的地方,及时进行调整,或者商讨出最佳施工方案与解决办法,减少传统 2D 模式的错、漏、碰、缺等现象的出现,优化总体施工部署,提高施工效率和质量,缩短工期。传统碰撞检查和基于 BIM 的碰撞检查对比见表5-5。

表5-5　传统碰撞检查和基于 BIM 的碰撞检查的对比

传统碰撞检查	基于 BIM 的碰撞检查
在大型复杂的工程里,由于在密集的地方很难用肉眼完整地看清及分析,许多碰撞难以被发现,如钢筋、管道、施工工序等冲突	BIM 技术的使用可以将所有专业的模型全部整合到同一个模型中,然后对各专业自身及专业之间进行全面、彻底的碰撞检查。因为模型是按真实尺寸构建的,所以在传统图纸中不能展现的冲突问题在模型中可以清晰、透彻地展现出来
调整一个冲突,可能会带来新的冲突而没被发现,并且冲突很难在二维图中反映出来	全方位的三维模型,冲突调整过程中,如有新冲突出现,则实时显现
由多个专业相互叠加的二维图纸相对零散,主视图、俯视图、左视图相结合的方法对复杂结构来说很难反映	BIM 相关软件可以彻底地检查各专业之间的所有的冲突问题并反馈给各专业设计人员,各专业设计人员协同工作,可同步调整,基本可以消除冲突
在多专业的图纸整合中更多依靠工作人员自身的组织能力,如果经验缺乏,将导致难以将多专业的图纸三维地呈现出来,因此很难发现他们之间很细小的碰撞问题,特别是在对空间距离要求很高的时候,需要按照实际情况制定计划,二维图纸的局限性就暴露出来了	BIM 三维模型除了可以生成传统的图纸和局部剖面等图形外,还可以用浏览、漫游等多种手段对模型进行观察,可以更形象地看到整个模型

以 Revit 为例,碰撞检查的操作步骤为:

第一步:单击“协作”选项卡,然后点击“碰撞检查”命令,运行碰撞检查之后会弹出一个碰撞检查对话框,在对话框中勾选碰撞对象,单击确定,运行碰撞检查。

第二步:运行完碰撞检查之后,会出现一个冲突报告对话框,可以导出 .html 文件,每个碰撞的对象都对应有个 ID 号,可以通过这个 ID 号去查找碰撞对象的位置(在对话框中点选该碰撞对象,也可显示碰撞对象的位置)。

第三步:点击管理选项卡,选择“按 ID 选择”命令,接着输入冲突报告对话框中碰撞对象的 ID 号,碰撞对象会高亮显示,然后可以对图元进行修改。

2. 碰撞检查工程实例

在公路工程建设实践中,诸多工程项目成功运用碰撞检查进行施工组织设计编制与优化。如乐清湾跨海大桥,由1号桥和2号桥组成,整体 BIM 模型如图5-4所示。

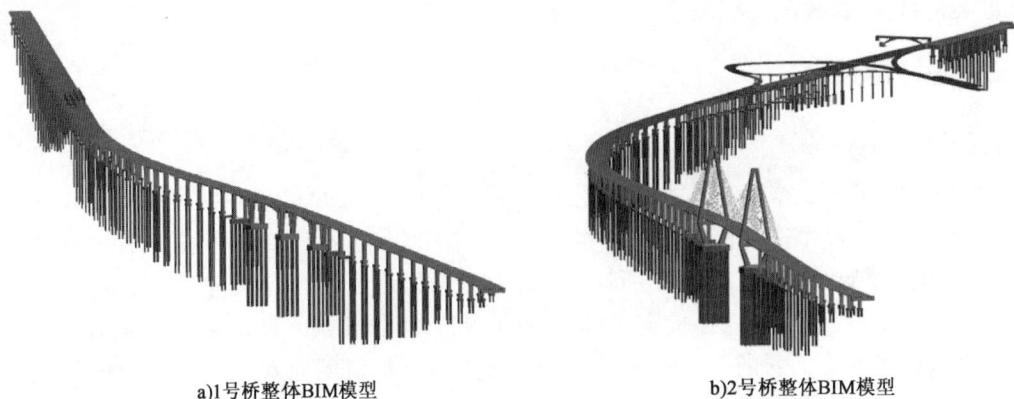

a)1号桥整体BIM模型　　　　　　　　　　　b)2号桥整体BIM模型

图5-4 乐清湾跨海大桥整体 BIM 模型示意图

其中,2 号桥全长 4.650km,主桥为双塔整幅叠合梁斜拉桥,总长 685m,主跨 365m,主梁为分离式双边箱(PK 式)流线型扁平钢箱叠合梁,索塔采用钻石型塔身,塔高 147.85m。由于主塔内部构造复杂,传统方式很难完全、立体、系统地检查出存在冲突的问题,通过 Revit 建立参数化模型,进行设计可视化图纸审查,发现较重大图纸问题 20 多个,碰撞 12000 余处,其中2500 多处重大碰撞,如图 5-5 所示。通过主塔混凝土、主塔钢筋、钢锚箱、环形预应力及劲性骨架等碰撞检查,主塔横向预应力束与主筋、箍筋碰撞 48 处,主塔钢锚梁与钢筋碰撞 12 处,主塔下部钢爬梯、上部平台预埋与混凝土碰撞 8 处,下横梁预留孔露筋 2 处。通过碰撞检查可以提前解决设计和施工方案中存在的问题,实现设计、方案与现场施工的协同。

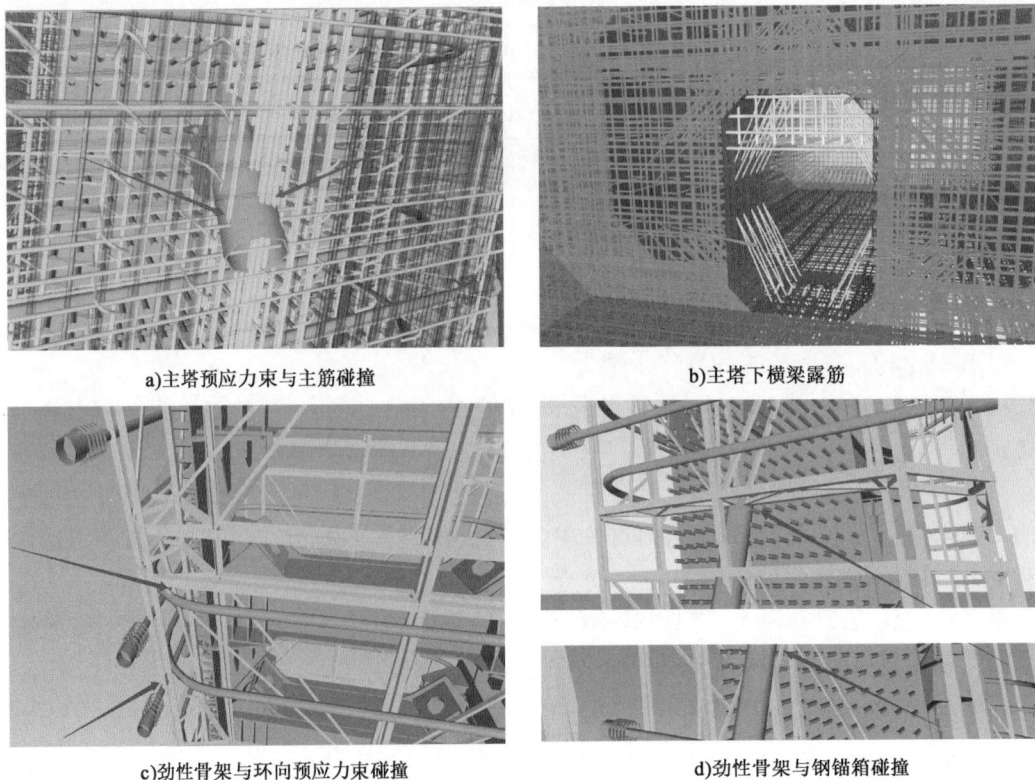

a)主塔预应力束与主筋碰撞　　　　　　　　　b)主塔下横梁露筋

c)劲性骨架与环向预应力束碰撞　　　　　　　d)劲性骨架与钢锚箱碰撞

图　5-5

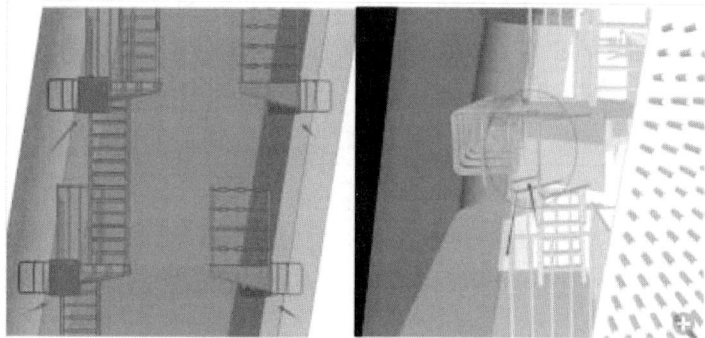

e)主塔下部钢爬梯、上部平台预埋与混凝土碰撞

图5-5 乐清湾大桥主塔设计可视化图纸审查案例展示

又如长沙某市政道路工程,通过土建模型和机电模型进行碰撞检查,发现设计图纸问题达85处,避免了因图纸问题而造成返工损失以及对进度所带来的影响,如图5-6所示。

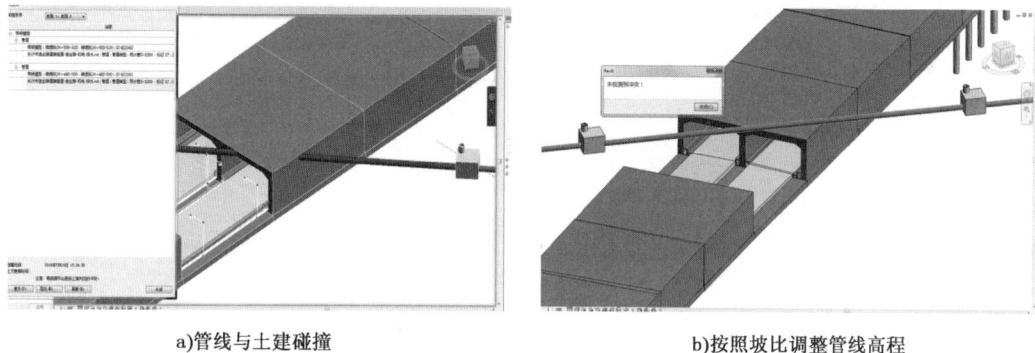

a)管线与土建碰撞

b)按照坡比调整管线高程

图5-6 长沙某市政道路工程设计可视化图纸审查案例展示

再如岳宜高速公路宜昌段清江特大桥,施工组织设计中确定采用挂篮施工方案,利用BIM技术碰撞检测工具对挂篮施工的锚固预埋件和梁横隔板横向预应力进行碰撞检测,发现清江特大桥14号节段以及15号节段存在碰撞问题。针对测试发现的问题,将信息准确地反馈给挂篮设计单位,积极采取措施避免施工中出现问题。

三、施工模拟

1. 施工模拟流程

通过BIM施工模拟指导编制施工方案,可以直观地分析复杂工序,将复杂工序简单化、透明化,在虚拟仿真环境中实现模型虚拟建造,同时进行实时的过程交互,虚拟推演施工方案,提前模拟方案实施后的现场状况,动态检查方案可行性和存在的问题,优化调整施工装备、工艺等,合理排布施工工序,合理选择施工方案。施工模拟流程如图5-7所示。

简单地说,施工模拟是在3D模型基础上增加时间维度,根据设计好的工序流程进行施工模拟。在实现模拟功能前,需要设计施工工序,即对工序活动进行合理、详细地划分,如路基施工包括土方开挖、土方回填、分层填筑、分层压实等工序活动。再设置工序的时间,将其与BIM 3D构件模型关联。通常采用BIM软件提供参数化实体造型设计与模型和进

度,连接技术平台,通过赋予不同参数的序列形式进行模型创建与关联。例如,通过 Navis-
works Manage 软件 Timeliner 工具,创建任务,并赋予任务持续时间,再将其与 3D 模型关联,
如图 5-8 所示。

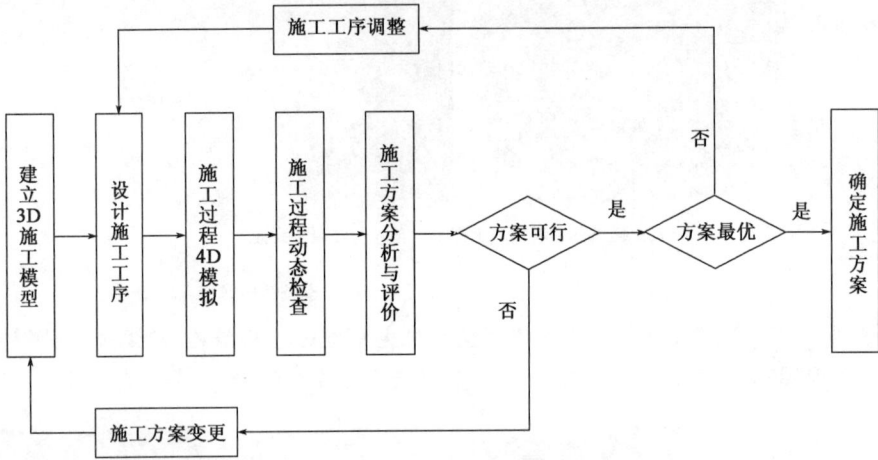

图 5-7　施工模拟流程图

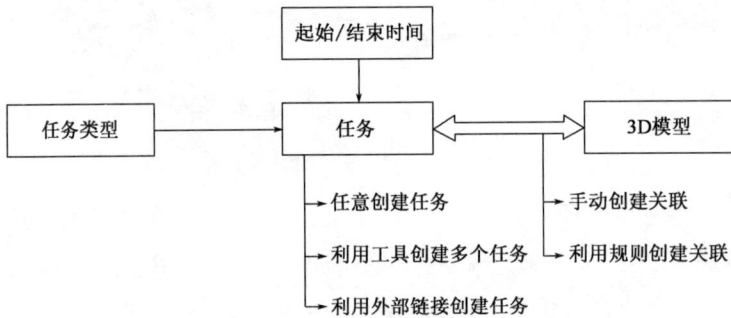

图 5-8　Navisworks Manage 软件 Timeliner 工具创建任务

　　手动匹配时,是在 Navisworks 中选择模型,与相对应的进度计划项进行匹配。筛选模
型的方式多种多样,因此手动匹配方法多种多样。手动匹配的优势在于灵活、方便、操作
简单。

　　关联规则自动匹配主要是依据模型的参数特点按照一定的规则对应到进度计划项上。自
动匹配快捷方便,能在一定程度上降低匹配工作量,但是缺点是不够灵活,流程繁琐,匹配错了
难以修改。

2.施工模拟工程实例

(1)乐清湾跨海大桥

①主塔及钢梁施工方案模拟

　　利用 Navisworks 对主塔及钢梁施工方案进行虚拟推演,通过模型与施工进度计划的关联,
明确工序关键点,查找各类构件时间、空间上的冲突,进而优化方案设计,提高后续施工现场效
率,如图 5-9 所示。

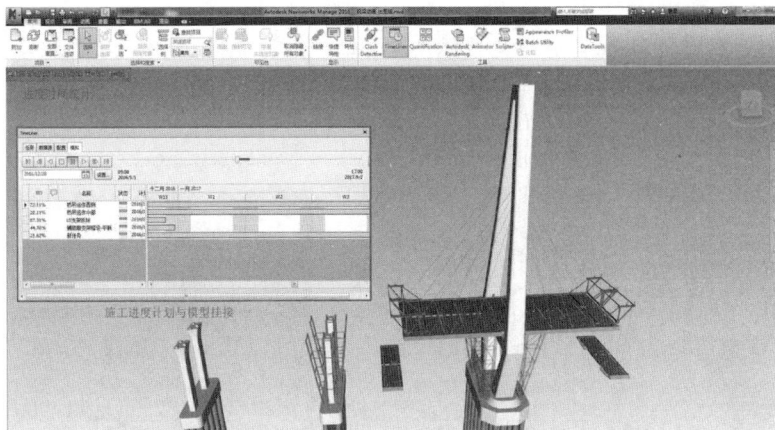

图 5-9　Navisworks 模拟索塔钢梁施工方案

②临时结构施工方案模拟

通过临时结构施工模拟,发现临时结构施工问题,10T 塔吊第 4 道附墙悬挑梁预埋钢板部分与 18 节钢锚梁索导管碰撞,通过技术部与厂家的第三方审核,提取塔吊 BIM 模型的坐标与 CAD 图纸提供的数据信息进行分析,确认碰撞存在。进行塔吊方案深化设计,提出预埋板横向偏移 85cm 规避碰撞的处理方案,如图 5-10 所示。

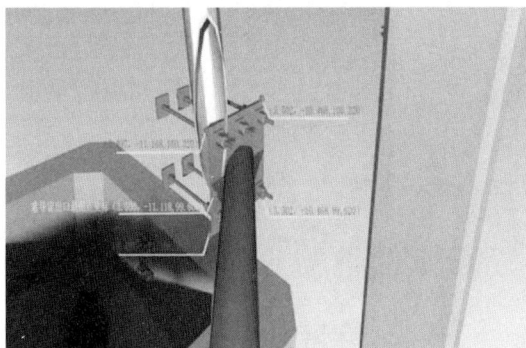

模型坐标	
S1索导管最低点坐标	(3.500,-11.118,99.803)
钢板角点坐标1	(3.497,-11.168,100.320)
钢板角点坐标2	(3.502,-10.468,100.320)
钢板角点坐标3	(3.502,-10.468,99.620)
钢板角点坐标4	(3.497,-11.168,99.620)

CAD坐标	
钢板角点坐标1	(3.500,-11.150,100.320)
钢板角点坐标2	(3.500,-10.450,100.320)
钢板角点坐标3	(3.500-10.450,99.620)
钢板角点坐标4	(3.500,-11.150,99.620)

a)索导管与塔吊预埋钢板碰撞　　　　　　　　b)模型、CAD坐标分析

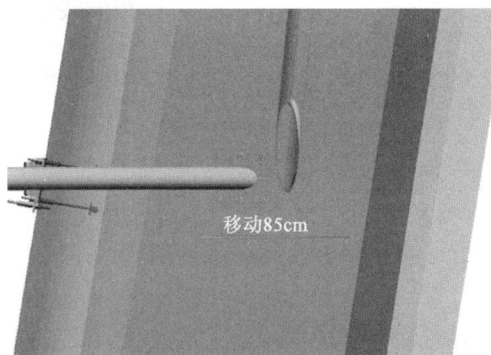

c)调整方案

图 5-10　塔吊施工方案模拟发现碰撞

针对临时设施塔吊及施工电梯运用 Navisworks 进行模拟施工,发现电梯第 9 道附墙与 10T 塔吊第 4 道附墙碰撞 2 处,组织技术部进行受力分析,在保证安全施工的前提下,提出将电梯第 9 道附墙高程上调至少 15cm 或下降至少 31cm 的施工建议,如图 5-11 所示。

a)塔吊与电梯附墙碰撞 b)调整方案

图 5-11　塔吊与电梯施工方案模拟发现碰撞

③施工方案模拟与技术交底

在主塔施工方案制定中,下横梁模架及劲性骨架方案设计,充分考虑材料利用、碰撞检查、安全施工等问题,进行施工方案优化,用 BIM 模型方案与现场技术人员进行施工方案的可视化交底,如图 5-12 所示。通过 BIM 模型对技术员进行三维交底,配合二维出图让现场人员更清楚地了解构建的组成方式,有效提高了施工效率。

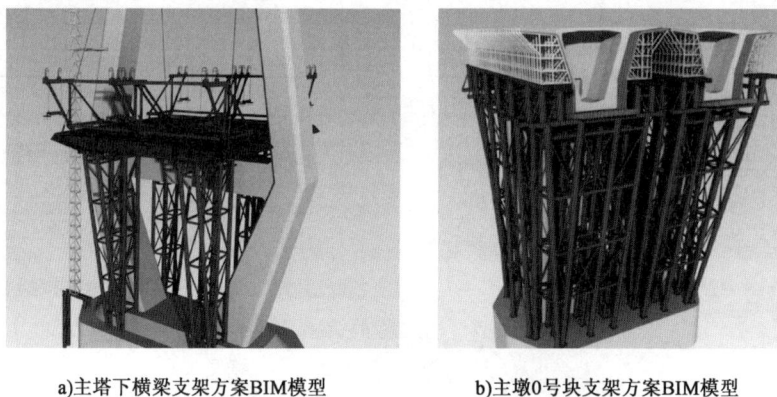

a)主塔下横梁支架方案BIM模型 b)主墩0号块支架方案BIM模型

图 5-12　施工方案 BIM 模型可视化交底

(2)太平溪大桥

怀芷快速干道太平溪大桥项目,桥型布置示意图如图 5-13 所示,通过水上施工钢平台、桩基溶洞、预制箱梁架设等施工重难点 BIM 施工模拟,进行施工方案可行性论证。

①钢便桥施工模拟

太平溪大桥桩基、桥体结构基本处于河道内,河道水位较高,最深处可达 10 余米,施工机械无法通行,设备亦缺乏作业条件,因此本项目水上施工难度很大。针对桥梁上部结构施工及安装无可靠立足点等难点问题,通过 BIM 模拟水上钢平台施工方案,确保了专项施工方案的可行性,如图 5-14 所示。

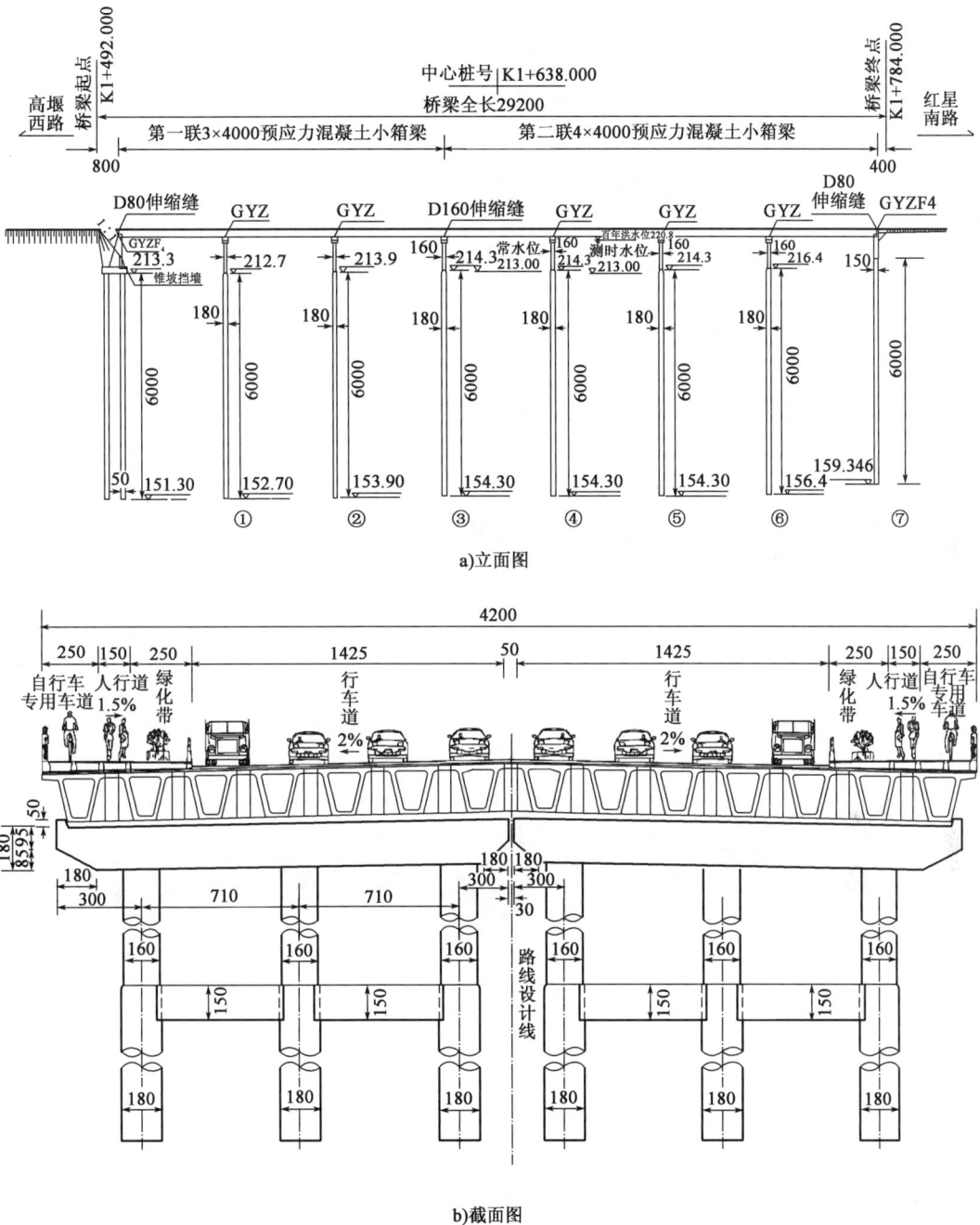

图 5-13 怀芷快速干道太平溪大桥桥型布置示意图(单位:cm)

钢便桥施工任务划分如下:安装导向架→沉桩→浇筑 C30 混凝土→拆除导向架→焊接纵横向剪力撑→焊接工字钢托架→安装贝雷片纵梁→安装花窗→安装工字钢分配梁→铺装桥面钢板。采用 Navisworks 完成施工模拟,如图 5-15 所示。

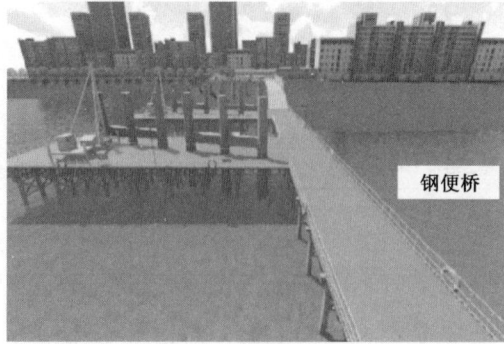

图 5-14　怀芷快速干道太平溪大桥钢便桥 3D 模型

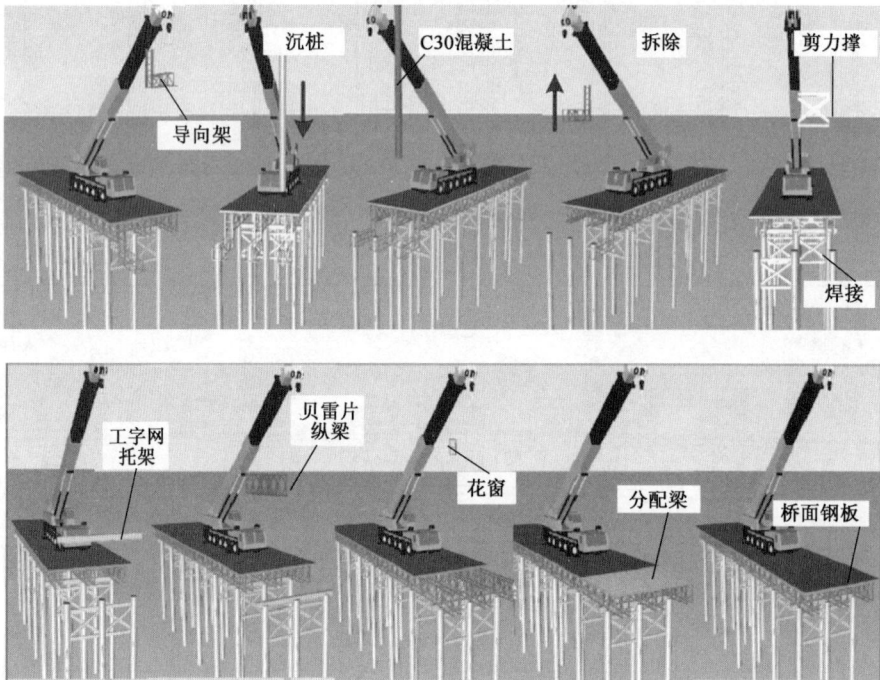

图 5-15　怀芷快速干道太平溪大桥钢便桥施工模拟

②溶洞处理施工模拟

项目地质情况复杂,勘探报告显示桩基施工中可能会遇到较多的溶洞,且大小不一。采用BIM 施工模拟技术,对"常规回填黏土+片石+水泥冲孔固壁"、"片石混凝土固壁"和"钢护筒跟进法"三种施工方案进行模拟,并作选择,情况汇总见表 5-6。

表 5-6　怀芷快速干道太平溪溶洞处理方案施工模拟

施 工 方 案	具体操作说明	施 工 模 拟
常规回填黏土+片石+水泥冲孔固壁	在冲锤冲击作用下,利用片石的挤压将黏土和水泥挤入裂隙,堵塞桩孔周边溶蚀裂缝,在保证护壁强度的同时可以保持泥浆的密度	

续上表

施工方案	具体操作说明	施工模拟
片石混凝土固壁	采用吊车将接好的导管下入孔内,在导管口安装下料斗,利用混凝土搅拌车直卸的方式进行填充,同时同步采用人工进行片石的抛填,回填高度高出溶洞处1m以上,待混凝土强度达到75%时方可继续钻进	
钢护筒跟进法	单层大型溶洞被冲击钻冲穿后,打入比孔口稍小的钢护筒至溶洞底岩面,向筒内回填混凝土,厚度应高出溶洞底1m左右,保证钢护筒与溶洞底岩面不平处由混凝土填充密实,起到堵漏的作用,待混凝土达到一定强度后再用冲击钻冲孔。多层溶洞采用多层钢护筒嵌套施工的方法,开钻前根据工程钻孔柱状图,确定钢护筒个数及孔径,最内层护筒内径不小于设计桩径15cm,第二层溶洞的内护筒外径应比上层内护筒内径小5 cm	

最终决定小溶洞采用"常规回填黏土 + 片石 + 水泥冲孔固壁"或"片石混凝土固壁";中型溶洞采用"片石混凝土固壁"或"钢护筒跟进法";大型溶洞采用"钢护筒跟进法",提高溶洞处理的可行性与经济性,降低堵塞风险。

第四节　基于 BIM 技术的施工时间组织

一、应用 BIM 技术的施工时间组织优势

施工时间组织是施工组织设计的核心内容,通过合理安排施工顺序,在劳动力、材料物资和资金消耗量最少的情况下,按规定工期完成拟建工程施工任务。

传统施工组织设计时间常用进度计划甘特图、网络图表示,专业性强,虽然可以对工程项目所编制的进度计划进行优化,但由于进度计划自身存在着一定的缺陷,如可视化程度低,无法清晰直观体现施工进度以及各种复杂关系,尤其是动态变化过程,因此项目管理者对进度计划的优化只能停留在一定程度上(即优化不充分),这就使得进度计划可能存在某些潜在未被发现的问题,当实际施工时一旦出现,项目施工就会陷入被动。

通过 BIM 技术,把空间信息与时间信息整合在一个可视的 4D 模型中,可直观、精确地反映整个施工过程,通过反复的施工模拟,发现施工过程中可能出现的问题和风险,并针对问题对模型和计划进行调整和修改,提前制定应对措施,进而优化施工时间组织(计划),再用其指导实际项目施工,保证项目施工顺利、高效完成。

传统施工时间组织管理方法与基于 BIM 4D 模拟进度管理实施过程对比如图 5-16所示。

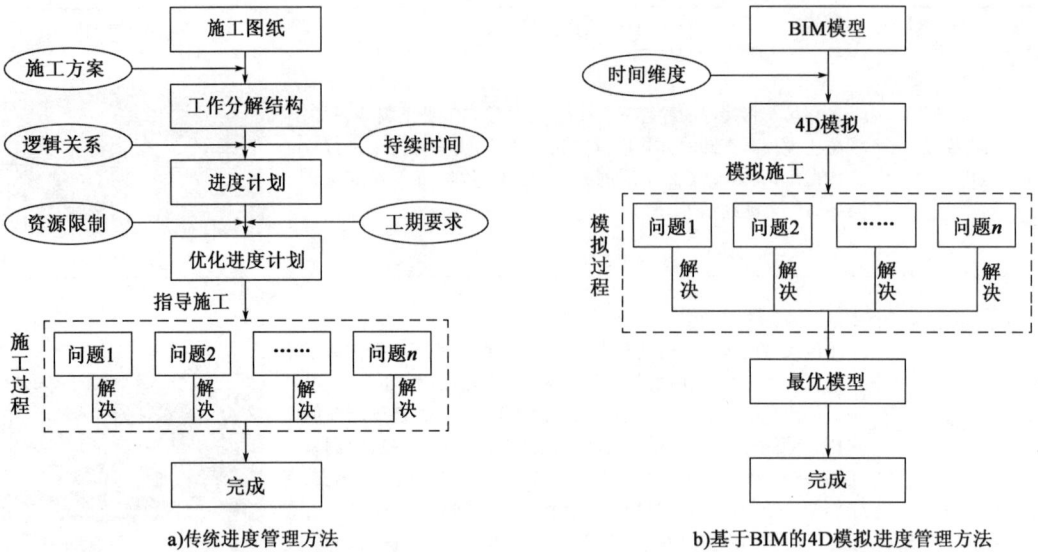

a)传统进度管理方法   b)基于BIM的4D模拟进度管理方法

图 5-16 进度管理方法实施过程比较

二、基于 BIM 技术的施工时间组织流程与方法

基于 BIM 技术的施工时间组织，通过对进度原始数据进行收集、整理、统计和分析，将 BIM 与施工进度计划相链接，将空间信息与时间信息整合在一个可视的 4D（3D + Time）模型中。基于项目特点创建工作分解结构，并编制进度计划，基于深化设计模型创建进度管理模型，基于定额完成工程量估算和资源配置、进度计划优化，具体流程如图 5-17 所示。

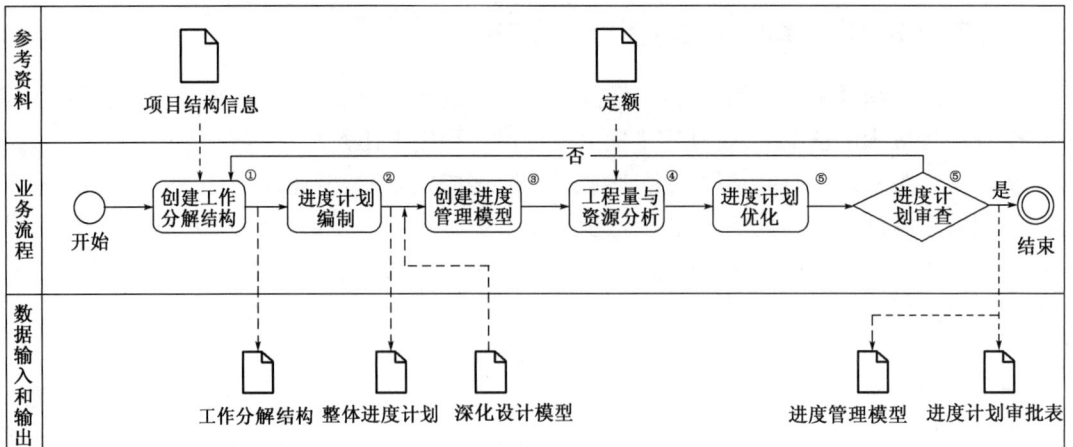

图 5-17 基于 BIM 技术的施工时间组织典型流程

1.创建工作分解结构

工作分解结构应根据项目的整体工程、单位工程、分部工程、分项工程、施工段、工序依次

分解,并应满足下列要求:

(1)工作分解结构中的施工段应与模型、模型元素或信息相关联;

(2)工作分解结构宜达到支持进度计划制定的详细程度,并包括任务间关联关系;

(3)在工作分解结构基础上创建的施工模型应与施工区域划分、施工流程对应。

2.进度计划编制

施工任务及节点应根据验收的先后顺序划分;按施工部署要求,确定工作分解结构中每个任务的开工、竣工日期及关联关系,并确定下列信息:

(1)里程碑节点及其开工、竣工时间;

(2)结合任务间的关联关系、任务资源、任务持续时间以及里程碑节点的时间要求,编制进度计划,明确各个节点的开工、竣工时间以及关键线路。

3.创建进度管理模型

根据工作分解结构对导入的深化设计模型或预制加工模型进行拆分或合并处理,并将进度计划与模型关联。

(1)进度计划与模型关联方法

目前,常用的 BIM 4D 施工管理系统或施工进度模拟软件很多。利用此类软件进行施工时间组织大致分为以下五个步骤:

第一步,将 BIM 3D 模型进行材质赋予;

第二步,制定进度计划;

第三步,将进度计划与 BIM 3D 模型链接;

第四步,制定构件运动路径,并与时间链接;

第五步,设置动画视点并输出施工模拟动画。

以 Navisworks 为例,其进度计划与模型关联过程如图 5-18 所示。

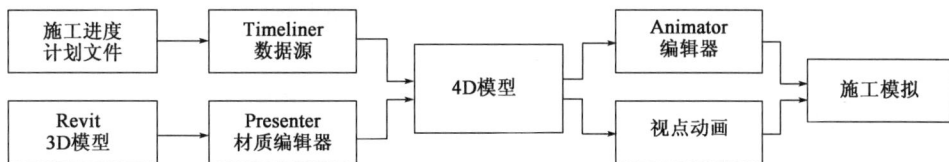

图 5-18　Navisworks 进度计划与模型关联过程

基于工程量以及人工、材料、机械等因素对施工进度计划进行优化,并将优化后的进度计划信息附加或关联到模型中。附加或关联信息到进度管理模型时,应符合下列要求:

①工作分解结构的每个节点均宜附加进度信息;

②人工、材料、机械等定额资源信息宜基于模型与进度计划关联;

③进度管理流程中需要存档的表单、文档以及施工模拟动画等成果宜附加或关联到模型中。

(2)进度管理模型元素及信息

进度管理模型宜在深化设计模型或预制加工模型基础上,附加或关联工作分解结构、进度计划、资源和进度管理流程等信息,内容见表5-7。

表 5-7 进度管理模型元素及信息

模型元素类别	模型元素及信息
上游模型	深化设计模型或预制加工模型元素及信息
工作分解结构	模型元素之间应表达工作分解的层析结构、任务之间的序列关联
进度计划	单个任务模型元素的标识、创建日期、制定者、目的以及时间信息。 时间信息包括：最早开始时间、最迟开始时间、计划开始时间、最早完成时间、最迟完成时间、计划完成时间、任务完成所需时间、任务自由浮动的时间、允许浮动时间、是否关键、状态时间、开始时间浮动、完成时间浮动、完成的百分比等信息
资源	包括人工、材料、机械、资金等； 每类元素均包括唯一标识、类别、定额、消耗状态、数量等信息
进度管理流程	进度计划申请单模型元素的编号、提交的进度计划、进度编制成果以及负责人签名等信息； 进度计划审批单模型元素的进度计划编号、审批号、审批结果、审批意见、审批人等信息

(3)建立进度模拟模型

根据实际需要建立进度模拟模型,通常可选择以下几种模型:

①体量模型

建立体量模型时主要考虑对工作面的表达是否清晰,按照进度计划中工作面的划分进行建模。体量模型建模最快,一般2小时内可完成体量建模,推荐使用Revit进行体量建模,方便输入进度计划参数进行匹配。

②简化模型

当工作的细分要求较高时,应建立简化模型进行模拟,简化模型在体量模型的基础上能反映工程的一些特点。简化模型的建模速度也较快,推荐建模使用Revit,方便进度计划参数的输入。

③多专业合成模型

当需要反映局部工作的施工特点时,可采用多专业合成模型,如将Revit、Tekla、Rhino等各专业模型导入统一软件中进行模拟制作。在采用多专业模型时应注意,不同软件的模型导入Navisworks时需要调整基点位置;除Revit模型外,其他的模型需手动匹配,最好能按不同软件设置不同的匹配规则。

(4)编制总进度计划工作表

编制总进度计划工作表时,应考虑4D、5D施工模拟的要求,选择以工作位置、专业为区分的WBS工作分解结构模板,批量设置相关匹配信息。选择以工作位置、专业为区分的WBS模板是考虑到施工模拟需要以三维模型、三维体量进行进度计划展示,因此需要很好地界定三维模型,否则会造成视觉上的混乱,影响进度计划的表达。建议进度计划中包括并不限于以下信息:进度信息与模型匹配的信息、模型中不同专业的信息、用于模型筛分的信息等。

4.工程量与资源分析

工程量估算大致分为三种方式:导出数据信息进行估算、导入专业算量软件进行计算、在一站式管理软件中进行计算。

第一种以Revit、Excel、MS Project等多软件的协同工作为主,导出Revit数据至Excel表格进行估算,再将数据输入进度计划软件中。

第二种以 Revit、国内造价软件(广联达、鲁班、斯维尔等)、Project 等多软件的协同工作为主,将 Revit 模型导入国内造价软件进行算量,再将数据输入进度计划软件中。

第三种以 VICO、ITWO 等一站式管理软件应用为主,在理论上,可将模型导入 VICO、ITWO 中,通过进行分区分层、进度计划编制、模型与进度关联、工程量计算、造价计算、劳动力计算、进度时间估算等工作,从而制作出 5D 施工模拟。但目前 VICO、ITWO 在国内还缺乏足够的应用实践,其实用性有待进一步验证,下文不再对这两个软件作详细叙述。

在工程量估算的基础上,分配劳动力与机械,依据工程量与施工企业定额估算工作的持续时间。将工程量估算中计算出的工程量数据导入进度计划软件中,设置施工定额,进度软件自动计算工作持续时间。

5. 进度计划优化与审查

进度优化主要还是依靠原有的优化工具进行,在复杂工程的进度优化上,可使用 Navisworks 等软件制作施工进度模拟,通过动画的方式表现进度安排情况,直观检查进度中不合理的安排。

6. 施工时间组织工程实例

某双向四车道公路隧道分左右两幅,长 440m,宽 13.75m,净高 8m,两幅隧道净距约 13 m,隧道两幅均为直线,属于小净距短隧道。在基于 BIM 模型的施工进度管理应用开发中,根据工作分解结构、施工组织设计及专项方案等文件编制进度计划,创建进度管理模型,完成进度计划模拟和优化。采用 Fuzor 软件进行施工进度模拟与仿真,将 Revit 中创建的 BIM 模型导入 Fuzor,模型中添加时间信息,形成进度管理模型,具体工程进度模拟如图 5-19 所示。

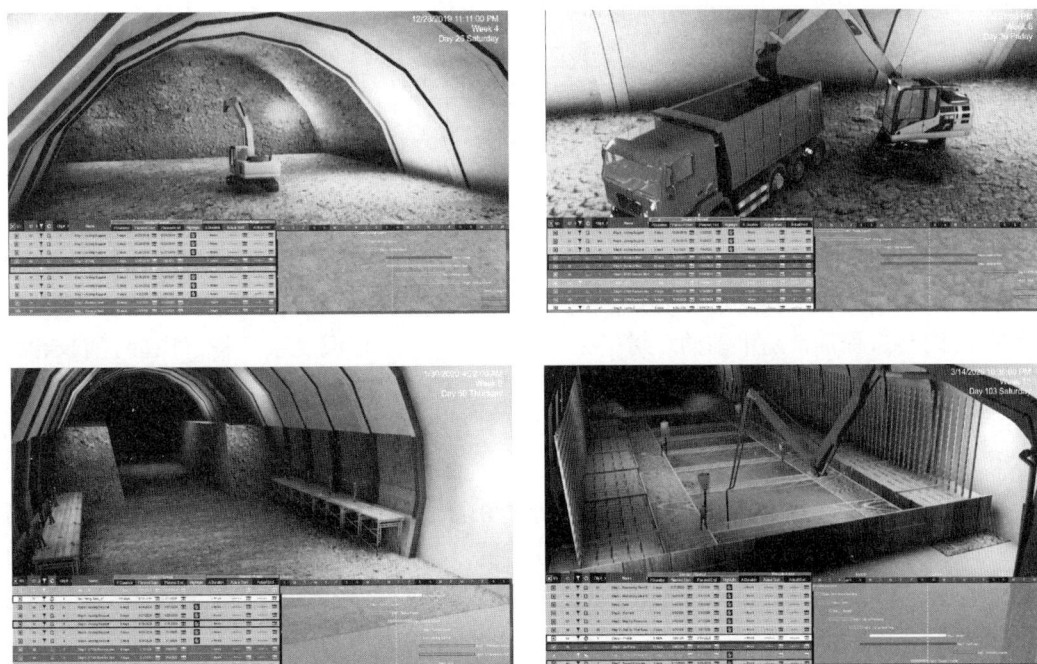

图 5-19 隧道开挖进度模拟

通过隧道开挖进度计划模型可以清晰查看各段的施工顺序和计划开始与结束时间，从而直观判断进度和施工顺序的合理性。此外，在施工过程中，还可以进行进度跟踪检查、进度可视化展示、实际和计划进度对比分析、进度预警与辅助偏差分析、辅助进度计划调整等。

又如昆明某新建城市主干道项目，该项目合同工期为235d，根据项目资源资料、技术资料、公路工程施工组织相关规范以及相关定额标准，编制施工进度计划，然后将进度计划导入到Project软件进行施工进度的管理与分析。使用Autodesk Revit建立BIM 3D模型，将BIM模型和进度计划导入到Navisworks软件系统中，根据施工组织设计进行施工模拟，分析施工进度，编制进度计划。在施工过程中，根据施工总进度计划确定关键线路和工作，综合考虑资源约束条件，制定分层分级月进度计划、周进度计划，进行日工作进程安排，达到施工进度的有效控制和施工精细化管理，提高工程利润和行业信息化水平。

第五节　基于BIM技术的施工资源组织

一、基于BIM技术的施工资源组织优势

施工资源是工程实施的基本要素，是项目成功的重要保证，由工程类型和工程量决定，其费用一般占工程总费用的80%以上。由于项目施工周期长、流程多、过程复杂、种类规格繁多等特点，施工资源组织须按照施工组织设计、时间组织计划(进度计划)、现场条件、资源供应情况等合理规划与安排，保证及时供应的同时，尽可能降低成本。

传统施工资源组织是在进度计划基础上，根据每项工作或任务的定额计算汇总主要材料类型与数量。各工序资源量依据CAD图纸计算，同时套用对应定额来实现，按照工序得到需求资源用量较困难，且一旦进度计划调整、施工方法调整时，需要重新统计与计算，工作量大。尽管目前有很多项目管理软件，如Microsoft Project、P6等，可进行资源统计，但均须人工输入人工、材料与机械工程数量到软件资源库中，并在每项作业调用与加载，形成直观清晰的图表，反映资源需求情况。当资源需求不均衡时，尽管可通过调整进度计划进行优化，使其趋于合理，但调整过程非常复杂。通常是基于已编制的进度计划，手动为各工作或任务定义资源用量，或调用定额消耗量。优化过程需要在工序允许前提下，在总时长范围内，调整非关键工作持续时间，调整过程常常是手动的。对于工序繁多的大型工程或复杂工程，计算时间长，且结果不一定最优。

BIM 5D模型以3D模型为载体，在可视化基础上将模型划分若干施工段，然后在施工段上不断进行仿真模拟，同步统计分析进度、工程量以及资源消耗，从而得出较为合理的工作面布置以及资源使用计划。不仅如此，BIM施工模拟可以直观展现工程进展情况，对可能出现的资源用量高峰或低谷提前预警。另外，BIM模型作为一个富含工程信息的数据库，可以真实地提供工程量数据、建设成本数据、资源价格信息数据等，基于这些数据信息，可快速对各种构件进行资源统计分析，大大减少烦琐的人工操作和潜在错误。由此可见，BIM技术为合理安排资金、人员、材料和机械台班等各项资源使用计划提供了新的途径与方式，通过BIM 5D模型可以实现资源的优化配置，从而达到提高施工效

率、节约成本的目的。

二、基于 BIM 技术的施工资源组织流程

1. BIM 5D 模型

BIM 5D 模型由 3D 模型、进度信息与预算信息集成与扩展形成。3D 模型是模型通用部分,也是组成 BIM 模型的基础;4D 模型是为 3D 模型附加上各构件的时间信息,形成以构件为基础,WBS 为核心、进度信息为扩展的信息模型,以此实现构件可视化的施工模拟以及施工进度管理;5D 模型是在 4D 模型基础上再附加上各构件的造价信息,同理以构件为基础,WBS 为核心、预算信息为扩展的信息模型,以此根据关联的预算信息计算出工程构件的资源用量与造价成本。

2. 基于 BIM 5D 模型的施工资源组织流程

基于 BIM 5D 技术的施工资源组织流程描述如下,如图 5-20 所示。

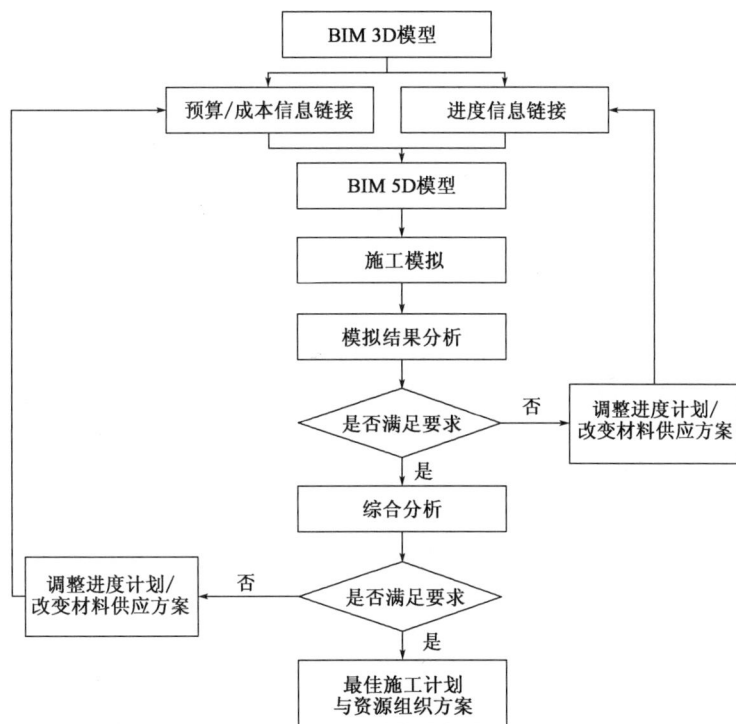

图 5-20 基于 BIM 5D 模型的施工资源组织流程图

第一步,整合 BIM 模型,在路线、路基、路面、隧道、桥梁与涵洞、立体交叉、防护与排水、交通工程及沿线设施等专业 BIM 3D 模型基础上,附加施工进度信息、工程预算或成本信息,编制资源配置计划。

第二步,判断资源配置计划是否最优,如果没有达到最优,采取组织措施或技术措施进行优化,并进行施工模拟。

第三步,分析施工模拟结果,如满足要求,按计划组织施工。若不满足要求,调整资源计划,再进行施工模拟和分析,如此反复,直至满足要求为止。

三、基于 BIM 技术的施工预算或成本信息

在 BIM 5D 模型中,需要加载预算或成本信息,应根据项目特点和资源管理与成本控制需求,编制不同层次、不同周期及不同项目参与方的预算或成本计划。基于 BIM 的施工预算或成本计划应用流程,如图 5-21 所示。

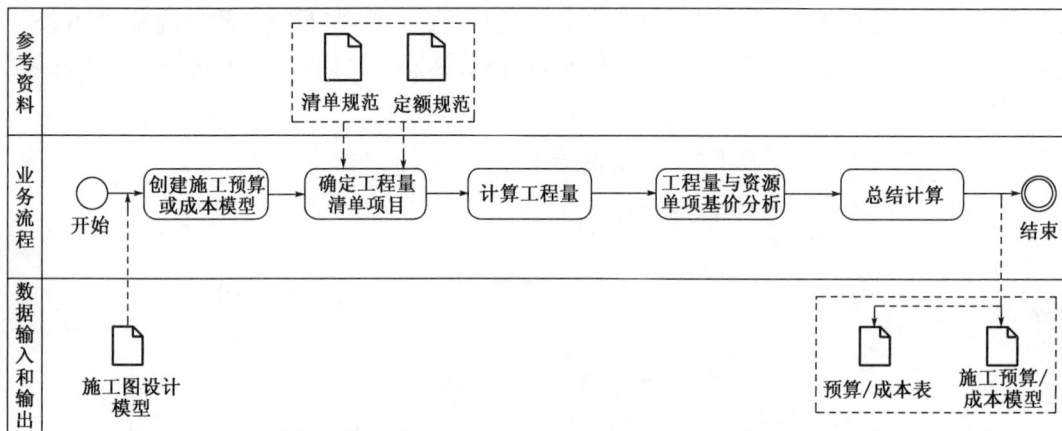

图 5-21　基于 BIM 5D 模型的施工预算或成本计划应用流程图

1. 施工图预算或成本模型

在 BIM 施工图设计模型基础上,基于清单规范和消耗量定额确定工程量清单项目,针对相关模型元素识别工程量清单项目,计算其工程量。分部分项工程预算或成本应根据定额确定针对每个工程量清单项目的综合单价,并计算相关模型元素的成本。

施工预算模型宜在施工图设计模型基础上,附加或关联预算信息;成本模型宜在深化设计模型或预制加工模型基础上,依据清单规范和消耗量定额创建成本管理模型,通过计算合同预算成本和集成进度信息,进行成本分析,内容见表 5-8。

表 5-8　施工预算/成本模型元素及信息

模型元素类别	模型元素及信息
上游模型	预算:施工图设计模型元素及信息 成本:深化设计模型或预制加工模型元素及信息
工程量清单项目	1.措施费、规费、税金、利润等; 2.工程量清单项目的预算成本,工程量清单项目与模型元素的对应关系,工程量清单项目对应的定额项目,工程量清单项目对应的人、材、机的数量,工程量清单项目的综合单价
成本管理	施工任务,施工时间,施工任务与模型元素的对应关系; 工程量清单项目的预算成本,完成成本

2.施工预算与资源组织工程实例

(1)乐清湾跨海大桥

乐清湾跨海大桥工程通过 Revit 按照分项工程单元划分和计量清单进行参数精确建模，BIM 模型不仅有高精度的三维空间结构，同时附加结构物空间尺寸参数、数量、种类属性、所用施工工艺、自定义计划属性和工序时间属性等数据，全部数据随 BIM 模型即时变动。该项目资源组织计划应用鲁班 BIM 平台自动算量功能，实现快速工程量统计，掌握准确工程量数据，为施工提供可靠方案，为项目材料成本管控提供有力依据。

本书以主塔钢锚箱、主塔钢筋、预制节段梁钢筋等基于参数化建模的工程量统计为例示意，如图5-22至图5-25所示。主塔按高程划分阶段，计算每段工程量，对材料消耗统计与管控要求更加精细；对主塔钢锚箱、主塔钢筋、预制节段梁钢筋进行 BIM 模型模拟工程量计算，发现量差，按照 BIM 方案实施，为项目节约成本130万元。此外，按照传统的测算方式，大桥建设需要投入4台架桥机才能在工期内完成，通过 BIM 大数据计算，项目部只需要将拼装工效提高不到10%就可以减少一台架桥机使用，节约了2000万设备投入，大大降低了建设成本。乐清湾跨海大桥工程，应用 BIM 技术实现了协同管理，3000榀节段梁无差错施工、结构物保护层合格率和节段梁拼装合龙精度全国领先，实现了人、机、料全面管理和实时管控，有效保障工期、节省成本投入，被评为交通部示范工程。

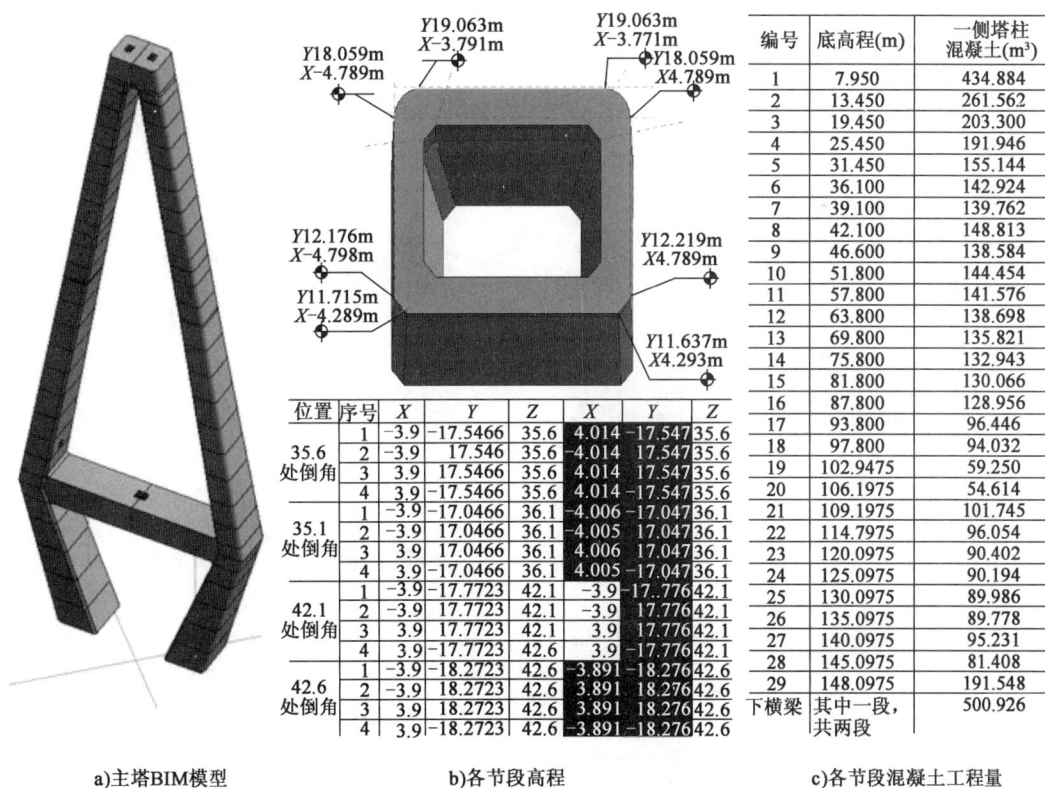

位置	序号	X	Y	Z	X	Y	Z
35.6处倒角	1	-3.9	-17.5466	35.6	4.014	-17.547	35.6
	2	-3.9	17.546	35.6	-4.014	17.547	35.6
	3	3.9	17.5466	35.6	4.014	17.547	35.6
	4	3.9	-17.5466	35.6	4.014	-17.547	35.6
35.1处倒角	1	-3.9	-17.0466	36.1	-4.006	-17.047	36.1
	2	-3.9	17.0466	36.1	-4.005	17.047	36.1
	3	3.9	17.0466	36.1	4.006	17.047	36.1
	4	3.9	-17.0466	36.1	4.005	-17.047	36.1
42.1处倒角	1	-3.9	-17.7723	42.1	-3.9	-17..776	42.1
	2	-3.9	17.7723	42.1	-3.9	17.776	42.1
	3	3.9	17.7723	42.1	3.9	17.776	42.1
	4	3.9	-17.7723	42.6	3.9	17.776	42.1
42.6处倒角	1	-3.9	-18.2723	42.6	-3.891	-18.276	42.6
	2	-3.9	18.2723	42.6	3.891	18.276	42.6
	3	3.9	18.2723	42.6	3.891	18.276	42.6
	4	3.9	-18.2723	42.6	-3.891	-18.276	42.6

编号	底高程(m)	一侧塔柱混凝土(m³)
1	7.950	434.884
2	13.450	261.562
3	19.450	203.300
4	25.450	191.946
5	31.450	155.144
6	36.100	142.924
7	39.100	139.762
8	42.100	148.813
9	46.600	138.584
10	51.800	144.454
11	57.800	141.576
12	63.800	138.698
13	69.800	135.821
14	75.800	132.943
15	81.800	130.066
16	87.800	128.956
17	93.800	96.446
18	97.800	94.032
19	102.9475	59.250
20	106.1975	54.614
21	109.1975	101.745
22	114.7975	96.054
23	120.0975	90.402
24	125.0975	90.194
25	130.0975	89.986
26	135.0975	89.778
27	140.0975	95.231
28	145.0975	81.408
29	148.0975	191.548
下横梁	其中一段，共两段	500.926

a)主塔BIM模型　　　　b)各节段高程　　　　c)各节段混凝土工程量

图5-22　主塔 BIM 模型与混凝土工程量统计示意

编号	直径(mm)	单根长(cm)	根数	总长(m)	单位重(kg/m)	总重(kg)
1	Φ16	380.0	104	395.2	1.58	624.4
2	Φ16	380.0	42	159.6	1.58	252.2
3	Φ16	380.0	52	197.6	1.58	312.2
3a	Φ16	均474.8	28	132.9	1.58	210.1
5	Φ16	380.0	26	98.8	1.58	156.1
6	Φ16	380.0	22	83.6	1.58	132.1
6a	Φ16	均399.8	28	111.9	1.58	176.9
7	Φ16	380.0	38	144.4	1.58	228.2
8	Φ16	1569.3	23	360.9	1.58	570.3
9	Φ16	683.6	22	150.4	1.58	237.6
9a	Φ16	7007.5	1	7.1	1.58	11.2
10	Φ20	680.1	23	156.4	2.47	386.4
11	Φ20	682.8	23	157.0	2.47	387.9
12	Φ20	64.6	44	336.4	2.47	831.0
12a	Φ20	742.0	2	14.8	2.47	36.7
13	Φ16	443.7	44	195.2	1.58	308.5
13a	Φ16	217.7	46	100.1	1.58	158.2
13b	Φ16	431.7	2	8.6	1.58	13.6
14	Φ20	169.7	46	78.1	2.47	192.8
15	Φ16	383.9	44	168.9	1.58	266.9
15a	Φ16	374.3	2	7.5	1.58	11.8
16	Φ16	229.1	44	100.8	1.58	159.3
16a	Φ16	217.6	2	4.4	1.58	6.9
17	Φ12	均57.4	281	161.3	0.888	143.2
18	Φ12	均55.7	262	145.9	0.888	129.6
19	Φ12	均51.1	228	116.5	0.888	103.5
20	Φ12	均79.6	322	256.3	0.888	227.6

F节段钢筋明细表						
钢筋编号	钢筋直径(mm)	钢筋长度(mm)	根数	总长(m)	单位重(kg/m)	总重(kg)
1	16	3800	104	395.2	1.58	624.42
2	16	3800	40	152	1..58	240.15
3	16	3800	52	197.6	1.58	312.21
3a	16	4740	28	132.72	1.58	209.70
5	16	3800	24	91.2	1.58	144.10
6	16	3800	22	83.6	1.58	132.09
6a	16	3985	24	95.64	1.58	151.11
7	16	3800	38	144.4	1.58	228.15
8	16	15680	23	360.64	1.58	569.81
9	16	6840	20	136.8	1.58	216.14
9a	16	7070	1	7.07	1.58	11.17
10	20	6840	24	163.2	2.47	403.10
11	20	6830	25	170.75	2.47	421.75
12	20	7650	44	336.6	2.47	831.40
12a	20	7400	2	14.8	2.47	36.56
13	16	4434	44	195.096	1.58	308.25
13a	16	2172	46	99.912	1.58	157.86
13b	16	4313	2	8.626	1.58	13.63
14	20	1694	46	77.924	2.47	192.47
15	16	3832	44	168.608	1.58	266.40
15a	16	3741	2	7.482	1.58	11.82
16	16	2286	44	100.584	1.58	158.92
16a	16	2170	2	4.34	1.58	6.86
17	12	571	275	157.025	0.888	139.44
18	12	552	268	147.936	0.888	131.37
19	12	503	220	110.66	0.888	98.27
20	12	804	315	253.26	0.888	224.89

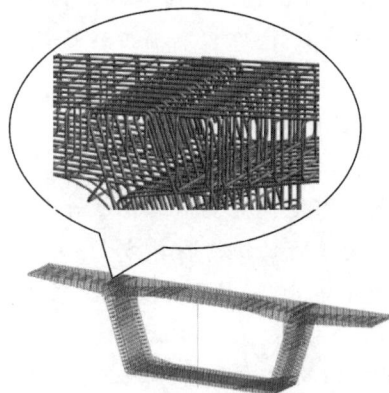

a)预制节段梁钢筋模型　　　b)F节段钢筋设计明细表　　　c)F节段钢筋下料表

图 5-23　预制节段钢筋工程量统计示意

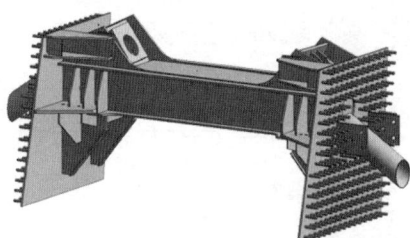

A 族与类型	B 高程	C 体积	D 合计
N6@1: N6@	0	0.31 m³	4
N6@2: N6@	0	0.29 m³	4
N6@3-5: N6	0	0.27 m³	12
N6@16: N6a	0	0.22 m³	4
N6@ 6-15: N	0	0.24 m³	40
自适应点	0		2
钢套筒族	第21节段114.	0.01 m³	2
钢套筒族	第22节段120.	0.01 m³	2
钢套筒族	第22节段120.	0.01 m³	2
钢套筒族	第23节段125.	0.01 m³	4
钢套筒族	第23节段125.	0.02 m³	2
钢套筒族	第24节段130.	0.02 m³	2
			6
钢套筒族	第25节段135.	0.02 m³	2
钢套筒族	第25节段135.	0.02 m³	2
钢套筒族	第26节段140.	0.02 m³	2
钢套筒族	第26节段140.	0.02 m³	2
钢套筒族	第27节段145.	0.02 m³	2
钢套筒族	第27节段145.	0.01 m³	2
钢套筒族	第19节段106.	0.03 m³	2
钢套筒族	第20节段106.	0.01 m³	4
钢套筒族	第21节段114.	0.01 m³	2
钢套筒族	第21节段114.	0.01 m³	2
钢套筒族	第22节段120.	0.02 m³	2
钢套筒族	第22节段120.	0.02 m³	2
钢套筒族	第23节段125.	0.02 m³	2
钢套筒族	第24节段130.	0.02 m³	2

a)钢锚梁BIM模型　　　　　b)钢锚梁工程量明细表

图 5-24　钢锚梁工程量统计示意

（2）临海大道地下道路

临海大道地下道路工程分为地面道路（城市主干道，双向六车道，2.1km）与地下道路（城市主干道，双向四—八车道，主线隧道长约 2.1km）双层结构。本工程包含一座互通式地下立交，4 个地下人行通道，2 个车行通道，4 条连接地面道路匝道，5 个预留接口。规划为城市主干道，设计速度为 50km/h，道路红线宽 60.0m，主线为双向六车道。

BIM 团队在前期规范了项目设计模型、施工模型深度和信息等,利用 REVIT 和 CAV IL-3D 两款软件相结合的方式完成了二维 CAD 到三维 BIM 模型的转换,通过深化设计,准确而有效地获取了相关专业工程量信息,包括道路土方和路面砖铺装工程量、市政雨污水、燃气、给排水等管线工程量、路灯和交通监控设施工程量、隧道基础工程量、隧道围护工程量、隧道主体结构混凝土工程量、其他主要土建构筑物混凝土工程量、隧道机电管线和设备工程量、其他主要土建构筑物机电管线和设备工程量。构建涂装工程量如图 5-25 所示。基于 BIM 模型的隧道结构工程量统计与设计院工程量、预算部工程量对比统计情况如图 5-26 所示。

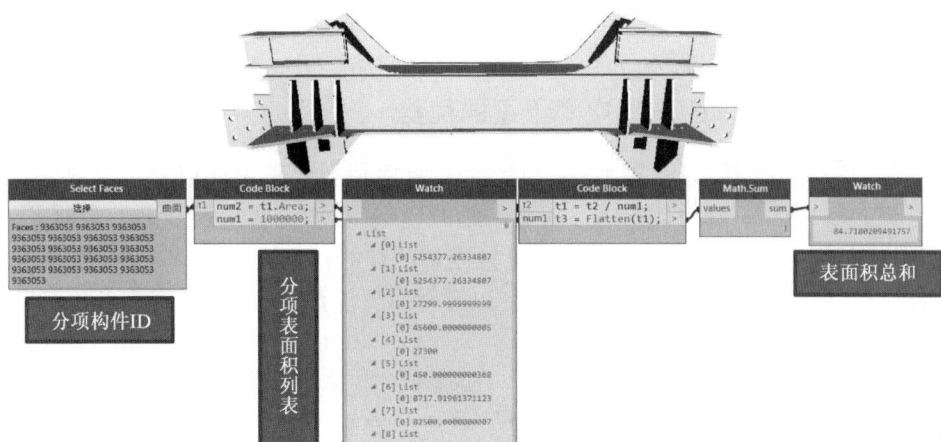

图 5-25 基于 Revit 插件 Dymamo 的构建涂装工程量统计示意

图 5-26 隧道结构工程量对比统计示意图

区段		设计院	预算部	BIM	与设计院误差	与预算部误差
		C40主体结构				
U形匝道	Z17-A2	1833	1950.56	1908.07	4.10%	-2.18%
	Z17-A3	1212.9	1213.34	1212.27	-0.05%	-0.09%
	Z17-A4	1187.3	1179.02	1178.77	-0.72%	-0.02%
	Z16-B1	418	412.57	412.99	-1.20%	0.10%
	Z16-B2	464	458.83	459.3	-1.01%	0.10%
	Z16-B3	541	535.6	536.23	-0.88%	0.12%
	Z17-B1	541	536.17	536.92	-0.75%	0.14%
	Z17-B2	464	459.26	459.73	-0.92%	0.10%
	Z17-B3	404	477.64	399.54	-1.10%	-16.35%
1号车行通道		3616	3647.7	3614.95	-0.03%	-0.90%
隧道主体	A62	3366	3387.14	3390.96	0.74%	0.11%
	A63	3366	3387.14	3371.69	0.17%	-0.46%
	A64	3420	3469.36	3466.54	1.36%	-0.08%
	A65	3572	3515.72	3474.76	-2.72%	-1.17%
	A66	5015	5160.63	5180.87	3.31%	0.39%
	A67	3199	3197.86	3245.62	1.46%	1.49%
	A68	3787	3810.74	3788.69	0.04%	-0.58%
	A69	3787	3810.74	3789	0.05%	-0.57%
	A70	3787	3810.74	3788.7	0.04%	-0.58%
	A71	3366	3387.14	3368.03	0.06%	-0.56%
	A72	5030	4932.03	5039	0.18%	2.17%
	A73	2890	3146.01	2987.55	3.38%	-5.04%
闭合匝道	D1-A1	1486.9	1480.42	1456.93	-2.02%	-1.59%
	D1-A2	1558.4	1551.6	1529.65	-1.84%	-1.41%
	L1-A1	1023.2	1022.61	1021.92	-0.13%	-0.07%
	L1-A2	999.8	998.24	999.43	-0.04%	0.12%
	L2-A1	1049.9	1048.22	1050.11	0.02%	0.18%

此外,通过 BIM 模型施工模拟得到的工程量和实际施工应用工程量进行对比分析,实现精细化管理,避免材料浪费。并将 BIM 模型与施工进度计划数据和施工成本数据相融合,进

行施工进度的 4D 仿真模拟,来有效规划项目的支护、结构、地面管网、地面道路等不同施工阶段在项目空间、时间和成本上的安排。利用 BIM 技术,在模型上表现出上周完成情况及下周的计划,各个参与方基于模型讨论并解决施工相关问题。该项目通过 BIM 模型,实现专业协调、深化设计、方案模拟、可视化分析、施工方案模拟分析、施工方案优化、工程量统计等应用,累计节约人工材料费 86 万。

第六节 基于 BIM 技术的施工空间组织

一、应用 BIM 技术的施工空间组织的优势

空间是一种有限资源,一个项目在施工组织设计阶段就要考虑如何对整个项目的施工现场进行合理的场地布置,尽可能合理安排大型临时设施(如施工驻地、拌和站、预制场、钢筋加工厂、便道等),尽可能最大程度利用大型机械设备的性能(如龙门吊、汽车吊、塔吊等),合理进行空间组织,减少设备与材料的二次搬运,以及临时设施的多次拆装,提高效率、减少隐患、提高效益。

传统施工组织设计临时场地布置是将一张张平面图叠起来看,施工场地布置主要依靠个人经验,缺少科学而合理的布置依据,以及系统的布置方法,考虑的因素难免有缺漏,等施工开始才发现问题,导致工期、成本,甚至质量、安全问题。施工空间组织方案大多以二维的施工布置总平面图的方式呈现,场地布置的三维空间信息不能很好地体现。并且场地布置需要体现各专业的综合布置,包含了多种专业的信息资料,在二维平面上较难集中体现。

利用 BIM 技术可视化的特点可以很好地解决施工布置方案二维布置的局限性,通过三维模型直观表达临时设施布置的空间位置、结构组成、材质信息等,模拟不同施工阶段、不同施工环境、不同施工设备机械运输、不同阶段临时道路布置等,利用模型附带的数据信息可对其进行全面分析,充分考虑三维空间的要求,协调各专业意见,充分利用场内外交通、场地、料场、弃渣场及材料供应等施工条件,布置紧凑、合理、节约,尽量利用荒地、坡地,有利生产、易于管理、方便生活,并符合国家有关安全、防火、卫生和环保等要求,最终实现场地布置方案的优化,从而促进施工的有序进行,确保施工安全,加快施工进度,有效控制施工成本。

二、基于 BIM 技术的施工空间组织流程

1.数据准备

地勘报告、水文地质资料、现有规划文件、建设用地信息;电子地图,包括不同比例尺的政区图、地形图、地质图、交通图等 GIS 数据。

2.施工现场地形创建

施工场地地形是施工场地建模的基础,在地形建模中,可以利用放置点命令和导入测量 txt 格式或 csv 格式文件来实现施工场地地形模型的创建。在场地平面或三维视图中,通过选项卡中"地形表面"命令进行场地建模,并通过放置点导入 dwg、dxf 或 dgn 等格式的三维等高

线数据或点文件来实现施工场地地形的建模。

借助软件模拟分析场地数据,如坡度、方向、高程、纵断面、填挖方、等高线等。

3. 临时设施建模

建模方法与建筑物类似,不做详述。可使用软件自带的系统族完成建模。同理,在建模过程中需要注意相对位置关系,可根据临时设施、设备、管线的二维设计图纸进行参考,实现原点对齐,否则在后续建模过程中可能会出现位置关系的偏差,导致不必要的麻烦。

4. 碰撞检查

空间冲突是造成生产效率损失的主要原因之一。每道工序施工时都需要足够的工作空间,如机械臂长旋转半径,以及人员活动半径等。利用BIM碰撞检查,找出空间组织方案存在的冲突和问题,以便设计优化机械行进线路、人员活动范围,减少伤害及可能造成的损失。

5. 构建BIM 5D模型施工模拟

通过BIM 5D模型构建,进行施工模拟(图5-27),可分析施工过程中的时空冲突,在此基础上分析临时设施、设备等方案的经济性、可行性,并进行优化调整。

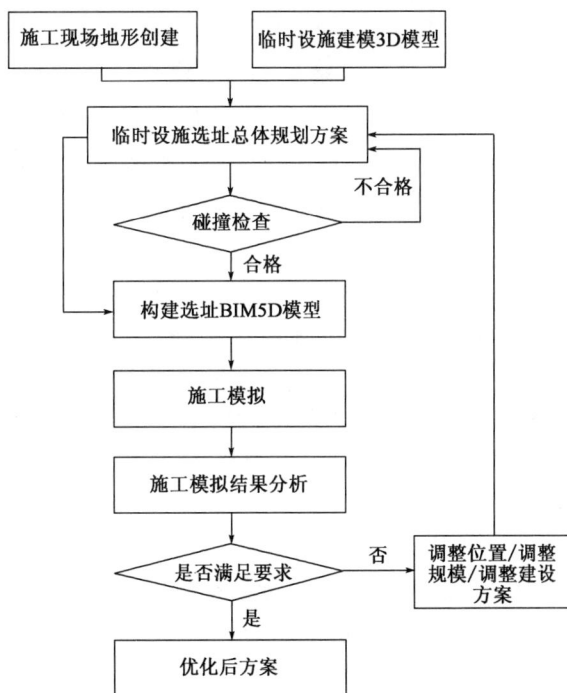

图5-27 基于BIM 5D模型的施工空间组织流程图

6. 施工预算与空间组织工程实例

(1)4D-CSMS施工现场管理系统

清华大学张建平教授开发了以场地实体3D模型库和现场管理全局数据库为核心的4D-CSMS施工现场管理系统,该系统以场地实体3D模型提供所需设施的三维几何信息,利用AutoCad构建3D场地实体模型,并利用全局数据库提供施工设施的位置和型号、材料需用量计划等,实现整个施工场地的4D动态设计和可视化模拟。

通过场地模拟和物料管理,提高施工的组织协调性,将人力、现场机械(具)、资金等进行合理安排,提前规划现场施工机械(具)布置与进出场线路,使现场施工有条不紊。

(2)拌和站建设方案

某高速公路建设项目拌和站建设方案选择,首先BIM建模人员对现场情况进行详细的勘查,构建基于BIM的拌和站模型。然后依据勘查数据,重点研究拌和站的整体规划,初步确定设备安装位置、料区位置、吊装位置,确保拌和站建设过程中人员和设备的安全,如图5-28所示。

图5-28　基于BIM的拌和站模型

施工用的拌和站各功能区、相似部件纷繁芜杂,机械配合人工按图拼装时稍有不慎极易出现错误,返工现象时有发生,从而影响了施工生产的正常进行。利用BIM技术,将四维的拌和站施工模拟与建模信息相结合,模拟安装过程、构件的吊装路径以及摆放状况等,帮助技术人员直观地分析场地的限制,对机械配置、劳动力配置、安装时间进行调控,排除潜在的隐患,极大地提高了拌和站建设的安全性,确保施工建设质量。

(3)预制场建设方案

预制梁场生产总量1111片,其中包括相邻两标段647片梁。悬臂浇筑连续梁跨越规划III级航道、吕北一级公路,设计跨径为50m+80m+50m,采用三向预应力体系,其梁体结构、施工环境相对复杂、施工技术难度大、安全风险高,需要有效管理确保工程安全、优质、高效地施工。为此,采用BIM技术进行预制场建设方案专项研究,主要实现场地管理、进度管理、物料管理、质量安全管理目标。

箱梁预制场的规划布置关系到施工工序流转的效率,其布置的合理性将影响预制场能否充分发挥产能。因此,预制场的模型建立重点在于场地规划、设备布置。预制场建设方案规划阶段依据二维图纸等比例建立三维模型,将场地、台座、钢筋加工棚、预制区大棚等全部基础设施建立完成,添加机械设备、安全设施等完成整个模型的建立。整体BIM模型如图5-29所示,预制场钢结构大棚安装施工BIM模型如图5-30所示。

在预制场建设方案中特别关注大型施工设备尺寸相适应问题,机械设备细部结构尺寸完全建立有困难,但应保证结构轮廓尺寸准确,如龙门吊与预制区大棚之间是否保留安全距离,混凝土罐车与龙门吊是否有影响等,如图5-31所示。

应用BIM技术解决了现场施工空间组织实际需求,在项目前期策划及大型场站、项目部建设前进行三维模型建立,通过三维模型及场地漫游动画的展示,可以直观形象地展示建成后的效果,方便建设方案的确定及优化。

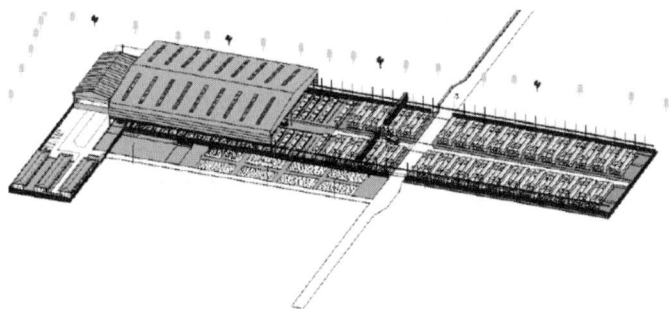

图 5-29 预制场 BIM 模型

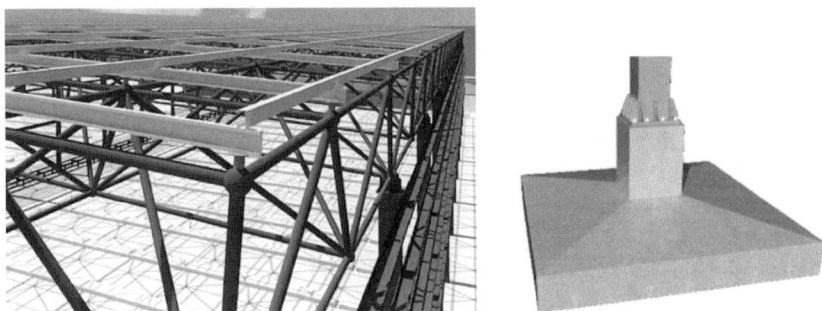

图 5-30 预制场钢结构大棚安装施工 BIM 模型

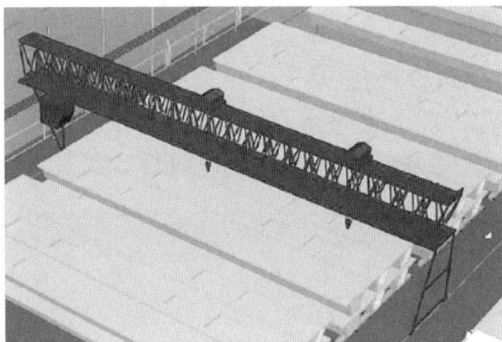

图 5-31 预制场龙门吊 BIM 模型

第七节 基于 BIM 技术的质量安全保障措施

一、应用 BIM 技术的施工质量安全管理的优势

质量和安全是工程建设的核心问题。工程实践表明,由于受实际条件和操作工具的限制,部分传统管理方法在理论上的作用在工程实际中只能部分发挥,甚至得不到发挥,影响了工程项目质量与安全管理的工作效率,造成工程项目质量目标最终不能完全实现,安全事故频发。BIM 技术提供了一种"可视化"的管理模式,可在施工前发现施工图中存在的各类错误和安全

隐患,通过施工模拟,动态分析施工技术流程、安全设施与防护效用,再由施工人员按照模拟流程进行施工,确保工程技术信息在传递过程中不存在偏差,避免了实际做法和计划做法不一致情况出现,减少了不可预见情况的发生,使工程质量和安全得到有效保证。传统二维质量管理与三维质量管理对比见表5-9。

表5-9　传统二维质量安全管理与三维质量管理对比表

传统二维质量与安全管理缺陷	三维质量与安全管理优点
事中控制为主、事后控制为辅	事前控制为主、事中控制为辅
手工整合图纸,凭借经验判断,难以全面分析	基于BIM模型,通过各类应用软件在各专业间进行全面检查,精度高。 通过模型库对重大危险源进行快速查找,进行排查
调整优化具有局部性,容易导致顾此失彼情况	信息关联,修改后影响实时体现,便于整理优化
通过二维三视图的方式对于多专业交叉的部位表达精度较低时有不一致问题出现	BIM建模标准一致,在综合BIM模型中能清楚直观表达多专业交叉部位,碰撞检查结果明确

二、基于BIM技术的施工质量安全管理流程

基于BIM技术的施工质量安全管理应根据项目特点和质量与安全管理需求,编制不同范围、不同时间段的质量管理与安全管理计划。

1. 基于BIM技术的施工质量管理流程

基于BIM技术的施工质量管理,宜基于深化设计模型或预制加工模型创建质量管理模型,依据质量验收标准和施工实际资料确定质量验收计划,进行质量验收、质量问题处理、质量问题分析工作。基于BIM技术的施工质量管理流程如图5-32所示。

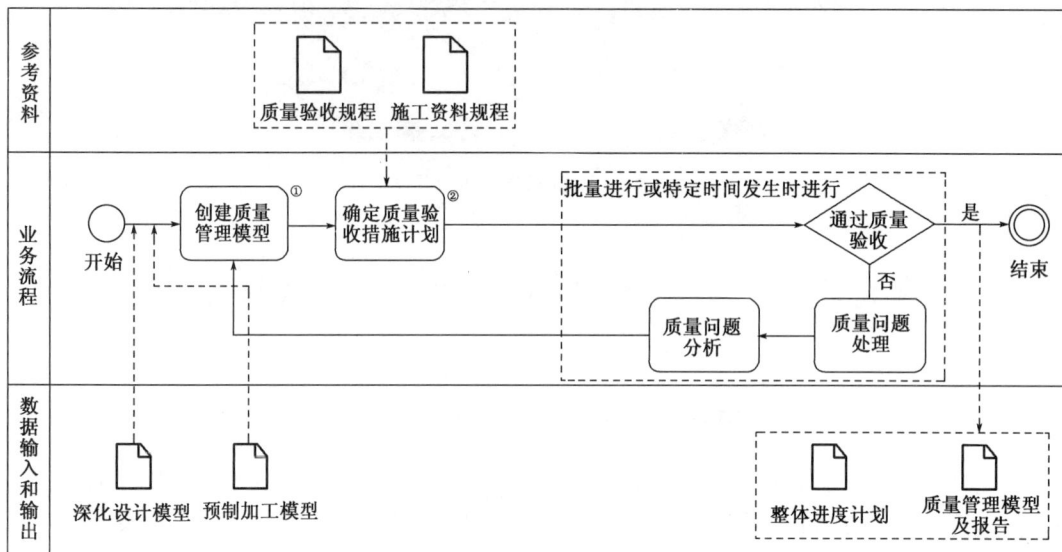

图5-32　基于BIM技术的施工质量管理典型流程

（1）创建质量管理模型

创建质量管理模型时,宜对导入的深化设计模型或预制加工模型进行检查和调整。质量管理模型元素宜在深化设计模型元素或预制加工模型元素基础上,附加或关联质量管理信息,见表5-10。

表5-10　质量管理模型元素及信息

模型元素类别	模型元素及信息
上游模型	深化设计模型或预制加工模型元素及信息
分部分项工程质量管理	分部分项工程的划分符合现行国家标准《公路工程质量检验评定标准》（JTG F80/1－2017）的规定。 非几何信息包括: 1.质量控制资料:原材料合格证及进场检验试验报告、材料设备试验报告、隐蔽工程验收记录、施工记录以及试验记录; 2.功能检验资料,各分项工程试验记录资料等; 3.观感质量检查记录,各分项工程观感质量检查记录; 4.质量验收记录:检验批质量验收记录、分项工程质量验收记录、分部分项工程质量验收记录等

（2）确定质量验收措施计划

确定质量验收计划时,宜利用模型针对整个工程项目确定质量验收计划,并将验收检查点附加或关联到相关模型元素上。

质量验收时,宜将质量验收信息附加或关联到相关模型元素上。

质量问题处理时,宜将质量问题处理信息附加或关联到相关模型元素上。

2. 基于BIM技术的质量管理主要途径

基于BIM技术的质量管理主要途径是施工模拟,包括重难点工程工艺流程模拟和全项目施工模拟。

在BIM软件平台上模拟重难点工程工艺流程,尤其采用新工艺、新材料、新技术时,由各方专业工程师合作建立标准化工艺流程,通过讨论与精确计算确立,保证专项施工技术在施工细节上的可靠性。施工时再由施工人员按照模拟施工流程施工,减少不可预见情况发生。

模拟整个工程项目施工全过程,包括施工现场环境、总平面布置、施工工艺、进度计划、材料周转等,从中找出施工过程中可能存在的质量风险因素,以及质量控制重点。对可能出现的问题进行分析,从技术、组织、管理等方面提出解决方案,反馈到模型中进行施工模拟过程的修改,再进行模拟,反复多次,用事前模拟控制的方式,最大限度有效规避工程质量问题。

3. 基于BIM技术的施工安全管理流程

基于BIM技术的施工安全管理,宜基于深化设计或预制加工等模型创建安全管理模型,基于安全管理标准确定安全技术措施计划,采取安全技术措施,处理安全隐患和事故,分析安全问题。基于BIM技术的施工安全管理流程见图5-33。

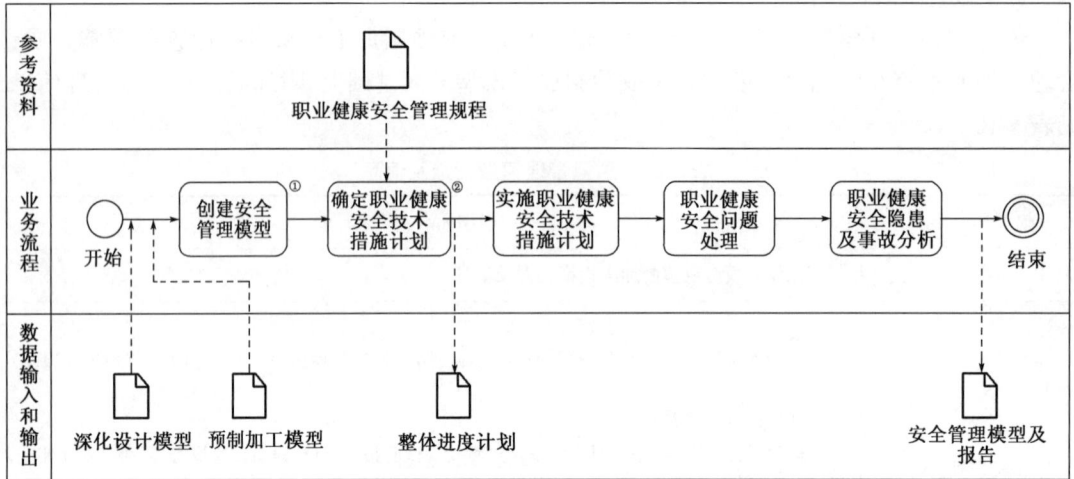

图 5-33　基于 BIM 技术的施工安全管理典型流程

（1）创建安全管理模型

安全管理模型元素宜在深化设计模型元素或预制加工模型元素基础上,附加或关联安全生产或防护设施、安全检查、风险源、事故等元素及信息,见表 5-11。

表 5-11　安全管理模型元素及信息

模型元素类别	模型元素及信息
上游模型	深化设计模型或预制加工模型元素及信息
安全生产/防护设施	脚手架、垂直运输设备、临边防护设施、洞口防护、临时用电、深基坑等; 几何信息包括:位置、几何尺寸等; 非几何信息包括:设备型号、生产能力、功率等
安全检查	安全生产责任制、安全教育、专项施工方案、危险性较大的专项施工方案论证情况、机械设备维护保养、分部分项工程安全技术交底等
风险源	风险隐患信息、风险评价信息、风险对策信息等
事故	事故调查报告及处理决定等

（2）确定安全技术措施

确定安全技术措施计划时,宜使用安全管理模型辅助相关人员识别风险源。

实施安全技术措施计划时,宜使用安全管理模型向有关人员进行安全技术交底,并将安全交底记录附加或关联到相关模型元素中。

处理安全隐患和事故时,宜使用安全管理模型制定相应的整改措施,并将安全隐患整改信息附加或关联到相关模型元素中;当安全事故发生时,宜将事故调查报告及处理决定附加或关联到相关模型元素中。

分析安全问题时,宜利用安全管理模型,按部位、时间对安全信息和问题进行汇总和展示。

4. 基于 BIM 技术的安全管理主要途径

（1）施工模拟与可视化

BIM 4D＋安全模型将安全规则、安全规范、实践经验与 3D 建模技术和施工模拟相结合，建立自动安全检查评估系统，从安全规则中提取重要信息，并依据 BIM 的 4D 进度计划和参考对象来定义工作区域，评估各施工区域安全风险等级，识别施工安全风险源，制定安全管理计划，制定安全防护措施。如，应用 BIM 技术对施工现场布局和安全规划进行可视化模拟，可以有效地规避运动中的机具设备与人员的工作空间冲突。

对于部分危险性较大工程（如深基坑开挖，基坑稳定性对坍塌事故有重要影响），根据施工现场地质状况以及施工工序，模拟施工过程，将建设项目安全状况可视化、直观地体现在 BIM 模型中，更准确地分析和理解施工过程中可能存在的安全隐患，确认施工安全区域，将模拟结果反映在施工现场场地布置中，制定安全规划，实现优化控制。

（2）安全应急处置模拟

由于施工场地受限，安全事故一旦发生，应急处置的科学性与合理性至关重要。通过突发事件模拟，建立安全疏散模型，基本架构主要包括疏散主体、疏散场所、疏散空间等内容。考虑施工现场的疏散人数、速度、现场突发情况、疏散面积、疏散通道、材料等因素，以及人员疏散的拥挤程度、疏散位置，疏散人员的心理活动、主观动态等，进行安全应急处置模拟。安全应急处置模拟流程见表 5-12。

表 5-12 安全应急处置模拟流程

第一步： 简化 BIM 模型	第二步： 疏散模型建立	第三步： 具体参数设置与调整	第四步： 疏散模拟，得出结果
通过对已有的 BIM 模型简化，得到疏散模拟软件中可以参考和浏览的模型。 简化是为了在疏散模拟分析软件中便于参照和直观浏览，最终得出的动画视频可以直观地看到人员的疏散过程	根据已经导入的 BIM 模型进行必要分析，确定在紧急情况下场地内人员的疏散方案，即有紧急情况发生时，场地内人员就近找到合理安全疏散出口，按指示引导紧急疏散	模拟分析还需要详细的设置人员属性，如身高、疏散时的速度等，不同模拟软件的设置参数不同。之后，再进行模拟分析，不断调整数值，得出有参考价值的疏散模拟分析图表及动画	通过数据、动画分析，进行疏散方案设计，尽可能避免紧急情况下疏散不及时、拥堵等情况的发生，确保人员安全

5. 基于 BIM 技术的施工质量安全管理工程实例

范蠡大桥为三塔四跨斜拉桥，主桥跨径 50m＋168m＋168m＋50m，全长 12km，全线按城市快速路标准建设，设计时速 80km/h。为保证工程质量，对于特别复杂的关键节点、受力的关键节点、施工的难点，利用 Autodesk Navisworks 进行施工仿真模拟。对各个构建的安装次序、路径进行一次预演，提前发现施工中可能遇到的问题，减少工序不当带来的损失，如图 5-34 所示。

范蠡大桥桥塔节段吊装是工程施工难点之一，需确保浮吊在吊装过程中避免与已安装的钢箱梁节段、临时支架、已安装的塔桥节段碰撞；选择适当的起重臂仰角，确保安全起重能力大于节段重量。项目 BIM 技术团队利用施工仿真进行全过程动态碰撞检查，确保任意时候都不会发生碰撞(图5-35),并找出节段吊装的最优路径(图5-36)很好地排除了碰撞干扰,避免了因施工安排不当带来的安全隐患。

图5-34 桥塔塔脚锚固段施工模拟

图5-35 桥塔节段吊装碰撞检查

图5-36 桥塔节段吊装施工模拟与现场施工对比图

第八节 施工组织设计常用 BIM 软件

一、分类概述

BIM 技术作为实现工程企业生产管理标准化、信息化以及建筑产业化的重要技术基础之一，得到了广大工程企业的充分重视和大力发展。与此同时，各国各地政府也在落实各项具体的政策努力推广 BIM。随着大量 BIM 项目的涌现，国内外 BIM 软件大量出现，常用 BIM 软件数量已有几十个，甚至上百个。由于建筑的复杂性、专业性，需求的多样性，用一个软件解决所有问题是不可能的。美国 Building Smart 联盟主席丹纳·K·史密斯先生（Dana K. Smith）曾指出"依靠一个软件解决所有问题的时代已经一去不复返"。

当前对国内外 BIM 软件很难给出一个科学的、系统的、精确的分类。目前在国内有一定影响的分类法有何氏分类法、AGC 分类法和厂商、专业分类法。

何氏分类法，由国内知名 BIM 应用专家何关培先生创建，将 BIM 软件总体相互关系描述如图 5-37 所示。

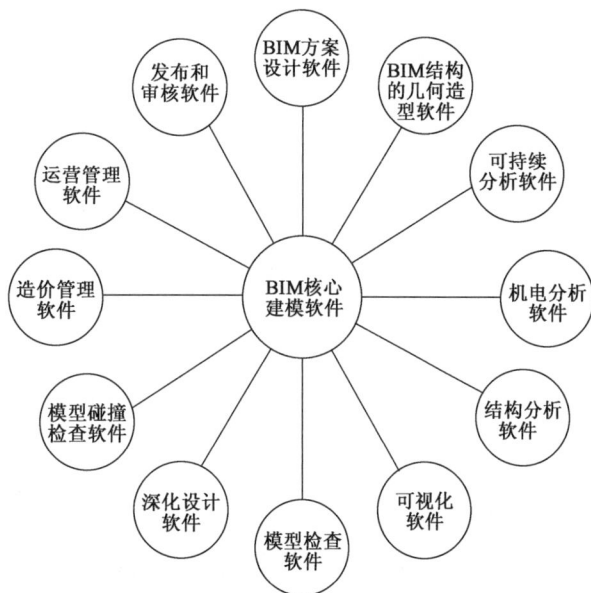

图 5-37 各类型 BIM 软件总体相互关系图

AGC 分类方法，由美国总承包商协会（AGC：Associated General Contractors of American）提出，将 BIM 软件分为概念设计和可行性研究软件（Preliminary Design and Feasibility Tools）、BIM 核心建模软件（BIM Authoring Tools）、BIM 分析软件（BIM Analysis Tools）、加工图和预制加工软件（Shop Drawing and Fabrication Tools）、施工管理软件（Construction Management Tools）、算量和预算软件（Quantity Takeoff and Estimating Tools）、计划软件（Scheduling Tools）、文件共享和协同软件（File Sharing and Collaboration Tools）八大类。

厂商、专业分类法显然就是从生产厂商和使用行业专业进行分类。主要有法国达索(Dassault)的 Catia、美国谷歌的草图大师 SkechUp、美国 Robert McNeel 的犀牛 Rhino、匈牙利图软(Graphisoft)的 ArchiCAD、美国欧特克(Autodesk)的 Revit、美国 Autodesk 的 3DS Max、国内建筑专业软件、国内给排水专业软件、国内暖通专业软件、国内建筑电气专业软件、结构分析与设计软件、环境能源整合分析软件、造价和算量软件等等。

为了更好地理解和选择 BIM 应用软件,本课程对施工组织设计常用的 BIM 软件进行简单梳理。

二、BIM 核心建模软件

BIM 核心建模软件是 BIM 技术应用的基础,也是在 BIM 应用过程中碰到的第一类 BIM 软件,简称 BIM 建模软件。在施工组织设计中,常常需要对临时设施、施工机械等进行 BIM 建模。

BIM 核心建模软件主要有四大主流公司,分别为:Autodesk、Bentley、Graphisoft/Nemetschek AG 和 Dassault,旗下主要建模软件见图 5-38。

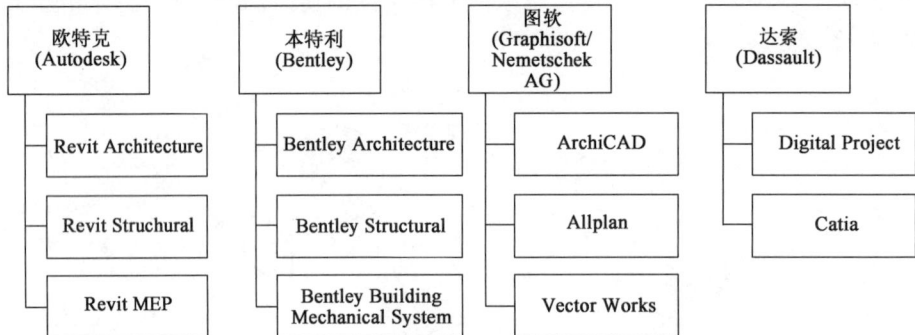

图 5-38   主流 BIM 核心建模软件公司及其产品图

1. Autodesk

Autodesk 公司有 Revit 建筑(Architecture)、结构(Structural)和机电(MEP)系列软件。

Revit Architecture 软件容易上手,用户界面友好,具有第三方开发的海量对象库(族功能),多用户操作方便,支持信息全局实时更新,有效提高准确性且避免了重复作业,根据路径实现三维漫游,方便项目各方交流与协调。但参数规则对于由角度变化引起的全局更新有局限性,不支持复杂设计,如曲面设计等,且软件仅与微软 Windows 系统兼容。

由于国内建筑市场普遍使用其公司 AutoCAD 的天然优势,广泛用于建筑、结构、工程和施工建模,占有很大市场份额。单纯民用建筑(多专业)设计,多用 Autodesk Revit。

2. Bentley

Bentley 公司有 Bentley 建筑(Architecture)、结构(Structural)和设备(Building Mechanical System)系列软件。

Bentley Architecture 是功能强大的 BIM 建模工具,涉及工业设计和建筑与基础设施设计的方方面面,包括建筑设计、机电设计、设备设计、场地规划、地理信息系统管理、污水处理模拟与分析等。基于 MicroStation 这一优秀的图形平台,涵盖了实体、B-Spline 曲线曲面、网格面、拓扑、特征参数化、建筑关系和程序式建模等多种 3D 建模方式,满足用户对各种建模方式的需求。但软件不易上手,具有大量不同的用户操作界面,需要各类分析软件配合工作,各式各样的功能模型包含了不同特征行为,各软件互用性差,相比 Revit 软件对象库有限。

Bentley 系列产品在工业设计(石油、化工、电力、医药等)和市政基础设施(道路、桥梁、水利等)领域,具有无可争辩的优势。

3. Graphisoft/Nemetschek AG

Graphisoft/Nemetschek AG 公司有 ArchiCAD、ALLPLAN、VectorWorks 系列软件。其中 ArchiCAD是公司旗舰产品,也是当今最优秀的三维建筑设计软件之一。

ArchiCAD 基于全三维的模型设计,拥有强大的平、立、剖面施工图设计和参数计算等自动生成功能,方案演示和图形渲染便捷,软件界面直观,相对容易学习,具有海量对象库,具有丰富多样的支持施工与设备管理的应用,是唯一可以在 Mac 操作系统运用的 BIM 建模软件。但模型参数对全局更新参数规则有局限性,软件采用的是内存记忆系统,对大型项目的处理会遇到缩放问题,需要将其分割成小型的组件才能进行设计管理。

ArchiCAD 作为一款最早的、具有一定市场影响力的 BIM 核心建模软件,最为国内同行熟悉,在建筑师事务所广为使用。但其定位过于单一(仅限于建筑学专业),与国内"多专业一体化"的设计院体制严重不匹配,故很难实现市场占有率大突破。Allplan 主要市场在德语区,是建筑、工程和最新桥梁领域的旗舰 BIM 应用软件。VectorWorks 则多见于欧美等工业发达国家市场。

4. Dassault

Dassault 公司的 Catia 软件是全球最高端的机械设计制造软件,在航空、航天、汽车等领域有接近垄断的市场地位,建模功能强大且完整、模型表现力和信息管理能力有非常显著的优势。但其与工程建设行业尚未能顺畅对接。

Dassault 公司在 Catia 基础上开发的 Digital Project,是面向工程建设行业的应用软件,能直接创建大型复杂构件,且对大部分细节的建模过程都直接以 3D 模式进行。支持导入特制的复杂参数模型构件,有强大的应用程序接口,对于建立了本国建筑业建筑工程项目编码体系的许多发达国家,可以将建设工程项目编码体系导入软件,方便工程预算。但用户界面复杂,且初期投资大,对象库有限。另外,建筑设计的绘画功能有缺陷。对于项目完全异型,预算较为充裕的建模设计工作可选择 Digital Project。

此外,还有谷歌公司 SketchUp,是全球最受欢迎的 3D 模型之一,是以易于使用而闻名的三维建模工具,易于绘制线条和形状并将其转换为三维形式,是建筑、规划、园林和景观甚至室内等多专业的设计师建立复杂曲面模型,利用等高线建立地形等问题时的快捷简便工具。SketchUp 及其组件资源非常丰富,已广泛应用于室内、室外、建筑等多领域中。但在搜索时须使用英文单词输入关键字,才能快捷地找到自己需要的模型,在国内还是存在很多不便。

三、BIM 应用软件

1. BIM 软件和信息互用关系

目前 BIM 软件和信息互用关系如图 5-39 所示。

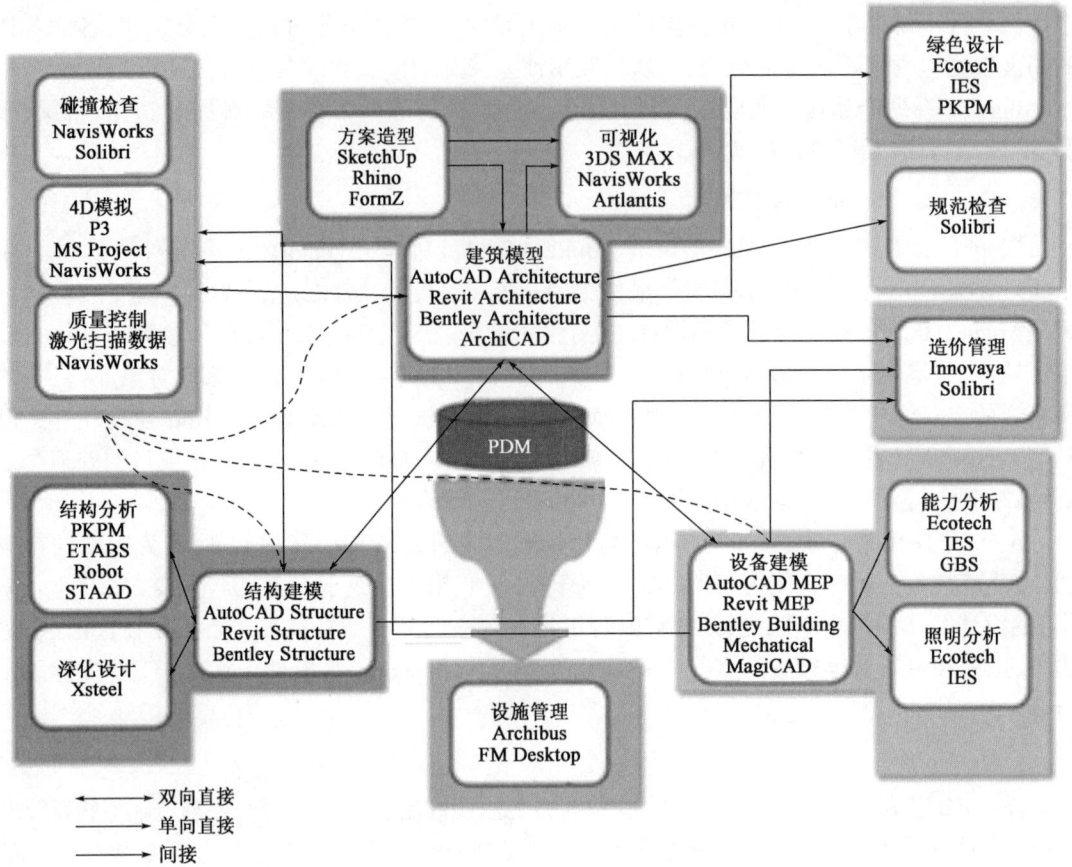

图 5-39 BIM 软件和信息互用关系示意图

图中实线表示信息直接传递,虚线代表信息间接传递,箭头表示信息传递方向。

2. 施工组织设计常用 BIM 软件

在公路工程施工组织设计中,常用 BIM 应用软件包括碰撞检查、施工模拟、三维漫游、算量和预算软件等,见表 5-13。

表 5-13 常见 BIM 应用软件统计表

软件用途		软件名称
碰撞检查	模型碰撞检查	Solibri Model Checker
	综合碰撞检查	Autodesk Navisworks、ProjectWise Navigator(可进行 3D 协调、4D 计划、可视化、动态模拟) Solibri Model Checker 鲁班软件
可视化软件		3D Max、Lumior、Artlantis、AccuRender、Showcase、Lightscape
可持续(绿色)分析软件		Ecotect Analysia、Vasari、IES、Green Building Studio、CFD Simulation、Airpak PKPM、斯维尔
算量和预算软件		Visual Applications、Innovaya、Solibri 广联达(BIM 5D)、鲁班
协同平台软件		ProjectWise、FTP Site

四、BIM 软件发展趋势

BIM 软件产业是整个 BIM 产业的核心与根基。根据透明度市场研究(TMR, Transparency Market Research)的报告——《2015—2022 年 BIM 全球市场分析、规模、信息、增长趋势以及预测》,2022 年全球 BIM 软件市场价值将预期到达 115.4 亿美元(约合人民币 785 亿元),复合年均增长率保持在 19.1%。同时,TMR 指出,2014—2022 年,亚太地区的复合年均增长率将达到 21.2%,中国、日本、印度等国家施工工程量的增长将为 BIM 带来巨大的市场前景。此外,著名市场调查公司 Markets and Markets 在《终端用户,类型(软件、服务项目),应用(商业、住宅、教育、工业、医疗保健、娱乐、体育)和地域的 BIM 市场分析与预测》中指出,预计到 2020 年,建筑信息模型市场将增长至 86.46 亿美元,年均复合增长率达 16.72%。可以预见,未来随着 BIM 技术的成熟,BIM 软件具有更广阔的市场空间。

目前,BIM 技术在我国发展得如火如荼,已经形成了一个涵盖软件开发、信息技术咨询服务为一体的完整产业链,在与房地产、与各项建筑工程相结合的过程中,BIM 技术将逐渐体现其优势。虽然 BIM 技术在我国起步较晚,整个市场尚未成熟,但是随着 BIM 技术的发展,市场对 BIM 的认知与认可度越来越高,更多的应用价值将被挖掘出来。

目前,国内 BIM 软件市场上,以 Autodesk、Bentley、Graphisoft/Nemetschek AG 和 Dassault 为代表的国外软件商依然在设计 BIM 软件领域占据绝对优势。但近几年国内 BIM 软件商由建造、施工 BIM 软件向协同协作端软件发力,不断将触角伸向产业链上下游,通过本地化产品和配套的技术服务支撑,取得了相当好的成绩。BIM 研发企业主要有鲁班、广联达、鸿业、品茗等。受国家政策引导,以及建筑业市场发展需求,众多建筑企业越发重视 BIM 投入,预计 2022 年,仅"特一级"企业的 BIM 软件市场规模就将超 140 亿元,整个 BIM 软件市场的市场前景值得期待。

1. 行业标准发布

目前我国陆续发布诸多建筑领域 BIM 信息模型设计、应用、施工等相关行业标准,但交通建设工程尚无。随着应用的拓展,数据标准逐步形成,形成行业标准,将为交通建设行业 BIM 的发展,带来更广阔的空间。

2. 专业性 BIM 软件开发

土木工程专业类别众多,从房建、厂房、市政到钢结构、地铁、铁路、码头、化工等,十分庞杂,专业区别十分巨大,建模技术要求不同,而不同工程专业的工艺流程、管理体系也十分不同,具有专业特征的 BIM 软件将是一个发展方向。与专业需求精准契合,甚至是本地化深度结合,用户体验好、费效比高的专业 BIM 软件将受到市场欢迎。

3. 全生命周期数据信息共享

目前 BIM 软件之间数据信息交互还不够畅通,须进一步推动设计、施工、运维阶段数据共享。

由于运维阶段周期长,涉及参与方复杂,现存可借鉴经验少,BIM 技术在运维阶段的应用发展较为缓慢,整个 BIM 运维市场尚未成熟。对于 BIM 来说,与物联网的结合,可以为建筑物内部各类智能机电设备提供空间定位,有助于为各类检修、维护活动提供更直观的分析手段。BIM 技术与物联网技术相融合,引入到建筑全生命周期的运维管理阶段,将带来巨大的经济效益。BIM 技术在运维阶段应用落地,加快实现数据接口的打通,解决建筑全生命周期各阶段数据传递的问题,做好与设计、施工阶段的数据衔接,才能发挥出 BIM 技术的最大效用。

4.基于大数据的智能化建设

利用"BIM + GIS + 物联网"数字化建设需要运用 BIM 来获得海量的建筑设施模型数据,通过大数据预测分析,实现建设智能化。随着 BIM 技术在智慧建设领域中的应用日趋成熟,BIM 技术将释放出巨大的市场潜力。

思考题

1.BIM 技术在施工组织设计中有哪些具体应用?

2.BIM 技术应用将会给施工组织设计带来哪些变化?

3.传统资源组织存在哪些问题? BIM 技术能够有效解决吗? 如何解决?

4.什么是碰撞检查? 可以应用于施工组织设计的哪些环节中?

5.什么是施工模拟? 可以应用于施工组织设计的哪些环节中?

6.施工质量安全管理目标是什么? 如何运用 BIM 技术更好地实现质量安全管理目标?

7.BIM 软件应用情况如何? 有何发展趋势?

第六章

公路工程定额

第一节　定　额　概　述

一、定额的定义

定额属于计价依据的主要内容之一。所谓计价依据是指计算工程造价的基础资料的总称,除包括定额、指标、费率、基础单价外,还包括设计图纸、工程量数据以及政府主管部门颁发的各种经济法规、政策、计价办法等。

按计价依据的作用分,定额一般分两部分:一是工程定额;二是费用定额。公路工程定额指交通运输部发布的《公路工程预算定额》、《公路工程概算定额》及《公路工程估算指标》中规定的完成单位合格产品所必需的人工、材料、施工机具数量标准;公路工程费用定额是指《公路工程机械台班费用定额》、《公路工程建设项目概算预算编制办法》和《公路工程建设项目估算编制办法》中规定的各项费用定额和费率。本章主要介绍工程定额这一计价依据。

企业在生产经营活动过程中,在一定的条件下,对人力、物力、财力的使用和消耗,经过科学的测定、分析、计算,确定一些合理的数学指标,作为管理和生产所应遵守或达到的标准,这个标准就是定额。也就是说,定额是在正常的生产(施工)技术和组织条件下为完成单位合格产品所规定的人力、机械、材料、资金等消耗量的标准。由于定额是在正常施工条件下,完成规定计量单位的符合国家技术标准、技术规范(包括设计、施工、验收等技术规范)和质量评定标准,并反映一定时期施工技术和工艺水平所必需的人工、材料、施工机械台班消耗量的额定标准,在建筑材料、设计、施工及相关规范未有突破性的变化之前,其消耗量具有相对的稳定性。

定额是在生产中各种社会必要劳动的消耗量的标准额度,是计算工、料、机械台班消耗量的依据,它是随着现代化大生产的出现和管理科学的产生而产生的。定额的产生和发展,与企业管理科学化及管理科学的发展不可分割地联系在一起,是反映社会商品生产发展的必然产物,也是反映一个国家生产力水平和科技水平的标志。

二、定额的发展及现状

19世纪末20世纪初,技术最发达、资本主义发展最快的美国,形成了系统的经济管理理论。而管理成为科学应该说是从美国人泰勒开始的,以至于西方人都尊称泰勒为"科学管理之父"。美国的科学技术发展很快,机器设备虽然先进,但在管理上仍然沿用传统的经验方法,生产力受到极大的约束。泰勒发现了这一问题并很快找到解决方法,主要着眼于提高劳动生产率,刺激工人的劳动积极性。他突破了当时传统经验方法的羁绊,通过科学实验对工作时间的合理利用进行细致的研究,制定出标准的操作方法:即通过对工人进行训练,要求工人改变过去习惯的操作方法,取消不必要的操作程序,并且在此基础上制定出较高的工时定额,用工时定额评价工人工作的好坏;为了使工人能够达到定额,大大提高工作效率,又制定了工具、机器、材料和作业环境的标准化原理;为了鼓励工人努力完成定额,还制定了一种有差别的计件工资制度。这种科学的工业管理方法称为"泰勒制"。

从操作方法、工时定额、工具和材料等要素的标准化,有差别的计件工资制度等主要内容来看,工时定额在其中占十分重要的位置。首先,较高的定额水平直接体现了"泰勒制"的主要目的:即提高工人的劳动效率,降低产品成本,增加企业盈利,而所有其他方法均是为了达到这一目的而制定的措施。其次,工时定额作为评价工人工作的尺度,和有差别的计件工资制度相结合,使其本身也成为提高劳动效率的有力措施。

继泰勒之后,20世纪20年代出现了行为科学。它从社会学和心理学的角度,对工人在生产中的行为以及这些行为产生的原因进行分析研究,强调重视社会环境及人际关系对人的行为的影响。着重研究人的本性和需要、行为的动机,特别是生产中的人际关系,以达到提高生产效率的目的。行为科学是在资本主义社会矛盾加剧的情况下出现的,它弥补了泰勒等人的科学管理理论的不足,但并不能取代科学管理。相反,在后期发展中二者进行有机的结合,定额朝着更先进、更合理、更科学的方向发展。

我国定额发展工作从中华人民共和国成立以来,一直受到高度重视,如在"一五"期间,国家计划委员会就在1954年发布了《一九五四年建筑工程设计预算定额(试行草案)》。由于我国公路工程建设起步很晚,中华人民共和国成立初期基本上都是凭经验自编一些定额试用。公路工程定额的出现应该追溯到1954年8月,交通部在公路总局的设计局内设立了预算定额科,由此拉开了公路工程定额管理工作的序幕。1954年在国家技术标准、技术规范统一的前提下,开始增加力量编制《公路基本建设预算定额》,1955年正式在全国公布施行。随着初步设计和施工图设计模式的确立,公路定额管理部门先后编制了《公路工程施工定额》《公路工程概算指标》,并重新修订《公路工程预算定额》,其中劳动定额作为衡量施工企业工人劳动生产力的标志,同时贯彻按劳分配的原则,作为编制工程预算(人工部分)的依据。但1957年至

1976 年,概预算工作几经反复,一直处于停顿状态。到 1978 年,公路工程建设重新得以发展,定额工作全面走向正规化管理的轨道,1984 年 11 月 15 日,在国家计委文件的指导下,经交通部批准组建"交通部公路工程定额站",从此定额管理工作及编制工作在全国各省(自治区、直辖市)定额站展开。经过对其他土建行业定额工作的研究分析后,系统建立了我国公路工程定额及造价工作完整体系,既适应公路工程技术标准、规范的发展需要,又与国家经济的方针、政策相协调,并且具有公路工程造价管理的特色,于 1992 年全面系统地制定并公布了《公路工程施工定额》《公路工程预算定额》《公路工程概算定额》《公路工程估算指标》《公路工程机械台班费用定额》《公路工程基本建设工程概算预算编制办法》《公路工程基本建设工程估算编制办法》;2007 年全面系统地修订了 92 版编制办法与定额,并于 2008 年 1 月 1 日起实施;2013 年—2018 年,交通运输部路网监测与应急处置中心全面修订了 2007 版编制办法与定额,并于 2019 年 5 月 1 日起实施。

计划经济时期,定额是国家宏观调控物价的文件,它反映的是测算造价的指令;市场经济时期,定额用来作为测算产品价格的工具,反映公路工程建筑市场的客观现实,政府采用定额宏观指导和促进施工企业劳动生产率提高,取得明显成效。在市场经济环境下,企业与社会平均水平的差距,通过这些定额就可以很准确地测算出来。公路工程定额对社会、对企业、对工程价格测算都发挥着十分重要的作用。

三、定额的特点

我国公路工程定额具有科学性、系统性、统一性、权威性、稳定性的特点。

1. 定额的科学性

定额的科学性主要表现在两个方面:

(1)公路工程定额必须和生产力发展水平相适应,反映公路工程施工中物资消耗的客观规律,作为公路基本建设计划、调节、组织、预测、控制的可靠依据。

(2)定额管理在理论、方法和手段上是科学的,适应现代科学技术和信息社会发展的需要。定额中的各类参数是在认真研究客观规律的基础上,自觉地遵照客观规律的要求,运用科学的方法确定的。在技术方法上,吸取了现代科学管理的成就,具有一套严密的、科学的确定定额的技术方法。

2. 定额的系统性

一种专业定额是一个完整独立的系统。公路工程定额从测定到使用,直至再修订都是为了全面反映公路工程所有的工程内容和项目,与公路技术标准、规范相配套,完全准确反映公路工程施工工艺流程中的每一个环节。

公路工程定额是为公路建设这个庞大的实体系统服务的,公路项目可以分解出成千上万道工序,其内部却层次分明,如项、目、节的划分。任何一个分部分项工程在公路工程定额中都能一一确定,如预算定额中,一共有九章定额来将所有公路工程的内容分割、包容。而且在编制定额的过程中,每一个不同工作都有不同的计算规则或计算模型,它们互相协调组成一个完整的系统。

3. 定额的统一性

公路工程定额由初期借助于国家统一的技术标准、规范,到现在依据交通建设行业的统一标准、规范,在交通运输部路网监测与应急处置中心的统一领导下,按照定额的制定、发布和贯彻执行统一行动,使定额工作及定额的管理工作有统一的程序、统一的原则、统一的要求、统一的用途。

国家对经济发展的宏观调控职能决定了定额的统一性。公路工程定额一系列工作的全面进行,需要巨大的人力、财力投入,同时它也给社会以巨大的回报。我国是社会主义公有制为主体的国家,所以定额除了具有在西方发达资本主义国家的作用外,比如技术比较、计算规则、信息交流等,还表现为从行政角度干预工程投资规模和建设项目的经济效益,保证有限的资金投入发挥最大的作用,这在资本主义制度下是不可能的。我国公路工程定额的出现正是为了统一和指导公路建筑市场,在计划经济向市场经济转轨的初期以定额保证市场正常有序地运行。

4. 定额的权威性

定额的这一特点在我国表现为定额权威性和强制性这两方面,而且在一定条件下具有经济法规的性质,同时我国定额的信誉和可信赖程度极高,也说明定额及定额管理的刚性约束和严肃性。

只有科学的定额才具有权威性。在社会主义市场经济的条件下,定额必然牵涉各有关方面的经济关系和利益关系。赋予定额以一定的强制性,就意味着在规定的范围内,对于定额的使用者和执行者来说,不论主观上是否愿意,都必须严格按定额的要求和规定执行。特别是在目前建筑市场不太规范的情况下,定额的权威性显得尤其重要,它可以帮助理顺与建设项目有关的各方面的经济关系和利益关系。所以,这一特点是对生产消费水平的合理限制,不是降低或提高消费水平,更不是限制和约束生产力的发展,而是最大限度地保证生产力水平的提高。

值得注意的是,定额毕竟是主观对客观的反映,定额的科学性受人们认识水平的限制,所以定额的权威性也不能绝对化。随着投资体制的改革和投资主体多元化格局的形成,以及企业经营机制的转变,定额的这一特点也将相应调整,这种权威性会弱化。施工企业本身定额管理能力的逐渐提高,正是政府行为的目的。

5. 定额的变化性与相对稳定性

(1)定额变化性

定额所反映的是一定时期内的施工技术和先进工艺的水平,所以表现为一定的稳定性。但定额执行一段时间以后,由于施工中新结构、新材料的采用,新的施工方法推广和劳动生产率的提高等原因,就会逐渐地不再适应生产力发展的水平了,从而成为落后、陈旧的定额。一般表现为:

①定额项目的水平明显地落后于现有的生产力水平;

②缺少某些反映新结构、新材料和新的施工工艺的定额项目;

③一些在实际工作中失去存在意义的定额项目仍未淘汰。

陈旧的、落后的定额不仅使定额应有的作用不能发挥出来,而且如果长期允许这种情况存在,就会导致建设费用增加、企业经营管理水平下降、劳动纪律松弛、材料物质浪费、机械利用效率降低等等一系列不良后果。当定额逐渐成为生产力进一步发展的障碍时,定额就应当重新修订,即定额需要适时调整变化。

（2）定额相对稳定性

修订定额的间隔时间既不宜过长，也不宜过短。间隔时间过长将使定额脱离生产实际，不利于生产的发展；间隔时间过短，将使定额失去必要的稳定性。因此从长远来看，定额需要一次又一次地修订；而从某一个阶段来看，定额又要相对稳定。定额的稳定给政府决策和经济的宏观调控带来有力的保证。如果没有一个稳定的定额，就确立不起定额的权威，就不能使定额在企业和广大工人中赢得信任，也就失去了定额的作用。设想公路定额如果经常变动，今天的造价，明天就会变成另外一个数值，这种变化当然是不允许的。而且修订定额需要动员和组织大量的人力和物力，需要收集大量的资料、数据，需要进行反复的调查研究、测算、比较、平衡、审查、批准，以及印刷、发行等工作，所以工作繁重，工作周期很长，修订定额间隔时间过短，在技术上也近乎是不可能的。公路工程定额的稳定期一般为5～10年。

修订定额视需要可以是局部修订，也可以是全面修订。两者在方法上基本是相同的，仅在工作范围大小和工作量多少上不一。重新修编定额，须经主管机关批准方可执行。

四、定额的作用

1. 定额是节约社会劳动和提高生产效率的工具

一方面，生产性的施工定额直接作用于建筑安装工人，企业以定额作为促使工人节约社会劳动（工作时间、原材料等）和提高劳动效率、加快工作进度的手段，以增加市场竞争能力，获取更多利润；另一方面，作为工程造价计算依据的各类定额，又促使企业加强管理，把社会劳动的消耗控制在合理的限度范围内；第三，作为项目决策的定额指标，又在更高层次上促使项目投资者合理而有效地利用和分配社会劳动。所有这些都说明，在工程建设中，定额在节约社会劳动和优化资源配置方面起着十分重要的作用。

2. 定额是国家对工程建设项目进行宏观调控和管理的手段

市场经济并不排斥宏观调控，即使在资本主义国家，政府也要利用各种手段影响和调控经济的发展。利用定额对工程建设进行宏观调控和管理主要表现在：①对工程造价进行管理和调控；②对资源配置和流向进行预测和平衡；③对经济结构，包括企业结构和所有制结构进行合理的调控，也包括对技术结构和产品结构的调整。

3. 定额有利于市场竞争

定额是对市场信息的加工，又是对市场信息的传递。定额所具有的准确信息，为市场需求主体和供给主体之间的竞争，以及供给主体之间的公平竞争，提供了有利条件。

4. 定额是对市场行为的规范

定额既是投资决策的依据，又是价格决策的依据。对投资者来说，他可以利用定额来权衡自己的财务状况和支付能力，预测资金投入和预期回报，还可以充分利用有关定额的大量信息，有效提高其项目决策的科学性，优化其投资行为。对于建筑企业来说，由于有关定额在一定程度上制约着工程中人工、物资的消耗，因此会影响到建筑产品的价格水平，企业在投标报价时，只有充分考虑定额的要求，做出正确的价格决策，才能占有市场竞争优势，才能获得更多的工程合同。可见，定额在上述两个方面规范了市场主体的经济行为，对完善我国固定资产投资市场和建筑市场起到重要作用。

5.定额有利于完善市场的信息系统

定额管理是对大量信息进行加工,并对大量市场信息进行传递,同时进行市场信息收集、反馈的管理。信息是市场体系中不可或缺的要素,它的可靠性、完备性和灵敏性是市场成熟和市场效率的标志。在我国,以定额形式建立和完善市场信息系统,是以公有制经济为主体的社会主义市场经济的特点,这在资本主义国家是难以想象的。

6.定额有利于推广先进的施工技术和工艺

定额水平中包含着某些已成熟的先进的施工技术和经验。工人要达到和超过定额水平,就必须掌握和应用这些先进技术;如果工人要大幅度超过定额水平,他就必须进行创造性的劳动。工人在自己的工作中注意改进工具和改进技术操作方法,注意原材料的节约,避免原材料和能源的浪费;企业或主管部门贯彻定额必然在施工中遵循定额推荐的施工方法及操作流程工艺,也就意味着推广先进技术;同时,企业或主管部门为了推行定额,往往要组织技术培训,以帮助工人能达到或超过定额水平。这样,新技术、新工艺、新材料、新经验就很容易推广从而大大提高全社会的劳动生产效率。

第二节　定额的分类

工程建设定额是一个综合概念,是工程建设中各类定额的总称,它包括许多种类定额。由于具体的生产条件各异,根据使用对象和组织生产的目的不同,可编制出不同的定额。

一、按定额反映的实物消耗内容分类

在施工生产中起主要作用的有三大要素,即劳动力、材料、机械。公路工程定额是按实物量法编制的定额,所以工、料、机三种因素在公路定额中是主要消耗内容。据此将定额分为劳动消耗定额、材料消耗定额和机械消耗定额三种。分类如图6-1所示。

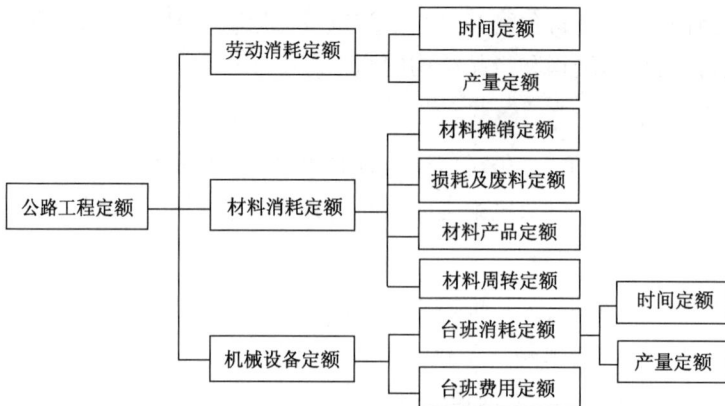

图6-1　公路工程定额按实物消耗分类图

1.劳动消耗定额

劳动消耗定额简称劳动定额,亦称工时定额或人工定额,是指在正常的生产技术和生产组织条件下,为完成单位合格产品所规定的劳动量消耗标准。劳动消耗定额有两种表现形式:时间定额和产量定额。

(1)时间定额

时间定额是指在技术条件正常、生产工具使用合理和劳动组织正常的条件下生产单位合格产品所消耗的劳动时间。每一工日,除潜水工作按 6 小时、隧道工作按 7 小时外,其余均按 8 小时计算。时间定额的计算方法如下:

$$单位产品的时间定额 = \frac{1}{每工产量定额} = \frac{班组成员工日数总和}{班组完成产品数量总和} \quad (6\text{-}1)$$

例如,《预算定额》中规定,人工挖运(人工运输 20m)普通土,产品单位 1000m³ 天然密实方,时间定额是 145.5 工日。它的工作内容包括挖松、装土、运送、卸除、空回全部操作过程。

(2)产量定额

产量定额是指在技术条件正常、生产工具使用合理和劳动组织正常的条件下,工人在单位时间内完成合格产品的数量。产量定额计算方法如下:

$$产量定额 = \frac{1}{单位产品的时间定额} = \frac{班组完成产品数量总和}{班组成员工日数总和} \quad (6\text{-}2)$$

如上例,人工挖运 1000m³ 普通土的时间定额为 145.5 工日,则每工日产量定额为 1000 m³/145.5 工日 = 6.873 m³/工日。

2. 材料消耗定额

材料消耗定额简称材料定额,是指在节约和合理使用材料的条件下,完成一定合格产品所需消耗材料的数量标准。它包括材料的净用量和必要的工艺性损耗及废料数量。

材料是指工程建设中使用的原材料、产品、半成品、构配件、燃料以及水、电等动力资源的统称。材料作为劳动对象构成工程的实体,需要数量很大,种类繁多。所以材料消耗量的多少,消耗是否合理,不仅关系到资源的有效利用,影响市场供求状况,而且对建设工程的项目投资、建筑产品的成本控制都起着决定性影响。材料消耗定额的计算方法如下:

$$材料消耗定额 = 完成单位合格产品的材料净用量 \times (1 + 材料损耗率) \quad (6\text{-}3)$$

例如,《预算定额》中,现浇 C30 混凝土墩、台帽,每完成 10 m³ 实体需要消耗 10.2m³ 的普 C30-32.5-4 混凝土拌合料,其中 10 m³ 为混凝土拌合料的净用量,0.2 m³ 为混凝土混合料的损耗量,则完成 10 m³ 实体的原材料消耗定额及基本定额混凝土配比计算如下:

$$32.5 级水泥 = (1 + 2\%) \times 377kg/m^3 \times 10m^3 = 3845kg$$
$$中(粗)砂 = (1 + 2\%) \times 0.46m^3/m^3 \times 10m^3 = 4.69m^3$$
$$4cm 碎石 = (1 + 2\%) \times 0.83m^3/m^3 \times 10m^3 = 8.47m^3$$

完成 10m³ 实体合格产品的其他材料消耗定额还有钢模板 0.049t,螺栓 5.91kg,铁件 3.48kg,水 12 m³;其他材料费 86.2 元等。

材料消耗定额还有下述两种表现形式:

(1)材料产品定额

材料产品定额是指用一定规格的原料,在合理的操作条件下获得的标准产品的数量。

(2)材料周转定额

所消耗的材料中包括工程本身使用的材料和为工程服务的辅助材料(如模板、支撑等所需木材等),周转材料应按规定进行周转使用。这种周转性材料在施工中合理周转使用的次数和用量称为材料周转及摊销定额(见预算定额附录三)。在现行预算定额中,周转性材料均按正常周转次数摊入定额之中,具体规定详见《预算定额》总说明及附录。

3. 机械台班消耗定额

机械台班消耗定额简称机械定额,规定了在正常施工条件下,合理地组织生产与合理地利用某种机械完成单位合格产品所必需的机械台班消耗标准,或在单位时间内机械完成的产品数量。机械台班定额按其表现形式分为机械时间定额和机械产量定额两种。

机械时间定额是指在一定的工作内容和质量安全要求的条件下,规定某种机械完成单位产品所需要的时间,如"台时"或"台班"等。机械产量定额与机械时间定额互成倒数。例如:$2.0 m^3$ 以内轮胎式装载机装土方,按现行《公路工程预算定额》,其机械时间定额为完成 $1000 m^3$ 天然密实方装运需 1.41 台班,机械产量定额则是 $1000 m^3 / 1.41$ 台班 $= 709.22 m^3 /$ 台班。

4. 机械台班费用定额

交通运输部发布的《机械台班费用定额》是目前编制公路工程建设项目概、预算,进行经济核算和结算的依据。机械台班费用由不变费用和可变费用组成。不变费用包括折旧费、检修费、维护费、安拆辅助费等;可变费用包括机上人员人工费、动力燃料费、车船税等。因此,在编制工程概预算时,以一个台班为单位,按其所消耗的工时、燃料及费用折算为货币形式表示,这就是"机械台班费用定额"。施工中所用驾驶工人数、燃料消耗数,可根据工程所需各种机械台班总数,分别按机械台班费用定额计算。

该定额的用途主要是:

(1)分析计算台班单价。即按《预算定额》总说明的规定编制预算的台班单价,应按该定额分析计算。

(2)计算台班消耗人工、燃料等实物量。为了编制施工组织设计,需要统计人工、材料、机械的实物量,以确保劳动力和材料等的供应。有关机械所消耗的各种物资的实物量,要根据本定额分析计算确定。

(3)在某些地区,可按当地交通部门的规定,直接引用定额中的基价作为台班单价来编制预算。

二、按使用要求分类

公路基本建设活动中,工程建设工作所处阶段不同,编制工程造价文件的主要依据——定额是不同的,按使用要求可分为:施工定额、预算定额、概算定额、估算指标等,如图6-2所示。

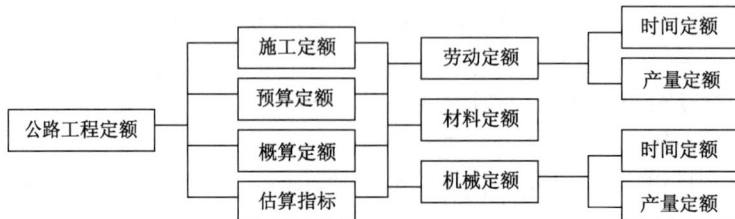

图6-2 公路工程定额用途分类图

1. 施工定额

从施工定额性质上看,施工定额是属于施工企业内部使用的定额,体现一个企业在激烈的市场竞争中,对于完成同样工程量的产品,企业表现出来的竞争力。施工定额是在施工阶段及施工准备阶段使用的定额,一般只有施工企业内部人员使用。各个施工企业的施工定额不一定相同,为保持企业具有较强的竞争力,企业之间的施工定额在某种意义上说应该是保密的。所以施工企业内部要不断挖潜改造,提高自身定额水平,不断增强投标报价的竞争力。

施工定额是规定建筑安装工人或小组在正常施工条件下,完成单位合格产品的劳动力、材料和机械消耗的数量标准。它是施工企业组织生产、编制施工阶段施工组织设计和施工作业计划、签发工程任务单和限额领料单、考核工效、评奖、计算劳动报酬、加强企业成本管理和经济核算、编制施工预算的依据,而且是编制预算定额和补充定额的基础。它包括时间定额和产量定额,定额水平是平均先进的水平。采用的产品计量单位一般比较细,其中时间一般以工日或工时计,产品以最小单位(m、m^2、m^3等)计,定额子目多、细目划分复杂。

2. 预算定额

预算定额的性质是属于计价定额的性质。它体现一个工程项目在正常条件下,用货币形式描述的一定时期的工程造价。预算定额的定额水平是社会平均水平,从国家的政策、法规等方面表现出一个时期生产力的发展水平,它具有广泛的社会性,是施工单位、建设单位、银行、以及监理单位都十分关心的编制依据。

预算定额是在施工定额的基础上经综合扩大通过一定的计算方法编制出来的。它按分项工程和结构构件的要求,以扩大的产品单位来表示劳动力、材料和机械的消耗数量。预算定额采用的产品单位比施工定额大,如时间以工日、台班计,产品以 $10m$、$1000\ m^2$、$10\ m^3$ 等计,主要是为了满足编制施工图预算的要求。它是编制施工图预算的基本依据,是确定和控制基本建设投资额,对结构设计方案进行技术经济比较,对新结构、新材料进行技术经济分析的依据,是编制施工组织计划、确定劳动力、材料和机械需要量的依据,是工程结算、施工企业进行经济核算和经济活动分析的依据,而且是编制概算定额和概算扩大定额的基础。

3. 概算定额

概算定额在性质上与预算定额是相同的。在基本建设程序中,概算文件是国家对工程项目造价进行宏观控制,国民经济部门对资金流向进行控制的主要依据。概算定额与预算定额同样重要,适用于不同基本建设阶段编制不同的工程造价文件。

概算定额是在预算定额的基础上加以综合扩大而形成的,因而产品常使用更大的单位来表示,如,小桥涵以 1 座(道)等表示。概算定额的定额水平也是社会平均水平,但相较而言要比预算定额的定额水平低,它是编制设计概算、修正概算的主要依据,是进行设计方案和施工方案经济比较和选择的重要依据,是主要材料采购、供应计划的计算基础,而且是编制估算指标的基础。

4. 公路工程估算指标

估算指标既不同于施工定额,又不同于概、预算定额。它是在项目研究阶段编制投资估算文件的依据,而估算的总费用仅仅作为社会效益,或内部收益率、投资回收期计算的参考,所以它的作用和重要性是特别的。随着市场经济的发展,工程项目的可行性研究越来越受到重视,估算指标更加表现出它的重要性。

估算指标是在有关单位总结多年全国公路建设项目的设计资料和竣工文件的基础上,选用合理的工程量,按照各种标准施工图纸,以现行的公路工程技术标准、技术规范、概算定额及各项费用定额为依据制定的。估算指标是编制投资估算的依据,为公路建设项目投资决策和经济效益评价提供依据。

三、按编制单位和执行定额的范围不同分类

工程建设定额可分为全国统一定额、行业统一定额、地区统一定额、企业定额和补充定额五种。

1. 全国统一定额

全国统一定额是由国家建设行政主管部门,综合全国工程建设中技术和施工组织管理情况进行编制,并在全国范围内执行的定额,如全国统一安装工程定额。

2. 行业统一定额

行业统一定额是综合考虑各行业部门专业工程技术特点,以及施工生产和管理水平编制的,一般是只在本行业和相同专业性质的范围内使用的专业定额,如矿井建设工程定额、铁路建设工程定额、公路建设工程定额等。

3. 地区统一定额

地区统一定额包括省、自治区、直辖市定额。地区统一定额主要是考虑地区性特点和全国统一定额水平做适当调整补充编制的。各地区不同的气候条件、经济技术条件、物质资源条件和交通运输条件等,构成对定额项目、内容和水平的影响,是地区统一定额存在的客观依据。

4. 企业定额

企业定额是指由施工企业考虑本企业具体情况,参照国家、部门或地区定额水平制定的定额。企业定额只在企业内部使用,是企业综合实力的一个标志。企业定额水平一般高于国家现行定额,以满足生产技术发展、企业管理和市场竞争的需要。

5. 补充定额

补充定额是指随着设计、施工技术的发展,现行定额不能满足需要的情况下,为补充缺项所编制的定额。补充定额只能在指定的范围内使用,也可以作为以后修订定额的基础。

四、按专业不同分类

各个不同专业都分别有其相应主管部门发布的在本系统使用的定额,如建筑安装工程定额、设备安装工程定额、给排水工程定额、公路工程定额、铁路工程定额、水利水电工程定额、水运工程定额、井巷工程定额等。

第三节　定额的应用

在公路建设生产活动中,正确地使用定额是非常重要的。为了正确使用定额,必须全面了解定额,深刻理解定额,熟练地掌握定额。最好通过编制概(预)算等的实践,来熟练地运用定

额,也可以通过练习题的方法掌握定额。因公路工程定额项目繁多,现以公路工程常用的《公路工程预算定额》(JTG/T 3832—2018)和《公路工程概算定额》(JTG/T 3831—2018)为主,举例介绍其运用方法。

一、定额运用基本知识

1.定额的基本组成

《公路工程概算定额》(JTG/T 3831—2018)(以下简称《概算定额》)和《公路工程预算定额》(JTG/T 3832—2018)(以下简称《预算定额》)的组成部分均包括:发布定额的文件号;目录;总说明;章、节说明;定额表;《预算定额》还包括附录。

(1)总说明

规定使用范围、使用条件、定额使用中的一般规定(如特殊符号、文字)等,对正确运用定额具有重要作用,在使用定额时应特别注意《概算定额》和《预算定额》在总说明中的规定。

(2)章、节说明

对每一章、节的具体使用要求及注意事项作出了说明,特别是工程量计算规则。章、节说明对于正确运用定额具有重要作用,要想准确而又熟练地运用定额,必须透彻地理解这些说明,而且争取全面记住。

(3)定额表

定额表是各类定额的最基本组成部分,是定额指标数额的具体表示。《概算定额》和《预算定额》的表格形式基本相同,其基本组成有:表号及定额表名称、工程内容、计量单位、顺序号、项目、单位、代号、细目及栏号、小注等。现将定额表的构成和主要栏目说明如下:

①表号及定额表名称,如《预算定额》"1-1-5 填前夯(压)实及填前挖松"见表6-1。表号是编制概预算文件时与其对应定额一一对应的关系符号,名称表达了一张定额表的基本属性或分类。

表6-1 1-1-5 填前夯(压)实及填前挖松

工程内容 填前夯(压)实:原地面平整,夯(压)实。

填前挖松:将土挖松。 单位:1000m²

顺序号	项 目	单位	代号	填前夯(压)实				填前挖松
				人工夯实	履带式拖拉机 功率(kW)		12~15t光轮压路机	
					75以内	120以内		
				1	2	3	4	5
1	人工	工日	1001001	25.8	2	2	2	4.9
2	75kW以内履带式拖拉机	台班	8001066	—	0.16	—	—	—
3	120kW以内履带式拖拉机	台班	8001068	—	—	0.11	—	—
4	12~15t光轮压路机	台班	8001081	—	—	—	0.27	—
5	基价	元	9999001	2742	317	333	371	521

注:1.夯(压)实如需用水时,备水费用另行计算;

2.填前挖松适用于地面横坡1:10~1:5;

3.二级及二级以上公路的填前压实应采用压路机压实。

②工程内容,主要说明本定额表所包括的操作内容及对应详细工艺流程。查定额时,将实际发生的操作内容与表中的工程内容进行比较,若不一致时,应进行补充或采取其他措施。

③定额单位,即工程项目计量单位,如 10m、10m³ 构件、1000m、1km、1 道涵长及每增减 1m 等。

④顺序号,表征人、料、机及费用的顺序号,起简化说明的作用。

⑤项目,即本定额表的工程所需人工、材料、机具、费用的名称、规格。

⑥代号,当采用电算方法来编制公路工程概、预算时,可引用表中代号作为对工、料、机名称的识别符号,也称数组变量代号。

⑦工程细目,表征本定额表所包括的工程细目,见表 6-1 中《预算定额》"1-1-5"表中的"人工夯实""填前挖松"等,也称"子目""栏目"。

⑧栏号,指工程细目编号,见表 6-1 中《预算定额》"1-1-5"表所示定额中"人工夯实"栏号为 1,"填前挖松"栏号为 5,也称"子目号""栏目号"。

⑨定额值,即定额表中各种资源的消耗量数值。其中括号内的数值,一般是指所需半成品的实际消耗数量。见表 6-2 中《预算定额》"4-6-1"表所示定额中的"普 C20-32.5-4"所对应的"(10.20m³)",是指现浇 10m³ 混凝土支撑梁,需消耗普 C20-32.5-4 水泥混凝土 10.20m³,注意此值在编制概、预算文件时不可直接列入。

表 6-2　4-6-1 基础、承台及支撑梁(节选)

工程内容　1)模板制作、安装、拆除、修理、涂脱模剂、堆放;2)钢筋除锈、制作、电焊、绑扎及骨架吊装入模;
　　　　　3)安、拆灌注水下混凝土导管、漏斗等设备;4)混凝土浇筑、捣固、养护;5)凿桩头。　　单位:10m³ 实体

顺序号	项　目	单位	代号	混凝土				
				基　础				支撑梁
				轻型墩台		实体式墩台		
				跨径(m)		上部结构形式		
				4 以内	8 以内	梁板式	拱式	
				1	2	3	4	5
1	人工	工日	1001001	8.1	7.2	5.5	5	13.8
2	片 C15-32.5-8	m³	1503002	–	–	(10.2)	(10.2)	–
3	普 C20-32.5-4	m³	1503032	–	–	–	–	(10.2)
4	普 C15-32.5-8	m³	1503051	(10.2)	(10.2)	–	–	–
5	钢模板	t	2003025	0.04	0.031	0.017	0.012	0.069
6	螺栓	kg	2009013	1.3	1	0.4	0.3	4.7
7	铁件	kg	2009028	10.2	7.9	3.5	2.5	2.8
						......		
17	基价	元	9999001	3657	3313	2812	2708	4088

⑩基价,亦称定额基价。它是按《预算定额》附录四及现行《公路工程机械台班费用定额》(JTG/T 3833—2018)中规定的人工、材料、设备、机械的相应基价计算的定额费用计取。

⑪小注,有些定额表列有"注",是对本表的特别说明。使用定额时,必须仔细阅读,以免发生错误。

（4）附录

在《预算定额》中列有附录,如"路面材料计算基础数据表""基本定额""材料周转及摊销"和"定额人工、材料、设备单价表"等。附录是编制定额的基本数据,也是编制补充定额的依据,同时还是定额抽换的依据。

2. 定额的编号

在编制概预算文件时,在计算表格中均要列出所用的定额表号。一般采用[页号-表号-栏号]的编写方法。例如《预算定额》中[41-1-2-5-3]就是指引用 41 页的表 1-2-5-3,即第一章第二节的第 5 个表(1-2-5)中的第 3 栏,即"挤密灰土桩处理软土地基"。这种编号方法容易查找,复核检查方便,不易出错。但书写字码较多,在概预算表中占格较宽。

另一种编号方法是省去页号,采用[章-表-栏]三符号法。如《预算定额》中"浆砌片石基础"表的定额号为[4-5-2-1]。这种编号方法适用电算法编制概、预算文件。

定额编号在概预算文件中十分重要。一方面保证复核、审查人员利用编号快速查找,核对所用定额的准确性。另一方面,对如此繁多的工程细目的工作内容以编号形式建立——对应的关系,便于计算机处理及修编定额人员的统计工作。第三,在概预算文件的 21-2 表中,"定额编号"一栏必须填上对应的定额细目编号,不论手工计算,还是计算机处理,都必须保证该栏目的准确性。

3. 运用定额的步骤

所谓运用定额,就是平时所说的"查定额",是根据编制概、预算的具体条件和目的,查得需要的、正确的定额的过程。为了正确地运用定额,首先,必须反复学习定额、熟练地掌握定额;其次,必须收集并熟悉中央及地方交通主管部门有关定额运用方面的文件和规定。在此前提下,运用定额的基本步骤如下:

（1）根据运用定额的目的,确定所用定额的种类(是概算定额还是预算定额)。

（2）根据概(预)算项目表,依次按目、节确定欲查定额的项目名称,再据此在定额目录中找到其所在页次,并找到所需定额表。尤其要注意核查定额的工作内容、作业方式是否与施工组织设计相符。如"人工挖土"这项作业,在路基工程中有 1-1-6 表桥梁工程中有 4-1-1 表等等。

（3）进行定额内容查找。

①核查定额表"工程内容"与设计要求、施工组织要求有无出入,若无出入,则可在表中找到相应的细目,并进一步确定子目(栏号)。

②检查定额表的计量单位与工程项目取定的计量单位是否一致、是否符合规定的工程量计算规则。

③检查定额的总说明、章说明、节说明以及表下的小注是否与所查子目的定额查定有关,若有关,则采取相应措施对定额消耗数量进行调整。

④根据设计图纸和施工组织设计检查子目中有无需要抽换的定额,是否允许抽换,若应抽换,则进行具体抽换计算。

⑤依各子目序号确定各项定额值,可直接引用的就直接抄录,需计算的则在计算后抄录。

（4）重新按上述步骤复核。

（5）该项目的细目定额查完后,再查定该项目另外细目的定额,依次完成后,再查另一项目的定额。

当熟练之后,上列步骤,不必依次进行。

4.运用定额时应注意的问题

(1)计量单位要与项目单位一致,特别是在抽换、增列计算时更应注意。

(2)当项目中任何(工、料、机)定额值变化时,不要忘记其相应基价也要作相应的变化。

(3)当查定额时,首先要鉴别工程项目是属于哪类工程,以免盲目随意确定而在表中找不到栏目、无法计算或错误引用定额。如"汽车运土"与"汽车运输(构件运输)",前者属于路基工程,而后者属于桥梁工程。

(4)定额表中对某些物品规定按成品价格编制预算,而对某些物品则规定按半成品价格编制预算,查定额时要注意。

5.定额运用的要点

(1)正确选择子目,不重不漏;

(2)子目名称简练直观,尤其在修改子目名称时;

(3)看清工程量计量单位,特别在抽换、增列计算时更应注意;

(4)详细阅读总说明、章节说明及小注;

(5)注意设计图纸要求和定额子目或序号是否一致,否则可能要抽换;

(6)施工方法要根据施工组织设计及现场条件来确定;

(7)认真核对工程内容,防止漏列或重列;

(8)特别强调对附属工程定额的查找、补充。

二、定额单位与工程数量

工程量的正确与否直接影响概预算造价,怎样将工程数量使用正确是造价人员应注意的一个重要环节。由于设计图纸中的工程量或工程量清单中工程量的单位和内容,与所用定额的单位和内容并不完全一致,往往需要造价人员根据定额的需要进行换算或调整,达到计算造价与实际造价相符的目的。设计者一般对概预算或定额并不一定十分了解,仅从设计角度出发计算并统计工程量,与定额的计量单位及计算要求有一定的出入,怎样使计量单位、计算方法符合定额的工程量计算规则并正确计算工程量,就此类问题介绍几个典型处理方法。

1.体积与面积单位调整

计算中应特别留意面积与体积的不一致,这一点很容易被紧张节奏下粗心的编制人员疏忽,在预算定额中有很多这样的情况。

例如,"厂拌基层稳定土混合料"定额代号为预[2-1-7],定额单位1000m^2;"厂拌基层稳定土混合料运输",定额代号为预[2-1-8],定额单位1000m^3;"机械铺筑厂拌基层稳定土混合料",定额代号为预[2-1-9],定额单位1000m^2。路面基层设计图纸或施工图工程量一般都以m^2为单位列出,定额中厂拌基层稳定土混合料的拌和和铺筑为面积单位,可以直接使用;而定额中厂拌基层稳定土混合料运输为体积单位,需要进行换算。又如"沥青混凝土混合料拌和",定额代号为预[2-2-11],定额单位为1000m^3,设计图纸或施工图工程量一般是以1000m^2为单位列出,计量单位不一致,应根据设计图纸进行工程量换算。

2. 体积与个数的调整

在编制概预算文件时,如果遇到个数与体积不一致的情况,其换算不是简单的数学计算,必须在手边准备大量计算方面的基础资料,而这些基础资料的获得必须与厂商、政府管理部门取得联系,从任何教科书或参考书上是难以获得的。

如支座与伸缩缝,设计者一般提供支座的型号及对应的个数,如四氟板橡胶组合支座、板式橡胶支座,而定额单位却是 dm^3;如钢板伸缩缝、梳型钢板伸缩缝等设计者一般提供的工程量是长度 m,而定额单位却是 t,必须找到有关生产厂家及型号,依据标准图纸和基本数据等,才能换算出定额单位所需的 t 或 dm^3。

像这一类定额的单位换算问题有很多,在桥梁工程部分,如钢护筒、金属设备、泄水孔等工程数量的计算就应该注意其单位换算,并且,注意收集有关的基础数据。

3. 工程量的自定方法

一个工程项目所牵涉的定额不是都能在设计图纸上反映的,换句话说,一个完整项目的概预算造价除包括施工图纸上的工程数量外,还应考虑与施工方案及施工组织措施有关的其他工程的定额。

(1)临时工程范围

临时电力线路、临时便道的长度,需要按实际确定(现场调查)。这一部分工程量原则上不超过总建设长度的1/3,但也要充分考虑各种构造物运输不便、引用地方电网不便所造成的临时工程的增加。临时用电中"构造物的动力用电"如果没有列入临时工程项目,则应在自发电的电价中考虑。临时道路应考虑仓库、加工场、预制场、弃土及借土的便道距离。另一方面,临时仓库、加工场地、临时建筑物等在筹建过程中的一系列的相关工程内容的工程量。也必须在定额中予以考虑。

(2)很容易遗忘但牵涉工程量较大的一部分内容通常在土石方工程上

清除场地后回填土石方体积、填前夯实后增加的土石方体积、自然沉降引起增加的土石方体积、根据施工规范必须超宽填筑的体积等,都是必须增加补充计算的工程数量。而这部分工程量既无图纸,又无规范可查,只能靠造价人员根据土质资料及施工组织的详细资料具体问题具体分析,按施工现场实际情况具体计算。

4. 工程量与定额单位相同但存在一定的换算关系的情况

定额单位与工程量单位一致,但有时不能直接使用,必须提供一定的换算关系后才能正确使用,如路基土石方体积单位天然密实方与压实方之间的差值,及混凝土、砂浆考虑损耗的体积等。

(1)土石方工程数量与定额单位

定额默认挖方及运输两种条件下均按天然密实方施工考虑,填方按压实方碾压考虑。根据《概算定额》第一章说明,换算系数均已存在(如定额说明表列数据),但使用定额时,该系数能否正确运用将极大影响造价。一般来说,在单位工程内(或一标段内),主要考虑纵横向利用方是否能平衡。如果纵横向利用方能够绝对平衡,表列系数实际上是无用的;当挖方远大于填方,即存在一定弃方时,该表列系数也无用;只有在填方大于挖方时,即需借土填筑时,或在某填方段上需在红线外大量借方时,表列系数才有用。当挖方利用完后,剩下的需继续填筑的体积(剩余填筑体积)即可计算出来,这部分工程量是压实方体积。当利用取土点借土填筑时,其挖土的工程量、运土的工程量就要考虑天然密实方与压实方之间的换算系数,即挖土体积按借土体积乘以挖方系数,运土体积按借土体积乘以运土系数(挖松土系数1.23,运土系数为1.19)。值得注意的是,运输时仅考虑其本身的系数,不能与挖方系数连乘,即不能同时两次乘以挖土及运土的系数。

(2)混凝土及砂浆体积

要特别注意成品的混凝土体积与搅拌混凝土体积含义不同,砌体中的砂浆与搅拌中砂浆含义不同。因为搅拌中的混凝土、砂浆要包括正常的损耗数量,在配比调整时,应按搅拌时的混凝土、砂浆计算,而成品混凝土、砂浆则不能直接参与调整计算,这在抽换计算中应区分清楚。

这些运用十分容易忽视,但又是能体现概预算编制水平的必须关注的"小问题"。本节只能起到抛砖引玉的作用,望读者多加练习,细致考虑,提高定额的运用水平。

三、定额的直接套用

如果设计图的要求、工作内容及确定的工程项目完全与相应定额的内容符合,可直接套用定额。这一部分定额在编制概预算文件时的定额量占总定额量的50%以上,因此准确使用这些简单定额,可以节约大量的编制时间,应该保证这一部分定额100%正确。但要特别注意细心阅读各定额的总说明、章节说明、定额表中的小注、工程量单位等,以免在使用中发生错误。

【例6-1】 确定人工挖运普通土运40m的预算定额(重载运输升7%的坡)。

解:

(1)由《预算定额》目录可知该定额在10页,定额表号为1-1-6;

(2)确定定额编号为[10-1-1-6-2+4]或[1-1-6-2,辅助定额1-1-6-4];

(3)该定额小注4规定:如遇升降坡时,除按水平运距计算运距外,并按坡度不同需增加运距,重新计算运距为 $40+40\times7\%\times15=82(m)$,具体规定见《预算定额》10页;

(4)"路基土、石方工程"的节说明第5条规定,当运距超过第一个定额运距单位时,其运距尾数不足一个增运定额单位的半数时不计,等于或超过半数时按一个增运定额运距单位计算;

(5)计算定额值:

人工: $145.5+5.9\times\dfrac{80-20}{10}=180.9(工日)$

基价: $15464+627\times6=19226(元)$

【例6-2】 某桥的编织袋围堰工程,装编织袋土的运距为120m,围堰高2.2m,确定该工程的预算定额值。

解:

(1)由《预算定额》目录可知该定额在430页,定额表号为4-2-2;

(2)确定定额编号为[430-4-2-2-6]或[4-2-2-6];

(3)该定额节说明第2条规定,定额中已包括50m以内人工挖运土方的工日数量,当取土运距超过50m时,按人工挖运土方的增运定额增加运输用工,具体规定见《预算定额》426页节说明;

(4)计算定额值：

人工：$26 + 5.9 \times \dfrac{120 - 50}{10} \times \dfrac{68.41}{1000} = 28.83$（工日）

塑料编织袋：1139(个)

土：(68.41m^3) 不计价

基价：$4415 + 627 \times 7 \times 68.41 \div 1000 = 4715.25$(元)

【例6-3】 某桥梁工程以手推车运预制构件，每个构件的重量均小于3t，构件需出坑堆放，运输重载升4%的坡，运距84m，确定预算定额。

解：

(1)由《预算定额》目录可知该定额在818页，定额表号为4-8-1；

(2)确定定额编号为[818-4-8-1-1+2]或[4-8-1-1，辅助定额4-8-1-2]；

(3)该定额节说明1、3、4规定，本节的各种运输运距超过第一个定额运距单位时，其运距尾数不足一个定额单位的半数时不计，等于或超过半数时按一个定额运距单位计算；本节定额未列构件出坑堆放的定额，如需出坑堆放，可按相应构件运输第一个运距单位定额计列；当运输遇到升降坡时，按定额该节规定的系数进行换算，其具体规定见《预算定额》816页节说明；

(4)计算定额值：

人工：$1.4 + 1.4 + 0.2 \times \dfrac{80 - 10}{10} \times 1.5 = 4.9$（工日）

其他材料费：14.4(元)

基价：$163 + 163 + 21 \times 7 \times 1.5 = 546.50$(元)

【例6-4】 某桥梁拱盔宽度18m，净跨径30m，拱矢比1/4，起拱线至地面高度为12m，全桥5孔，确定2孔的拱盔立面积、支架立面积和该桥满堂式木拱盔人工、基价预算定额值。

解：

(1)由《预算定额》目录可知拱盔的定额在836页，定额表号为4-9-2；

(2)确定拱盔的定额编号为[836-4-9-2-3]或[4-9-2-3]；

(3)该定额节说明1、9、10规定：桥梁拱盔、木支架及简单支架均按有效宽度8.5m计，钢支架按有效宽度12.0m计，如实际宽度与定额不同时可按比例换算；说明9、10给出了工程量的计算方法，其具体规定见《预算定额》833页节说明；

(4)计算工程量：

拱盔立面积工程量：$F = 2 \times 0.172 \times 30^2 = 309.6$（$\text{m}^2$）

支架立面积工程量：$F = 30 \times 12 \times 2 = 720$（$\text{m}^2$）

(5)计算定额值：

人工：$30.3 \times (18/8.5) = 64.16$（工日）

基价：$5556 \times (18/8.5) = 11765.65$（元）

【例6-5】 用预算定额确定预制及安装某路线桥涵缘(帽)石的人工的用量。已知设计数量为50m^3，C15混凝土，钢模施工。

解：

(1)由《预算定额》目录可知预制小型构件定额在790页，定额表号为4-7-25；安装小型构件定额在793页，定额表号为4-7-26；

(2)确定预制小型构件的定额编号为[790-4-7-25-2]或[4-7-25-2];安装小型构件的定额编号为[793-4-7-26-1]或[4-7-26-1];

(3)该定额节说明15(2)规定:使用定额时,构件的预制数量应为安装定额中括号内所列的构件备制数量,其具体规定见《预算定额》715页节说明;

(4)计算定额值:

预制:人工 $22.5 \times 5 \times 1.01 = 113.63$ (工日)

安装:人工 $6.7 \times 5 = 33.5$ (工日)

四、复杂定额的套用

复杂定额指一个定额的工程内容与设计图纸不符,为了加以完善而需进行另外相关定额的补充,即必须由多个定额才能完成一道工艺流程的组合定额。这一部分定额占总定额量的比重不大,但对总造价的影响有时是很大的。

如果按设计图的要求、工作内容确定的工程项目不完全与相应定额的工程项目符合,则不能直接套用简单定额。这些工艺流程必须几个定额联合起来才能完成。一般在编制时应特别注意设计的工艺流程与定额的工程内容是否一致;定额中的"项目"与工艺过程中的消耗是否有差别,如是否多出一种材料或少掉一种材料或机械等。遇到这些矛盾首先要看定额表小注,再看节说明、章说明,同时也要特别注意定额总说明及使用要求,应细心阅读,以免发生错误。

【例6-6】 用《预算定额》确定自卸汽车配合挖掘机联合作业1000m³普通土所消耗的人工、机械数量。(8t自卸汽车运距3.0km,挖掘机挖斗容积1.0m³)

解:

(1)根据路基工程的土石方工程查《预算定额》[16-1-1-11-3+4]表

工程内容:1)等待装、运、卸;2)空回。

定额单位:1000m³天然密实方。

(2)分析工艺流程,缺挖土工序,补查《预算定额》[13-1-1-9-5]表

工程内容:挖掘机就位,开辟工作面,挖土,装车,移位,清理工作面。

定额单位:1000m³天然密实方。

(3)分析两表的工艺流程,合并相加后,定额单位1000m³,工程数量为1000m³,则消耗的人工、机械数量为:

人工:$3.1/1000m^3 \times 1000m^3 = 3.1$(工日)

挖掘机:$1.98/1000m^3 \times 1000m^3 = 1.98$(台班)

自卸汽车:$[8.25 + 1.15 \times (3-1)/0.5]/1000m^3 \times 1000m^3 = 12.85$(台班)

以上例题请自行思考和比较概算、预算定额的不同与相同之处。

五、基本定额的运用

由于定额是按一般正常合理的施工组织和正常的施工条件编制的,定额中所采用的施工方法和工程质量标准,主要是根据国家现行公路工程施工技术及验收规范、质量评定标准及安全操作规程取定的。因此,使用定额时不得因具体工程的施工组织、操作方法和材料消耗与定额的规定不同而变更定额。只有在以下几种情况下,才允许对定额中某些项目进行抽换,使定额的使用更符合实际情况:

(1)就地浇筑钢筋混凝土梁用的支架及拱圈用的拱盔、支架,如确因施工安排达不到规定的周转次数时,可根据具体情况进行换算并按规定计算回收。

(2)在使用预算定额时,路面基层材料、混凝土、砂浆的配合比与定额不相符时,以及水泥强度等级与定额中的水泥强度等级不同时,水泥用量可按《预算定额》附录二的基本定额中的混凝土、砂浆配合比表进行换算。

(3)钢筋工程中,当设计用 HRB300 钢筋和 HRB400 钢筋的比例与定额比例不同时,可进行换算。

(4)如施工中必须使用特殊机械时,可按具体情况进行换算。

【例6-7】 某三级公路路面基层为综合稳定土,设计配比为水泥:石灰:土 =4:8:88,厚30cm,采用拖拉机带铧犁沿路拌和,初期洒水养护,洒水用水源运距6km,确定预算定额。

解:

(1)由《预算定额》目录可知定额在 190 页,定额表号为2-1-6;

(2)确定定额编号为[190-2-1-6-9 + 10]或[2-1-6-9,辅助定额2-1-6-10];

(3)该定额节说明1、2和章说明4规定:如超过定额规定的压实厚度需分层拌和、摊铺、碾压时,拖拉机、平地机、摊铺机和压路机台班数量加倍,每1000m² 增加 1.5 个工日;当设计配比与定额配比不同时要进行换算;定额中凡列有洒水汽车的子目均按5km 范围内洒水汽车在水源处吸水编制,如水源运距大于 5km 时,应增列洒水汽车的台班消耗。其具体规定见《预算定额》161 页章说明和 163 页节说明;

(4)该定额子目中水泥、石灰、土的配比不同于设计配比需进行抽换;

(5)计算定额值:

人工:$12.3 + (30 - 20) \times 0.5 + 1.5 = 18.8$（工日）

土:$\left[268.07 + (30 - 20) \times 13.4\right] \times \dfrac{88}{90} = 393.135$（m³）

熟石灰:$\left[14.943 + (30 - 20) \times 0.747\right] \times \dfrac{8}{4} = 44.826$（t）

32.5 级水泥:$\left[20.392 + (30 - 20) \times 1.02\right] \times \dfrac{4}{6} = 20.395$（t）

其他材料费:301(元)

设备摊销费:$2.1 + 10 \times 0.1 = 3.1$(元)

120kW 以内自行式平地机:$0.3 \times 2 = 0.6$(台班)

75kW 以内履带式拖拉机:$0.18 \times 2 = 0.36$(台班)

12～15t 光轮压路机:$0.25 \times 2 = 0.50$(台班)

18～21t 光轮压路机:$0.80 \times 2 = 1.60$(台班)

10000L 以内洒水汽车:

$$0.33 + (30 - 20) \times 0.02 + 0.26 \times 2 \times \frac{(0.33 + 10 \times 0.02) \times 35}{1000} = 0.54 \text{（台班）}$$

基价:

$16211 + 726 \times 10 + 1.5 \times 106.28 + (393.135 - 402.07) \times 9.71 + (44.826 - 22.413) \times$
$276.7 + (20.395 - 30.592) \times 307.69 + 0.3 \times 1188.74 + 0.18 \times 654.89 + 0.25 \times 587.09 +$
$0.8 \times 752.93 + (0.54 - 0.53) \times 1104.87 = 27841.57$(元)

【例 6-8】 某桥梁的台帽工程设计为普 C35 水泥混凝土(非泵送施工),台帽钢筋设计为 HPB300 钢筋 25t,HRB400 钢筋 30t,确定混凝土及钢筋的预算定额值。

解:

(1)由《预算定额》目录可知定额在 667 页,定额表号为 4-6-3。

(2)确定定额编号为[667-4-6-3-1]或[4-6-3-1]和[667-4-6-3-5]或[4-6-3-5]。

(3)该定额子目中混凝土配合比与设计配合比不同;HRB300 钢筋和 HRB400 钢筋的比例不同需进行换算。

当混凝土强度等级及砂浆强度等级与设计等级不同时,需运用基本定额进行抽换。基本定额是指在合理的条件下,为生产单位数量半成品、中间产品所规定的各种资源(工、料、机、费用等)消耗量标准。基本定额按其消耗资源对象的不同可分为劳动定额和材料消耗定额两类,基本定额的具体内容见《预算定额》1213 页,对定额抽换和分部分项工程或半成品所需的人工、材料、机械消耗量的计算方法进行了详述。

(4)计算定额值:

①混凝土:查基本定额 1216 页混凝土配比表(不可作为施工配合比使用)可知:$1m^3$ 普 C35 混凝土需 32.5 级水泥 418kg,中粗砂 $0.45m^3$,碎石 $0.82m^3$。

人工 12.4 工日,钢模板 0.049t,螺栓 5.91kg,铁件 3.48kg,水 $12m^3$,中粗砂 $10.2 \times 0.45 = 4.59(m^3)$,碎石 $10.2 \times 0.82 = 8.364(m^3)$,32.5 级水泥 $10.2 \times 0.418 = 4.264(t)$,其他材料费 86.2 元,25t 以内汽车式起重机 0.66 台班,小型机具使用费 11.4 元。

基价:$4991 + (4.59 - 4.69) \times 87.38 + (8.364 - 8.47) \times 86.41 + (4.264 - 3.845) \times 307.69 = 5102.02(元)$。

②钢筋:定额中 HPB300 钢筋和 HRB400 钢筋比例为 1:5.029;设计比例为 1:1.2,需要换算。

设光圆钢筋为 x、带肋钢筋为 y

$$\begin{cases} \dfrac{x}{y} = \dfrac{25}{30} \\ x + y = 1.025 \end{cases} \Longrightarrow \begin{cases} x = 0.466 \\ y = 0.559 \end{cases}$$

人工 6.9 工日,HPB300 钢筋 0.466t,HRB400 钢筋 0.559t,20-22 号铁丝 2.86kg,电焊条 2.23kg,32kV·A 以内交流电弧焊机 0.32 台班,小型机具使用费 18.8 元。

基价:$4181 + (0.466 - 0.17) \times 3333.33 + (0.559 - 0.855) \times 3247.86 = 4206.30(元)$。

【例 6-9】 某跨径 20m 的石拱桥,浆砌块石拱圈工程,设计采用 M10 水泥砂浆砌筑, M12.5 水泥砂浆勾缝,试问编制预算时是否需要抽换?怎样抽换?

解:

(1)由《预算定额》目录可知定额在 630 页,定额表号为 4-5-3;

(2)确定定额编号为[630-4-5-3-6]或[4-5-3-6];

(3)该定额节说明 1 规定:定额中 M7.5 水泥砂浆为砌筑砂浆,M10 水泥砂浆为勾缝用砂浆,所以需进行抽换。其具体规定见《预算定额》626 页节说明;

(4)计算定额值:

查"基本定额"1213 页砂浆配比表可知:$1m^3$ M10 砂浆需 32.5 级水泥 311kg,中粗砂 $1.07m^3$;$1m^3$ M12.5 砂浆需 32.5 级水泥 345kg,中粗砂 $1.07m^3$。

人工 10 工日,8-12 号铁丝 1.5kg,铁钉 0.1kg,水 15m³,原木 0.01m³,锯材 0.02m³,中粗砂 $(2.7+0.11)\times1.07=3.007(\text{m}^3)$,块石 10.5m³,32.5 级水泥 $2.7\times0.311+0.11\times0.345=0.878(\text{t})$,其他材料费 4.4 元,1.0m³ 以内轮胎式装载机 0.1 台班,400L 以内灰浆搅拌机 0.12 台班。

基价:$2710+(3.007-3.06)\times87.38+(0.878-0.752)\times307.69=2744.14(\text{元})$。

【例 6-10】 某 2 孔跨径为 20m 的石拱桥,制备 1 孔木拱盔(满堂式),试确定其实际周转次数的周转性材料预算定额。

解:

(1)由《预算定额》目录可知定额在 836 页,定额表号为 4-9-2。

(2)确定定额编号为[836-4-9-2-2]或[4-9-2-2]。

(3)该定额总说明 8 规定:就地浇筑钢筋混凝土用的支架及拱圈用的拱盔、支架,如确因施工安排达不到规定的周转次数时,可根据具体的情况换算并按规定计算回收。其具体规定见《预算定额》总说明第八条。

在《预算定额》的附录中编制有材料的周转及摊销定额,它的主要用途有:

①规定各种周转性材料的周转、摊销次数;

②对达不到规定周转次数的材料定额进行抽换;

③具体计算可按下式进行:

$$E' = E \times K$$

式中:E'——实际周转次数的周转性材料定额;

E——定额规定的周转性材料定额;

K——周转性材料定额抽换系数。

$$K = \frac{n}{n'}$$

式中:n——定额规定的材料周转次数;

n'——实际的材料周转次数。

(4)计算。

序 号	材料规格名称	单 位	定额值 E	n	n'	K	换算值 E'
1	原木	m³	0.47	5	2	2.5	1.175
2	锯材	m³	1.63	5	2	2.5	4.075
3	铁件	kg	41.8	5	2	2.5	104.5
4	铁钉	kg	1.1	4	2	2	2.2

六、定额的补充

随着科学技术的发展,新结构、新工艺、新材料、新设备在公路工程上推广使用很快,但是定额的制定必须要有一定的周期,在新定发未发布以前,为了合理正确地反映工程造价和经济效益,在现行使用的概、预算定额基础上,已编制有部颁补充定额、地区补充定额和部分工程项目的一次性补充定额等。所以在查用现行定额时,应注意定额表左上方的"工程内容"所包含的项目与实际工程项目是否完全一致,结构形式、施工工艺是否相同,根据施工经验、实际的工程内容及对定额的了解选用相应的补充定额,做到定额使用不重不漏,特别应注意在设计资料中工程量计算表未提供的一些工程量和设计内容。

【例 6-11】 某河中桥墩挖基工程,施工地面水深 1m,确定人工挖基,卷扬机吊运普通土的预算定额。

解:

(1)由《预算定额》目录可知定额在 421 页,定额表号为 4-1-2;

(2)确定定额编号为[421-4-1-2-2]或[4-1-2-2];

(3)该定额表左上角"工程内容"包括:①人工挖土方;②装土、卷扬机吊运土出坑外;③清理、整平、夯实土质基底;④挖排水沟或集水井;⑤搭拆脚手架,移动卷扬机及整修便道;⑥取土回填、铺平、洒水、夯实;

(4)根据施工过程和工艺的要求,应补充"抽水""围堰"的定额;

(5)应补充的定额号如下:

①抽水:在该定额节说明中进行补充;

②围堰的定额编号为[430-4-2-2-3]或[4-2-2-3]。

【例 6-12】 确定某桥梁用单导梁安装标准跨径 20m 的预应力混凝土空心板的预算定额。

解:

(1)由《预算定额》目录可知定额在 744 页,定额表号为 4-7-13;

(2)确定定额编号为[744-4-7-13-8]或[4-7-13-8];

(3)该定额表左上角"工程内容"包括:①整修构件;②构件起吊、横移、就位、校正;③单导梁过墩移动;④锯断吊环;

(4)根据施工过程和工艺的要求,应补充"金属结构吊装设备(单导梁)"定额;

(5)应补充的定额编号为:[801-4-7-28-1]或[4-7-28-1]。

第四节　定额的管理

确定定额的水平必须兼顾国家和工人的利益。定额水平先进,表明可以用较少的劳动和物质消耗生产较多的产品,获得较多的利益。定额水平过高和过低,都不利于调动工人的生产积极性,不利于贯彻按劳分配原则,不利于促进生产的发展。因此,定额的水平必须先进合理,就是在正常的生产条件下,大多数工人经过努力能够达到,部分可以超过,少数比较接近的水平,这样才具有动员和促进的作用。随着生产技术条件的发展、变化和工人技术水平熟练程度的不断提高,原来先进合理的定额,执行一段时间以后,就会落后于生产发展的要求,必须做出相应的修改,在修改时,要注意不同行业、不同工种、不同工序之间定额水平的相对平衡,否则会造成忙闲不均,影响生产,影响资金的合理分配,造成劳动工人的内部矛盾,影响安定团结。

定额确定后,必须认真贯彻执行,充分发挥定额在生产和管理中的积极作用,使之成为设计、计划、施工等有关单位和建设银行在实际工作中必须遵循的标准,成为衡量各项经济活动成果的尺度。

一、定额管理的任务

公路工程定额管理的任务与公路建设的管理任务相适应,主要表现为以下五个方面。

1. 深化定额的改革

按照价值规律和等价交换的原则,在合理确定工程造价费用构成的基础上,进一步理清价格和费用的关系,并且根据国家政策规定及市场价格变动情况,通过发布价格信息及工程造价指数,对工程造价实行动态调整,逐步形成在国家宏观调控下,以市场调节造价为主的价格机制,逐步建立起国家宏观调控,企业法人对建设项目投资全过程负责,企业经营管理和成本管理趋于完善。改革包括 5 个方面的内容:

(1)在市场经济条件下,为确切地反映建筑安装工程费用的性质和内容,创造公平竞争的市场环境,制定关于调整建筑安装工程费用组成的若干规定,对建筑安装工程成本费用进行规范。

(2)按照量价分离和工程实体性消耗与施工措施消耗相分离的原则,对计价定额进行改革。人工、材料、机械等消耗量标准由国家制定基础定额及工程量计算规则,实现国家对计价定额消耗量的宏观控制;对人工、材料、机械台班费用单价等区别不同情况,实行调整与放开相结合的办法,从而改变国家对定额管理的模式。

(3)针对当前价格、利率、汇率、税率等不断变动已成为影响工程造价的重要因素的实际情况,组织各地区、各部门工程造价管理部门定期发布反映市场价格水平的价格信息和调整指数,实行动态管理。

(4)采取依据不同工程类别实行差别费率和差别利润率,改变过去按企业隶属关系和资质等级划分费率的做法,促进了企业间的平等竞争。

(5)为鼓励企业逐步做到按工程类别成本报价,提高企业的竞争能力,在计价定额的表现形式上,实行工程实体性消耗和施工措施消耗相分离的做法。

2. 节约社会劳动

节约社会劳动是合理利用资源和资金的一个极其重要的方面,是提高公路工程建设投资效益的标志和主要途径。公路建设中劳动的投入数量大、周期长,资源使用紧张,资金短缺。节约社会劳动,不仅给一个项目或一个企业带来经济效益,而且会从宏观上给国民经济的发展带来积极影响。通过定额的制定、定额的执行、定额的调整,达到控制工程建设的耗费,节约社会劳动的目的。

3. 缩短建设工期和施工工期

公路建设工期长、规模大,由于体制和管理等方面的原因,拖长施工工期的现象十分普遍。这样,势必造成资源浪费和降低投资效益。如果我国在现有建设规模的基础上,平均建设工期每 5 年缩短 1 年,就能增加国民经济收入 500 亿左右。相反,工期延长 1 年,国民经济收入将减少 300 亿,并且多支出管理费等 100 亿左右。通过对定额的管理,找到缩短工期的考核标准和评价尺度,可以使施工企业的施工工期得以有效的控制,并对施工单位形成有效的工期约束。

4. 协调公路施工中各方面的经济利益关系

公路施工中,建设单位(业主)、施工企业和生产工人、监理和监督管理单位等与工程施工密切相关的这些单位,建设单位是筹建者或筹资者,施工企业是工程施工的承包者,工人是生产者,工程监理是项目实施的管理者。在市场经济的条件下,各方都存在相互的经济利益关系和矛盾,定额的管理就是要维护各方正当利益,正确处理各方的经济关系。定额是中立者,也是执法者。

5. 促进公路建设中两个转变的实现

两个根本转变:一是经济体制从传统的计划经济向市场经济体制的转变;二是经济增长方式从粗放型向集约型转变。定额管理的任务就是要在定额的指导下,引导公路建设的体制逐步向市场经济的轨道迈进,提高劳动生产率,向集约型经济增长模式靠拢,在公路建设这一领域内赶上或超过世界发达国家的建设水平。

二、定额管理的内容

定额管理的内容从操作上来看,大致有三个方面:定额的编制修订,定额的贯彻执行,定额的信息反馈。

从市场的信息流程来看,定额管理的主要内容有:信息的采集、加工、传递、反馈,关系图如图6-3所示。

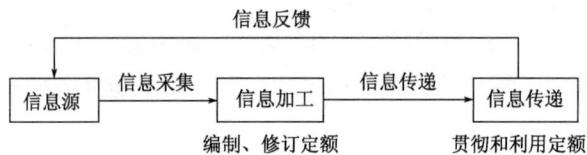

图6-3　定额信息流程图

定额管理工作的具体内容如下:

(1)制定定额的编制计划和方案;

(2)积累、收集和分析、整理基础资料;

(3)编制、修订定额;

(4)审批、发布各省区补充定额;

(5)组织新编定额的征询意见;

(6)整理和分析意见、建议,诊断新编定额中存在的问题;

(7)对新编定额进行必要的调整和修改;

(8)组织新编定额交底和一定范围的宣传、解释和答疑;

(9)从各方面为现行定额的贯彻执行创造条件,积极推行新定额;

(10)监督、检查定额的执行,主持定额纠纷的仲裁;

(11)收集、储存定额的执行情况,反馈信息。

三、定额管理的组织机构

我国公路工程定额管理是多部门、多层次的管理,建立定额管理机构在于能够在公路系统内组织各方面力量,调动各方面的积极性,快速、准确收集各地方的定额资料、信息,并发动专家优势制定补充定额,快速跟上新技术、新工艺发展的步伐。

从管理机构权限的划分来看,建设部标准定额司是归口领导机构,它主要负责制定和颁布有关定额的政策、法规、发展规划;组织发布定额;委托研究机构测定、修订定额;规划专业定额人才的培训工作;制定造价工程师执业资格制度等工作。交通部定额站具体负责交通系统内各项定额、造价管理工作。

定额管理机构属于政府职能部门,是国家管理和控制工程造价的有效工具,在进一步深化经济体制改革的形势下,定额仍然是国家对公路建设进行预测、决策、宏观调控的手段。当然,定额贯彻执行还需公路设计单位、建设单位、施工单位及监理单位的大力宣传、解释和运用推广。在贯彻执行定额中要抓好以下几件事:

(1)加强政治思想工作。

(2)及时地将定额下达到班组和个人,做到工人知定额,干活依标准、考核有依据。

(3)创造完成定额的必要条件,例如加强生产准备、做好机器维修保养、合理安排生产任务,保证材料、动力、工具的供应等。

(4)将定额的贯彻执行与技术革新和技术改造、开展合理化建议活动、组织社会主义劳动竞赛、总结推广先进经验等工作紧密结合。

(5)加强培训,提高工人的文化和技术水平。

(6)正确贯彻按劳分配的原则,把完成定额的情况作为奖励、调资、评比先进的依据之一。

(7)加强定额执行情况的统计、检查和分析工作。

(8)建立健全企业的定额管理部门,配备必要的定额工作人员,加强定额的管理。

思考题

1. 什么是定额?

2. 从计划经济向市场经济转轨的过程,定额所起的作用是什么?

3. 定额的特点是什么? 定额的作用是什么?

4. 定额按实物量消耗的分类有哪几种? 按使用要求分类有哪几种?

5. 定额的抽换在哪几个方面进行? 为什么进行抽换?

6. 定额管理的任务和内容是什么?

7. 补充定额的作用是什么?

8. 怎样才能快速查定额?

9. 怎样使用定额才能正确而全面?

10. 概算定额与预算定额的主要区别是什么?

练习题

1. 编制概算文件时,某工地需要原木 $150m^3$,采用人工装卸,4t 载重汽车运输,确定概算定额。

2.某路线工程的路缘带采用预制、安装 C30 混凝土块 $35m^3$,中间填土 $350m^3$,填土利用路基余方,采用人工手推车运输普通土 40m,确定预算定额。

3.分析水泥混凝土构件预制场在准备、建造、施工、直到安装前的工艺流程中,所涉及的预算定额的工程内容。

4.列出预应力构件在预制、安装过程中,采用后张法施工所涉及的预算定额的工程内容或预算定额栏目。

5.列出沥青混合料的施工过程中,在集中拌和条件下,从准备、建造、拌和直到摊铺所涉及的预算定额的工程内容或预算定额栏目。

第七章

公路工程概预算

第一节　公路工程概预算的分类和投资额测算体系

一、公路工程概预算的分类

根据我国的设计和概预算文件编制以及管理方法,对公路基本建设工程有如下规定:

(1)采用两阶段设计的建设项目,在初步设计阶段,必须编制设计概算;在施工图设计阶段,必须编制施工图预算。

(2)采用三阶段设计的建设项目,除按上述要求外,在技术设计阶段,还必须编制修正概算。

二、公路工程投资额测算体系

为了对公路基本建设工程进行全面而有效的工程造价管理,在项目的各阶段都必须编制有关的造价文件,这些不同造价文件的投资额则要根据其主要内容要求,由不同测算工作来完成。投资额按公路工程的建设程序进行分类,有如下几种:

1. 投资估算

投资估算,一般是指在投资前期(项目建议书,可行性研究报告)阶段,建设单位向国家申请拟建项目或国家进行决策时,确定建设项目在项目建议书、可行性研究报告等不同阶段的相应投资总额而编制的经济文件。

国家对任何一个拟建项目,都要通过对项目建议书、可行性研究报告的全面评审后,才能决定是否正式立项。在可行性研究中,除考虑国家经济发展上的需要和技术上的可行性外,还要考虑经济上的合理性。投资估算为投资决策提供数量依据,也是建设项目经济效益分析中确定成本的主要依据,因此,它是建设项目在初步设计前各阶段工作中,确定拟建项目在经济上是否合理的重要文件。

2. 概算

概算又分为设计概算和修正概算两种。设计概算是指在初步设计或技术设计阶段,由设计单位根据设计图纸、概算定额、各类费用定额、建设地区的自然条件和技术经济条件等资料,预先计算和确定建设项目从筹建至竣工验收的全部建设费用的造价文件。它是设计文件的重要组成部分,是国家确定和控制公路基本建设投资总额、安排基本建设计划、选择最优设计方案的依据。建设项目的总概算一经批准,在其随后的其他阶段是不能随意突破的。

3. 施工图预算

公路基本建设工程不论采用几阶段设计,设计单位在施工图设计阶段均应编制施工图预算。施工图预算是以设计单位为主,必要时可邀请施工单位、建设单位参加,根据施工图设计的工程量和施工方案,按预算定额和各类费用定额,所编制的反映工程造价的文件。它是考核施工图设计经济合理性的依据,对于按施工图预算承包的工程,它又是签订建筑安装工程合同、实行建设单位和施工单位投资包干和办理工程结算的依据;对于进行施工招标的工程,施工图预算也是编制工程招标控制价的依据;同时,它也是施工单位加强经营管理,搞好经济核算的基础。

施工图预算必须以施工图图纸、说明书、施工组织设计(或施工方案)以及编制预算的法令性文件为依据。

4. 施工预算

施工预算是施工单位进行成本控制与成本核算的依据,也是施工单位进行劳动组织与安排,以及进行材料和机械管理的依据,对施工组织和施工生产有着极为重要的作用。

施工预算是指施工阶段,在施工图预算的控制下,施工单位根据施工图计算的分项工程量、施工定额、施工组织设计或分部分项工程施工过程的设计及其他有关技术资料,通过工料分析,计算和确定完成一个工程项目或一个单位工程或其中的分部分项工程所需的人工、材料、机械台班消耗量及其他相应费用的造价文件。施工预算所反映的是完成工程项目的成本,是成本控制的主要目标。

5. 报价

报价是由投标单位根据招标文件及施工定额(有时往往是投标单位根据自身的施工经验与管理水平所制定的企业定额)和招标项目所在地区的自然、社会和经济条件及施工组织方案和投标单位自身条件,计算完成招标工程所需各项费用的造价文件。报价是投标文件最重要的组成部分和主要内容,是投标工作的关键和核心,也是决定能否中标的主要依据。报价过高,中标率就会降低;报价过低,尽管中标率增大,但可能无利可图,甚至导致承担工程亏本的风险。因此,能否准确计算和合理确定工程报价,是施工企业在投标竞争中能否获胜的前提条件。中标单位的报价,将直接成为工程承包合同价的主要基础,并对将来的施工过程起着严格的制约作用。承包单位和业主均不能随意更改报价。

报价同施工预算比较接近,但不同于施工预算。报价的费用组成和计算方法同概预算类似,但其编制体系和要求均不同于概预算,尤其在目前的招投标工作中,一般采用单价合同,因而使报价时的费用分摊同概预算的费用计算方式有很大差别。总的看来,报价和概、预算的差别主要体现在两个方面:一是概、预算文件必须按国家有关规定进行编制,符合一定时期社会平均水平,而报价更能体现施工单位的自身水平;二是概、预算经设计单位编制完成后,必须经建设单位或其主管部门、建设银行等审查批准后才能作为建设单位与施工单位结算工程价款的依据;而报价则可以根据投标单位对工程和招标文件的理解程度,在预算造价上下浮动,无须预先送建设单位审核。因此,报价比概预算更复杂,也比概预算更灵活。

6. 工程结算

工程项目的建设是一个复杂的过程,涉及的单位是一些相对独立的经济实体,有着各自的经济利益,在项目建设过程中承担着不同的工程内容,因此,无论公路工程项目采用何种方式进行建设,在建设过程中,各经济实体之间必然会发生货币收支行为。这种在项目建设过程中,由于器材采购、劳务供应、施工单位已完工程交工和可行性研究及设计任务的完成等经济活动而引起的货币收支行为,这就是项目结算。在社会主义商品经济条件下,公路建设项目的建设过程也是一种商品的生产过程,其间所发生的一系列工作和活动最终都要通过结算来做最后评价。因此,正确而及时地组织项目结算,全面做好项目结算的各项工作,对于加速资金流转,加强经济核算,促进建设任务的完成,保证项目建设的顺利进行以及加强对项目建设过程的财政信用监督等方面都有着十分重要的意义。项目的结算过程,实际上也是基本建设活动实行基本建设拨、贷款的投资过程,也是及时掌握项目投资活动的动态变化情况的过程。项目结算是国家组织的基本建设经济活动,是及时掌握经济活动信息,实现固定资产再生产任务的重要手段。同时,通过结算,可以协助建设单位有计划地组织一切货币收支活动,使各企业、各单位的劳动耗能及时得到补偿。

项目结算的主要内容包括货物结算、劳务供应结算、工程(费用)结算及其他货币资金的结算等。货物结算是指建设单位同其他经济单位之间,由于物资的采购和转移而发生的结算;劳务供应结算是指建设单位同其他单位之间,由于互相提供劳务而发生的结算;工程费用结算指建设单位同施工单位之间,由于拨付各种预付款和支付已完工程等费用而发生的结算;其他货币资金结算是指基本建设各部门、各企业和各单位之间资金往来,以及他们同建设银行之间因存款、放款业务而发生的结算。

7. 竣工决算

竣工决算是指在建设项目完工后竣工验收阶段,由建设单位编制的建设项目从筹建到建成投产或使用的全部实际成本的技术经济文件。它是公路建设投资管理的重要环节之一,是公路工程竣工验收、交付使用的重要依据,也是进行公路建设项目财务总结,银行对其实行监督的必要手段。其内容由文字说明和结算报表两部分组成。文字说明主要包括:工程概况;设计概算和基本建设规划执行情况;各项技术经济指标完成情况;各项拨款(或贷款)使用情况;建设成本和投资效果的分析以及建设过程中的主要经验;存在的问题和解决意见等。

应当注意,施工单位往往也根据工程结算结果,编制单位工程竣工成本决算,核算单位工程的预算成本、实际成本和成本降低额,经企业内部成本分析,突出经营效果,总结经验,提高经营管理水平。

投资活动的进展顺序及相关工作内容和投资额测算的相互关系如图 7-1 所示。

项目阶段	工作名称	技术文件	造价文件	主要编制依据

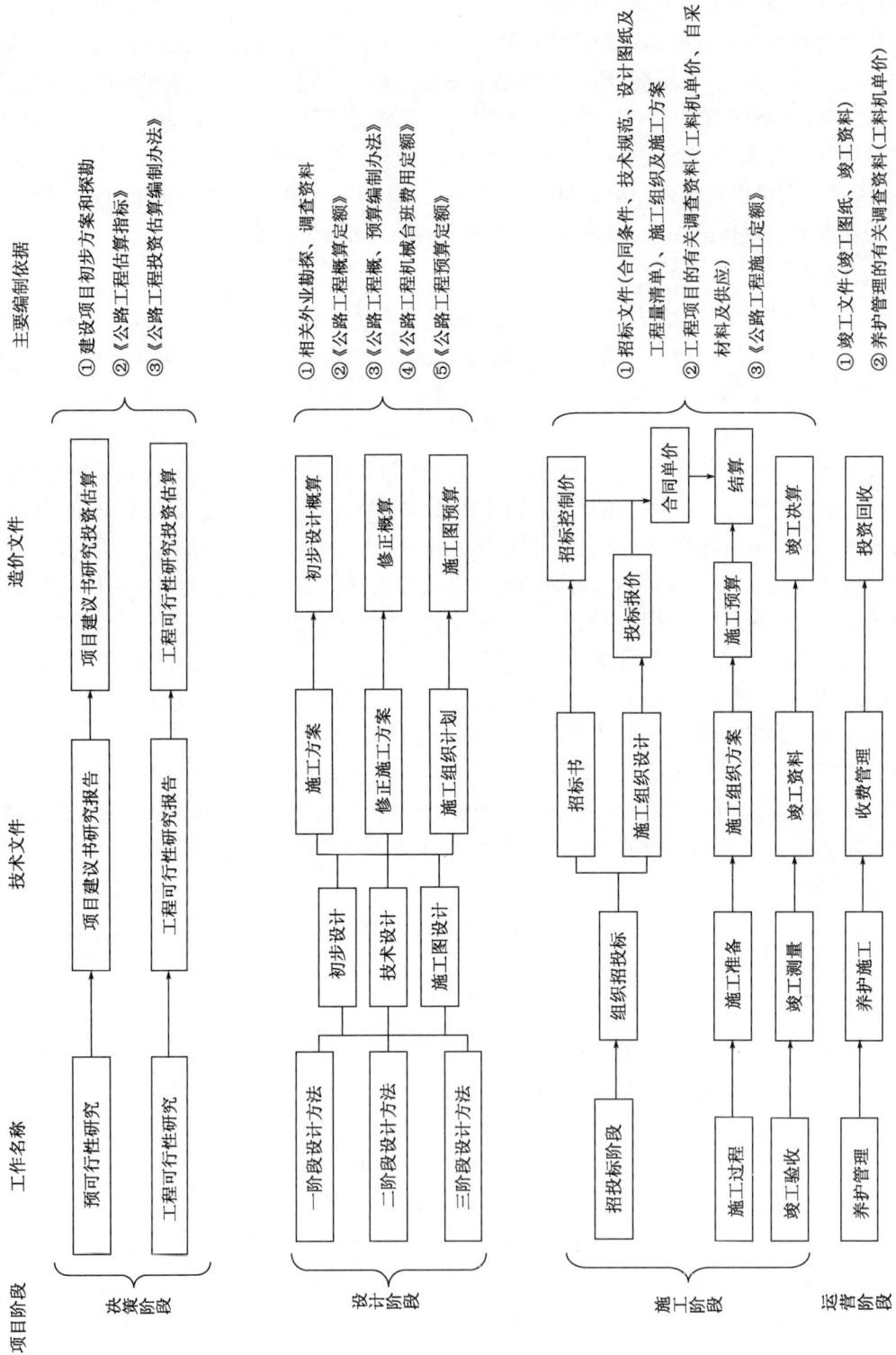

图7-1　投资进程与投资额测算关系图

从图 7-1 可以看出,估算、概算、预算、报价、结算以及决算以价值形态贯穿整个投资过程。从申请建设项目,确定和控制基本建设投资额,进行基建经济管理和施工单位经济核算,到最后以决算形成企(事)业单位的固定资产,构成了一个有机的整体,缺一不可。因此,在一定意义上说,它们是基本建设投资活动的血液,也是联系参与项目建设活动各经济实体的纽带。申报项目要编投资估算,设计要编概算和施工图预算,投标要编报价,施工前要编施工预算,施工过程之中要进行结算,施工完成要编制决算;并且一般还要求决算不能超过预算,预算不能超过概算,概算则不能超出估算所允许的幅度范围,结算不能突破合同价的允许范围。总之,各种测算环环相扣,紧密联系,共同对投资额进行有效控制。

第二节　概预算的作用与文件组成

一、概预算的作用

工程概预算是决定工程结构物设计价值的造价文件,是基本建设管理工作中的重要环节。概预算的质量好坏,与国家基本建设资金是否正确合理使用有密切的关系。它既是衡量完成国家计划的依据,又是正确组织施工的前提。

一个工程设计,技术上是否先进合理,设计造价是衡量的标准之一。当基本建设项目确定后,如何将大量的劳动力、材料用好、管好,做到少花钱多办事,是工程组织管理的主要内容,因此,从设计、施工直至投产,都离不开工程概预算。工程概预算是设计文件的组成部分,也是工程管理不可缺少的内容和依据。其作用归纳如下:

1. 工程概预算是编制基本建设计划,确定和控制基本建设投资额的依据

国家规定,编制年度基本建设计划,确定计划投资额及其构成数额,要以批准的初步设计概算中有关指标为依据,初步设计概算没有批准的建设工程不能列入年度基本建设计划。批准的投资数额,是控制国家投资的最高限额,在工程建设过程中,一般不能突破这一限额。

2. 工程概预算是设计与施工方案优选的依据

工程概预算是确定工程价值的造价文件,它不仅反映各项工程的建设规模,并规定了工程经济活动范围,同时也综合体现出各项工程设计与施工方案的合理性(其中包括路线方案、结构形式、材料品种和施工方法等各个方面)。

①概预算的货币指标体系

当建设项目的各个设计方案出来以后,可以利用总概算造价指标、单位工程概算造价指标、单位产品成本等指标进行经济比较,从而可以发现问题,促使设计人员进一步改进设计,从而选出最优的设计方案。因为每个方案的设计意图都会通过计算工程量和各项费用全部反映到概预算文件中来,通过这些货币指标的比较,就可以从中选出在各方面均能满足原定要求且又经济的最佳方案,从而促进优化设计。

②基本建设概预算文件中的实物指标

实物指标如主要材料(钢材、木材、水泥、沥青等)的消耗量,人工、机械台班的消耗量等,对于进行技术经济分析与考虑经济效益也有着重要的作用。尤其当需要考虑物价上涨问题时,对不同材料的上涨指数,可通过对实物指标的分析来获得,从而可预测不同设计方案的物价风险。

3. 工程概预算是实行基本建设招投标,签订工程合同,及进行工程拨款、贷款和结算的依据

合同制是按照经济规律要求所确定的一种经济管理办法。工程承包合同包括工程范围、施工期限、工程质量、工程造价、材料设备供应和工程结算等内容,工程概预算是签订工程承包合同的重要依据之一。

初步设计概算是拨款和贷款的最高限额,建设项目的全部拨款、贷款或单项、单位工程的拨款、贷款累计总额,均不能超过初步设计概算。以批准的初步设计进行施工招标的工程,其单项或单位工程的招标控制价应在批准的总概算范围内。

施工图预算是实行建筑安装工程承包,办理工程进度款,安排施工组织计划和备料,进行工程结算的依据。以施工图设计进行施工招标的工程,经审定批准后的施工图预算是编制工程招标控制价的依据。

4. 工程概预算是施工企业加强经营管理,搞好经济核算的基础

公路工程施工企业为了加强经营管理,搞好经济核算,降低工程成本,增加利润,就必须以概预算为基础,制定经营计划,做好施工准备,进行"两算"对比,并考核经营效果和完善经济责任制。

施工企业的经营计划和施工财务计划的组成内容,以及其相应指标体系中的部分指标的确定,都必须以施工图预算为依据。例如实物工程量、工作量、总产值和利润额等指标,其中总产值应直接按工程承包的施工图预算价格计算。另外,在编制施工财务计划中的施工计划、保证性计划中的材料技术供应计划和财务计划时,也必须以施工图预算为依据。

在对拟建工程进行施工的准备过程中,依赖于施工图预算提供有关数据的工作主要有:在施工图预算的控制下编制单位工程施工预算;以施工图预算的分部分项工程量、工料分析为依据,编制施工进度计划和劳动力、材料、成品、半成品、构件及施工机械等需要量及供应计划,并落实货源、组织运输、控制消耗;以施工图预算提供的直接费、措施费、企业管理费等为依据,对工程施工进度的网络计划进行工期与资源、工期与成本优化等。

"两算"是指施工图预算和施工预算。施工企业为搞好经济核算,常常通过施工预算与施工图预算的对比,对"两算"进行互审,从中发现矛盾并及时分析原因,然后予以纠正。这样既可以防止多算或漏算,有利于企业对单位工程经济收益的预测与控制,又可以使人工、材料、机械台班等资源需要量计划的编制工作准确无误,有利于工料消耗的分析与控制,确保工程施工的顺利进行。

施工企业通过企业内部单位工程竣工成本决算,进行实际成本分析,反映自身经营管理的经济效果。以工程竣工后的工程决算为依据,对照单位工程的预算成本、实际成本,核算成本降低额,总结经验教训,提高企业经营管理水平。

施工企业以施工图预算为依据,实行内部的单位工程、班组和各职能部门的经济核算,从而使企业本身及其内部各部门和全体职工明确自己的经济责任,努力提高劳动生产效率,确保

安全施工,大力节约工时和资源,保证每项工程都能达到工期短、质量好、成本低、利润高的目的。

5. 工程概预算是对工程进行成本分析和统计工程进度的重要指标

对基本建设计划完成情况和存在的问题,必须通过基本建设统计分析加以反映。基本建设审计是以货币指标和实物指标反映工程的人工、材料、机械台班的实际消耗。审计的有关科目应和概预算一致,才能对照工程概预算各费用项目,进行成本分析。同时,通过对在建项目的概预算完成情况的统计,可以及时了解工程的进度。

必须指出,由于初步设计概算和施工图预算编制的时间、依据和要求不同,因此它们的作用既有共同点也有不同之处。由于它们都是国家对基本建设进行科学管理和监督的有效手段,所以在编制年度基本建设计划,确定工程造价、方案,签订工程合同,建设银行进行拨款(贷款)和竣工结算等方面有着共同的作用。其不同之处主要表现在:设计概算在确定和控制建设项目投资总额等方面的作用更为突出;施工图预算在最终确定和控制单项工程或单位工程的计划价格、施工企业加强经济管理等方面的作用更显著。

二、概预算的编制依据

公路工程概预算的编制是一项十分细致的工作,编制前应全面了解工程所在地的建设条件,掌握各种基础资料,正确引用规定的定额、取费标准和材料及设备价格。在编制时严格遵守国家的方针、政策和有关制度,符合公路设计规范和施工技术规范。编制的主要依据如下:

1. 法令性文件

法令文件系指编制概预算中所必须遵循的国家、交通运输部和地方主管部门颁布的有关法令性文件或规定,如交通运输部发布的现行《编制办法》、《公路工程基本建设项目设计文件编制办法》(交公路发〔2007〕358号)等。

2. 设计资料

概算文件应根据建设项目可行性研究报告的批准文件和初步设计(或扩大初步设计)编制;修正概算文件应根据初步设计批复文件和技术设计编制;施工图预算则根据批准的初步设计文件和施工图设计图纸等编制。

编制人员应熟悉设计资料、结构特点及设计意图。设计图纸上的工程细目数量往往不能满足概预算编制的要求,还需做必要的计算或补充,对设计文件上提出的施工方案还需补充和完善。

3. 概预算定额,概算指标,取费标准,材料、设备预算价格等资料

概算文件应根据概算定额(或指标),措施费标准,企业管理费标准,利润率,税率,材料、设备预算价格等资料进行编制。

施工图预算应根据国家或主管部门编制的公路工程预算定额或其他专用定额、省(区)编制的补充定额,措施费、企业管理费及其他费用标准,利润率,税率,材料、设备预算价格等进行编制。

4. 施工组织设计资料

从施工组织设计中可以看出,与概预算编制有关的资料包括:工程中的开竣工日期,施工

方案,主要工程项目的进度要求,材料开采与堆放地点,大型临时设施的规模、建设地点和施工方法等。

5.当地物资、劳力、动力等资源可供利用的情况

本着因地制宜、就地取材的原则,对当地情况应做深入的调查了解,经反复比较后确定最优方案。

①物资:外购材料要确定外购的地点、货源、质量、分期到货等情况;自采加工材料要确定料场、开采方式、运输条件(道路,运输工具及各种运输工具的比重、运价、装卸费等)、堆放地点等。

②劳力:当地各种技工及普工可以提供的数量、分布地点、工资标准及其他要求等。

③动力:当地可供利用的电资源情况,包括提供的数量、单价以及可能出现的输电线路变压器问题等情况。

④运输:向运输部门了解当地各种运输工具可供利用的情况及运价、基价、装卸费等有关情况。

6.施工单位的施工能力及潜力

编制概算时,施工单位尚未明确,可按中等施工能力考虑。编制施工图预算时,若已明确施工单位,就应根据施工单位的管理与技术水平,确定新工艺、新技术采用的可能程度,明确施工单位可以提供的施工机具、劳力、设备以及外部协作关系。

7.自然条件及其变化规律

了解当地自然条件及其变化规律,如气温、雨季、冬季、洪水季节及规律,风雪、冰冻、地质、水源等。

8.其他工程及沿线设施

其他工程及沿线设施如旧有建筑物的拆迁,与水利、电信、铁路的干扰及解决措施,清除场地,管理养护及服务设施等。

三、概预算费用的组成

根据交通运输部《公路工程基本建设项目概算预算编制办法》(JTG 3830—2018)(以下简称《编制办法》)的规定,公路工程概预算费用由建筑安装工程费,土地使用及拆迁补偿费,工程建设其他费,预备费,建设期贷款利息共五大部分费用组成,如图7-2所示。

四、概预算项目及编码规则

公路建设工程从筹建至竣工验收、运营使用的全过程中需要的建设费用,由建筑安装工程费、土地使用及拆迁补偿费、工程建设其他费、预备费、建设期贷款利息共五大部分费用组成。其中土地使用及拆迁补偿费、工程建设其他费、预备费、建设期贷款利息这四部分费用可分别按国家规定的有关费用标准和相关规定直接计算,较易确定。但是,建筑安装工程费则不同,如第一章第二节和本节所述,要从基本的分项工程的各项消耗开始逐步扩大计算,其中包括直接、间接的消耗和建安工人为社会所创造的价值。因此,公路工程概预算价值的主要组成部分

```
                                              ┌ 人工费
                                     ┌ 直接费 ┤ 材料费
                                     │        └ 施工机械使用费
                                     │ 设备购置费
                                     │              ┌ 冬季施工增加费
                                     │              │ 雨季施工增加费
                                     │              │ 夜间施工增加费
                                     │              │                    ┌ 高原地区施工增加费
                                     │ 措施费 ──────┤ 特殊地区施工增加费 ┤ 风沙地区施工增加费
                                     │              │                    └ 沿海地区施工增加费
                                     │              │ 行车干扰工程施工增加费
                                     │              │ 施工辅助费
                                     │              └ 工地转移费
                                     │              ┌ 基本费用
                                     │              │ 主副食运费补贴
             建筑安装工程费 ─────────┤ 企业管理费 ┤ 职工探亲路费
                                     │              │ 职工取暖补贴
                                     │              └ 财务费用
                                     │          ┌ 养老保险费
                                     │          │ 失业保险费
                                     │ 规 费 ───┤ 医疗保险费
                                     │          │ 工伤保险费
                                     │          └ 住房公积金
                                     │ 利润
                                     │ 税金
                                     │              ┌ 施工场地建设费
                                     └ 专项费用 ────┤ 安全生产费
             土地使用及拆迁补偿费
                                                    ┌ 建设单位(业主)管理费
                                     ┌ 建设项目管理费 ┤ 建设项目信息化费
                                     │                │ 工程监理费
                                     │                │ 设计文件审查费
                                     │                └ 竣(交)工验收试验检测费
概预算总金额 ─┤                     │ 研究试验费
                                     │ 建设项目前期工作费
                                     │ 专项评价(估)费
             工程建设其他费 ────────┤ 联合试运转费
                                     │              ┌ 工器具购置费
                                     │ 生产准备费 ──┤ 办公和生活用家具购置费
                                     │              │ 生产人员培训费
                                     │              └ 应急保通设备购置费
                                     │ 工程保通管理费
                                     │ 工程保险费
                                     └ 其他相关费用
                                     ┌ 基本预备费
             预备费 ─────────────────┤
                                     └ 价差预备费
             建设期贷款利息
```

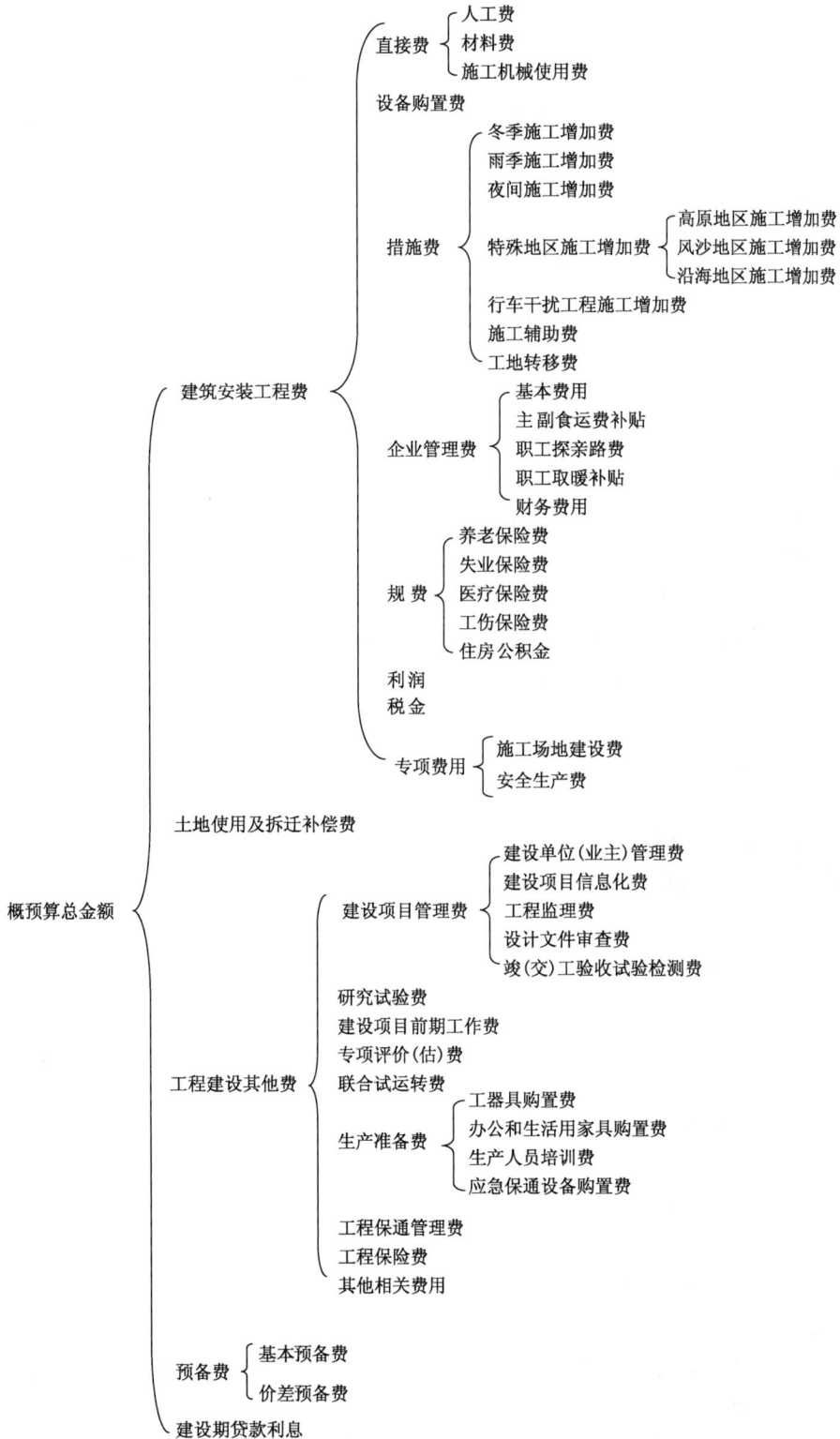

图 7-2 概算、预算费用组成图

是建筑安装工程的概预算价值。在一定意义上讲,编制公路工程概预算,主要是编制建筑安装工程概预算,它是编制公路工程概预算的关键。

建筑安装工程是由相当数量的分项工程组成的庞大复杂的综合体,直接计算出它的全部人工、材料和机械台班的消耗量及价值,是一项极为困难的工作。为了准确无误地计算和确定建筑安装工程的造价,必须对公路基本建设工程项目进行科学的分析与分解,使之有利于公路工程概、预算的编审,以及公路基本建设的计划、统计、审计和基建拨款、贷款等各方面,确保编制概预算项目时不重不漏,保证质量。因此,必须对概预算项目的划分、排列顺序及内容作出统一规定,这就形成了公路工程概算预算项目表(参见附录 B),具体见《公路工程基本建设项目概算预算编制办法》(JTG 3830—2018)的附录 B。

概预算项目应按项目表的序列及内容编制,不得随意划分。当实际出现的工程和费用项目与项目表的内容不完全相符时,第一、二、三、四、五部分和“项”的序号、内容应保留不变,项目表中的“项”以下的分项在引用时应保持序号、内容不变,缺少的分项内容可随需要就近增加,并按项目表的顺序以实际出现的级别依次排列,不保留缺少的“项”以下的项目序号。即“目”、“节”及“细目”分级可随需要增减,并按项目表的顺序以实际出现的“目”、“节”及“细目”分级依次排列,不保留缺少的“目”、“节”及“细目”的序号。如第一部分费用的第五项为隧道工程,第六项为交叉工程,若无隧道工程项目,但其序号仍保留,交叉工程仍为第六项;但如“目”、“节”及“细目”发生这样的情况时,可依次递补改变序号。

公路工程概预算项目主要包括以下内容:

第一部分　建筑安装工程费

　　第一项　临时工程

　　第二项　路基工程

　　第三项　路面工程

　　第四项　桥梁涵洞工程

　　第五项　隧道工程

　　第六项　交叉工程

　　第七项　交通工程及沿线设施

　　第八项　绿化及环境保护工程

　　第九项　其他工程

　　第十项　专项费用

　　　　1.施工场地建设费

　　　　2.安全生产费

第二部分　土地使用及拆迁补偿费

第三部分　工程建设其他费用

第四部分　预备费

第五部分　建设期贷款利息

项目表的详细内容见附录 B。

分项编号采用部(1位数)、项(2位数)、目(2位数)、节(2位数)、细目(2位数)组成,以部、项、目、节、细目等依次逐层展开。例如,1010201,表示该项目临时工程(项01)的临时便桥、便涵(目02)的临时便桥(节01)的建筑安装工程费用(部1)的分项编号;又如 LM010301, LM 表示第一部分费用的第三项路面工程,LM 后面的 010301 依次表示目、节及细目,即表示路面工程的沥青混凝土路面(目01)中的路面基层(节03)的石灰稳定类基层(细目01),然后按厚度进行分级,确定概预算分项编号(参见附录 B),具体见《公路工程基本建设项目概算预算编制办法》(JTG 3830—2018)的附录 B。

五、概预算文件组成

概预算文件应由封面、扉页、目录、编制说明及全部计算表格组成(参见附录 A)。封面和扉页应按现行的《公路工程基本建设项目设计文件编制办法》中的规定制作。扉页的次页和目录应按《公路工程基本建设项目概算预算编制办法》(JTG 3830—2018)的附录 A 的规定制作。

1. 概预算编制说明

概预算编制完成后,应写出编制说明,文字力求简明扼要。叙述的内容一般有:

(1)建设项目设计文件的依据。如建设项目可行性研究报告文号、初步设计概算批准文号(编修正概算时)以及根据何时的测设资料及比选方案进行编制的等等。

(2)编制范围、工程概况等。

(3)采用的定额、费用标准,人工、材料与设备、施工机械台班单价的依据或来源,新增工艺的单价分析等。

(4)有关的协议书、会谈纪要等的主要内容。

(5)概算、预算总金额,人工、钢材、水泥、木料、沥青的总量情况。

(6)各设计方案的经济比较。

(7)项目综合经济技术指标统计,对比分析本阶段与上阶段工程数量、造价的变化情况。

(8)其他有关费用计算项及计价依据的说明。

(9)采用的公路工程造价软件名称及版本号。

(10)其他需要说明的问题。

2. 概预算表格

概(预)算文件的主要内容和组成部分是概(预)算表格,它实际上是由一套规定的表格所组成。并且,公路工程概(预)算应按统一的概(预)算表格计算。概(预)算表格是一个有机的整体,它们互相联系,共同反映出工程的费用;概(预)算的材料和机械台班单价及各项费用的计算都应通过表格反映。概(预)算各种表格的计算顺序及相互关系,如图7-3所示。

3. 甲组文件和乙组文件

概预算文件是设计文件的组成部分,应按现行《公路工程基本建设项目设计文件编制办法》关于设计文件报送份数要求,随设计文件一并报送,并同时提交可计算的造价电子数据文件和新工艺单价分析的详细资料。

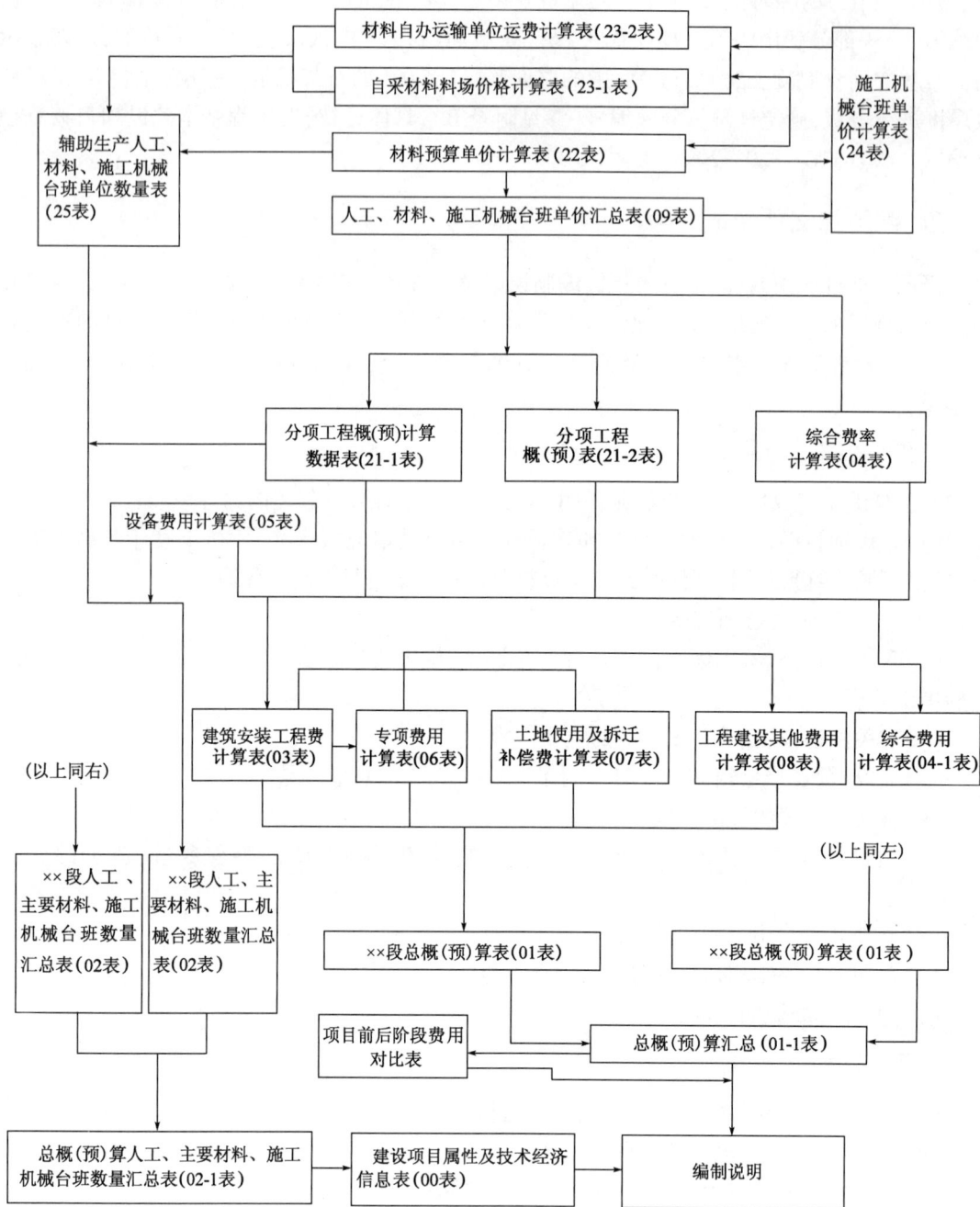

图7-3 概(预)算表格的计算顺序和相互关系

概预算文件按不同的需要分为两组,甲组文件为各项费用计算表,乙组文件为建筑安装工程费各项基础数据计算表。乙组文件中的"分项工程概(预)算表"(21-2表)可只提交电子版,或按要求提交纸质版。概(预)算应按一个建设项目(如一条路线或一座独立大(中)桥、隧道)进行编制。当一个建设项目需要分段或分部编制时,应根据需要分别编制,但必须汇总编制"总概(预)算汇总表"。

甲、乙组文件包括的内容如下：

甲组文件
- 编制说明
- 项目前后阶段费用对比表
- 建设项目属性及技术经济信息表(00 表)
- 总概(预)算汇总算(01-1 表)
- 总概(预)算人工、主要材料、机械台班数量汇总表(02-1 表)
- 总概(预)算表(01 表)
- 人工、主要材料、机械台班数量汇总表(02 表)
- 建筑安装工程费计算表(03 表)
- 综合费率计算表(04 表)
- 综合费用计算表(04-1 表)
- 设备费用计算表(05 表)
- 专项费用计算表(06 表)
- 土地使用及拆迁补偿费计算表(07 表)
- 工程建设其他费用计算表(08 表)
- 人工、材料、施工机械台班单价汇总表(09 表)

乙组文件
- 分项工程概(预)算计算数据表(21-1 表)
- 分项工程概(预)算表(21-2 表)
- 材料预算单价计算表(22 表)
- 自采材料料场价格计算表(23-1 表)
- 材料自办运输单位运费计算表(23-2 表)
- 施工机械台班单价计算表(24 表)
- 辅助生产人工、材料、施工机械台班单位数量表(25 表)

第三节　概预算费用计算

一、建筑安装工程费计算

建筑安装工程是施工企业按预定生产目的创造的直接生产成果,包括建筑工程和设备安装工程两大类。它必须通过施工企业的生产活动和消耗一定的资源来实现。从理论上讲,建筑安装工程费以建筑安装工程价值为基础。建筑安装工程的价值由三个部分组成:一是建筑业转移的生产资料价值;二是生产者为自己劳动所创造的价值;三是生产者为社会劳动所创造的价值。建筑安装工程费用就是这些价值的货币量化值,它由三个部分组成:第一部分为施工企业转移的生产资料的费用,主要包括建筑材料、构(配)件、设备购置的价值和进行建筑安装生产所使用施工机械等固定资产的折旧费用等;第二部分为施工企业职工的劳动报酬和其他必要的费用等;第三部分为施工企业向财政缴纳的税金和税后留存的利润。前两部分构成建筑安装工程成本。

现行的《编制办法》规定建筑安装工程费用由直接费、设备购置费、措施费、企业管理费、规费、利润、税金、专项费用八部分组成。建筑安装工程费除专项费用外，其他均按"价税分离"计价规则计算，即各项费用均以不含增值税可抵扣进项税额的价格（费率）进行计算，具体要素价格适用增值税税率执行财税部门的相关规定。定额建筑安装工程费用包括定额直接费、定额设备购置费的40%、措施费、企业管理费、规费、利润、税金、专项费用，定额直接费包括定额人工费、定额材料费、定额施工机械使用费。

定额人工费、定额材料费、定额施工机械使用费以及定额设备购置费均按《公路工程预算定额》（JTG/T 3832—2018）附录四"定额人工、材料、设备单价表"及现行《公路工程机械台班费用定额》（JTG/T 3833—2018）中规定的人工、材料、设备、机械的相应基价计算的定额费用计取。

1. 直接费计算

直接费是指施工过程中耗费的构成工程实体和有助于工程形成的各项费用，包括人工费、材料费、施工机械使用费。直接费是施工企业生产作业直接体现在工程上的费用，即直接使生产资料发生转移而形成预定使用功能所投入的费用。

直接费是建筑安装工程费的主体部分，它的高低直接决定了工程造价的高低。直接费的多少取决于设计质量、施工方法、概（预）算定额、工程所在地的人工工日单价、材料预算价格、机械台班单价等因素。

（1）直接费的计算方法

①将工程项目按要求分解成分项工程，并计算各分项工程的工程量；

②查阅和套用定额项目表中各分项工程的人工、材料、机械定额消耗量；

③根据分项工程的工程量大小和定额的规定计算出各分项工程的人工、材料、机械消耗量；

④用人工工日单价、材料预算单价和机械台班单价计算出各分项工程的人工费、材料费、机械使用费。

（2）人工费计算

人工费是指列入概算、预算定额的直接从事建筑安装工程施工的生产工人开支的各项费用。但材料采购及保管人员、驾驶施工机械、运输工具的工人，材料到达工地以前的搬运、装卸工人等人员的工资以及由企业管理费（施工管理）支付工资的人员的工资，不应计入人工费。

①人工费费用范围

a）计时工资或计件工资。指按计时工资标准和工作时间或对已做工作按计件单价支付给个人的劳动报酬。

b）津贴、补贴。指为了补偿职工特殊或额外的劳动消耗和因其他特殊原因支付给个人的津贴，以及为了保证职工工资水平不受物价影响支付给个人的物价补贴。如流动工资津贴、特殊地区施工津贴、高温（寒）作业临时津贴、高空津贴等。

c）特殊情况下支付的工资。指根据国家法律、法规和政策规定，因病、工伤、产假、计划生育假、婚丧假、事假、探亲假、定期休假、停工学习、执行国家或社会义务等原因按计时工资标准或计件工资标准的一定比例支付的工资。

②人工费费用计算

人工费以概算、预算定额人工工日数乘以综合工日单价计算，按公式(7-1)计算：

人工费 = ∑（分项工程数量×相应项目定额单位工日数×综合工日单价）　　(7-1)

上式各项内容的规定和计算如下：

a)分项工程数量。由设计图纸按工程量计算规则计得的定额单位工程数量。

b)相应项目定额单位工日数。指完成一定数量单位的分项工程量(如10m³实体、1t钢筋、1000m²路面基层等)定额规定所需人工工日,可由直接通过定额查得。如《预算定额》中规定,完成10 m³的预制圆管涵(管径1.0m以内)混凝土实体需用工43.7工日。

c)综合工日单价。人工费标准按照本地区公路建设项目的人工工资统计情况以及公路建设劳务市场情况进行综合分析,确定人工工日单价。人工工日单价由省级交通主管部门制定发布,并适时进行动态调整。人工工日单价仅作为编制概(预)算的依据,不能作为施工企业实发工资的依据。

d)计算各分项工程的人工费,汇总得出项目人工费。

将各分项工程的工程数量及定额人工工日数算出,按综合工日单价即可算出各分项工程的人工费,然后按式(7-1)可得项目总人工费。

(3)材料费计算

材料费是指施工过程中耗用的构成工程实体的原材料、辅助材料、构配件、零件、半成品、成品等,按工程所在地的材料价格计算的费用。

材料费在建筑安装工程中占主要地位,其比重达40%左右,因此,准确计算材料费对概预算工作质量有巨大意义。具体按公式(7-2)计算:

$$材料费 = \sum(分项工程数量 \times 相应项目定额单位材料消耗量 \times 材料预算价格) \quad (7\text{-}2)$$

公式(7-2)中分项工程数量同前,定额材料消耗量由定额查得。只是要注意,任何一个分项工程其材料消耗的种类、品质都有差别,各种材料的品质要求由设计规定。这两项内容和工作都比较简单,而关键的是材料预算价格的计算。下面重点介绍材料预算价格的计算方法。

材料预算价格由材料原价、运杂费、场外运输损耗、采购及保管费组成。材料预算价格按公式(7-3)计算。

$$材料预算价格 = (材料原价 + 运杂费) \times (1 + 场外运输损耗率) \times$$
$$(1 + 采购及保管费率) - 包装品回收价值 \quad (7\text{-}3)$$

上式中各项内容的规定与计算如下:

①材料原价

各种材料原价按以下规定计算:

a)外购材料:外购材料价格参照本行政区域交通运输主管部门发布的价格或按调查的市场价格进行综合取定。

b)自采材料:自采的砂、石、黏土等,按定额中开采单价加辅助生产间接费和矿产资源税(如有)计算。在概(预)算编制工作中,应通过"自采材料料场价格计算表"(23-1表)进行计算。

辅助生产间接费指施工单位自行开采加工的砂、石等自采材料及施工单位自办的人工、机械装卸和运输的间接费。辅助生产间接费按定额人工费的3%计。该项费用并入材料预算单价内构成材料费,不直接出现在概(预)算中。

高原地区施工单位的辅助生产,可按高原地区施工增加费费率,以定额人工费与施工机械费之和为基数计算高原地区施工增加费(其中:人工采集、加工材料,人工装卸、运输材料按土方费率计算;机械采集、加工材料按机械石方费率计算;机械装卸、运输材料按运输费率计算)。高原地区辅助生产施工增加费不作为辅助生产间接费计算基数。

材料供应价格是材料预算价格最主要的组成部分,应进行仔细地调查和分析,按实计取。

【例7-1】 计算机械轧碎石的料场单价：已知碎石已筛分，碎石机的装料口径400mm×250mm，碎石的最大粒径为4cm，人工单价为110元/工日，开采片石的预算单价为55元/m³，400mm×250mm电动颚式碎石机的台班单价为178.50元/台班，滚筒式筛分机的台班单价为150.80元/台班。

解：

查《预算定额》1152页[8-1-7-14]，可得生产加工100m³堆方的碎石需要消耗人工30.2工日，开采片石114.9m³，400mm×250mm电动颚式碎石机3.42台班，滚筒式筛分机3.48台班。查《预算定额》附录四可知定额人工单价为106.28元/工日，所以加工生产100m³的碎石料场单价为：

人工费：30.2×110=3322(元)

辅助生产间接费：30.2×106.28×3%=96.29(元)

材料费：开采片石114.9×55=5319.5(元)

机械费：碎石机：3.42×178.50=610.47(元)

筛分机：3.48×150.80=524.79(元)

碎石的料场单价：(3322+96.29+5319.50+610.47+524.79)÷100=98.73(元/m³)

②运杂费

运杂费指材料自供应地点运至工地仓库（施工地点存放材料的地方）所需要的费用，包括装卸费、运费，如果发生，还应计囤存费及其他杂费（如过磅、标签、支撑加固、路桥通行等费用）。

材料运杂费在材料预算价格中占有很大的比重，其运输费用高与低，与材料供应地和运输方式的选择有密切关系。材料供应地一经确定，运输方式、运距也就随之确定了。材料供应地的选择要综合考虑可供量、供应价格、运输条件及运距长短等因素，进行经济比较后确定，以达到降低材料预算价格和工程造价的目的。

材料运杂费的计算：

a)通过铁路、水路和公路运输的材料，按调查的市场运价计算运费。

铁路运杂费的计算，一般应考虑装卸费、调车费、运费及其他杂费等。

一种材料当有两个以上的供应点时，应根据不同的运距、运量、运价采用加权平均的方法计算运费。由于概算、预算定额中已考虑了工地运输便道的特点，以及定额中已计入了"工地小搬运"的费用，因此汽车运输平均运距中不得乘调整系数，也不得在工地仓库或堆料场之外再加场内运距或二次倒运的运距。

有容器或包装的材料及长大轻浮材料，还应按表7-1规定的毛质量计算。桶装沥青、汽油、柴油按每吨摊销一个旧汽油桶计算包装费（不计回收）。

表7-1 材料毛质量系数及单位毛质量表

材料名称	单位	毛质量系数(%)	单位毛质量
爆破材料	t	1.35	—
水泥、块状沥青	t	1.01	—
铁钉、铁件、焊条	t	1.10	—
液体沥青、液体燃料、水	t	桶装1.17，油罐车装1.00	—
木料	m³	—	原木0.75t，锯材0.650t
草袋	个	—	0.004t

b)施工单位自办运输

平均运距在 15km 以内(超过 15km 按市场运价计算运输费用)的由施工单位自行组织装卸、运输,一般应该按《预算定额》中不同材料采用不同运输方法的定额规定计算出消耗的人工、机械台班计算出运费,其中人力运输、装卸还应加辅助生产间接费。应通过"材料自办运输单位运费计算表"(23-2 表)进行计算。

材料运杂费的计算,是通过"材料预算单价计算表"(22 表)进行。

【例7-2】 汽车运原木,运距40km,经调查汽车运输的市场运价为 0.58 元/t·km,装卸费为 6.0 元/t,捆绑等杂费 2.0 元/t,由表 7-1 可知原木的单位毛质量为 0.75t。由此可得到运每立方米原木的运杂费为:

$$(40 \times 0.58 + 6.0 + 2.0) \times 0.75 = 23.40(元/m^3)$$

【例7-3】 人力手推车运砂,人力装卸,平均运距100m。按《预算定额》1166 页[9-1-2-1]和[9-1-2-2]规定,可知每100 m^3 砂装卸消耗人工数 6.1 工日,推运10m 消耗人工 0.5 工日,若已知当地人工工日单价为 110 元/工日,查《预算定额》附录四可知定额人工单价为 106.28 元/工日,则运杂费为:

人工费:$(6.1 + 0.5 \times 10) \times 110 = 1221(元)$

辅助生产间接费:$(6.1 + 0.5 \times 10) \times 106.28 \times 3\% = 35.39(元)$

人力手推车运砂、人力装卸,平均运距100m 的运杂费为:

$$(1221 + 35.39) \div 100 = 12.56(元/m^3)$$

③场外运输损耗

有些材料在正常的运输过程中会发生损耗,这部分损耗应摊入材料单价内。材料场外运输损耗率见表 7-2。

表 7-2 材料场外运输损耗率表(%)

材料名称		场外运输(包括一次装卸)	每增加一次装卸
块状沥青		0.5	0.2
石屑、碎砾石、砂砾、煤渣、工业废渣、煤		1.0	0.4
砖、瓦、桶装沥青、石灰、黏土		3.0	1.0
草皮		7.0	3.0
水泥(袋装、散装)		1.0	0.4
砂	一般地区	2.5	1.0
	风沙地区	5.0	2.0

注:汽车运水泥,当运距超过 500km 时,袋装水泥损耗率增加 0.5 个百分点。

④采购及保管费

材料采购及保管费是指在组织采购、供应和保管材料过程中,所需要的各项费用及工地仓库的材料储存损耗。

材料采购及保管费,以材料的原价加运杂费及场外运输损耗的合计数为基数,乘以采购及保管费费率计算。钢材的采购及保管费费率为 0.75%,燃料、爆破材料的采购及保管费费率为 3.26%,其余材料的采购及保管费费率为 2.06%。商品水泥混凝土、沥青混合料和各类稳定土混合料、外购的构件、成品及半成品的预算价格计算方法与材料相同。商品水泥混凝土、沥青混合料和各类稳定土混合料不计采购及保管费,外购的构件、成品及半成品的采购及保管费费率为 0.42%。

(4)施工机械使用费计算

施工机械使用费指列入概算、预算定额的工程机械和工程仪器、仪表台班数量,按相应的施工机械台班费用定额计算所得的费用按公式(7-4)计算。

$$施工机械使用费 = \sum(分项工程数量 \times 相应项目定额单位机械台班消耗量 \times$$
$$机械台班单价) + 小型机具使用费 \qquad (7-4)$$

①分项工程数量:同前。

②定额机械台班消耗量。

由定额直接查得完成一定数量单位的分项工程定额所规定消耗的机械种类和台班数量。

③机械台班单价。

机械台班预算价格应按现行《公路工程机械台班费用定额》(JTG/T 3833—2018)计算,机械台班单价由不变费用和可变费用组成。不变费用包括折旧费、检修费、维护费、安拆辅助费等;可变费用包括机上人员人工费、动力燃料费、车船税。可变费用中的人工工日数及动力物资消耗量,应以机械台班费用定额中的数值为准。台班人工费工日单价同生产工人人工费单价。动力燃料费用则按材料费的计算规定计算。车船税,如需交纳时,应根据各省、自治区、直辖市及国务院有关部门的规定计算。各种机械台班单价通过"施工机械台班单价计算表"(24表)计算。

工程仪器仪表使用费是指机电工程施工作业所发生的仪器仪表使用费,以施工仪器仪表台班耗用量乘以施工仪器仪表台班单价计算。工程仪器仪表台班预算价格应按现行《公路工程机械台班费用定额》(JTG/T 3833—2018)计算。台班人工费工日单价同生产工人人工费单价。动力燃料费用则按材料费的计算规定计算。

当工程用电为自行发电时,电动机械每 kW·h(度)电的单价可按公式(7-5)计算:

$$A = 0.15 \times K \div N \qquad (7-5)$$

式中:A——每 kW·h 电单价(元);

K——发电机组的台班单价(元);

N——发电机组的总功率(kW)。

④小型机具使用费。

从定额中查出相应项目定额单位所规定的消耗费用与分项工程数量相乘即可。

(5)定额直接费计算

定额直接费是计算措施费、企业管理费等费用的基数,定额直接费在做初步方案的经济比较时发挥作用,也是评价不同工艺、方法的造价水平的参考依据。

定额直接费是指完成定额规定单位的分项工程量所需消耗的工人费、材料费、机械使用费的合计值。其中人工费、材料费按《预算定额》附录四"定额人工、材料单价表"计算,施工机械使用费按《公路工程机械台班费用定额》(JTG/T 3833—2018)中的定额基价计算。

2.设备购置费计算

设备购置费指为满足公路初期营运、管理需要购置的构成固定资产标准的设备和虽低于固定资产标准但属于设计明确列入设备清单的设备的费用。包括渡口设备,隧道照明、消防、通风的动力设备,公路收费、监控、通信、路网运行监测、供配电及照明设备等。

（1）设备购置费应列出计划购置的清单（包括设备的规格、型号、数量），以设备预算价计入。

（2）设备购置费包括设备原价、运杂费、运输保险费、采购及保管费，各种税费按编制期有关部门规定计算。

（3）需要安装的设备，按建筑安装工程费的有关规定计算设备的安装工程费。设备与材料的划分标准见《公路工程基本建设项目概算预算编制办法》（JTG 3830—2018）附录 C。

3. 措施费计算

措施费包括冬季施工增加费、雨季施工增加费、夜间施工增加费、特殊地区施工增加费、行车干扰工程施工增加费、施工辅助费、工地转移费七项。分别以定额人工费和定额施工机械使用费之和或定额直接费为基数按费率取费计算。

（1）措施费的取费费率

措施费的取费费率需按工程类别来计取，包括后面的企业管理费的计算也必须按以下工程类别来计取。其工程类别划分如下：

①土方：指人工及机械施工的土方工程、路基掺灰、路基换填及台背回填。

②石方：指人工及机械施工的石方工程。

③运输：指汽车、拖拉机、机动翻斗车、船舶等运送土石方、路面基层和面层混合料、水泥混凝土及预制构件、绿化苗木等。

④路面：指路面所有结构层工程、路面附属工程、便道以及特殊路基处理工程（不含特殊路基处理中的圬工构造物）。

⑤隧道：指隧道土建工程（不含隧道的钢材及钢结构）。

⑥构造物Ⅰ：指砍树挖根、拆除工程、排水、防护、特殊路基处理中的圬工构造物、涵洞、交通安全设施、拌和站（楼）安拆工程、便桥、便涵、临时电力和电信设施、临时轨道、临时码头、绿化工程等工程。

⑦构造物Ⅱ：指小桥、中桥、大桥、特大桥工程。

⑧构造物Ⅲ：指商品水泥混凝土的浇筑、商品沥青混合料和各类商品稳定土混合料的铺筑、外购混凝土构件、设备安装工程等。

⑨技术复杂大桥：指钢管拱桥、斜拉桥、悬索桥、单孔跨径在 120m 以上（含 120m）和基础水深在 10m 以上（含 10m）的大桥主桥部分的基础、下部、和上部工程（不含桥梁的钢材及钢结构）。

⑩钢材及钢结构：指所有工程的钢材及钢结构等工程。

购买的路基填料、绿化苗木、商品水泥混凝土、商品沥青混合料和各类稳定土混合料、外购混凝土构件不作为措施费及企业管理费的计算基数。

（2）冬季施工增加费计算

冬季施工增加费指按照公路工程施工及验收规范所规定的冬季施工要求，为保证工程质量和安全生产所需采取的防寒保温设施、工效降低和机械作业率降低以及技术操作过程的改变等所增加的有关费用。

①冬季施工增加费的内容

a）因冬季施工所需增加的一切人工、机械与材料的支出；

b）施工机械所需修建的暖棚（包括拆、移），增加其他保温设备购置费用；

261

c)因施工组织设计确定,需增加的一切保温、加温等有关支出;

d)清除工作地点的冰雪等与冬季施工有关的其他各项费用。

全国各地的冬季区划分见附录 C,详见《公路工程基本建设项目概算预算编制办法》(JTG 3830—2018)附录 D。

②冬季施工增加费计算方法

冬季施工增加费的计算方法,是根据各类工程的特点,规定各气温区的取费标准。为了简化计算手续,采用全年平均摊销的方法,即不论是否在冬季施工,均按规定的取费标准计取冬季施工增加费。一条路线穿过两个以上的气温区时,可分段计算或按各区的工程量比例求得全线的平均增加率,计算冬季施工增加费。

③冬季施工增加费计算基数及费率

冬季施工增加费以各类工程的定额人工费和定额施工机械使用费之和为基数,按工程所在地的气温区选用表7-3的费率计算。

表7-3　冬季施工增加费费率表(%)

工程类别	冬季期平均温度(℃)								准一区	准二区
	−1 以上		−1 ~ −4		−4 ~ −7	−7 ~ −10	−10 ~ −14	−14 以下		
	冬一区		冬二区		冬三区	冬四区	冬五区	冬六区		
	I	II	I	II						
土方	0.835	1.301	1.800	2.270	4.288	6.094	9.140	13.72	—	—
石方	0.164	0.266	0.368	0.429	0.859	1.248	1.861	2.801	—	—
运输	0.166	0.250	0.354	0.437	0.832	1.165	1.748	2.643	—	—
路面	0566	0.842	1.181	1.371	2.449	3.273	4.909	7.364	0.073	0.198
隧道	0.203	0.385	0.548	0.710	1.175	1.520	2.269	3.425	—	—
构造物 I	0.652	0.940	1.265	1.438	2.607	3.527	5.291	7.936	0.115	0.288
构造物 II	0.868	1.240	1.675	1.902	3.452	4.693	7.028	10.542	0.165	0.393
构造物 III	1.616	2.296	3.114	3.523	6.403	8.680	13.020	19.520	0.292	0.721
技术复杂大桥	1.019	1.444	1.975	2.230	4.057	5.479	8.219	12.338	0.170	0.446
钢材及钢结构	0.04	0.101	0.141	0.181	0.301	0.381	0.581	0.861	—	—

注:绿化工程不计冬季施工增加费。

(3)雨季施工增加费

雨季施工增加费指雨季期间施工为保证工程质量和安全生产所需采取的防雨、排水、防潮和防护措施、工效降低和机械作业率降低以及技术操作过程的改变等,所需增加的有关费用。

①雨季施工增加费的内容

a)因雨季施工所需增加的工、料、机费用的支出,包括工作效率的降低及易被雨水冲毁的工程所增加的清理坍塌基坑和堵塞排水沟、填补路基边坡冲沟等工作内容;

b)路基土方工程的开挖和运输,因雨季施工(非土壤中水影响)而引起的黏附工具、降低工效所增加的费用;

c)因防止雨水必须采取的挖临时排水沟,防止基坑坍塌所需的支撑、挡板等防护措施费用;

d）材料因受潮、受湿的损耗费用；

e）增加防雨、防潮设备的费用；

f）因河水高涨致使工作困难等其他有关雨季施工所需增加的费用。

全国雨季施工雨量区和雨季期的划分见附录 D，详见《公路工程基本建设项目概算预算编制办法》（JTG 3830—2018）附录 E。

②雨季施工增加费计算方法

雨季施工增加费的计算方法，是将全国划分为若干雨量区和雨季期，并根据各类工程的特点规定各雨量区及各雨季期的取费标准。为了简化计算手续，采用全年平均摊销的方法，即不论是否在雨季施工，均按规定的取费标准计取雨季施工增加费。一条路线通过不同的雨量区和雨季期时，应分别计算雨季施工增加费或按工程量比例求得平均的增加率，计算全线雨季施工增加费。

③雨季施工增加费计算基数及费率

雨季施工增加费以各类工程的定额人工费和定额施工机械使用费之和为基数，按工程所在地的雨量区、雨季期选用表 7-4 的费率计算。

表 7-4　雨季施工增加费费率表（%）

工程类别	1 (I)	1.5 (I)	2 (I)	2 (II)	2.5 (I)	2.5 (II)	3 (I)	3 (II)	3.5 (I)	3.5 (II)	4 (I)	4 (II)	4.5 (I)	4.5 (II)	5 (I)	5 (II)	6 (I)	6 (II)	7 (II)	8 (II)
土方	0.140	0.175	0.245	0.385	0.315	0.455	0.385	0.525	0.455	0.595	0.525	0.700	0.595	0.805	0.665	0.939	0.764	1.114	1.289	1.449
石方	0.105	0.140	0.212	0.349	0.280	0.420	0.349	0.491	0.418	0.563	0.487	0.667	0.555	0.772	0.626	0.876	0.701	1.018	1.194	1.373
运输	0.142	0.178	0.249	0.391	0.320	0.462	0.391	0.568	0.462	0.675	0.533	0.781	0.604	0.888	0.675	0.959	0.781	1.136	1.314	1.527
路面	0.115	0.153	0.230	0.366	0.306	0.480	0.366	0.557	0.425	0.634	0.501	0.710	0.578	0.825	0.654	0.940	0.749	1.093	1.267	1.459
隧道	—	—	—	—	—	—	—	—	—	—	—	—	—	—	—	—	—	—	—	—
构造物I	0.098	0.131	0.164	0.262	0.196	0.295	0.229	0.360	0.262	0.426	0.327	0.491	0.393	0.557	0.458	0.622	0.524	0.753	0.884	1.015
构造物II	0.106	0.141	0.177	0.282	0.247	0.353	0.282	0.424	0.318	0.494	0.388	0.565	0.459	0.636	0.530	0.742	0.600	0.883	1.059	1.201
构造物III	0.200	0.266	0.366	0.565	0.466	0.699	0.565	0.832	0.665	0.998	0.765	1.164	0.898	1.331	1.031	1.497	1.164	1.730	1.996	2.295
技术复杂大桥	0.109	0.181	0.254	0.363	0.290	0.435	0.363	0.508	0.435	0.580	0.508	0.689	0.580	0.798	0.653	0.907	0.725	1.052	1.233	1.414
钢材及钢结构	—	—	—	—	—	—	—	—	—	—	—	—	—	—	—	—	—	—	—	—

注：室内和隧道内工程及设备安装工程不计雨季施工增加费。

（4）夜间施工增加费

夜间施工增加费指根据设计、施工技术规范和合理的施工组织要求，必须在夜间施工或必须昼夜连续施工而发生的夜班补助费、夜间施工降效、施工照明设备摊销及照明用电等费用。夜间施工增加费以夜间施工工程项目的定额人工费与定额施工机械使用费之和为基数，按

表7-5的费率计算。

表7-5 夜间施工增加费费率表(%)

工 程 类 别	费 率	工 程 类 别	费 率
构 造 物 Ⅱ	0.903	构 造 物 Ⅲ	1.702
技术复杂大桥	0.928	钢材及钢结构	0.874

注:设备安装工程及金属标志牌、防撞钢护栏、防眩板(网)、隔离栅、防护网等不计夜间施工增加费。

(5)特殊地区施工增加费

特殊地区施工增加费包括高原地区施工增加费、风沙地区施工增加费和沿海地区施工增加费三项。

①高原地区施工增加费

高原地区施工增加费指在海拔2000m以上地区施工,由于受气候、气压的影响,致使人工、机械效率降低而增加的费用。一条路线通过两个以上(含两个)不同的海拔高度分区时,应分别计算高原地区施工增加费或按工程量比例求得平均的增加率,计算全线高原地区施工增加费。高原地区施工增加费以各类工程的定额人工费与定额施工机械使用费之和为基数,按表7-6的费率计算。

表7-6 高原地区施工增加费费率表(%)

工程类别	海拔高度(m)						
	2001~2500	2501~3000	3001~3500	3501~4000	4001~4500	4501~4500	5000以上
土方	13.295	19.709	27.455	38.875	53.102	70.162	91.853
石方	13.711	20.358	29.025	41.435	56.875	75.358	100.223
运输	13.288	19.666	26.575	37.205	50.493	66.438	85.040
路面	14.572	21.618	30.689	45.032	59.615	79.500	102.640
隧道	13.364	19.850	28.490	40.767	56.037	74.302	99.259
构造物 Ⅰ	12.799	19.051	27.989	40.356	55.723	74.098	95.521
构造物 Ⅱ	13.622	20.244	29.082	41.617	57.214	75.874	101.408
构造物 Ⅲ	12.786	18.985	27.054	38.616	53.004	70.217	93.371
技术复杂大桥	13.912	20.645	29.257	41.670	57.134	75.640	100.205
钢材及钢结构	13.204	19.622	28.269	40.492	55.699	73.891	98.930

②风沙地区施工增加费

风沙地区施工增加费指在沙漠地区施工时,由于受风沙影响,按照施工及验收规范的要求,为保证工程质量和安全生产而增加的有关费用。内容包括防风、防沙及气候影响的措施费,人工、机械效率降低增加的费用,以及积沙、风蚀的清理修复等费用。

全国风沙地区公路施工区划见《公路工程基本建设项目概算预算编制办法》(JTG 3830—2018)附录F。当地气象资料及自然特征与《编制办法》附录F中的风沙地区划分有较大出入时,由项目所在地省级交通运输主管部门按当地气象资料和自然特征及上述划分标准,确定工程所在地的风沙区划。

一条路线通过两个以上(含两个)不同的风沙区时,按路线长度经过不同的风沙区加权计算项目全线风沙地区施工增加费。风沙地区施工增加费以各类工程的定额人工费与定额施工机械使用费之和为基数,根据工程所在地的风沙区划及类别,按表7-7的费率计算。

表7-7 风沙地区施工增加费费率表(%)

工程类别	风沙一区			风沙二区			风沙三区		
	沙 漠 类 型								
	固定	半固定	流动	固定	半固定	流动	固定	半固定	流动
土方	4.558	8.056	13.674	5.618	12.614	23.426	8.056	17.331	27.507
石方	0.745	1.490	2.981	1.014	2.236	3.959	1.490	3.726	5.216
运输	4.304	8.608	13.988	5.380	12.912	19.368	8.608	18.292	27.976
路面	1.364	2.727	4.932	2.205	4.932	7.567	3.365	7.137	11.025
隧道	0.261	0.522	1.043	0.355	0.783	1.386	0.522	1.304	1.826
构造物Ⅰ	3.968	6.944	11.904	4.960	10.912	16.864	6.944	15.872	23.808
构造物Ⅱ	3.254	5.694	9.761	4.067	8.948	13.828	5.694	13.015	19.523
构造物Ⅲ	2.976	5.208	8.928	3.720	8.184	12.648	5.208	11.904	17.226
技术复杂大桥	2.778	4.861	8.333	3.472	7.638	11.805	8.861	11.110	16.077
钢材及钢结构	1.035	2.070	4.140	1.409	3.105	5.498	2.070	5.175	7.245

③沿海地区施工增加费

沿海地区施工增加费指工程项目在沿海地区受海风、海浪和潮汐的影响,致使人工、机械效率降低等所需增加的费用。本项费用,由沿海各省份省级交通运输主管部门制定具体的适用范围(地区)。沿海地区施工增加费以各类工程的定额人工费与定额施工机械使用费之和为基数,按表7-8的费率计算。

表7-8 沿海地区施工增加费费率表(%)

工 程 类 别	费 率	工 程 类 别	费 率
构 造 物 Ⅱ	0.207	构 造 物 Ⅲ	0.195
技术复杂大桥	0.212	钢材及钢结构	0.200

(6)行车干扰工程施工增加费

行车干扰工程施工增加费指由于边施工边维持通车,受行车干扰的影响,致使人工、机械效率降低而增加的费用。该费用以受行车影响部分的工程项目的定额人工费和定额施工机械使用费之和为基数,按表7-9的费率计算。

表7-9 行车干扰工程施工增加费费率表(%)

工程类别	施工期间平均每昼夜双向行车次数(机动车、非机动车合计)							
	51~100	101~500	501~1000	1001~2000	2001~3000	3001~4000	4001~5000	5000以上
土方	1.499	2.343	3.194	4.118	4.775	5.314	5.885	6.468
石方	1.279	1.881	2.618	3.479	4.035	4.492	4.973	5.462
运输	1.451	2.230	3.041	4.001	4.641	5.164	5.719	6.285
路面	1.390	2.098	2.802	3.487	4.046	4.496	4.987	5.475

续上表

工程类别	施工期间平均每昼夜双向行车次数(机动车、非机动车合计)							
	51~100	101~500	501~1000	1001~2000	2001~3000	3001~4000	4001~5000	5000以上
隧道	—	—	—	—	—	—	—	—
构造物Ⅰ	0.924	1.386	1.858	2.320	2.693	2.988	3.313	3.647
构造物Ⅱ	1.007	1.516	2.014	2.512	2.915	3.244	3.593	3.943
构造物Ⅲ	0.948	1.417	1.896	2.365	2.745	3.044	3.373	3.713
技术复杂大桥	—	—	—	—	—	—	—	—
钢材及钢结构	—	—	—	—	—	—	—	—

注:新建工程、中断交通进行封闭施工或为保证交通正常通行而修建保通便道的改(扩)建工程,不计行车干扰施工增加费。

(7)施工辅助费

施工辅助费包括生产工具用具使用费、检验试验费和工程定位复测、工程点交、场地清理等费用。

①生产工具用具使用费指施工所需不属于固定资产的生产工具、检验、试验用具及仪器、仪表等的购置、摊销和维修费,以及支付给生产工人自备工具的补贴费。

②检验试验费指施工企业对建筑材料、构件和建筑安装工程进行一般鉴定、检查所发生的费用,包括自设试验室进行试验所耗用的材料和化学药品的费用,以及技术革新和研究试验费。但不包括新结构、新材料的试验费和建设单位要求对具有出厂合格证明的材料进行检验、对构件破坏性试验及其他特殊要求检验的费用。

③高填方和软基沉降监测、高边坡稳定监测、桥梁施工监测、隧道施工监控量测、超前地质预报等施工监控费含在施工辅助费中,不得另行计算。

施工辅助费以各类工程的定额直接费为基数,按表7-10的费率计算。

表7-10 施工辅助费费率表(%)

工程类别	费率	工程类别	费率
土方	0.521	构造物Ⅰ	1.201
石方	0.470	构造物Ⅱ	1.537
运输	0.154	构造物Ⅲ	2.729
路面	0.818	技术复杂大桥	1.677
隧道	1.195	钢材及钢结构	0.564

(8)工地转移费

工地转移费是指施工企业迁至新工地的搬迁费用,其内容包括:

①施工单位职工及随职工迁移的家属向新工地转移的车费、家具行李费、途中住宿费、行程补助费、杂费等;

②公物、工具、施工设备器材、施工机械的运杂费,以及外租机械的往返费及施工机械、设备、公物、工具的转移费等;

③非固定工人进退场的费用。

工地转移费以各类工程的定额人工费和定额施工机械使用费之和为基数,按表7-11计算。

表7-11 工地转移费费率表（%）

工程类别	工地转移距离（km）					
	50	100	300	500	1000	每增加100
土方	0.224	0.301	0.470	0.614	0.815	0.036
石方	0.176	0.212	0.363	0.476	0.628	0.030
运输	0.157	0.203	0.315	0.416	0.543	0.025
路面	0.321	0.435	0.682	0.891	1.191	0.062
隧道	0.257	0.351	0.549	0.717	0.959	0.049
构造物Ⅰ	0.262	0.351	0.552	0.720	0.963	0.051
构造物Ⅱ	0.333	0.449	0.706	0.923	1.236	0.066
构造物Ⅲ	0.622	0.841	1.316	1.720	2.304	0.119
技术复杂大桥	0.389	0.523	0.818	1.067	1.430	0.073
钢材及钢结构	0.351	0.473	0.737	0.961	1.288	0.063

4. 企业管理费计算

企业管理费由基本费用、主副食运费补贴、职工探亲路费、职工取暖补贴和财务费用五项组成。

（1）基本费用

基本费用指建筑安装企业组织施工生产和经营管理所需的费用，内容包括：

①管理人员工资：管理人员的基本工资、绩效工资、津贴补贴及特殊情况下支付的工资以及缴纳的养老、医疗、失业、工伤保险费和住房公积金等。

②办公费：企业管理办公用的文具、纸张、账表、印刷、通信、网络、书报、办公软件、会议、水电、烧水和集体取暖降温（包括现场临时宿舍取暖降温）用煤（电、气）等费用。

③差旅交通费：职工因公出差、调动工作的差旅费、住勤补助费，市内交通费和误餐补助费，劳动力招募费，职工退休、退职一次性路费，工伤人员就医路费以及管理部门使用的交通工具的油料、燃料等费用。

④固定资产使用费：管理部门及附属生产单位使用的属于固定资产的房屋、设备等的折旧、大修、维修或租赁费等。

⑤工具用具使用费：企业管理使用的不属于固定资产的工具、器具、家具、交通工具和检验、试验、测绘、消防用具等的购置、维修和摊销费。

⑥劳动保险费：企业支付的离退休职工的易地安家补助费、职工退职金、6个月以上的病假人员工资、职工死亡丧葬补助费、抚恤费、按规定支付给离休干部的各项经费。

⑦职工福利费：按国家规定标准计提的职工福利费。

⑧劳动保护费：企业按国家有关部门规定发放的劳动保护用品的购置费及修理费、防暑降温费、在有碍身体健康环境中施工的保健费用等。

⑨工会经费：企业根据《中华人民共和国工会法》的规定按全部职工工资总额比例计提的工会经费。

⑩职工教育经费：按职工工资总额的规定比例计提，企业为职工进行专业技术和职业技能

培训、专业技术人员继续教育、职工职业技能鉴定、职业资格认定以及根据需要对职工进行各类文化教育所发生的费用,不含职工安全教育、培训费用。

⑪保险费:企业财产保险、管理用及生产用车辆等保险及人身意外伤害险的费用。

⑫工程排污费:施工现场按规定缴纳的排污费用。

⑬税金:企业按规定缴纳的城市维护建设税、教育费附加、地方教育附加、房产税、车船使用税、土地使用税、印花税等。

⑭其他:上述项目以外的其他必要的费用支出,包括技术转让费、技术开发费、竣(交)工文件编制费、招投标费、业务招待费、绿化费、广告费、公证费、定额测定费、法律顾问费、审计费、咨询费以及施工标准化、规范化、精细化管理等费用。

基本费用以各类工程的定额直接费为基数,按表7-12计算。

表7-12 基本费用费率表(%)

工程类别	费率	工程类别	费率
土方	2.747	构造物Ⅰ	3.587
石方	2.792	构造物Ⅱ	4.726
运输	1.374	构造物Ⅲ	5.976
路面	2.427	技术复杂大桥	4.143
隧道	3.569	钢材及钢结构	2.242

(2)主副食运费补贴

主副食运费补贴指施工企业在远离城镇及乡村的野外施工购买生活必需品所增加的费用。该费用以各类工程的定额直接费为基数,按表7-13的费率计算。

表7-13 主副食运费补贴费费率表(%)

工程类别	综合里程(km)										
	3	5	8	10	15	20	25	30	40	50	每增10
土方	0.122	0.131	0.164	0.191	0.235	0.284	0.322	0.377	0.444	0.519	0.070
石方	0.108	0.117	0.149	0.175	0.218	0.261	0.293	0.346	0.405	0.473	0.063
运输	0.118	0.130	0.166	0.192	0.233	0.285	0.322	0.379	0.447	0.519	0.073
路面	0.066	0.088	0.119	0.130	0.165	0.194	0.224	0.259	0.308	0.356	0.051
隧道	0.096	0.104	0.130	0.152	0.185	0.229	0.260	0.304	0.359	0.418	0.054
构造物Ⅰ	0.114	0.120	0.145	0.167	0.207	0.254	0.285	0.338	0.394	0.463	0.062
构造物Ⅱ	0.126	0.140	0.168	0.196	0.242	0.292	0.338	0.394	0.467	0.540	0.073
构造物Ⅲ	0.225	0.248	0.303	0.352	0.435	0.528	0.599	0.705	0.831	0.969	0.132
技术复杂大桥	0.101	0.115	0.143	0.165	0.205	0.245	0.280	0.325	0.389	0.452	0.063
钢材及钢结构	0.104	0.113	0.146	0.168	0.207	0.247	0.281	0.331	0.387	0.449	0.062

注:综合里程 = 粮食运距×0.06 + 燃料运距×0.09 + 蔬菜运距×0.15 + 水运距×0.70;粮食、燃料、蔬菜、水的运距均为全线平均运距;综合里程数在列表里程之间时,费率可内插;综合里程在3km以内的工程,按3km计取本项费用。

(3)职工探亲路费

职工探亲路费指按照有关规定发放给施工企业职工在探亲期间发生的往返交通费和途中住宿费等费用。该费用以各类工程的定额直接费为基数,按表7-14费率计算。

表 7-14 职工探亲路费费率表(%)

工程类别	费 率	工程类别	费 率
土方	0.192	构造物 I	0.274
石方	0.204	构造物 II	0.348
运输	0.132	构造物 III	0.551
路面	0.159	技术复杂大桥	0.208
隧道	0.266	钢材及钢结构	0.164

(4)职工取暖补贴

职工取暖补贴指按规定发放给施工企业职工的冬季取暖费和为职工在施工现场设置的临时取暖设施的费用。该费用以各类工程的定额直接费为基数,按工程所在地的气温区(见附录 C)选用表 7-15 的费率计算。

表 7-15 职工取暖补贴费费率表(%)

工程类别	气 温 区						
	准二区	冬一区	冬二区	冬三区	冬四区	冬五区	冬六区
土方	0.060	0.130	0.221	0.331	0.436	0.554	0.663
石方	0.054	0.118	0.183	0.279	0.373	0.472	0.569
运输	0.065	0.130	0.228	0.336	0.444	0.552	0.671
路面	0.049	0.086	0.155	0.229	0.302	0.376	0.456
隧道	0.045	0.091	0.158	0.249	0.318	0.409	0.488
构造物 I	0.065	0.130	0.206	0.304	0.390	0.499	0.607
构造物 II	0.070	0.153	0.234	0.352	0.481	0.598	0.727
构造物 III	0.126	0.264	0.425	0.643	0.849	1.067	1.297
技术复杂大桥	0.059	0.120	0.203	0.310	0.406	0.501	0.609
钢材及钢结构	0.047	0.082	0.141	0.222	0.293	0.363	0.433

(5)财务费用

财务费用指施工企业为筹集资金提供投标担保、预付款担保、履约担保、职工工资支付担保等所发生的各种费用。包括企业经营期间发生的短期贷款利息净支出、汇兑净损失、调剂外汇手续费、金融机构手续费,以及企业筹集资金发生的其他财务费用。财务费用以各类工程的定额直接费为基数,按表 7-16 费率计算。

表 7-16 财务费用费率表(%)

工程类别	费 率	工程类别	费 率
土方	0.271	构造物 I	0.466
石方	0.259	构造物 II	0.545
运输	0.264	构造物 III	1.094
路面	0.404	技术复杂大桥	0.637
隧道	0.513	钢材及钢结构	0.653

5. 规费计算

规费指按国家法律、法规、规章、规程规定施工企业必须缴纳的费用。包括:

(1)养老保险费:施工企业按规定标准为职工缴纳的基本养老保险费。

(2)失业保险费:施工企业按规定标准为职工缴纳的失业保险费。

(3)医疗保险费:施工企业按规定标准为职工缴纳的医疗保险费(含生育保险费)。

(4)工伤保险费:施工企业按规定标准为职工缴纳的工伤保险费。

(5)住房公积金:施工企业按规定标准为职工缴纳的住房公积金。

各项规费以各类工程的人工费(含施工机械人工费)之和为基数,按国家或工程所在地法律、法规、规章、规程规定的标准计算。

6. 利润计算

利润指施工企业完成所承包的工程获得的盈利。根据《公路工程建设项目概算预算编制办法》规定,公路工程利润按定额直接费、措施费及企业管理费之和的 7.42% 计算,见公式(7-6)。

$$利润 = (定额直接费 + 措施费 + 企业管理费) \times 7.42\% \tag{7-6}$$

7. 税金计算

税金指国家税法规定应计入建筑安装工程造价的增值税销项税额。按公式(7-7)计算。

$$税金 = (直接费 + 设备购置费 + 措施费 + 企业管理费 + 规费 + 利润) \times 增值税税率$$

$$\tag{7-7}$$

增值税税率应根据国家关于工程计价及增值税改革的最新规定计取,根据《财政部税务总局海关总署关于深化增值税改革有关政策的公告》(2019 年第 39 号)规定,建筑业工程造价计价依据中增值税税率由 10% 调整为 9% ,由 2019 年 4 月 1 日起实施。

8. 专项费用计算

专项费用包括施工场地建设费和安全生产费。

(1)施工场地建设费

施工场地建设费包括:

①按照工地建设标准化要求进行承包人驻地、工地试验室建设,钢筋集中加工、混合料集中拌制、构件集中预制等所需的办公、生活居住房屋(包括职工家属房屋及探亲房屋),公用房屋(如广播室、文体活动室、医疗室)和生产用房屋(如仓库、加工厂、加工棚、发电站、空压机站、停机棚、值班室等)等的建设费用。

②包括场区平整(山岭重丘区的土石方工程除外)、场地硬化、排水、绿化、标志、污水处理设施、围墙隔离设施等的费用,不包括钢筋加工的机械设备、混合料拌和设备及安拆、预制构件台座、预应力张拉设备、起重及养护设备,以及概(预)算定额中临时工程的费用。

③包括以上范围内的各种临时工作便道(包括汽车、人力车道)、人行便道,工地临时用水、用电的水管支线和电线支线,临时构筑物(如水井、水塔等)、其他小型临时设施等的搭设或租赁、维修、拆除、清理的费用;但不包括红线范围内贯通便道、进出场的临时道路、保通便道。

④工地实验室所发生的属于固定资产的试验设备和仪器的折旧、维修或租赁费用。

⑤施工扬尘污染防治措施费,指裸露的施工场地覆盖防尘网,施工便道和施工场地洒水或喷洒抑尘剂,运输车辆的苫盖和冲洗,环境敏感区设置围挡,防尘标识设置,环境监控与检测等所需的费用。

⑥文明施工、职工健康生活的费用。

施工场地建设费以施工场地计费基数,按表7-17的费率,以累进方法计算。施工场地计费基数为定额建筑安装工程费扣去专项费用。施工场地建设费先按公式(7-8)计算施工场地计费基数,然后按公式(7-9)计算施工场地建设费。

$$施工场地计费基数 = 定额直接费 + 设备购置费 \times 40\% + 措施费 +$$
$$企业管理费 + 规费 + 利润 + 税金 \qquad (7-8)$$
$$施工场地建设费 = 施工场地计费基数 \times 累进费率 \qquad (7-9)$$

表7-17 施工场地建设费费率表

施工场地计费基数 (万元)	费率 (%)	算例(万元)	
		施工场地计费基数	施工场地建设费
500 及以下	5.338	500	$500 \times 5.338\% = 26.69$
500 ~ 1000	4.228	1000	$26.69 + (1000 - 500) \times 4.228\% = 47.83$
1000 ~ 5000	2.665	5000	$47.83 + (5000 - 1000) \times 2.665\% = 154.43$
5000 ~ 10000	2.222	10000	$154.43 + (10000 - 5000) \times 2.222\% = 265.53$
10000 ~ 30000	1.785	30000	$265.53 + (30000 - 10000) \times 1.785\% = 622.53$
30000 ~ 50000	1.694	50000	$622.53 + (50000 - 30000) \times 1.694\% = 961.33$
50000 ~ 100000	1.579	100000	$961.33 + (100000 - 50000) \times 1.579\% = 1750.83$
100000 ~ 150000	1.498	150000	$1750.83 + (150000 - 100000) \times 1.498\% = 2499.83$
150000 ~ 200000	1.415	200000	$2499.83 + (200000 - 150000) \times 1.415\% = 3207.33$
200000 ~ 300000	1.348	300000	$3207.33 + (300000 - 200000) \times 1.348\% = 4555.33$
300000 ~ 400000	1.289	400000	$4555.33 + (400000 - 300000) \times 1.289\% = 5844.33$
400000 ~ 600000	1.235	600000	$5844.33 + (600000 - 400000) \times 1.235\% = 8314.33$
600000 ~ 800000	1.188	800000	$8314.33 + (800000 - 600000) \times 1.188\% = 10690.33$
800000 ~ 1000000	1.149	1000000	$10690.33 + (1000000 - 800000) \times 1.149\% = 12988.33$
1000000 以上	1.118	1200000	$12988.33 + (1200000 - 1000000) \times 1.118\% = 15224.33$

(2)安全生产费

安全生产费包括完善、改造和维护安全设施设备费用,配备、维护、保养应急救援器材、设备费用,开展重大危险源和事故隐患评估和整改费用,安全生产检查、评价、咨询费用,配备和更新现场作业人员安全防护用品支出,安全生产宣传、教育、培训费用,安全设施及特种设备检测检验费用,施工安全风险评估、应急演练等有关工作及其他与安全生产直接相关的费用。

安全生产费按建筑安装工程费乘以安全生产费费率计算,费率按不少于1.5%计取。

综上所述,建筑安装工程费是概(预)算费用计算中最重要的部分。建筑安装工程费用由直接费、设备购置费、措施费、企业管理费、规费、利润、税金、专项费用八部分组成。直接费中人工费、材料费、施工机械使用费则根据分项工程数量及定额确定人工、材料、施工机械台班消耗数量,按省级交通主管部门规定的人工单价,根据分项工程消耗的材料与施工机械的种类分别计算材料预算单价和机械台班单价,即可计算直接费。设备购置费应列出计划购置的清单,以设备预算价计入。措施费包括冬季施工增加费、雨季施工增加费、夜间施工增加费、特殊地区施工增加费、行车干扰工程施工增加费、施工辅助费、工地转移费七项,在概(预)算编制中一般不需要单独计算这七项费用,只需要根据工程类别、自然条件、气候条件等情况确定其综合费率,分别以定额人工费和定额施工机械使用费之和或定额直接费为基数按综合费率计算。企业管理费由基本费用、主副食运费补贴、职工探亲路费、职工取暖补贴和财务费用五项组成。规费由养老保险费、失业保险费、医疗保险费、工伤保险费和住房公积金五项组成。企业管理费与规费在概(预)算编制中也一般不需要单独计算其具体费用,只需要确定企业管理费和规费的综合费率,按照其计算基数乘以费率计算企业管理费和规费即可。建筑安装工程费各项费用计算程序与方式见表7-18。

表7-18 建筑安装工程费各项费用计算程序及计算方式

序号	项 目	说明及计算式
(一)	定额直接费	∑人工消耗量×人工基价 + ∑(材料消耗量×材料基价 + 机械台班消耗量×机械台班单价)
(二)	定额设备购置费	∑设备购置数量×设备基价
(三)	直接费	∑人工消耗量×人工单价 + ∑(材料消耗量×材料预算单价 + 机械台班消耗量×机械台班预算单价)
(四)	设备购置费	∑设备购置数量×预算基价
(五)	措施费	(一)×施工辅助费率 + 定额人工费和定额施工机械使用费之和×其余措施费综合费率
(六)	企业管理费	(一)×企业管理费综合费率
(七)	规费	各类工程人工费(含施工机械人工费)×规费综合费率
(八)	利润	[(一)+(五)+(六)]×7.42%
(九)	税金	[(三)+(四)+(五)+(六)+(七)+(八)]×9%
(十)	专项费用	
	施工场地建设费	[(一)+(二)×40%+(五)+(六)+(七)+(八)+(九)]×累进费率
	安全生产费	建筑安装工程费(不含安全生产费本身)×(≥1.5%)
(十一)	定额建筑安装工程费	(一)+(二)×40%+(五)+(六)+(七)+(八)+(九)+(十)
(十二)	建筑工程工程费	(三)+(四)+(五)+(六)+(七)+(八)+(九)+(十)

二、土地使用及拆迁补偿费计算

土地使用及拆迁补偿费包含永久占地费、临时占地费、拆迁补偿费、水土保持补偿费、其他费用。

1. 永久占地费

永久占地费包括土地补偿费、征用耕地安置补助费、耕地开垦费、森林植被恢复费、失地农民养老保险费。

(1)土地补偿费包括征地补偿费,被征用土地上的青苗补偿费,征用城市郊区的菜地等缴纳的菜地开发建设基金,耕地占用税,用地图编制费及勘界费等。

(2)征用耕地安置补助费指征用耕地需要安置农业人口的补助费。

(3)耕地开垦费指公路建设项目占用耕地的,应由建设项目法人(业主)负责补充耕地所发生的费用;没有条件开垦或者开垦的耕地不符合要求的,按规定缴纳的耕地开垦费。

(4)公路建设项目发生跨省域补充耕地国家统筹的,应执行国务院办公厅《关于印发跨省域补充耕地国家统筹管理办法和城乡建设用地增减挂钩节余指标跨省域调剂管理办法的通知》(国办发〔2018〕16号)的规定;发生省内跨区域补充耕地的,执行本省相关规定。

(5)森林植被恢复费指公路建设项目需要占用、征用林地的,经县级以上林业主管部门审核同意或批准,建设项目法人(业主)单位按照省级人民政府有关规定向县级以上林业主管部门预缴的森林植被恢复费。

(6)失地农民养老保险费指根据国家规定为保障依法被征地农民养老而缴纳的保险费用。失地农民养老保险费按项目所在地省级人民政府的相关规定进行计算。

2. 临时占地费

临时占地费包括临时征地使用费、复耕费。

(1)临时征地使用费指为满足施工所需的承包人驻地、预制场、拌和场、仓库、加工厂(棚)、堆料场、取弃土场、进出场便道、便桥等所有的临时用地及其附着物的补偿费用。

(2)复耕费指临时占用的耕地、鱼塘等,在工程交工后将其恢复到原有标准所发生的费用。

3. 拆迁补偿费

拆迁补偿费指征用或占用土地地上、地下的房屋及附属构筑物,公用设施,文物等的拆除、发掘及迁建补偿费,拆迁管理费等。

4. 水土保持补偿费

水土保持补偿费根据国家相关法律、法规规定缴纳。

5. 其他费用

其他费用指国务院行政主管部门及省级人民政府规定的与征地拆迁相关的费用。

6. 土地使用及拆迁补偿费计算方法

(1)土地使用及拆迁补偿费应根据设计文件确定的建设工程用地和临时用地面积及其附着物的情况,以及实际发生的费用项目,按国家有关规定及工程所在地的省(自治区、直辖市)发布的有关规定和标准计算。

(2)森林植被恢复费应根据审批单位批准的建设工程占用林地的类型及面积,按国家有关规定及工程所在地的省(自治区、直辖市)发布的有关规定和标准计算。

(3)当与原有的电力电信设施、管线、水利工程、铁路及铁路设施互相干扰时,应与有关部门联系,商定合理的解决方案和补偿金额,也可由这些部门按规定编制费用以确定补偿金额。

(4)水土保持补偿费按各省(自治区、直辖市)制定的水土保持补偿费收费标准进行计算。

三、工程建设其他费计算

工程建设其他费包括建设项目管理费、研究试验费、前期工作费、专项评价(估)费、联合试用转费、生产准备费、工程保通管理费、工程保险费、其他相关费用等九项费用。

1. 建设项目管理费计算

建设项目管理费包括建设单位(业主)管理费、建设项目信息化费、工程监理费、设计文件审查费和竣(交)工验收试验检测费。其中建设单位(业主)管理费、建设项目信息化费和工程监理费均为实施建设项目管理的费用,可根据建设单位(业主)、施工、监理单位所实际承担的工作内容和工作量统筹使用。

（1）建设单位(业主)管理费

建设单位(业主)管理费指建设单位(业主)为进行建设项目的立项、筹建、建设、竣(交)工验收、总结等工作所发生的费用。

①建设单位(业主)管理费组成

建设单位(业主)管理费内容包括：工作人员的工资、工资性补贴、施工现场津贴、社会保障费用(基本养老、基本医疗、失业、工伤保险)、住房公积金、职工福利费、工会经费、劳动保护费、办公费、会议费、差旅交通费、固定资产使用费(包括办公及生活房屋折旧、维修或租赁费、车辆折旧、维修、使用或租赁费，通信设备购置费、使用费，测量、试验设备仪器折旧、维修或租赁费，其他设备折旧、维修或租赁费等)、零星固定资产购置费、招募生产工人费、技术图书资料费、职工教育培训经费、招标管理费，合同契约公证费、法律顾问费、咨询费，建设单位的临时设施费、完工清理费、竣(交)工验收费(含其他行业或部门要求的竣工验收费用、建设单位负责的竣(交)工文件编制费)、各种税费(包括房产税、车船使用税、印花税等)，对建设项目前期工作、项目实施及竣工决算等全过程进行审计所发生的审计费用，境内外融资费用(不含建设期贷款利息)、业务招待费及工程质量、安全生产管理费和其他管理性开支。

②建设单位(业主)管理费计算

建设单位(业主)管理费以定额建筑安装工程费为基数，按表7-19的费率，以累进办法计算。

双洞长度超过5000m的独立隧道，水深大于15m、跨径大于或等于400m的斜拉桥和跨径大于或等于800m的悬索桥等独立特大型桥梁工程的建设单位(业主)管理费，按表7-19中的费率乘以1.3计算；海上工程(指由于风浪影响，工程施工期(不包括封冻期)全年月平均工作日少于15d的工程)的建设单位(业主)管理费，按表7-19中的费率乘以1.2计算。

表7-19　建设单位(业主)管理费费率表

定额建筑安装工程费（万元）	费率（%）	算例（万元）	
		定额建筑安装工程费	建设单位(业主)管理费
500及以下	4.858	500	500×4.858%=24.29
500~1000	3.813	1000	24.29+(1000-500)×3.813%=43.355
1000~5000	3.049	5000	43.355+(5000-1000)×3.049%=165.315
5000~10000	2.562	10000	165.315+(10000-5000)×2.562%=293.415
10000~30000	2.125	30000	293.415+(30000-10000)×2.125%=718.415
30000~50000	1.773	50000	718.415+(50000-30000)×1.773%=1073.015
50000~100000	1.312	100000	1073.015+(100000-50000)×1.312%=1729.015
100000~150000	1.057	150000	1729.015+(150000-100000)×1.057%=2257.515
150000~200000	0.826	200000	2257.515+(200000-150000)×0.826%=2670.515
200000~300000	0.595	300000	2670.515+(300000-200000)×0.595%=3265.515
300000~400000	0.498	400000	3265.515+(400000-300000)×0.595%=3763.515
400000~600000	0.450	600000	3763.515+(600000-400000)×0.450%=4663.515
600000~800000	0.400	800000	4663.515+(800000-600000)×0.400%=5463.515
800000~1000000	0.375	1000000	5463.515+(1000000-800000)×0.375%=6213.515
1000000以上	0.350	1200000	6213.515+(1200000-1000000)×0.35%=6913.515

（2）项目建设信息化费

项目建设信息化费指建设单位（业主）和各参建单位用于建设项目的质量、安全、进度、费用等方面的信息化建设、运维及各种税费等费用，包括建设项目全寿命周期的建筑信息模型（Building Information Modeling）等相关费用。

建设项目信息化费以定额建筑安装工程费为基数，按表 7-20 的费率，以累进办法计算。

表 7-20 建设项目信息化费费率表

定额建筑安装工程费（万元）	费率（%）	算例（万元）	
		定额建筑安装工程费	建设项目信息化费
500 及以下	0.600	500	$500 \times 0.600\% = 3$
500 ~ 1000	0.452	1000	$3 + (1000 - 500) \times 0.452\% = 5.26$
1000 ~ 5000	0.356	5000	$5.26 + (5000 - 1000) \times 0.356\% = 19.5$
5000 ~ 10000	0.285	10000	$19.5 + (10000 - 5000) \times 0.285\% = 33.75$
10000 ~ 30000	0.252	30000	$33.75 + (30000 - 10000) \times 0.252\% = 84.15$
30000 ~ 50000	0.224	50000	$84.15 + (50000 - 30000) \times 0.224\% = 128.95$
50000 ~ 100000	0.202	100000	$128.95 + (100000 - 50000) \times 0.202\% = 229.95$
100000 ~ 150000	0.171	150000	$229.95 + (150000 - 100000) \times 0.171\% = 315.45$
150000 ~ 200000	0.160	200000	$315.45 + (200000 - 150000) \times 0.160\% = 395.45$
200000 ~ 300000	0.142	300000	$395.45 + (300000 - 200000) \times 0.142\% = 537.45$
300000 ~ 400000	0.135	400000	$537.45 + (400000 - 300000) \times 0.135\% = 672.45$
400000 ~ 600000	0.131	600000	$672.45 + (600000 - 400000) \times 0.131\% = 934.45$
600000 ~ 800000	0.127	800000	$934.45 + (800000 - 600000) \times 0.127\% = 1188.45$
800000 ~ 1000000	0.125	1000000	$1188.45 + (1000000 - 800000) \times 0.125\% = 1438.45$
1000000 以上	0.122	1200000	$1438.45 + (1200000 - 1000000) \times 0.122\% = 1682.45$

（3）工程监理费

工程监理费指建设单位（业主）委托具有监理资格的单位，按照施工监理规范进行全面的监督和管理所发生的费用。

工程监理费内容包括：工作人员的基本工资、工资性津贴、施工现场津贴、社会保障费用（基本养老、基本医疗、失业、工伤保险）、住房公积金、职工福利费、工会经费、劳动保护费，办公费、会议费、差旅交通费，办公、试验规定资产使用费（包括办公及生活房屋折旧、维修或租赁费，车辆折旧、维修、使用或租赁费，通信设备购置、使用费，测量、试验、检测设备仪器折旧、维修或租赁费，其他设备折旧、维修或租赁费等）、零星固定资产购置费、招募生产工人费、技术图书资料费、职工教育经费、投标费用，合同契约公证费、法律顾问费、咨询费、业务招待费，财务费用、监理单位的临时设施费、完工清理费、竣（交）工验收费、各种税费、安全生产管理费和其他管理性开支。

工程监理费以定额建筑安装工程费为基数,按表7-21的费率,以累进办法计算。

表7-21 工程监理费费率表

定额建筑安装工程费 (万元)	费率 (%)	算例(万元)	
		定额建筑安装工程费	工程监理费
500及以下	3.00	500	$500 \times 3\% = 15$
500~1000	2.40	1000	$15 + (1000 - 500) \times 2.4\% = 27$
1000~5000	2.10	5000	$27 + (5000 - 1000) \times 2.1\% = 111$
5000~10000	1.94	10000	$111 + (10000 - 5000) \times 1.94\% = 208$
10000~30000	1.87	30000	$208 + (30000 - 10000) \times 1.87\% = 582$
30000~50000	1.83	50000	$582 + (50000 - 30000) \times 1.83\% = 948$
50000~100000	1.78	100000	$948 + (100000 - 50000) \times 1.78\% = 1838$
100000~150000	1.72	150000	$1838 + (150000 - 100000) \times 1.72\% = 2698$
150000~200000	1.64	200000	$2698 + (200000 - 150000) \times 1.640\% = 3518$
200000~300000	1.55	300000	$3518 + (300000 - 200000) \times 1.55\% = 5068$
300000~400000	1.49	400000	$5068 + (400000 - 300000) \times 1.49\% = 6558$
400000~600000	1.45	600000	$6558 + (600000 - 400000) \times 1.45\% = 9458$
600000~800000	1.42	800000	$9458 + (800000 - 600000) \times 1.42\% = 12298$
800000~1000000	1.37	1000000	$12298 + (1000000 - 800000) \times 1.37\% = 15038$
1000000以上	1.33	1200000	$15038 + (1200000 - 1000000) \times 1.33\% = 17698$

(4)设计文件审查费

设计文件审查费指在项目审批前,建设单位(业主)为保证勘察设计工作的质量,组织有关专家或委托有资质的单位,对提交的建设项目可行性研究报告和勘察设计文件进行审查所需要的相关费用。建设项目若有地质勘察监理,费用在此项目开支;建设项目若有设计咨询(或设计监理、设计双院制),其费用在此项目内开支。

设计文件审查费以定额建筑安装工程费为基数,按表7-22的费率,以累进办法计算。

表7-22 设计文件审查费费率表

定额建筑安装工程费 (万元)	费率 (%)	算例(万元)	
		定额建筑安装工程费	设计文件审查费
500及以下	0.077	5000	$5000 \times 0.077\% = 3.85$
5000~10000	0.072	10000	$3.85 + (10000 - 5000) \times 0.072\% = 7.45$
10000~30000	0.069	30000	$7.45 + (30000 - 10000) \times 0.069\% = 21.25$
30000~50000	0.066	50000	$21.25 + (50000 - 30000) \times 0.066\% = 34.45$
50000~100000	0.065	100000	$34.45 + (100000 - 50000) \times 0.065\% = 66.95$
100000~150000	0.061	150000	$66.95 + (150000 - 100000) \times 0.061\% = 97.45$
150000~200000	0.059	200000	$97.45 + (200000 - 150000) \times 0.059\% = 126.95$
200000~300000	0.057	300000	$126.95 + (300000 - 200000) \times 0.057\% = 183.95$
300000~400000	0.055	400000	$183.95 + (400000 - 300000) \times 0.055\% = 238.95$

续上表

定额建筑安装工程费 （万元）	费率 （%）	算例（万元）	
		定额建筑安装工程费	设计文件审查费
400000 ~ 600000	0.053	600000	238.95 + (600000 - 400000) × 0.053% = 344.95
600000 ~ 800000	0.052	800000	344.95 + (800000 - 600000) × 0.052% = 448.95
800000 ~ 1000000	0.051	1000000	448.95 + (1000000 - 800000) × 0.051% = 550.95
1000000 以上	0.050	1200000	550.95 + (1200000 - 1000000) × 0.050% = 650.95

（5）竣（交）工验收试验检测费

竣（交）工验收试验检测费指在公路建设项目竣（交）工验收前，由建设单位（业主）或工程质量监督机构委托有资质的公路工程质量检测单位按照有关规定对建设项目的工程质量进行检测并出具检测试验意见，以及进行桥梁动（静）载试验或其他特殊检测等所需的费用。

竣（交）工验收试验检测费按表7-23规定的费率计算。道路工程按主线路基长度计算，桥梁工程以主线桥梁、分离式立交、匝道桥的长度之和进行计算，隧道按单洞长度计算。

道路工程，高速公路、一级公路按四车道计算，二级及二级以下公路按两车道计算，每增加1个车道，按表7-23的费用增加10%。桥梁和隧道按双向四车道计算，每增加一个车道费用增加15%。二级及二级以下公路的桥隧工程按表7-23费用的40%计算。

表 7-23 竣（交）工验收试验检测费

检测项目			竣（交）工验收 试验检测费	备注
道路工程 （元/km）	高速公路		23500	包括路基、路面、涵洞、通道、路段安全设施和机电、房建、绿化、环境保护及其他工程
	一级公路		17000	
	二级公路		11500	
	三级及三级以下公路		5750	
桥梁工程	一般桥梁 （元/延米）	—	40	包括桥梁范围内的所有土建、安全设施和机电、声屏障等环境保护工程及必要的动（静）载试验
	技术复杂桥梁 （元/延米）	钢管拱	750	
		连续刚构	500	
		斜拉桥	600	
		悬索桥	560	
隧道工程（元/延米）		单洞	80	包括隧道范围内的所有土建、安全设施、机电、消防设施等

2. 研究试验费计算

研究试验费指按项目特点和有关规定，在建设过程中必须进行的研究和试验所需费用，以及支付科技成果、专利、先进技术的一次性技术转让费。但要特别注意其中不包括：

（1）应由前期工作费（为建设项目提供或验证设计数据、资料等所需的专题研究）开支的项目；

（2）应由科技三项费用（即新产品试制费、中间试验费和重要科学研究补助费）开支的项目；

（3）应由施工辅助费开支的施工企业对建筑材料、构件和建筑物进行一般鉴定、检查所发生的费用及技术革新研究试验费。

计算方法：按设计提出的研究试验内容和要求进行编制。

3. 建设项目前期工作费计算

建设项目前期工作费指委托勘察设计单位、咨询单位对建设项目进行可行性研究，工程勘察设计，以及设计、监理、施工招标文件及招标标底或造价控制价文件编制时，按规定应支付的费用。包括：

（1）编制项目建议书（或预可行性研究报告）、可行性研究报告、投资估算，以及相应的勘察、设计等所需的费用；

（2）通过风洞试验、地震动参数、索塔足尺模型试验、桥墩局部冲刷试验、桩基承载力试验等为建设项目提供或验证设计数据所需的专题研究费用；

（3）初步设计和施工图设计的勘察费、设计费，概（预）算及调整概算编制费用等；

（4）设计、监理、施工招标文件及招标标底（或造价控制价或清单预算）文件编制费等。

计算方法：建设项目前期工作费以定额建筑安装工程费为基数，按表7-24的费率，以累进方法计算。

表7-24　建设项目前期工作费费率表

定额建筑安装工程费（万元）	费率（%）	算例（万元）	
		定额建筑安装工程费	建设项目前期工作费
500及以下	3.00	500	$500 \times 3\% = 15$
500~1000	2.70	1000	$15 + (1000 - 500) \times 2.70\% = 28.5$
1000~5000	2.55	5000	$28.5 + (5000 - 1000) \times 2.55\% = 130.5$
5000~10000	2.46	10000	$130.5 + (10000 - 5000) \times 2.46\% = 253.5$
10000~30000	2.39	30000	$253.5 + (30000 - 10000) \times 2.39\% = 731.5$
30000~50000	2.34	50000	$731.5 + (50000 - 30000) \times 2.34\% = 1199.5$
50000~100000	2.27	100000	$1199.5 + (100000 - 50000) \times 2.27\% = 2334.5$
100000~150000	2.19	150000	$2334.5 + (150000 - 100000) \times 2.192\% = 3429.5$
150000~200000	2.08	200000	$3429.5 + (200000 - 150000) \times 2.08\% = 4469.5$
200000~300000	1.99	300000	$4469.5 + (300000 - 200000) \times 1.99\% = 6459.5$
300000~400000	1.94	400000	$6459.5 + (400000 - 300000) \times 1.94\% = 8399.5$
400000~600000	1.86	600000	$8399.5 + (600000 - 400000) \times 1.86\% = 12119.5$
600000~800000	1.80	800000	$12119.5 + (800000 - 600000) \times 1.80\% = 15719.5$
800000~1000000	1.76	1000000	$15719.5 + (1000000 - 800000) \times 1.76\% = 19239.5$
1000000以上	1.72	1200000	$19239.5 + (1200000 - 1000000) \times 1.72\% = 22679.5$

4. 专项评价（估）费计算

专项评价（估）费指依据国家法律、法规规定进行评价（评估）、咨询，按规定应支付的费用。该费用包括环境影响评价费、水土保持评估费、地震安全性评价费、地质灾害危险性评价费、压覆重要矿床评估费、文物勘察费、通航论证费、行洪论证(评估)费、使用林地可行性研究报告编制费、用地预审报告编制费、项目风险评估费、节能评估费和社会风险评估费、放射性影响评估费、规划选址意见书编制费等费用。

计算方法:依据委托合同,或参照类似工程已发生的费用进行计列。

5. 联合试运转费计算

联合试运转费指建设项目的机电工程,按照有关规定标准,需要进行整套设备带负荷联合试运转所需的全部费用,不包括应由设备安装工程中开支的调试费用。

费用内容包括:联合试运转期间所需的材料、燃料和动力的消耗,机械和检测设备使用费,工具用具和低值易耗品费,参加联合试运转人员工资及其他费用等。

联合试运转费以定额建筑安装工程费总额为基数,按0.04%的费率计算。

6. 生产准备费计算

生产准备费指建设项目保证新建、改(扩)建项目交付使用后满足正常的运行、管理发生的工器具购置、办公和生活用家具购置、生产人员培训、应急保通设备购置等费用。

(1)工器具购置费

工器具购置费指建设项目交付使用后为满足初期正常运营必须购置的第一套不构成固定资产的设备、仪器、仪表、工卡模具、器具、工作台(框、架、柜)等的费用。不包括构成固定资产的设备、工器具和备品、备件,及已列入设备费中的专用工具和备品、备件。

工器具购置费由设计单位列出计划购置清单(包括规格、型号、数量),计算方法同设备购置费。

(2)办公和生活用家具购置费

办公和生活用家具购置费指新建、改(扩)建工程项目,为保证建设项目初期正常生产、使用和管理所必须购置的办公和生活用家具、用具的费用。包括行政、生产部门的办公室、会议室、资料档案室、阅览室、宿舍及生活福利设施等的家具、用具。

办公和生活用家具购置费按表7-25的规定计算。

表7-25　办公和生活用家具购置费标准表

工程所在地	路线工程 (元/公里)				单独管理或单独收费的桥梁、隧道 (元/座)		
	高速公路	一级公路	二级公路	三、四级公路	特大、大桥		特长隧道
					一般桥梁	技术复杂大桥	
内蒙古、黑龙江、青海、新疆、西藏	21500	15600	7800	4000	24000	60000	78000
其他省、自治区、直辖市	17500	14600	5800	2900	19800	49000	63700

注:改(扩)建工程按表列费用的70%计。

(3)生产人员培训费

生产人员培训费指为保证生产的正常运行,在工程交工验收交付使用前对运营部门生产人员和管理人员进行培训所需的费用。费用内容包括:培训人员的工资、工资性补贴、职工福利、差旅交通费、劳动保护费、培训及教学实习费等。

生产人员培训费按设计定员和 3000 元/人的标准计算。

(4)应急保通设备购置费

应急保通设备购置费指新建、改(扩)建工程项目,为满足初期正常运营,购置保障抢修保通、应急处置,且构成固定资产的设备所需的费用。

应急保通设备购置费由设计单位列出计划购置清单,计算方法同设备购置费。

7. 工程保通管理费计算

工程保通管理费指新建或改(扩)建工程需边施工边维持通车或通航的建设项目,为保证公(铁)路运营安全、船舶航行安全及施工安全而进行交通(公路、航道、铁路)管制、交通(铁路)与船舶疏导所需的媒体、公告等宣传费用及协管人员经费等。工程保通管理费应按设计需要进行计列。涉水项目施工期通航安全保障费用计算方法按《公路工程基本建设项目概算预算编制办法》(JTG 3830—2018)附录 G 计算。

8. 工程保险费计算

工程保险费指在合同执行期内,施工企业按合同条款要求办理保险的费用,包括建筑工程一切险和第三方责任险。

(1)建筑工程一切险,是为永久工程、临时工程和设备及已运至施工工地用于永久工程的材料和设备所投的保险。

(2)第三方责任险,是对因实施合同工程而造成的财产(本工程除外)损失或损害,或人员(业主和承包人雇员除外)的死亡或伤残所进行给付的保险。

工程保险费以建筑安装工程费(不含设备费)为基数,按 0.4% 费率计算。

9. 其他费用计算

其他费用指国务院行政主管部门及省级人民政府规定的其他与公路建设相关的费用,按其相关规定计算。

四、预备费计算

预备费由基本预备费和价差预备费两部分组成。

1. 基本预备费计算

基本预备费是指在初步设计和概算、施工图设计和施工图预算中难以预料的工程费用。

(1)基本预备费费用组成

①在进行技术设计、施工图设计和施工过程中,在批准的初步设计概算范围内所增加的工程费用。

②在设备订货时,由于规格、型号改变的价差、材料货源变更、运输距离或方式的改变以及因规格不同而代换使用等原因发生的价差。

③在项目主管部门组织竣(交)工验收时,验收委员会(或小组)为鉴定工程质量必须开挖和修复隐蔽工程的费用。

(2)计算方法

基本预备费以建筑安装工程费、土地使用及拆迁补偿费、工程建设其他费之和为基数,按下列费率计算:

①设计概算按 5% 计列;

②修正概算按4%计列；

③施工图预算按3%计列。

2.价差预备费计算

价差预备费是指设计文件编制年至工程交工年期间,建筑安装工程费中的人工费、材料费、设备费、施工机械使用费、措施费、企业管理费等由于政策、价格变化可能发生上浮而预留的费用,及外资贷款汇率变动部分的费用。设计文件编制至工程交工在1年以内的工程,不列此项费用。

价差预备费以建筑安装工程费总额为基数,按设计文件编制年始至建设项目工程交工年终的年数和年工程造价增涨率计算。按公式(7-10)计算

$$价差预留费 = P \times \left[(1 + i)^{n-1} - 1 \right] \tag{7-10}$$

式中:P——建筑安装工程费总额(元);

　　i——年造价增涨率(%);年工程造价增涨率按有关部门公布的工程投资价格指数计算;

　　n——设计文件编制年至建设项目开工年 + 建设项目建设期限(年)。

五、建设期贷款利息计算

建设期贷款利息指工程项目使用的贷款部分在建设期内应计取的贷款利息,包括各种金融机构贷款、建设债券和外汇贷款等的利息。

利息计算方法:根据不同的资金来源分年度计算所需支付的利息,按公式(7-11)计算。

建设期贷款利息 = $\sum$(上年度末付息贷款本息累计 + 本年度付息贷款额 ÷ 2) × 年利率,即:

$$S = \sum_{n=1}^{N} (F_{n-1} + b_n \div 2) \times i \tag{7-11}$$

式中:S——建设期贷款利息;

　　N——项目建设期(年);

　　n——施工年度;

　　F_{n-1}——建设期第 $n-1$ 年末需付息贷款本息累计;

　　b_n——建设期第 n 年付息贷款额;

　　i——中国人民银行公布的贷款基准年利率。

第四节　概预算文件的编制

一、编制步骤

概预算文件的编制是一项十分严肃的工作,编制质量的高低及各项计算的准确与否,直接关系着国家的经济利益。为了确保概预算文件的编制质量,必须根据工程概预算内在的规律和国家的有关规定,按一定的步骤来进行。概预算编制的基本步骤如图7-4所示。

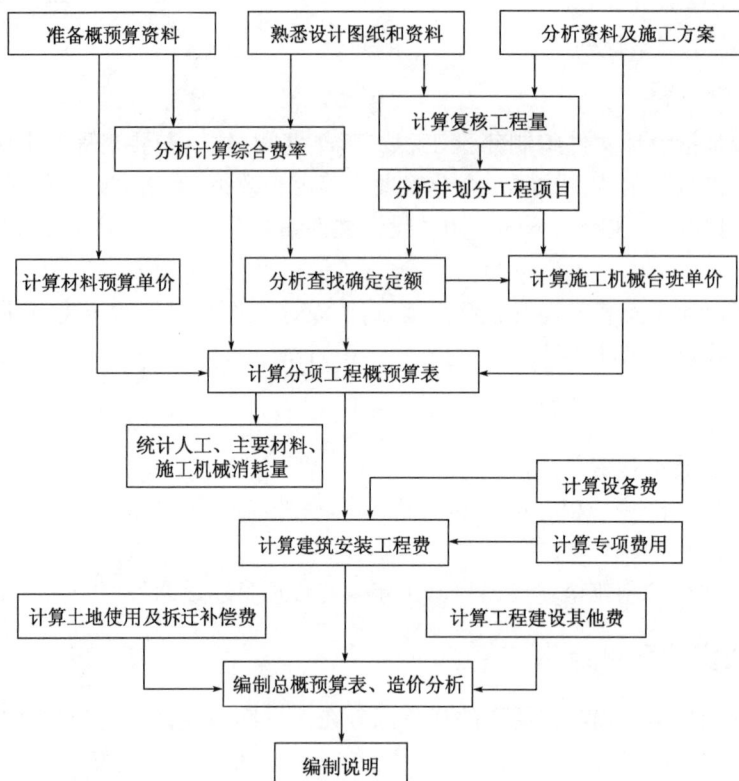

图 7-4 概预算编制基本步骤

1. 熟悉设计图纸和资料

编制设计概算、修正概算、施工图预算等文件前，应对相应阶段的初步设计、技术设计和施工图设计内容进行检查和整理，认真阅读和核对设计图纸及有关表格，如工程一览表、工程数量表等，若图纸中所用材料规格或要求不清时，要核对查实。

2. 准备概预算资料

概预算资料包括外业调查资料、定额、补充定额、各部委及地方主管部门的有关文件等。在编制概预算前，应将有关文件如《公路工程基本建设项目设计文件编制办法》《公路工程基本建设项目概算预算编制办法》《公路基本建设工程概算预算编制办法补充规定》等准备好，同时，也应将相关定额如《公路工程概算定额》《公路工程预算定额》及各类补充定额等准备齐全。

3. 分析外业调查资料及施工方案

（1）概预算调查资料分析

概预算资料的调查工作是一项关系到概、预算文件质量的基础工作，一般在公路工程外业勘察时同时进行。调查的内容很广，原则上凡对施工生产有影响的一切因素都必须调查，主要是筑路材料的来源（沿线料场及有无自采材料）、材料运输方式及运距、运费标准、占用土地的补偿费、安置费及拆迁补偿费、沿线可利用房屋及劳动力供应情况等。对这些调查资料应进行分析，若有不明确或不全的部分，应另行调查，以保证概、预算的准确和合理。

（2）施工方案的分析

对与相应设计阶段配套的施工组织设计文件（尤其是施工方案）应认真分析其可行性、合理性、经济性。因为施工方案将直接影响概（预）算金额的高低和定额的查用，因此编制概（预）算时，重点应对施工方案进行认真分析。

①施工方法

同一工程内容，可以采用不同的施工方法来完成。如土方施工，有人工挖土方和机械挖土方两种方法；钢筋混凝土工程既可以采用现浇施工，也可以采用预制安装等。因此，应根据工程设计的意图和要求同工程实际相结合，选择最经济、最合理的施工方法。

②施工机械

施工机械选择也将直接影响施工费用，应根据选定的施工方法选配相应的施工机械，如挖填土方，既可以采用铲运机，又可以采用挖土机配自卸汽车等。

③其他方面

运距的远近（如土方工程中取土坑、弃土堆的位置），材料堆放的位置及仓库的设置，人员高峰期等。

4. 分项

公路工程概（预）算是以分项工程概（预）算表为基础计算和汇总而来的，所以工程分项是概（预）算工作中的一项重要基础工作。一般公路工程分项时必须满足如下三个方面的要求：

（1）按照概（预）算项目表的要求分项，这是基本要求。概（预）算项目表实质上是将一个复杂的建设项目分解成若干分项工程的一种科学划分方法。

（2）符合定额项目表的要求。定额项目表是定额的主体内容，分项后的分项工程必须能够在定额项目表中直接查到。

（3）符合费率的要求。措施费和企业管理费费率按不同工程类别确定，因此，所分的项目应满足其要求。

按上面三个方面的要求分项后，便可将工程细目一一引出并填入"分项工程概（预）算计算数据表"（21-1 表）中。

5. 计算工程量

在编制概（预）算时，应对各分项工程量按工程量计算原则进行计算。一是对设计中已有的工程量进行核对，二是对设计文件中缺少或未列的工程量进行补充计算，计算时应注意计算单位和计算规则与定额的计量单位及计算规则一致。将算得的分项工程量填入"分项工程概（预）算计算数据表"（21-1 表）中。

6. 查定额

概（预）算定额就是以分项工程为对象，统一规定的完成一定计量单位分项工程所需的人工、材料、机械台班消耗数量。分项工程一般是按照选用的施工方法，所使用的材料、结构构件规格等因素划分，经较为简单的施工过程就能完成，以适当的计量单位就可以计算工程量及其单价的建筑安装工程产品，是建设项目最基本的组成要素。因此，根据分项所得的工程细目（分项工程）即可从定额中查出相应的人工、材料、施工机械名称、计量单位及消耗量定额值。查出各分项工程的定额基价，并将查得的定额值和定额单位及定额号分别填入"分项工程概（预）算表"（21-2 表）的有关栏目，再将各分项工程的实际工程量换算得到的定额单位工程数量乘以相应的定额,即可得出各分项工程的资源消耗数量及定额基价,填入"分项工程概(预)算表"(21-2 表)的数量栏中。

7. 基础单价的计算

编制概(预)算的另一项重要工作便是确定基础单价。基础单价是人工工日单价、材料预算单价和施工机械台班单价的统称。定额中除基价和小额零星材料及小型机具用货币指标表示外,其他均是资源消耗的实物指标。要以货币来表现消耗,就必须计算各种资源的单价。有关单价的计算方法已在前面介绍,公路工程概(预)算的基础单价通过"材料预算单价计算表"(22 表)、"自采材料料场价格计算表"(23-1 表)、"材料自办运输单位运费计算表"(23-2 表)和"施工机械台班单价计算表"(24 表)来计算。

(1)根据"分项工程概(预)算表"(21-2 表)中所出现的材料种类、规格及机械作业所需的燃料和水电编制"材料预算单价计算表"(22 表)。

(2)根据"分项工程概(预)算表"(21-2 表)中所发生的自采材料种类、规格,按照外业料场调查资料编制"自采材料料场价格计算表"(23-1 表)和"材料自办运输单位运费计算表"(23-2 表),并将计算结果汇入"材料预算单价计算表"(22 表)中。

(3)根据"分项工程概(预)算表"(21-2 表)、"自采材料料场价格计算表"(23-1 表)中所出现的所有机械种类和"材料自办运输单位运费计算表"(23-2 表)中自办运输的机械种类,计算工程所有机械的台班单价,编制"机械台班单价计算表"(24 表)。

(4)根据省级交通主管部门的规定确定人工工日单价。

(5)将上面(1)、(2)、(3)、(4)项所算得的各基础单价汇总,编制"人工、材料、施工机械台班单价汇总表"(09 表)。

8. 计算分项工程的直接费和间接费

有了各分项工程的资源消耗数量及基础单价,便可计算其直接费、措施费、企业管理费、规费、利润、税金。

(1)将"人工、材料、施工机械台班单价汇总表"(09 表)的单价填入"分项工程概(预)算表"(21-2 表)中的单价栏,由单价与数量相乘得出人工费、材料费、施工机械使用费,并可算得工、料、机合计费用。

(2)根据工程类别和工程所在地区,取定各项费率并计算措施费费率和企业管理费费率,即编制"综合费率计算表"(04 表)。

(3)将"综合费率计算表"(04 表)中各费率填入"分项工程概(预)算表"(21-2 表)中的相应栏目,并分别以定额人工费和定额施工机械使用费之和及定额直接费为基数计算措施费,以定额直接费为基数计算企业管理费。具体见表 7-18 建筑安装工程费各项费用计算程序及计算方式。

(4)分别在"分项工程概(预)算表"(21-2 表)中计算规费、利润和税金。

9. 计算设备费和专项费用

根据具体的设备购置清单计算设备购置费,按《编制办法》的规定计算专项费用,填写"设备费计算表"(05 表)和"专项费用计算表"(06 表)。

10. 计算建筑安装工程费

建筑安装工程费通过"建筑安装工程费计算表"(03 表)计算。

（1）将"分项工程概（预）算表"（21-2表）中各分项工程的直接费、措施费、企业管理费、规费、利润、税金等按工程（单位工程）汇总填入"建筑安装工程费计算表"（03表）中的相应栏目。

（2）将"设备费计算表"（05表）中各设备购置费填入"建筑安装工程费计算表"（03表）中的相应栏目。

（3）将"专项费用计算表"（06表）中各专项费用填入"建筑安装工程费计算表"（03表）中的相应栏目。

（4）合计各单位工程的直接费、措施费、企业管理费、规费、利润、税金等，得到各单位工程的建筑安装工程费，合计各单位工程的建筑安装工程费，得到工程项目的建筑安装工程费。

11. 实物指标计算

概（预）算还必须编制工程项目的实物消耗量指标，通过"人工、主要材料、施工机械台班数量汇总表"（02表）来计算完成。

（1）将"自采材料料场价格计算表"（23-1表）和"材料自办运输单位运费计算表"（23-2表）中的人工、材料、机械消耗量汇总编制"辅助生产人工、材料、施工机械台班单位数量表"（25表）。

（2）汇总"分项工程概（预）算表"（21-2表）中人工、主要材料、机械台班数量。

（3）计算冬季施工、雨季施工等各种增工数量。

（4）合计上面（1）、（2）、（3）项中的各项数据得出工程概（预）算的实物数量，即得到"人工、主要材料、施工机械台班数量汇总表"（02表）。

12. 计算其他有关费用

按规定计算土地使用及拆迁补偿费、工程建设其他费用等，编制"土地使用及拆迁补偿费计算表"（07表）和"工程建设其他费计算表"（08表）。

13. 编制总概预算表并进行造价分析

（1）编制总概（预）算表：将"建筑安装工程费计算表"（03表）、"专项费用计算表"（06表）、"土地使用及拆迁补偿费计算表"（07表）、"工程建设其他费计算表"（08表）中的各项填入"总概（预）算表"（01表）中相应栏目，并计算各项技术经济指标。

（2）造价分析：根据概（预）算总金额、各单位工程或分项工程的费用比值和各项技术经济指标进行全面分析，对设计提出修改建议和从经济角度对设计是否合理予以评价，找出挖潜增效措施。

14. 编制总概（预）算

根据建设项目要求，当分段或分部编制"总概（预）算表"（01表）和"人工、主要材料、施工机械台班数量汇总表"（02表）时，需要汇总编制总概（预）算。

（1）汇总各段的"总概（预）算表"（01表），编制"总概（预）算汇总表"（01-1表）。

（2）汇总各段的"人工、主要材料、施工机械台班数量汇总表"（02表），编制"总概（预）算人工、主要材料、机械台班数量汇总表"（02-1表）

15. 编制说明

概（预）算表格计算并编制完后，必须编制概（预）算说明，主要说明概（预）算编制依据、编制中存在的问题、工程总造价的货币和实物量指标及其他与概(预)算有关但不能在表格中反映的事项。

二、编制注意事项及各项费用计算程序

1. 编制注意事项

概(预)算编制中应注意的事项很多,下面只简要说明其中的几个主要方面。

(1)注意表格之间的内在联系,理清其交叉关系。

概(预)算表格是一个有机的整体,互相联系,相互补充,通过这些表格反映整个工程的资源消耗,因此应熟练掌握各表格之间的内在联系。各表之间的相互关系详见图7-3,特别是其中的21、22、23、24、25等5个表格,在编制时交叉进行,需要特别注意。如23表中出现的外购材料单价及24表中出现的动力燃料单价均通过22表计算,要特别注意其运料终点是"料场"还是"工地料库"等。23-1表中出现的自采材料机械台班单价和23-2表中出现的机械台班单价均通过24表计算。

(2)21-2表的"工程名称"(即01表中"项"的名称)要按项目填列,应注意将费率相同的各"目"填列于一张表中,以便于小计。

(3)注意各取费费率适用范围的说明,如土石方的运输属于运输,而不属于土方或石方;特殊路基处理中坞工构造物属于构筑物Ⅰ。

(4)使用定额时,一定要注意其小注和章、节说明,如所有材料的运输及装卸定额中均未包括堆、码方工日等。

(5)按地方的规定计算有关费用时,要注意各地规定中的细节要求。

2. 费用计算程序

各项费用之间有着紧密的联系,其计算亦有一定的规律和程序,各项费用的计算程序及计算方式归纳见表7-26。

表7-26 公路工程建设各项费用的计算程序及计算方式

序号	项 目	说明及计算式
(一)	定额直接费	∑人工消耗量×人工基价+∑(材料消耗量×材料基价+机械台班消耗量×机械台班单价)
(二)	定额设备购置费	∑设备购置数量×设备基价
(三)	直接费	∑人工消耗量×人工单价+∑(材料消耗量×材料预算单价+机械台班消耗量×机械台班预算单价)
(四)	设备购置费	∑设备购置数量×预算基价
(五)	措施费	(一)×施工辅助费费率+定额人工费和定额施工机械使用费之和×其余措施费综合费率
(六)	企业管理费	(一)×企业管理费综合费率
(七)	规费	各类工程人工费(含施工机械人工费)×规费综合费率
(八)	利润	[(一)+(五)+(六)]×利润率(7.42%)
(九)	税金	[(三)+(四)+(五)+(六)+(七)+(八)]×增值税税率(9%)
(十)	专项费用	

续上表

序号	项　目	说明及计算式
	施工场地建设费	[(一)+(五)+(六)+(七)+(八)+(九)]×累进费率
	安全生产费	建筑安装工程费(不含安全生产费本身)×(≥1.5%)
(十一)	定额建筑安装工程费	(一)+(二)×40%+(五)+(六)+(七)+(八)+(九)+(十)
(十二)	建筑工程工程费	(三)+(四)+(五)+(六)+(七)+(八)+(九)+(十)
(十三)	土地使用及拆迁补偿费	按规定计算
(十四)	工程建设其他费	
	建设项目管理	
	建设单位(业主管理费)	(十一)×累进费率
	建设项目信息化费	(十一)×累进费率
	工程监理费	(十一)×累进费率
	设计文件审查费	(十一)×累进费率
	竣(交)工验收试验检测费	按规定计算
	研究试验费	
	建设项目前期工作费	(十一)×累进费率
	专项评估(价)费	按规定计算
	联合试运转费	(十一)×费率
	生产准备费	
	工器具购置费	按规定计算
	办公及生活用家具购置费	按规定计算
	生产人员培训费	按规定计算
	应急保通设备购置费	
	工程保通管理费	按规定计算
	工程保险费	[(十二)-(四)]×费率
	其他相关费用	
(十五)	预备费	
	基本预备费	[(十二)+(十三)+(十四)]×费率
	价差预备费	(十二)×费率
(十六)	建设期贷款利息	按实际贷款额度及利率计算
(十七)	公路基本造价	(十二)+(十三)+(十四)+(十五)+(十六)

3. 概(预)算表格计算

概(预)算表格共有21张,其表格数据的计算按《编制办法》规定,各表格之间的数据过渡与转换也存在一定技巧,必须多练习。

三、应用造价软件编制概预算

公路工程概(预)算是一项极为烦琐而又复杂的计算工作,费时费力。随着计算机技术日新月异的发展,公路工程造价软件日益普及并广泛应用,显著提高造价工作效率。实践表明,应用计算机编制概(预)算,具有以下几方面的优点:

(1)速度快、效率高,使概预算编制人员摆脱了烦琐的手算工作,从而使概预算人员有更多的时间进行工程经济分析。

(2)使用统一的计算程序,使计算方式、定额套用、执行有关规定的口径一致,只要数据输入正确,结果就无误。

(3)计算项目完整、数据齐全、文件漂亮。

1. 基本原理

概(预)算是根据该工程项目所使用的人工、材料、机械台班等套用相应的定额,按照《编制办法》中规定的编制方法和公式计算工程造价。因此,在设计程序时,首先应将工程项目、定额、人工、材料、机械按照一定的规律赋予一定的代号(标识符),人与计算机之间通过这种代号达成了约定。有了这种约定以后,在源程序中就可以分别使用不同的代号来表示人工、各种材料、机械、工程项目和定额。计算时,只要按照计算机的提示和要求,给计算机输入相应的数据,计算机即自动地按照程序所规定的公式计算,确定单价以及各种费率,并进行数量汇总,最后输出概(预)算金额以及各类数据,填入各种表格形成概(预)算文件。功能较强的程序,不但能计算出概(预)算各项数据,还能按照《编制办法》所规定的内容打印出各类表格,一次完成计算、打印各项工作。交通运输部定额总站和各省交通规划设计院、一些软件公司等单位均编制有相应的电算程序。

2. 工、料、机和工程项目代号的编制

上面已经提到,源程序以及计算过程中的人工、材料、机械、工程项目都是以代号形式出现的,这是设计和使用程序的关键,只有熟悉各种编号才能正确运用程序。

根据不同机型,应编制各类代号表,列入程序使用手册以备查找对应关系,一般可分为:人工、材料、机械代号表、工程项目代号表、短途运输及运输方式代号表、自采材料代号表、工程类别代号表等。

3. 定额及各种费率的存储与修正

为了让计算机方便快速地查找定额,就必须将定额存储于计算机中,建立相应的定额库。定额库中存储的定额,可以是交通运输部公布的概、预算定额,也可以是根据地区特点编制的补充定额。在明确定额库建立的方法之后,就可以根据具体工程的特点,对定额库中的定额进行补充和修改。修改时可以将应修改的定额项目调出来,换上修改后的定额再存入定额库中。

各种费率也应存入计算机中,用户同样应注意储存的各种费率是否适合于工程所涉及的地区和有关规定,否则,也应进行修改。

4. 程序结构

工程概(预)算程序一般由主程序和若干子程序组成。

图7-5为"材料预算单价"子程序的框图,图7-6为主程序框图。

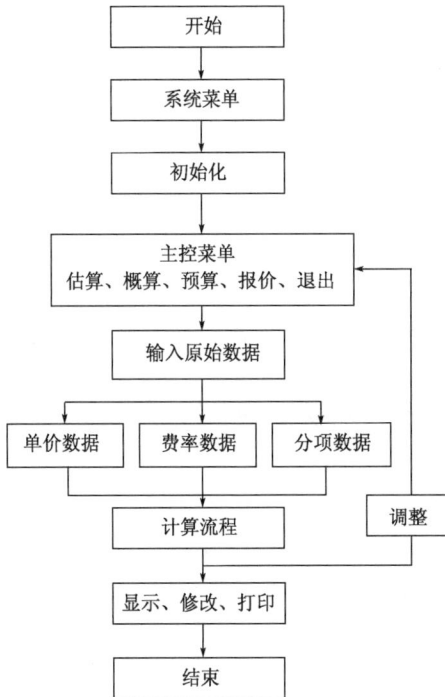

图 7-5 "材料预算单价"子程序框图

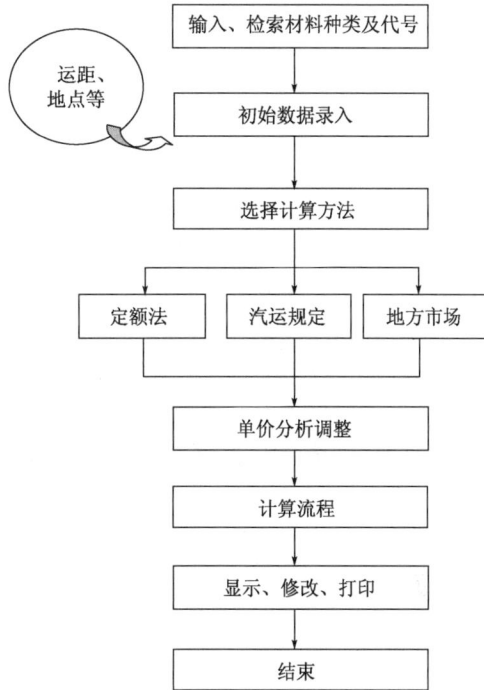

图 7-6 主程序框图

5.程序的使用

在进行上机计算以前,先将要做概(预)算的工程设计文件及其他资料准备好,然后做好以下工作:

(1)列出工程中要用到的材料、机械及工程项目清单;

(2)将长途运输、短途运输、自采材料及开采装运方式分类;

(3)根据使用手册所规定的代号找出对应关系;

(4)查出工程项目和定额的代号;

(5)准备数据,如运距、工程量、冬季区号、雨季区号、综合里程等。

在原程序及各种数据正确或做了补充修改以后,便可按计算机提示要求输入数据,由计算机进行计算并输出结果和打印表格。

思考题

1.概、预算文件有哪几种形式? 各在什么时候编制?

2.公路工程项目投资额测算体系有哪几种形式?

3.概、预算的作用是什么?

4.概、预算的依据是什么?

5. 概、预算文件和费用的组成是什么?

6. 概、预算项目表的主要内容是什么?

7. 建安费的组成包含哪些内容?

8. 税金计算的注意事项是什么?

9. 建设单位管理费的计算方法是什么?

10. 价差预备费的计算方法是什么?

11. 直接费的费用组成是什么?

12. 建筑安装工程费计算表(03表)和分项工程概(预)算表(21-2表)的关系是什么?

13. 人工、主要材料、施工机械台班数量汇总表(02表)和辅助生产人工、材料、施工机械台班单位数量表(25表)的关系是什么?

14. 施工机械台班单价计算表(24表)计算的机械涉及哪些机械种类?

15. 总概(预)算表(01表)直接包括哪些表格的费用?

16. 分项工程概(预)算表(21-2表)编制的关键是什么?

17. 自采材料单价的计算应注意哪些方面的因素?

练习题

1. 某路基工程所需片石由工地余方供应,但需要检清,定额规定每检清 100m³ 片石需消耗人工 36 工日,若设人工单价为 110 元/工日,人工定额基价为 106.28 元/工日,试计算片石的料场单价。

2. 某桥梁工程的主桥部分的定额直接费为 100 万元,直接费为 130 万元,人工费 15 万元,施工机械使用费中的人工费 8 万元,定额人工费和定额施工机械使用费为 70 万元,设备费不计,措施费中施工辅助费费率 4%,措施费的其他综合费率 12%,企业管理费的综合费率为 15%,规费费率 39%,利润率为 7.42%,税率为 9%,专项费用不计,计算建筑安装工程费。

3. 某工地需要中粗砂 1200m³,设场外运输损耗率为 2%,定额规定每生产 100m³ 中粗砂需消耗人工 58 工日,自然砂 115m³,计算安排中粗砂生产应该安排多少人工工日生产和需要多少自然砂供开采。

附 录①

附录 A　封面、目录及概(预)算表格样式

A.0.1　扉页的次页格式如下

××公路初步设计概算

(K×× + ××× ~ K×× + ×××)

第　　册共　　册

编　　制:(签字并盖章)

复　　核:(签字并盖章)

编制单位:(盖章)

编制时间:　　年　　月　　日

注①本部分内容摘自《公路工程建设项目概算预算编制办法》(JTG 3830—2018)。

A.0.2 甲组文件目录格式及相应内容如下所示：

目 录

(甲组文件)

1. 编制说明。

2. 项目前后阶段费用对比表见表 A.0.2-1。

3. 建设项目属性及技术经济信息表(00 表)见表 A.0.2-2。

4. 总概(预)算汇总表(01-1 表)见表 A.0.2-3。

5. 总概(预)算人工、主要材料、施工机械台班数量汇总表(02-1 表)见表 A.0.2-4

6. 总概(预)算表(01 表)见表 A.0.2-5。

7. 人工、主要材料、施工机械台班数量汇总表(02 表)见表 A.0.2-6。

8. 建筑安装工程费计算表(03 表)见表 A.0.2-7。

9. 综合费率计算表(04 表)见表 A.0.2-8。

10. 综合费计算表(04-1 表)见表 A.0.2-9。

11. 设备费计算表(05 表)见表 A.0.2-10。

12. 专项费用计算表(06 表)见表 A.0.2-11。

13. 土地使用及拆迁补偿费计算表(07 表)见表 A.0.2-12。

14. 工程建设其他费计算表(08 表)见表 A.0.2-13。

15. 人工、材料、施工机械台班单价汇总表(09 表)见表 A.0.2-14。

表 A.0.2-1　项目前后阶段费用对比表

建设项目名称：

分项编号	工程或费用名称	单位	本阶段设计概算（施工图预算）			上阶段工可估算（设计概算）			费用变化		备注
			数量	单价	金额	数量	单价	金额	金额	比例（%）	
1	2	3	4	5=6÷4	6	7	8=9÷7	9	10=6-9	11=10÷9	12

填表说明：1. 本表反映一个建设项目的前后阶段各项费用组成。
　　　　　2. 本阶段和上阶段费用均从各阶段的 01-1 表转入。

编辑：　　　　　　　　　　　　　　　　　　　　　　　　　　　　　　　　复核：

表 A.0.2-2　建设项目属性及技术经济信息表

建设项目：　　　　　　　　　　　　　　　　　　　　　　　编制日期：

一	项目基本属性			
编号	名　称	单　位	信　息	备　注
001	工程所在地			
002	地形类别			平原或微丘
003	新建/改扩建			
004	公路技术等级			
005	设计速度	km/h		
006	路面结构			
007	路基宽度	m		
008	路线长度	公路公里		不含连接线
009	桥梁长度	km		
010	隧道长度	km		双洞长度
011	桥隧比例	%		[(9)+(10)]/(8)
012	互通式立体交叉数量	km/处		
013	支线、联络线长度	km		
014	辅道、连接线长度	km		
二	项目工程数量信息			
编号	内　容	单　位	数　量	数量指标	备　注
10202	路基挖方	1000m^3			
10203	路基填方	1000m^3			
10206	排水圬工	1000m^3			包括防护、排水
10207	防护圬工	1000m^3			
10205	特殊路基	km			
10301	沥青混凝土路面	1000m^2			
10302	水泥混凝土路面	1000m^2			
10401	涵洞	m			
10402	小桥	m			
10403	中桥	m			
10404	大桥	m			
10405	特大桥	m			
10501	连拱隧道	m			
10502	小净距隧道	m			
10503	分离式隧道	m			
10602	通道	m			
10605	分离式立体交叉	处			
10606	互通式立体交叉	处			

编号	内　容	单　位	数　量	数量指标	备　注
10703	管理养护服务房屋	m²			
10901	联络线、支线工程	km			
10902	连接线工程	km			
10903	辅道工程	km			
20101	永久征地	亩			不含取(弃)土场征地
20102	临时征地	亩			
三	项目造价指标信息表				

编号	工　程　造　价	总金额(万元)	造价指标(万元/km)	占总造价百分比(%)	备　注
1	建筑安装工程费		(必填)		
101	临时工程				
102	路基工程				
103	路面工程				
104	桥梁工程				
105	隧道工程				
106	交叉工程				
107	交通工程				
108	绿化及环境保护工程				
109	其他工程				
110	专项费用		(必填)		
2	土地使用及拆迁补偿费		(必填)		
3	工程建设其他费		(必填)		
4	预备费		(必填)		
5	建设期贷款利息		(必填)		
6	公路基本造价		(必填)		
四	分项造价指标信息表				

编号	名　称	单　位	造价指标(元)	备　注
10202	路基挖方	m³		
10203	路基填方	m³		
10206	排水圬工	m³		
10207	防护圬工	m³		
10205	特殊路基	km		
10301	沥青混凝土路面	m²		
10302	水泥混凝土路面	m²		

编号	名　称	单　位	造价指标(元)	备　注
10401	涵洞	m		
10402	预制空心板桥	m²		
10403	预制小箱梁桥	m²		
10404	预制T梁桥	m²		
10405	现浇箱梁桥	m²		
10406	特大桥	m²		
10501	连拱隧道	m		
10502	小净距隧道	m		
10503	分离式隧道	m		
10602	通道	m		
10605	分离式立体交叉	处		
10606	互通式立体交叉	处		
10701	交通安全设施	km		
10702	机电及设备安装工程	km		
10707	管理养护服务房屋	m²		含土建和安装,不含外场
10901	联络线、支线工程	km		
10902	连接线工程	km		
10903	辅道工程	km		
20101	永久征地	亩		
20102	临时征地	亩		
20201	拆迁补偿	km		
30101	建设单位管理费	km		
30103	工程监理费	km		
30301	建设项目前期工作费	km		
五	主要材料单价信息表			
编号	名　称	单　位	单价(元)	备　注
1001001	人工	工日		
2001002	HRB400钢筋	t		
3001001	石油沥青	t		
5503005	中(粗)砂	m³		
5505016	碎石(4cm)	m³		
5509002	42.5级水泥	t		

编制：　　　　　　　　　　　　　　　　　　　　复核：

表 A.0.2-3　总概（预）算汇总表

建设项目名称：

第　页　共　页　01-1 表

分项编号	工程或费用名称	单位	总数量	数量	金额（元）	技术经济指标	数量	金额（元）	技术经济指标	数量	金额（元）	技术经济指标	总金额（元）	全路段技术经济指标	各项费用比例（%）

填表说明：1. 一个建设项目分若干单项工程编制概（预）算时，应通过本表汇总全部建设项目概（预）算金额。

2. 本表反映一个建设项目的各项费用组成，概（预）算值和技术经济指标。

3. 本表分项编号，工程或费用名称、单位、总数量，概（预）算金额应由各单项或单位工程总概（预）算表（01 表）转来，部分、项、子项应保留，其他可视需要增减。

4. "全路段技术经济指标"以各项金额汇总合计除以相应总数量计算；"各项费用比例"以汇总的各项费用工程造价除以公路基本造价合计计算。

编制：

复核：

297

表 A.0.2-4　总概（预）算人工、主要材料、施工机械台班数量汇总表

第　页　共　页　02-1 表

建设项目名称：

代号	规格名称	单位	总数量	编 制 范 围										

填表说明：1.一个建设项目分若干个单项工程编制概（预）算时，应通过本表汇总全部建设项目的人工、主要材料、施工机械台班数量。

2.本表各栏数据均由各单项或单位工程概（预）算中的人工、主要材料、施工机械台班数量汇总表（02 表）转来，编制范围指单项或单位工程。

编制：　　　　　　　　　　　　复核：

表 A.0.2-5　总概（预）算表

建设项目名称：

编制范围：

第　页　共　页　01 表

分项编号	工程或费用名称	单位	数量	金额（元）	技术经济指标	各项费用比例（%）	备注

填表说明：1. 本表反映一个单项或单位工程的各项费用组成，概（预）算金额、技术经济指标、各项费用比例（%）等。

2. 本表"分项编号""工程或费用名称""单位"等应按概预算项目表的编号及内容填写。

3. "数量""金额"由专项费用计算表（06 表）、建筑安装工程费计算表（03 表）、土地使用及拆迁补偿费计算表（07 表）、工程建设其他费计算表（08 表）转来。

4. "技术经济指标"以各项目金额除以相应数量计算；"各项费用比例（%）"以各项金额除以公路基本造价计算。

编制：　　　　　　　　　　　　　　　　　　　　复核：

表 A.0.2-6 人工、主要材料、施工机械台班数量汇总表

建设项目名称：
编 制 范 围：

第 页 共 页 02 表

代号	规格名称	单位	单价（元）	总数量	分 项 统 计											场外运输损耗	
																%	数量

填表说明：本表各栏数据由人工、材料、施工机械台班单价汇总表（09 表）及分项工程概（预）算表（21- 2 表）、辅助生产人工、材料、施工机械台班单位数量表（25 表）经分析计算后统计而来。

编制：   复核：

300

表 A.0.2-7　建筑安装工程费计算表

建设项目名称：
编制范围：

序号	分项编号	工程名称	单位	工程量	定额直接工程费（元）	定额设备购置费（元）	直接费（元）				设备购置费	措施费	企业管理费	规费	利润（元）费率（%）	税金（元）税率（%）	金额合计（元）	
							人工费	材料费	施工机械使用费	合计							合计	单价
1	2	3	4	5	6	7	8	9	10	11	12	13	14	15	16	17	18	19
110		专项费用																
	11001	施工场地建设费	元															
	11002	安全生产费	元															
		合计																

填表说明：1. 本表各栏数据由 05 表、06 表、21-2 表经计算转来。
2. 本表中除列出具体分项外，还应列出子项（如临时工程、路基工程、路面工程……），并将子项下的具体分项的费用进行汇总。

编制：

复核：

表 A.0.2-8　综合费率计算表

建设项目名称：

编制范围：

第　页　共　页　04表

序号	工程类别	措施费(%)										综合费率		企业管理费(%)						规费(%)					
		冬季施工增加费	雨季施工增加费	夜间施工增加费	高原地区施工增加费	风沙地区施工增加费	沿海地区施工增加费	行车干扰施工增加费	施工辅助费	工地转移费	I	II	基本费用	主副食运费补贴	职工探亲路费	职工取暖补贴	财务费用	综合费率	养老保险费	失业保险费	医疗保险费	工伤保险费	住房公积金	综合费率
1	2	3	4	5	6	7	8	9	10	11	12	13	14	15	16	17	18	19	20	21	22	23	24	25

填表说明：本表应根据建设项目具体情况,按概(预)算编制办法有关规定填入数据计算。

其中:12=3+4+5+6+7+8+9+11,13=10;19=14+15+16+17+18;25=20+21+22+23+24。

编制：　　　　　　　　　　　　　　　　复核：

表 A.0.2-9　综合费计算表

建设项目名称：

编　制　范　围：

序号	工程名称	措施费（元）									综合费用		企业管理费（元）						规费（元）				综合费用
		冬季施工增加费	雨季施工增加费	夜间施工增加费	高原地区施工增加费	风沙地区施工增加费	沿海地区施工增加费	行车干扰施工增加费	施工辅助费	工地转移费	I	II	基本费用	主副食运费补贴	职工探亲路费	职工取暖补贴	财务费用	综合费用	养老保险费	失业保险费	医疗保险费	工伤保险费	住房公积金	
1	2	3	4	5	6	7	8	9	10	11	12	13	14	15	16	17	18	19	20	21	22	23	24	25

填表说明：本表应根据建设项目具体分项工程，按投资估算编制办法规定的计算方法分别计算各项费用。

其中：12 = 3 + 4 + 5 + 6 + 7 + 8 + 9 + 11，13 = 10；19 = 14 + 15 + 16 + 17 + 18；25 = 20 + 21 + 22 + 23 + 24。

编制：　　　　　　　　　　　　　　　　　　　　　　　　复核：

表 A.0.2-10 设备费计算表

建设项目名称：
编 制 范 围：

第 页 共 页 05 表

代号	设备名称	规格型号	单位	数量	基价	定额设备购置费(元)	单价(元)	设备购置费(元)	税金(元)	定额设备费(元)	设备费(元)
合计											

填表说明：本表应根据具体的设备购置清单进行计算，包括设备规格、单位、数量、设备基价、定额设备购置费、设备预算单价、税金以及定额设备费和设备费。设备购置费不计取措施费及企业管理费。

编制：
复核：

表 A.0.2-11　专项费用计算表

建设项目名称：

编　制　范　围：

第　页　共　页　06表

序号	工程或费用名称	说明及计算式	金额(元)	备注

填表说明：本表应依据项目按本办法规定的专项费用项目填写，在说明及计算式栏内填写需要说明的内容及计算式。

编制：

复核：

表 A.0.2-12 土地使用及拆迁补偿费计算表

建设项目名称:
编制范围:

第 页 共 页 07 表

序号	费用名称	单 位	数 量	单价(元)	金额(元)	说明及计算式	备 注
					填表说明:本表按规定填写单位、数量、单价和金额;说明及计算式中应注明标准及计算式;子项下边有分项的,可以按顺序依次往下编号。		

编制: 复核:

表 A.0.2-13　工程建设其他费计算表

建设项目名称：

编　制　范　围：

第　页　共　页　08 表

序号	费用名称及项目	说明及计算式	金额（元）	备注
		填表说明：本表应按具体发生的其他费用项目填写，需要说明和具体计算的费用的费用项目依次在说明及计算式栏内填写或具体计算，各项费用的具体填写如下： 1. 建设项目管理费包括建设单位（业主）管理费、工程监理费、竣（交）工验收试验检测费，按编办规定有关规定或列式计算，费率、方法或有关规定列式计算。 2. 研究试验费应根据设计需要进行研究试验进行计算或进行说明。 3. 建设项目前期工作费按编办规定的计算基数、费率、方法计算。 4. 专项评价（估）费、联合试运转费、生产准备费、工程保通管理费、工程保险费、预备费、建设期贷款利息等其他费用根据本编办规定或国家有关规定办规定依次类推计算。		

编制：　　　　　　　　　　　　　　　　　　复核：

表 A.0.2-14　人工、材料、施工机械台班单价汇总表

建设项目名称：

编制范围：

第　页　共　页　09 表

序号	名　称	单位	代号	预算单价（元）	备注

填表说明：本表预算单价主要由材料预算单价计算表（22 表）和施工机械台班单价计算表（24 表）转来。

编制：　　　　　　　　　　　　　　　复核：

A.0.3 乙组文件目录格式及相应内容如下所示:

目 录

(乙组文件)

表 A.0.3-1　分项工程概(预)算计算数据表

建设项目名称：

编　制　范　围：

标准定额库版本号：

校验码：

第　页　共　页　21-1 表

分项编号/定额 代号/工料机代号	项目、定额 或工料机的名称	单　位	数　量	输　入　单　价	输　入　金　额	分项组价类型 或定额子目取费类别	定额调整情况 或分项算式

填表说明：1. 本表应逐行从左到右横向逐栏填写。

2. "分项编号"、"定额"、"工料机"等的代号应根据实际需要按附录 B 概预算项目表及现行《公路工程概算定额》(JYG/T 3831)、《公路工程预算定额》(JYG/T 3832)的相关内容填写。

3. 本表主要是为利用计算机软件编制概算、预算提供分项组价基础数据，列明工程项目全部计算分项的组价参数；分项组价类型包括：输入金额、算式列表，非标准补充定额列出其工料机及其消耗量；具体填表规则由软件用户手册详细制定。输入单价、综合调整等，乘系数，分项调整情况由软件收集发布，造价软件接收后直接输出。

4. 标准定额库版本号由公路工程造价依据信息平台和最新的标准定额库一起发布，造价软件版本号与定额库信息平台定额库版本号同时发布，造价软件直接输出，为便于校验，造价软件可按条形码形式输出。

5. 校验码由公路工程造价加密生成，由公路工程造价依据信息平台生成，为便于校验，造价软件可按条形码形式输出。

编制：　　　　　　　　　　　　　　　　　　　复核：

表 A.0.3-2　分项工程概（预）算表

编制范围：

分项编号：

工程名称：　　　　单位：　　　　数量：　　　　单价：

第　页　共　页　　21-2 表

工程项目

工程细目

定额单位

工程数量

定额表号

代号	工料机名称	单位	单价（元）	定额	数量	金额（元）	定额	数量	金额（元）	定额	数量	金额（元）	合计 数量	合计 金额（元）
1	人工	工日												
2	……													
	直接费	元												
	措施费 Ⅰ	元												
	措施费 Ⅱ	元												
	企业管理费	元		%	%									
	规费	元		%	%									
	利润	元		%	%									
	税金	元		%	%									
	金额合计	元												

填表说明：1. 本表按具体分项工程项目数量，对应概（预）算定额子目填写，单价由 09 表转来，金额＝∑工、料、机各项的单价×定额或定额×数量。

2. 措施费、企业管理费按相应项目的定额人工费与定额率计算。

3. 规费按相应项目的人工费×规定费率计算。

4. 利润按相应项目的（定额直接费＋措施费）×利润率计算。

5. 税金按相应项目的（直接费＋措施费＋企业管理费＋规费＋利润）×税率计算。

6. 措施费、企业管理费、规费、利润、税金对应定额列填入相应的费率，数量列填入相应的计算基数，数量列应填入相应人相应的费率。

编制：　　　　　　　　　　　　　　　复核：

表 A.0.3-3　材料预算单价计算表

建设项目名称：
编　制　范　围：

第　页　共　页　表22

代号	规格名称	单位	原价（元）	运杂费						场外运输损耗		采购及保管费		预算单价（元）
				供应地点	运输方式比重及运距	毛质量系数或单位毛质量	运杂费构成说明或计算式	单位运费（元）	原价运费合计（元）	费率（%）	金额（元）	费率（%）	金额（元）	

填表说明：1. 本表计算各种材料自供应地点或料场至工地的全部运杂费与材料原价及其他费用组成预算单价。

2. 运输方式按火车、汽车、船舶等及所占运输比重填写。

3. 毛质量系数，场外运输损耗，采购及保管费按规定填写。

4. 根据材料供应地点，运输方式，计算得出材料单位运费。

5. 材料原价与单位运费、运输单价，毛质量系数等，通过运杂费构成说明或计算式，计算出材料运费。材料原价、场外运输损耗、采购及保管费组成材料预算单价。

编制：　　　　　　　　　　　　复核：

表 A.0.3-4 自采材料料场价格计算表

编制范围：

自采材料名称：　　　　　　　　单位：　　　　　　　数量：　　　　　　　料场价格：　　　　　　　第 页 共 页　　23-1 表

代号	工程项目							合计	
	工程细目								
	定额单位								
	工程数量								
	定额表号								
工、料、机名称	单位	单价（元）	定额	数量	金额（元）	定额	数量	金额（元）	定额	数量	金额（元）

填表说明：1. 本表主要用于分析计算自采材料料场价格，应将选用的定额人工、材料、施工机械台班数量全部列出，包括相应的工、料、机单价。
2. 材料规格用途相同而生产方式（如人工捶碎石、机械轧碎石）不同时，应分别计算单价，再以各种生产方式所占比重根据合计价格加权平均计算料场价格。
3. 定额中施工机械台班有调整系数时，应在本表内计算。
4. 辅助生产取间接费、高原取费，高原取费对应定额列入定额计算基数、数量列填入相应的费率。

直接费	元									
辅助生产间接费	元			%		%		%		%
高原取费	元			%		%		%		%
金额合计	元									

编制：　　　　　　　　　　　　　　　　　复核：

313

表 A.0.3-5　材料自办运输单位运费计算表

第　页　共　页　23-2表

编制范围：　　　　　　　　　　　　　　　　　　　　

自采材料名称：　　　　　单位：　　　　　数量：　　　　　单位运费：

工程项目：

工程细目：

定额单位：

工程数量：

定额表号：

代号	工、料、机名称	单位	单价(元)	定额	数量	金额(元)	定额	数量	金额(元)	定额	数量	金额(元)	合计	
------	---------------	------	---------	------	------	---------	------	------	---------	------	------	---------	数量	金额(元)
直接费		元												
辅助生产间接费		元		%			%			%				
高原取费		元		%			%			%				
金额合计		元												

填表说明：1. 本表主要用于分析计算材料自办运输单位运费，应将选用的定额人工、材料、施工机械台班数量全部列出，包括相应的工、料、机单价。

2. 材料运输地点或运输方式不同时，应分别计算单价，再在本表内计算。

3. 定额中施工机械台班有调整系数时，应按所占比重加权平均计算材料运输价格。

4. 辅助生产间接费、高原取费对应定额的计算基数，数量列入定额列填入相应的费率。

编制：　　　　　　　　　　　　　　　　　　　复核：

表 A.0.3-6　施工机械台班单价计算表

建设项目名称：

编　制　范　围：

第　页　共　页　24 表

序号	代号	规　格　名　称	台班单价(元)	不变费用(元)			可变费用(元)										车船税	合计
				调整系数：	调整值：		人工：(元/工日)		汽油：(元/kg)		柴油：(元/kg)							
				定额	定额	金额	定额	金额	定额	金额	定额	金额	定额	金额	定额	金额		

填表说明：1. 本表应根据公路工程机械台班费用定额费用进行计算。不变费用如有调整系数应填入调整值；可变费用由各栏填入定额数量。

2. 人工、动力燃料的单价由材料预算单价计算表(22 表)中转来。

编制：

复核：

表 A.0.3-7　辅助生产人工、材料、施工机械台班单位数量表

第　页　共　页　25 表

建设项目名称：
编　制　范　围：

序号	规　格　名　称	单位	人工(工日)										

填表说明：本表各栏数据由自采材料料场价格计算表(23-1 表)和材料自办运输单位运费计算表(23-2 表)统计而来。

编制：　　　　　　　　　　　　　　　　复核：

附录 B　概预算项目表

B.0.1　概算预算项目表如下：

1. 概算预算项目表见表 B.0.1-1。

2. 路基工程项目分表(LJ)见表 B.0.1-2。

3. 路面工程项目分表(LM)见表 B.0.1-3。

4. 涵洞工程项目分表(HD)见表 B.0.1-4。

5. 桥梁工程项目分表(QL)见表 B.0.1-5。

6. 隧道工程项目分表(SD)见表 B.0.1-6。

7. 交通安全设施工程项目分表(JA)见表 B.0.1-7。

8. 隧道机电工程项目分表(SJ)见表 B.0.1-8。

9. 绿化及环境保护工程项目分表(LH)见表 B.0.1-9。

表 B.0.1-1　概算预算项目表

分项编号	工程或费用名称	单位	主要工作内容	备　　注
1	第一部分　建筑安装工程费	公路公里		建设项目路线总长度（主线长度）
101	临时工程	公路公里		
10101	临时道路	km		新建施工便道与利用原有道路的总长
1010101	临时便道（修建、拆除与维护）	km		新建施工便道长度
1010102	原有道路的维护与恢复	km		利用原有道路长度
1010103	保通便道	km		
101010301	保通便道（修建、拆除与维护）	km		修建、拆除与维护
101010302	保通临时安全设施	km		临时安全设施修建、拆除与维护
10102	临时便桥、便涵	m/座		
1010201	临时便桥	m/座	修建、拆除与维护	临时施工汽车便桥
1010202	临时涵洞	m/座		
10103	临时码头	座		按不同的形式分级
10104	临时供电设施	总额		包括临时电力线路、变压器摊销等，不包括场外高压供电线路
10105	临时电信设施	总额		不包括广播线
	……			
102	路基工程	km		扣除主线桥梁、隧道和互通立交的主线长度，独立桥梁或隧道为引道或接线长度。下挂路基工程项目分表
	……			
103	路面工程	km		扣除主线桥梁、隧道和互通立交的主线长度，独立桥梁或隧道为引道或接线长度，下挂路面工程项目分表
	……			
104	桥梁涵洞工程	km		指桥梁长度
10401	涵洞工程	m/道		下挂涵洞工程项目分表
	……			
10402	小桥工程	m/座		
1040201	拱桥	m^2/m		下挂桥梁工程项目分表
1040202	矩形板桥	m^2/m		下挂桥梁工程项目分表
1040203	空心板桥	m^2/m		下挂桥梁工程项目分表
1040204	小箱梁桥	m^2/m		下挂桥梁工程项目分表
1040205	T梁桥	m^2/m		下挂桥梁工程项目分表
	……			

分项编号	工程或费用名称	单位	主要工作内容	备　注
10403	中桥工程	m/座		
1040301	拱桥	m²/m		下挂桥梁工程项目分表
1040302	预制矩形板桥	m²/m		下挂桥梁工程项目分表
1040303	预制空心板桥	m²/m		下挂桥梁工程项目分表
1040304	预制小箱梁桥	m²/m		
1040305	预制 T 梁桥	m²/m		
1040306	现浇箱梁桥	m²/m		
	……			
10404	大桥工程	m/座		
1040401	××桥(桥型、跨径)	m²/m		下挂桥梁工程项目分表
	……			
10405	特大桥工程	m/座		
1040501	××特大桥工程	m²/m		按桥名分级;技术复杂大桥先按主桥和引桥分级再按工程部位分级
104050101	引桥工程(桥型、跨径)	m²/m	不含桥面铺装及附属工程内容	标注跨径、桥型,下挂桥梁工程项目分表
104050102	主桥工程(桥型、跨径)	m²/m	不含桥面铺装及附属工程内容	标注跨径、桥型,下挂桥梁工程项目分表
104050103	桥面铺装	m³		下挂桥梁工程项目分表相应部分
104050104	附属工程	m		下挂桥梁工程项目分表相应部分
10406	桥梁维修加固工程	m²/m		下挂桥梁工程项目分表相应部分
	……			
105	隧道工程	km/座		按隧道名称分级,并注明其形式
10501	连拱隧道	km/座		
1050101	××隧道	m		下挂隧道工程项目分表
	……			
10502	小净距隧道	km/座		
1050201	××隧道	m		下挂隧道工程项目分表
	……			
10503	分离式隧道	km/座		
1050301	××隧道	m		下挂隧道工程项目分表
	……			

分项编号	工程或费用名称	单位	主要工作内容	备注
10504	下沉式隧道	km/座		
1050401	××隧道	m		下挂隧道工程项目分表
	……			
10505	沉管隧道	km/座		
1050501	××隧道	m		下挂隧道工程项目分表
	……			
10506	盾构隧道	km/座		
1050601	××隧道	m		下挂隧道工程项目分表
	……			
10507	其他形式隧道	km/座		
1050701	××隧道	m		下挂隧道工程项目分表
	……			
106	交叉工程	处		按不同的交叉形式分目
10601	平面交叉	处		按不同的类型分级
1060101	公路与等级公路平面交叉	处		下挂路基和路面等工程项目分表
1060102	公路与等外公路平面交叉	处		下挂路基和路面等工程项目分表
	……			
10602	通道	m/处		按结构类型分级
1060201	箱式通道	m/处		
1060202	板式通道	m/处		
1060203	拱形通道	m/处		
	……			
10603	天桥	m/座		按不同的结构类型分级,若有连接线,下挂路基和路面等工程项目分表
1060301	钢结构桥	m/处		
1060302	钢筋混凝土拱桥	m/处		
1060303	钢筋混凝土梁桥	m/处		
1060304	钢筋混凝土板桥	m/处		
	……			
10604	渡槽	m/处		按不同的结构类型分级
10605	分离式立体交叉	km/处		主线下穿时,上跨主线的才计入分离立交,按交叉名称分级
1060501	××分离式立体交叉	处		
106050101	××分离立交桥梁	m		下挂桥梁模块
106050102	××分离立交连接线	km		下挂路基、路面、涵洞工程项目分表
	……			

分项编号	工程或费用名称	单位	主要工作内容	备　注
10606	互通式立体交叉	km/处		按互通名称分级
1060601	××互通式立体交叉	km		注明类型,如单喇叭,再按主线和匝道分级
106060101	主线工程	km		下挂路基、路面、涵洞、桥梁等工程项目分表
106060102	匝道工程	km		下挂路基、路面、涵洞、桥梁等工程项目分表
	……			
107	交通工程	公路公里		
10701	交通安全设施	公路公里		下挂交通安全设施工程项目分表
	……			
10702	收费系统	车道/处		收费车道数/收费站数
1070201	收费中心设备安装与土建	收费车道		按不同的设备分级
1070202	收费中心设备费	收费车道		按不同的设备分级
1070203	收费站设备安装与土建	收费车道		按不同的设备分级
1070204	收费站设备费	收费车道		按不同的设备分级
1070205	收费车道设备安装与土建	收费车道		按不同的设备分级
1070206	收费车道设备费	收费车道		按不同的设备分级
1070207	收费系统配电工程	收费车道		按不同的设备分级
	……			
1070208	收费岛工程	收费车道	收费岛土建、收费亭	按不同的工程及设备分级
	……			
10703	监控系统	公路公里		
1070301	监控中心、分中心	公路公里		
107030101	监控中心、分中心设备安装	公路公里	含中心、分中心和隧道管理站等	按不同的设备分级
107030102	监控中心、分中心设备费	公路公里	含中心、分中心和隧道管理站等	按不同的设备分级
1070302	外场监控	公路公里		
107030201	外场监控设备安装	公路公里		按不同的设备分级
107030202	外场监控设备费	公路公里		按不同的设备分级
1070303	监控系统配电工程	公路公里		按不同的设备分级
	……			
10704	通信系统	公路公里		
1070401	通信系统设备安装	公路公里		按不同的设施分级

分项编号	工程或费用名称	单位	主要工作内容	备　注
1070402	通信系统设备费	公路公里		按不同的设施分级
	……			
1070403	缆线安装工程	公路公里		主材与安装费分列
107040301	缆线安装	公路公里		
107040302	缆线主材费用	公路公里		
	……			
10705	隧道机电工程	km/座		指隧道双洞长度及座数。按单座隧道进行分级
1070501	××隧道机电工程			下挂隧道机电工程项目分表
	……			
10706	供电及照明系统	km		不含隧道内供配电
1070601	供电系统设备及安装	公路公里		按不同的部位分级
107060101	场区供电设备安装	公路公里		按不同的设施分级
107060102	场区供电设备费	公路公里		按不同的设施分级
1070602	照明系统设备与安装	公路公里		
107060201	场区照明安装	公路公里		
107060202	场区照明系统设备费	公路公里	不含灯杆、灯架、灯座箱	
107060203	大桥照明安装	公路公里		
107060204	大桥照明设备费	公路公里	不含灯杆、灯架、灯座箱	
	……			
10707	管理、养护、服务房建工程	m²		
1070701	管理中心	m²/处		
107070101	房建工程	m²		
	……			
1070702	养护工区	m²/处		
107070201	房建工程	m²		注明砖混或框架等结构形式
107070202	附属设施	m²		围墙、大门、道路、场区硬化、照明、排水等,不含土石方工程
	……			
1070703	服务区	m²/处		
107070301	服务区房屋	m²		注明砖混或框架等结构形式
107070302	附属设施	m²	含围墙、大门、道路、场区硬化、照明、排水等,不含广场(场坪)土石方工程	广场(场坪)填挖土石方工程在主线土石方工程中
	……			

分项编号	工程或费用名称	单位	主要工作内容	备　注
1070704	停车区	m²/处		
	……			
1070705	收费站(棚)	m²/处		
107070501	服务区房建工程	m²		注明砖混或框架等结构形式
107070502	收费大棚	m²		注明砖混或框架等结构形式
107070503	附属设施	m²	含围墙、大门、道路、场区硬化、照明、排水等,不含广场(场坪)土石方工程	广场(场坪)填挖土石方工程在主线土石方工程中
	……			
1070706	公共交通车站	处		
107070601	港湾	处		
107070605	直接式	处		
	……			
108	绿化及环境保护工程	公路公里		
10801	主线绿化及环境保护工程	公路公里		下挂绿化及环境保护工程项目分表
	……			
10802	互通立交绿化及环境保护工程	处		
1080201	××互通立交绿化及环境保护	处		下挂绿化及环境保护工程项目分表
	……			
10803	管养设施绿化及环境保护工程	m²		按管养设施名称分级
1080301	××管理中心绿化及环境保护	m²		下挂绿化及环境保护工程项目分表
	……			
1080302	××服务区绿化及环境保护	m²		下挂绿化及环境保护工程项目分表
	……			
1080303	××停车区绿化及环境保护	m²		下挂绿化及环境保护工程项目分表
	……			
1080304	××养护工区绿化及环境保护	m²		下挂绿化及环境保护工程项目分表
	……			

续上表

分项编号	工程或费用名称	单位	主要工作内容	备注
1080305	××收费站绿化及环境保护	m²		下挂绿化及环境保护工程项目分表
	……			
10804	污水处理设施	处		按不同的内容分级
	……			
10805	取、弃土场绿化	处		下挂绿化及环境保护工程项目分表
	……			
109	其他工程	公路公里		
10901	联络线、支线工程	km/处		
1090101	××联络线、支线工程	km/处		下挂路基、路面、涵洞、桥梁、隧道、交通安全设施等工程项目分表
	……			
10902	连接线工程	km/处		
1090201	××连接线工程	km/处		下挂路基、路面、涵洞、桥梁、隧道、交通安全设施等工程项目分表
	……			
10903	辅道工程	km/处		
1090301	××辅道工程	km/处		下挂路基、路面、涵洞、桥梁、隧道、交通安全设施等工程项目分表
	……			
10904	改路工程	km/处		下挂路基工程项目分表
	……			
10905	改河、改沟、改渠	m/处		下挂路基工程项目分表
	……			
10906	悬出路台	m/处		
10907	渡口码头	处		
10908	取、弃土场排水防护	m³		下挂路基工程项目分表
	……			
110	专项费用	元		
11001	施工场地建设费	元		
11002	安全生产费	元		
	……			
2	第二部分 土地使用及拆迁补偿费	公路公里		
201	土地使用费	亩		

分项编号	工程或费用名称	单位	主要工作内容	备　注
20101	永久征用土地	亩		按土地类别属性分类
20102	临时用地	亩		按使用性质分类
202	拆迁补偿费	公路公里		
203	其他补偿费	公路公里		
	……			
3	第三部分　工程建设其他费	公路公里		
301	建设项目管理费	公路公里		
30101	建设单位(业主)管理费	公路公里		
30102	建设项目信息化费	公路公里		
30103	工程监理费	公路公里		
30104	设计文件审查费	公路公里		
30105	竣(交)工验收试验检测费	公路公里		
302	研究试验费	公路公里		
303	建设项目前期工作费	公路公里		
304	专项评价(估)费	公路公里		
305	联合试运转费	公路公里		
306	生产准备费	公路公里		
30601	工器具购置费	公路公里		
30602	办公和生活用家具购置费	公路公里		
30603	生产人员培训费	公路公里		
30604	应急保通设备购置费	公路公里		
307	工程保通管理费	公路公里		
30701	保通便道管理费	km		
30702	施工期通航安全保障费	处		
30703	营运铁路保通管理费	处		
	……			
308	工程保险费	公路公里		
309	其他相关费用	公路公里		
4	第四部分　预备费	公路公里		
401	基本预备费	公路公里		
402	价差预备费	公路公里		
5	第一至四部分合计	公路公里		
6	建设期贷款利息	公路公里		
7	公路基本造价	公路公里		

注:此项目表和分项编码文本及电子库由《公路工程基本建设项目概算预算编制办法》(JTG 3830—2018)主编单位统一管理。编制概算、预算时,应执行统一的分项编号。

表 B.0.1-2　路基工程项目分表(LJ)

分项编号	工程或费用名称	单位	主要工程内容	备　　注
LJ01	场地清理	km		
LJ0101	清理与掘除	km		按清除内容分级
LJ010101	清除表土	m^3		
LJ010102	伐树、挖根	棵		
LJ0102	挖除旧路面	m^3		按挖除路面的类型分级
LJ010201	挖除水泥混凝土路面	m^3		
LJ010202	挖除沥青混凝土路面	m^3		
LJ010203	挖除碎(砾)石路面	m^3		
	……			
LJ0103	拆除旧建筑物、构筑物	m^3		按拆除材料分级
LJ010301	拆除钢筋混凝土结构	m^3		
LJ010302	拆除混凝土结构	m^3		
LJ010303	拆除砖石及其他砌体	m^3		
	……			
LJ02	路基挖方	m^3		
LJ0201	挖土方	m^3	挖、装、运、弃	
LJ0202	挖石方	m^3	挖、装、运、弃	
	……			
LJ03	路基填方	m^3		
LJ0301	利用土方填筑	m^3	填筑	不含桥涵台背回填
LJ0302	借土方填筑	m^3	挖、装、运、填筑	不含桥涵台背回填
LJ0303	利用石方填筑	m^3	填筑	
LJ0304	借石方填筑	m^3	挖、装、运、解小、填筑	
LJ0305	填砂路基	m^3		
LJ0306	粉煤灰路基	m^3		
LJ0307	石灰土路基	m^3		
LJ04	结构物台背回填	m^3		按回填位置分级
LJ0401	锥坡填土	m^3		按不同的填筑材料分级
LJ0402	挡墙墙背回填	m^3		按不同的填筑材料分级
LJ0403	桥涵台背回填	m^3		按不同的填筑材料分级
LJ05	特殊路基处理	km		指需要处理的路基长度
LJ0501	软土地区路基处理	km		按不同的处理方法分级
LJ050101	抛石挤淤	m^3		
LJ050102	垫层	m^3		按不同的填料分级
LJ050103	土工织物	m^2		按不同的土工织物分级

分项编号	工程或费用名称	单位	主要工程内容	备　注
LJ050104	预压与超载预压	m³		
LJ050105	真空预压与堆载预压	m³		
LJ050106	塑料排水板	m		
LJ050107	水泥搅拌桩	m		
LJ050108	碎石桩	m		
LJ050109	混凝土管桩	m		
	……			
LJ0502	不良地质路段处治	km		
LJ050201	滑坡地段路基防治	km/处		按不同的处理方法分级
LJ050202	崩塌及岩堆路段路基防治	km/处		按不同的处理方法分级
LJ050203	泥石流路段路基防治	km/处		按不同的处理方法分级
LJ050204	岩溶地区防治	km/处		按不同的处理方法分级
LJ050205	采空区处理	km/处		按不同的处理方法分级
LJ050206	膨胀土处理	km		按不同的处理方法分级
LJ050207	黄土处理	m³		按黄土的不同特性及处理方法分级
LJ05020701	陷穴	m³		按不同的处理方法分级
LJ05020702	湿陷性黄土	m³		按不同的处理方法分级
LJ050208	滨海路基防护与加固	km/处		按不同的处理方法分级
LJ050209	盐渍土处理	m³		按不同的处理方法分级
	……			
LJ06	排水工程	km		路基工程长度,按不同的结构类型分级
LJ0601	边沟	m³/m		按不同的材料分级
LJ060101	现浇混凝土边沟	m³/m		
LJ060102	浆砌混凝土预制块边沟	m³/m		
LJ060103	浆砌片块石边沟	m³/m		
	……			
LJ0602	排水沟	m³/m		按不同的材料分级
LJ060201	现浇混凝土排水沟	m³/m		
LJ060202	浆砌混凝土预制块排水沟	m³/m		
LJ060203	浆砌片(块)石排水沟	m³/m		
	……			
LJ0603	截水沟	m³/m		按不同的材料分级
LJ060301	浆砌混凝土预制块截水沟	m³/m		
LJ060302	浆砌片(块)石截水沟	m³/m		
	……			

分项编号	工程或费用名称	单位	主要工程内容	备　注
LJ0604	急流槽	m³/m		按不同的材料分级
LJ060401	现浇混凝土急流槽	m³/m		
LJ060402	浆砌片(块)石急流槽	m³/m		
	……			
LJ0605	暗沟	m³/m		按不同的材料分级
LJ060501	现浇混凝土暗沟	m³/m		
LJ060502	浆砌片石暗沟	m³/m		
	……			
LJ0606	渗(盲)沟	m³/m		按不同的材料分级
LJ0607	其他排水工程	km		
	……			
LJ07	路基防护与加固工程	km		按不同的结构类型分级
LJ0701	一般边坡防护与加固	km		坡底与路基顶面交界长度(按单边计),指非高边坡路段的防护及支挡建筑物
LJ0702	高边坡防护与加固	km/处	包括植物防护、圬工防护、导治结构物及支挡建筑物等	坡底与路基顶面交界长度(按单边计),指土质挖方边坡高度大于20m、岩质挖方边坡高度大于30m或填方边坡大于20m的边坡防护与加固
LJ0703	冲刷防护	m	包括植物防护、铺石、抛石、石笼、导治结构物等	防护水流对路基冲刷和淘刷的防护工程;防护段长度
LJ0704	其他防护	km	除以上路基防护工程外的路基其他防护工程等	指路基长度
	……			
LJ08	路基其他工程	km	除以上工程外的路基工程,包括整修路基、整修边坡等	指路基长度
	……			

表 B.0.1-3　路面工程项目分表（LM）

分项编号	工程或费用名称	单位	主要工作内容	备　注
LM01	沥青混凝土路面			
LM0101	路面垫层	m²		按不同的材料分级
LM010101	碎石垫层	m²		按不同的厚度分级
LM010102	砂砾垫层	m²		按不同的厚度分级
	……			
LM0102	路面底基层	m²		按不同的材料分级
LM010201	石灰稳定类底基层	m²		按不同的厚度分级
LM010202	水泥稳定类底基层	m²		按不同的厚度分级
LM010203	石灰粉煤灰稳定类底基层	m²		按不同的厚度分级
LM010204	级配碎(砾)石底基层	m²		按不同的厚度分级
	……			
LM0103	路面基层	m²		按不同的材料分级
LM010301	石灰稳定类基层	m²		按不同的厚度分级
LM010302	水泥稳定类基层	m²		按不同的厚度分级
LM010303	石灰粉煤灰稳定类基层	m²		按不同的厚度分级
LM010304	级配碎(砾)石基层	m²		按不同的厚度分级
LM010305	水泥混凝土基层	m²		按不同的厚度分级
LM010306	沥青碎石混合料基层	m²		按不同的厚度分级
	……			
LM0104	透层、黏层、封层	m²		按不同的形式分级
LM010401	透层	m²		按不同的材料分级
LM010402	黏层	m²		按不同的材料分级
LM010403	封层	m²		按不同的材料分级
LM010404	沥青表处封层	m²		
LM010405	稀浆封层	m²		
LM010406	沥青同步碎石封层	m²		
LM010407	土工布	m²		
LM010408	玻璃纤维格栅	m²		
	……			
LM0105	沥青混凝土面层	m²		
LM010501	粗粒式沥青混凝土面层	m²		按不同的厚度分级
LM010502	中粒式沥青混凝土面层	m²		按不同的厚度分级
LM010503	细粒式沥青混凝土面层	m²		按不同的厚度分级
LM010504	改性沥青混凝土面层	m²		按不同的厚度分级
LM010505	沥青玛蹄脂碎石混合料面层	m²		按不同的厚度分级
	……			

分项编号	工程或费用名称	单位	主要工作内容	备注
LM02	水泥混凝土路面	m^2		
LM0201	路面垫层	m^2		按不同的材料分级
LM020101	碎石垫层	m^2		按不同的厚度分级
LM020102	砂砾垫层	m^2		按不同的厚度分级
	……			
LM0202	路面底基层	m^2		按不同的材料分级
LM020201	石灰稳定类底基层	m^2		按不同的厚度分级
LM020202	水泥稳定类底基层	m^2		按不同的厚度分级
LM020203	石灰粉煤灰稳定类底基层	m^2		按不同的厚度分级
LM020204	级配碎(砾)石底基层	m^2		按不同的厚度分级
	……			
LM0203	路面基层	m^2		按不同的材料分级
LM020301	石灰稳定类基层	m^2		按不同的厚度分级
LM020302	水泥稳定类基层	m^2		按不同的厚度分级
LM020303	石灰粉煤灰稳定类基层	m^2		按不同的厚度分级
LM020304	级配碎(砾)石基层	m^2		按不同的厚度分级
LM020305	水泥混凝土基层	m^2		按不同的厚度分级
LM020306	沥青碎石混合料基层	m^2		按不同的厚度分级
	……			
LM0204	透层、黏层、封层	m^2		按不同的形式分级
LM020401	透层	m^2		按不同的材料分级
LM020402	黏层	m^2		按不同的材料分级
LM020403	封层	m^2		按不同的材料分级
LM020404	沥青表处封层	m^2		
LM020405	稀浆封层	m^2		
LM020406	沥青同步碎石封层	m^2		
LM020407	土工布	m^2		
LM020408	玻璃纤维格栅	m^2		
	……			
LM0205	水泥混凝土面层	m^2		按不同的材料分级
LM020501	水泥混凝土	m^2		按不同的厚度分级
LM020502	钢筋	t		
LM03	其他路面	m^2		按不同的类型分级
	……			

分项编号	工程或费用名称	单位	主要工作内容	备　注
LM04	路槽、路肩及中央分隔带	m²		
LM0401	挖路槽	m²		按不同的土质分级
LM040101	土质路槽	m²		
LM040102	石质路槽	m²		
LM0402	路肩	km		
LM040201	培路肩	m³		
LM040202	土路肩加固	m³		按不同的加固方式分级
LM04020201	现浇混凝土	m³		
LM04020202	铺砌混凝土预制块(路边石)	m³		
LM04020203	浆砌片石	m³		
	……			
LM0403	中间带	km		
LM040301	回填土	m³		
LM040302	路缘石	m³		按现浇和预制安装分级
LM040303	混凝土过水槽	m³		
	……			
LM05	路面排水	km		按不同的类型分级
LM0501	拦水带	m		按不同的材料分级
LM050101	沥青混凝土	m²/m		
LM050102	水泥混凝土	m³/m		
LM0502	排水沟	m³/m		按不同的类型分级
LM050201	路肩排水沟	m³/m		
LM050202	中央分隔带排水沟	m³/m		
LM0503	混凝土过水槽	m³		
LM0504	排水管	m		按不同的类型分级
LM050401	纵向排水管	m		按不同的管径分级
LM050402	横向排水管	m/道		
LM0505	集水井	m³/个		按不同的规格分级
LM0506	检查井	m³/个		
	……			
LM06	旧路面处理	km/㎡		按不同的类型分级
	……			

表 B.0.1-4　涵洞工程项目分表(HD)

分项编号	工程或费用名称	单位	主要工作内容	备　注
HD01	管涵	m/道		按管径和单、双孔分级
HD02	盖板涵	m/道		按不同的材料和涵径分级
HD03	箱涵	m/道		按不同的涵径分级
HD04	拱涵	m/道		按不同的材料和涵径分级
……				

表 B.0.1-5　桥梁工程项目分表(QL)

分项编号	工程或费用名称	单位	主要工作内容	备　注
QL01	基础工程	m^3		
QL0101	扩大基础	m^3		
QL010101	轻型墩台	m^3		
QL010102	实体式	m^3		
QL0102	桩基础	m^3/m		
QL010201	灌注桩基础	m^3		
QL010202	预制桩基础	m^3		
QL010203	钢管桩基础	t/m		
……				
QL0103	沉井基础	m^3		
QL0104	钢围堰	t		大桥或特大桥的钢围堰深水基础
QL0105	承台	m^3		
QL0106	系梁	m^3		指地面以下系梁
……				
QL02	下部构造	m^3		
QL0201	桥台	m^3		
QL0202	桥墩	m^3		
QL0203	索塔	m^3		
……				
QL03	上部构造	m^2		按不同的形式划分细目,并注明其跨径
QL0301	钢筋混凝土矩形板	m^3		
QL0302	钢筋混凝土空心板	m^3		
QL0303	预应力混凝土空心板	m^3		
QL0304	预应力混凝土小箱梁	m^3		
QL0305	预应力混凝土 T 梁	m^3		
QL0306	现浇混凝土连续梁	m^3		

分项编号	工程或费用名称	单位	主要工作内容	备　　注
QL0307	现浇混凝土刚构	m^3		
QL0308	钢管拱肋	t		含钢管拱、钢管混凝土。如缆索安装，含缆索吊装、扣索系统等
QL0309	钢管混凝土	m^3		
QL0310	混凝土拱肋	m^3		含拱肋混凝土、预应力钢材
QL0311	箱形拱	m^3		
QL0312	钢箱梁	t		
QL0313	主缆	t		包含主缆制作、安装
QL0314	猫道	m		包含牵引系统
QL0315	索鞍	t		
QL0316	吊索	t		
QL0317	吊杆	t		
	……			
QL04	桥面铺装	m^2		
QL0401	沥青混凝土铺装	m^3		包含桥面防水层
QL0402	水泥混凝土铺装	m^3		包含桥面防水层
QL0403	钢桥面沥青混凝土铺装	m^3		包含桥面防水层
	……			
QL05	桥梁附属结构	m^2		
QL0501	桥梁支座	个		
QL050101	板式橡胶支座	dm^3		
QL050102	盆式橡胶支座	个		
	……			
QL0502	伸缩缝	m		
QL050201	模数式伸缩缝	m		
	……			
QL0503	护栏与护网	m		
QL050301	人行道及栏杆	m		
QL050302	桥梁钢防撞护栏	m		
QL050303	桥梁波形梁护栏	m		
QL050304	桥梁混凝土防撞护栏	m		
QL050305	桥梁防护网	m		
QL06	其他工程	m		
	……			

表 B.0.1-6　隧道工程项目分表(SD)

分项编号	工程或费用名称	单位	主要工程内容	备注
SD01	洞门及明洞开挖	m³		
SD0101	挖土方	m³		
SD0102	挖石方	m³		
	……			
SD02	洞口坡面排水、防护	m³		
SD0201	浆砌截水沟	m³		
SD0202	浆砌片石护坡	m³		
SD0203	混凝土护坡	m³		
SD0204	喷射混凝土	m³		
SD0205	钢筋网	t		
SD0206	锚杆	t/m		
SD0207	种草(皮)	m²		
SD0208	保温出水口	个		
	……			
SD03	洞门建筑	m³/座		按不同材料分级
SD0301	浆砌洞门墙	m³		
SD0302	混凝土洞门墙	m³		
SD04	明洞修筑	m		
SD0401	明洞衬砌及洞顶回填	m³/m		
SD040101	混凝土衬砌	m³		
SD040102	钢筋	t		
SD040103	洞顶回填	m³		
SD04010301	浆砌片石	m³		
SD04010302	碎石土	m³		
SD040104	遮光棚(板)	m		
SD04010401	基础	m³		
SD04010402	型钢支架	t		
SD04010403	遮光棚(板)	m²		
	……			
SD05	洞身开挖	m³/m		
SD0501	开挖	m³/m		按围岩级别分级
SD0502	注浆小导管	m		
SD0503	管棚	m		
SD0504	锚杆	m		按锚杆类型分级
SD0505	钢拱架(支撑)	t		

分项编号	工程或费用名称	单位	主要工程内容	备　注
SD0506	注浆工程	m³		
SD0507	套拱混凝土	m³		
SD0508	孔口管	t		
SD0509	喷混凝土	m³		
SD0510	钢筋网	t		
	……			
SD06	洞身衬砌	m³		
SD0601	浆砌块(片)石	m³		
SD0602	现浇混凝土	m³		
SD0603	钢筋	t		
	……			
SD07	仰拱	m³		
SD0701	仰拱混凝土	m³		
SD0702	仰拱回填混凝土	m³		
SD0703	钢筋	t		
	……			
SD08	洞内管、沟	m³		洞内管沟按照不同类别单列
SD0801	电缆沟	m		
SD080101	现浇混凝土	m／m³		
SD080102	预制混凝土	m／m³		
SD080103	钢筋	t		
SD080104	碎石垫层	m³		
	……			
SD09	防水与排水	m³		
SD0901	防水板	m²		
SD0902	止水带、条	m		
SD0903	压浆	m³		
SD0904	排水管	m		
SD10	洞内路面	m²		按不同的路面结构和厚度分级
SD1001	水泥混凝土路面	m²		
SD1002	沥青混凝土路面	m²		
	……			
SD11	洞身及洞门装饰	m²		
SD1101	隧道铭牌	个		
SD1102	喷防火涂料	m²		
	……			

表 B.0.1-7　交通安全设施工程项目分表(JA)

分项编号	工程或费用名称	单位		备　注
JA01	护栏	m		
JA0101	混凝土、圬工砌体护栏	m³/m		
JA010101	预制混凝土护栏	m³/m		
	……			
JA0102	现浇钢筋混凝土防撞护栏	m³/m		
JA010201	现浇钢筋混凝土防撞护栏墙体混凝土	m³/m		
JA0103	柱式护栏	m³/m		
JA0104	石砌墙式护栏	m³/m		
JA0105	钢护栏	m		
JA010501	波形钢板护栏	m		
JA010502	缆索护栏	m		
JA010503	活动护栏	m		
JA02	隔离栅	m		
JA03	标志牌	块		
JA0301	铝合金标志牌	块		
JA030101	单柱式铝合金标志牌	块		
JA030102	双柱式铝合金标志牌	块		
JA030103	单悬臂铝合金标志牌	块		
JA030104	双悬臂铝合金标志牌	块		
JA030105	门架式铝合金标志牌	块		
JA030106	附着式铝合金标志牌	块		
JA0302	钢板标志牌	块		
JA030201	单柱式钢板标志牌	块		
JA030202	双柱式钢板标志牌	块		
JA030203	单悬臂钢板标志牌	块		
JA030204	双悬臂钢板标志牌	块		
JA030205	门架式钢板标志牌	块		
JA030206	附着式钢板标志牌	块		
	……			
JA04	标线	m²		指标线的总面积
JA0401	路面标线	m²		
JA040101	热熔标线	m²/m		
JA040102	普通标线	m²/m		
JA040103	振动标线	m²/m		
JA040104	彩色铺装标线	m²		

分项编号	工程或费用名称	单位		备　注
	……			
JA0402	路钮	个		
JA040201	路面反光路钮	个		
JA040202	自发光路面标识	个		
	……			
JA0403	减速带	m/处		
JA05	里程牌、百米桩、界碑	个		
JA0501	混凝土里程牌、百米桩、界碑	个		
JA050101	混凝土里程牌	个		
JA050102	混凝土百米桩	个		
JA050103	混凝土界碑	个		
JA0502	铝合金里程牌、百米桩、界碑	个		
JA050201	铝合金里程牌	个		
JA050202	铝合金百米桩	个		
JA050203	铝合金界碑	个		
JA06	轮廓标	个		
JA0601	钢板柱轮廓标	个		
JA0602	玻璃钢柱式轮廓标	个		
JA0603	栏式轮廓标	个		
JA07	防眩、防撞设施			
JA0701	防眩板	m		
JA0702	防眩网	m		
JA0703	防撞桶	个		
JA0704	防撞垫	个		
JA0705	水马	个		
JA08	中间带及车道分离块	公路公里		
JA0801	中间带	公路公里		
JA080101	预制混凝土中间带	m³/m		
JA080102	现浇混凝土中间带	m³/m		
JA080103	中间带填土	m³		
JA0802	隔离墩	m		
JA080201	预制混凝土隔离墩	m³/m		
JA0380202	现浇混凝土隔离墩	m³/m		
JA0803	车道分离块	m³/m		
JA09	安全设施拆除工程	公路公里		
JA0901	拆除铝合金标志	个		
JA0902	拆除混凝土护栏	m³/m		
JA0903	拆除波形梁护栏	m		

分项编号	工程或费用名称	单位		备　注
JA0904	拆除隔离栅	m		
JA0905	拆除里程牌	个		
JA0906	拆除百米牌	个		
JA0907	拆除界碑	个		
JA0908	拆除防眩板	m		
JA0909	拆除突起路标	块		
JA0910	铲除标线	m^2/m		
JA10	客运汽车停靠站防雨棚	个		
JA1001	钢结构防雨棚	个		
JA1002	钢筋混凝土防雨棚	个		
JA1003	客运汽车停靠站地坪	m^2		
	……			

表 B.0.1-8　隧道机电工程项目分表（SJ）

分项编号	工程或费用名称	单位	主要工作内容	备　注
SJ01	隧道监控			
SJ0101	隧道监控设备费			
SJ0102	隧道监控设备安装			
SJ0103	监控系统配电工程			
	……			
SJ02	隧道供电及照明系统			
SJ0201	隧道供电设备费			
SJ0202	隧道照明安装			
	……			
SJ03	隧道通风系统	km		按隧道单洞长度
SJ0301	隧道通风设备费	km		
SJ0302	隧道通风设备安装	km		
	……			
SJ04	隧道消防系统	km		按隧道单洞长度
SJ0401	隧道消防设备费	km		
SJ0402	隧道消防设备安装	km		
	……			
SJ06	洞室门	个		按洞室类型分级
SJ0601	卷帘门	个		
SJ0602	检修门	个		
SJ0603	风机启动柜洞门	个		
SJ0604	消防室洞门	个		
SJ0605	防火闸门	个		
	……			

表 B.0.1-9　绿化及环境保护工程项目分表（LH）

分项编号	工程或费用名称	单位	主要工作内容	备　注
LH01	边坡绿化工程	m²		按不同的材料分级、建议列入绿化工程
LH0101	播种草籽	m²		
LH0102	铺（植）草皮	m²		
LH0103	土工织物植草	m²		
LH0104	植生袋植草	m²		
LH0105	液压喷播植草	m²		
LH0106	客土喷播植草	m²		
LH0107	喷混植草	m²		
LH0108	路堑边坡种植（插扦）灌木	m² 或株		
LH0109	路堤边坡种植（插扦）灌木	m² 或株		
	……			
LH02	场地绿化及环保	m²		按不同的内容分级
LH0201	撒播草种	m²		按不同的内容分级
LH0202	铺植草皮	m²		按不同的内容分级
LH0203	绿地喷灌管道	m		按不同的内容分级
	……			
LH03	种植乔木	株		按不同的树种分级
LH0301	高山榕	株		
LH0302	美人蕉	株		
	……			
LH04	种植灌木	株		按不同的树种分级
LH0401	夹竹桃	株		
LH0402	月季	株		
	……			
LH05	种植攀缘植物	株		按不同的树种分级
LH0501	爬山虎	株		
LH0502	葛藤	株		
	……			
LH06	种植竹类植物	株		按不同的内容分级
LH07	种植棕榈类植物	株		按不同的内容分级
LH08	栽植绿篱	m²		
LH09	声屏障	m		按不同的材料及类型分级
LH0901	消声板声屏障	m		
LH0902	吸音砖声屏障	m³		
LH0903	砖墙声屏障	m³		
	……			

附录 C　全国冬季施工气温区划分表

省份	地区、市、自治州、盟(县)	气温区	
北京	全境	冬二	I
天津	全境	冬二	I
河北	石家庄、邢台、邯郸、衡水市(冀州区、枣强县、故城县)	冬二	I
	廊坊、保定(涞源县及以北除外)、衡水(冀州区、枣强县、故城县除外)、沧州市	冬二	I
	唐山、秦皇岛市		II
	承德(围场县除外)、张家口(沽源县、张北县、尚义县、康保县除外)、保定市(涞源县及以北)	冬三	
	承德(围场县)、张家口市(沽源县、张北县、尚义县、康保县)	冬四	
山西	运城市(万荣县、夏县、绛县、新绛县、稷山县、闻喜县除外)	冬一	II
	运城(万荣县、夏县、绛县、新绛县、稷山县、闻喜县)、临汾(尧都区、侯马市、曲沃县、翼城县、襄汾县、洪洞县)、阳泉(盂县除外)、长治(黎城县)、晋城市(城区、泽州县、沁水县、阳城县)	冬二	I
	太原(娄烦县除外)、阳泉(盂县)、长治(黎城县除外)、晋城(城区、泽州县、沁水县、阳城县除外)、晋中(寿阳县、和顺县、左权县除外)、临汾(尧都区、侯马市、曲沃县、翼城县、襄汾县、洪洞县除外)、吕梁市(孝义市、汾阳市、文水县、交城县、柳林县、石楼县、交口县、中阳县)		II
	太原(娄烦县)、大同(左云县除外)、朔州(右玉县除外)、晋中(寿阳县、和顺县、左权县)、忻州、吕梁市(离石区、临县、岚县、方山县、兴县)	冬三	
	大同(左云县)、朔州市(右玉县)	冬四	
内蒙古	乌海市、阿拉善盟(阿拉善左旗、阿拉善右旗)	冬二	I
	呼和浩特(武川县除外)、包头(固阳县除外)、赤峰、鄂尔多斯、巴彦淖尔、乌兰察布市(察哈尔右翼中旗除外),阿拉善盟(额济纳旗)	冬三	
	呼和浩特(武川县)、包头(固阳县)、通辽、乌兰察布市(察哈尔右翼中旗),锡林郭勒(苏尼特右旗、多伦县)、兴安盟(阿尔山市除外)	冬四	
	呼伦贝尔市(海拉尔区、新巴尔虎右旗、阿荣旗)、兴安(阿尔山市)、锡林郭勒盟(冬四区以外各地)	冬五	
	呼伦贝尔市(冬五区以外各地)	冬六	
辽宁	大连(瓦房店市、普兰店市、庄河市除外)、葫芦岛市(绥中县)	冬二	I
	沈阳(康平县、法库县除外)、大连(瓦房店市、普兰店市、庄河市)、鞍山、本溪(桓仁县除外)、丹东、锦州、阜新、营口、辽阳、朝阳(建平县除外)、葫芦岛(绥中县除外)、盘锦市	冬三	
	沈阳(康平县、法库县)、抚顺、本溪(桓仁县)、朝阳(建平县)、铁岭市	冬四	
吉林	吉林长春(榆树市除外)、四平、通化(辉南县除外)、辽源、白山(靖宇县、抚松县、长白县除外)、松原(长岭县)、白城市(通榆县)、延边自治州(敦化市、汪清县、安图县除外)	冬四	
	长春(榆树市)、吉林、通化(辉南县)、白山(靖宇县、抚松县、长白县)、白城(通榆县除外)、松原市(长岭县除外),延边自治州(敦化市、汪清县、安图县)	冬五	

续上表

省份	地区、市、自治州、盟(县)	气温区	
黑龙江	牡丹江市(绥芬河市、东宁市)	冬四	
	哈尔滨(依兰县除外)、齐齐哈尔(讷河市、依安县、富裕县、克山县、克东县拜泉县除外)、绥化(安达市、肇东市、兰西县)、牡丹江(绥芬河市、东宁市除外)、双鸭山(宝清县)、佳木斯(桦南县)、鸡西、七台河、大庆市	冬五	
	哈尔滨(依兰县)、佳木斯(桦南县除外)、双鸭山(宝清县除外)、绥化(安达市、肇东市、兰西县除外)、齐齐哈尔(讷河市、依安县、富裕县、克山县、克东冬六县、拜泉县)、黑河、鹤岗、伊春市,大兴安岭地区	冬六	
上海	全境	准二	
江苏	徐州、连云港市	冬一	I
	南京、无锡、常州、淮安、盐城、宿迁、扬州、泰州、南通、镇江、苏州市	准二	
浙江	杭州、嘉兴、绍兴、宁波、湖州、衢州、舟山、金华、温州、台州、丽水市	准二	
安徽	亳州市	冬一	I
	阜阳、蚌埠、淮南、滁州、合肥、六安、马鞍山、芜湖、铜陵、池州、宣城、黄山市	准一	
	淮北、宿州市准二	准二	
福建	宁德(寿宁县、周宁县、屏南县)、三明市	准一	
江西	南昌、萍乡、景德镇、九江、新余、上饶、抚州、宜春市	准一	
山东	全境	冬一	I
河南	安阳、商丘、周口(西华县、淮阳县、鹿邑县、扶沟县、太康县)、新乡、三门峡、洛阳、郑州、开封、鹤壁、焦作、济源、濮阳、许昌市	冬一	I
	驻马店、信阳、南阳、周口(西华县、淮阳县、鹿邑县、扶沟县、太康县除外)、平顶山、漯河市	准二	
湖北	武汉、黄石、荆州、荆门、鄂州、宜昌、咸宁、黄冈、天门、潜江、仙桃市,恩施自治州	准一	
	孝感、十堰、襄阳、随州市,神农架林区	准二	
湖南	全境	准一	
重庆	城口县	准一	
四川	阿坝(黑水县)、甘孜自治州(新龙县、道浮县、泸定县)	冬一	II
	甘孜自治州(甘孜县、康定市、白玉县、炉霍县)	冬二	I
	阿坝(壤塘县、红原县、松潘县)、甘孜自治州(德格县)		II
	阿坝(阿坝县、若尔盖县、九寨沟县)、甘孜自治州(石渠县、色达县)	冬三	
	广元市(青川县)、阿坝(汶川县、小金县、茂县、理县)、甘孜(巴塘县、雅江县、得荣县、九龙县、理塘县、乡城县、稻城县)、凉山自治州(盐源县、木里县)	准一	
	阿坝(马尔康市、金川县)、甘孜自治州(丹巴县)	准二	
贵州	贵阳、遵义(赤水市除外)、安顺市,黔东南、黔南、黔西南自治州	准一	
	六盘水、毕节市	准二	
云南	迪庆自治州(德钦县、香格里拉市)	冬一	II
	曲靖(宣威市、会泽县)、丽江(玉龙县、宁蒗县)、昭通市(昭阳区、大关县、威信县、彝良县、镇雄县、鲁甸县),迪庆(维西县)、怒江(兰坪县)、大理自治州(剑川县)	准一	

续上表

省份	地区、市、自治州、盟(县)	气温区	
西藏	拉萨(当雄县除外)、日喀则(拉孜县)、山南(浪卡子县、错那县、隆子县除外)、昌都(芒康县、左贡县、类乌齐县、丁青县、洛隆县除外)、林芝市	冬一	I
	山南(隆子县)、日喀则市(定日县、聂拉木县、亚东县、拉孜县除外)		II
	昌都市(洛隆县)	冬二	I
	昌都(芒康县、左贡县、类乌齐县、丁青县)、山南(浪卡子县)、日喀则市(定日县、聂拉木县)、阿里地区(普兰县)		II
	拉萨(当雄县)、山南(错那县)、日喀则市(亚东县)、那曲(安多县除外)、阿里地区(普兰县除外)	冬三	
	那曲地区(安多县)	冬四	
陕西	西安、宝鸡、渭南、咸阳(彬县、旬邑县、长武县除外)、汉中(留坝县、佛坪县)、铜川市(耀州区)	冬一	I
	铜川(印台区、王益区)、咸阳市(彬县、旬邑县、长武县)		II
	延安(吴起县除外)、榆林(清涧县)、铜川市(宜君县)	冬二	II
	延安(吴起县)、榆林市(清涧县除外)	冬三	
	商洛、安康、汉中市(留坝县、佛坪县除外)	准二	
甘肃	陇南市(两当县、徽县)	冬一	II
	兰州、天水、白银(会宁县、靖远县)、定西、平凉、庆阳、陇南市(西和县、县、宕昌县)、临夏、甘南自治州(舟曲县)	冬二	II
	嘉峪关、金昌、白银(白银区、平川区、景泰县)、酒泉、张掖、武威市、甘南自治州(舟曲县除外)	冬三	
	陇南市(武都区、文县)	准一	
	陇南市(成县、康县)	准二	
青海	海东市(民和县)	冬二	II
	西宁、海东(民和县除外)、黄南(泽库县除外)、海南、果洛(班玛县、达日县、久治县)、玉树(囊谦县、杂多县、称多县、玉树市)、海西自治州(德令市、格尔木市、都兰县、乌兰县)	冬三	
	海北(野牛沟、托勒除外)、黄南(泽库县)、果洛(玛沁县、甘德县、玛多县)、玉树(曲麻莱县、治多县)、海西自治州(冷湖、茫崖、大柴旦、天峻县)	冬四	
	海北(野牛沟、托勒)、玉树(清水河)、海西自治州(唐古拉山区)	冬五	
宁夏	全境	冬二	II
新疆	阿拉尔、哈密市(哈密市泌城镇)、喀什(喀什市、伽师县、巴楚县、英吉沙县、麦盖提县、莎车县、叶城县、泽普县)、阿克苏(沙雅县、阿瓦提县)、和田地区、伊犁(伊宁市、新源县、霍城县霍尔果斯镇)、巴音郭楞(库尔勒市、若羌县、且末县、尉犁县铁干里可)、克孜勒苏自治州(阿图什市、阿克陶县)	冬二	I
	喀什地区(岳普湖县)		II

省份	地区、市、自治州、盟(县)	气温区
新疆	乌鲁木齐市(牧业气象试验站、达坂城区、乌鲁木齐县小渠子乡)、吐鲁番、哈密市(十三间房、红柳河、伊吾县淖毛湖)、塔城(乌苏市、沙湾县、额敏县除外)、阿克苏(沙雅县、阿瓦提县除外)、喀什地区(塔什库尔干县)、克孜勒苏(乌恰县、阿合奇县)、巴音郭楞(和静县、焉耆县、和硕县、轮台县、尉犁县、且末县塔中)、伊犁自治州(伊宁市、霍城县、察布查尔县、尼勒克县、巩留县、昭苏县、特克斯县)	冬三
	乌鲁木齐(冬三区以外各地)、哈密地区(巴里坤县),塔城(额敏县、乌苏市)、阿勒泰(阿勒泰市、哈巴河县、吉木乃县)、昌吉(昌吉市、木垒县、奇台县北塔山镇、阜康市天池)、博尔塔拉(温泉县、精河县、阿拉山口口岸)、克孜勒苏自治州(乌恰县吐尔尕特口岸)	冬四
	克拉玛依、石河子市,塔城(沙湾县)、阿勒泰地区(布尔津县、福海县、富蕴县、青河县),博尔塔拉(博乐市)、昌吉(阜康市、玛纳斯县、呼图壁县、吉木萨尔县、奇台县)、巴音郭楞自治州(和静县巴音布鲁克乡)	冬五

注:1. 为避免繁冗,各民族自治州名称予以简化,如青海省的"海西蒙古族藏族自治州"简化为"海西自治州"。

2. 本表引自《公路工程基本建设项目概算预算编制办法》(JTG 3830—2018)附录 D。

附录 D　全国雨季施工雨量区及雨季期划分表

省份	地区、市、自治州、盟(县)	雨量区	雨季期 (月数)
北京	全境	II	2
天津	全境	I	2
河北	张家口、承德市(围场县)	I	1.5
	承德(围场县除外)、保定、沧州、石家庄、廊坊、邢台、衡水、邯郸、唐山、秦皇岛市	II	2
山西	全境	I	1.5
内蒙古	呼和浩特、通辽、呼伦贝尔(海拉尔区、满洲里市、陈巴尔虎旗、鄂温克旗)、鄂尔多斯(东胜区、准格尔旗、伊金霍洛旗、达拉特旗、乌审旗)、赤峰、包头、乌兰察布市(集宁区、化德县、商都县、兴和县、四子王旗、察哈尔右翼中旗、察哈尔右翼后旗、卓资县及以南)、锡林郭勒盟(锡林浩特市、多伦县、太仆寺旗、西乌珠穆沁旗、正蓝旗、正镶白旗)	I	1
	呼伦贝尔市(牙克石市、额尔古纳市、鄂伦春旗、扎兰屯市及以东),兴安盟		2
辽宁	大连(长海县、瓦房店市、普兰店市、庄河市除外)、朝阳市(建平县)		2
	沈阳(康平县)、大连(长海县)、锦州(北镇市除外)、营口(盖州市)、朝阳市(凌源市、建平县除外)		2.5
	沈阳(康平县、辽中区除外)、大连(瓦房店市)、鞍山(海城市、台安县、岫岩县除外)、锦州(北镇市)、阜新、朝阳(凌源市)、盘锦、葫芦岛(建昌县)、铁岭市	I	3
	抚顺(新宾县)、辽阳市		3.5
	沈阳(辽中区)、鞍山(海城市、台安县)、营口(盖州市除外)、葫芦岛市(兴城市)		2.5
	大连(普兰店市)、葫芦岛市(兴城市、建昌县除外)		3
	大连(庄河市)、鞍山(岫岩县)、抚顺(新宾县除外)、丹东(凤城市、宽甸县除外)、本溪市	II	3.5
	丹东市(凤城市、宽甸县)		4
吉林	辽源、四平(双辽市)、白城、松原市	I	2
	吉林、长春、四平(双辽市除外)、白山市,延边自治州	II	2
	通化市		3
黑龙江	哈尔滨(市区、呼兰区、五常市、阿城区、双城区)、佳木斯(抚远市)、双鸭山(市区、集贤县除外)、齐齐哈尔(拜泉县、克东县除外)、黑河(五大连池市、嫩江县)、绥化(北林区、海伦市、望奎县、绥棱县、庆安县除外)、牡丹江、大庆、鸡西、七台河市,大兴安岭地区(呼玛县除外)	I	2
	哈尔滨(市区、呼兰区、五常市、阿城区、双城区除外)、佳木斯(抚远县除外)、双鸭山(市区、集贤县)、齐齐哈尔(拜泉县、克东县)、黑河(五大连池市、嫩江县除外)、绥化(北林区、海伦市、望奎县、绥棱县、庆安县)、鹤岗、伊春市,大兴安岭地区(呼玛县)	II	2
上海	全境	II	4

续上表

省份	地区、市、自治州、盟(县)	雨量区	雨季期 (月数)
江苏	徐州、连云港市	II	2
	盐城市		3
	南京、镇江、淮安、南通、宿迁、扬州、常州、泰州市		4
	无锡、苏州市		4.5
浙江	舟山市	II	4
	嘉兴、湖州市		4.5
	宁波、绍兴市		6
	杭州、金华、温州、衢州、台州、丽水市		7
安徽	亳州、淮北、宿州、蚌埠、淮南、六安、合肥市	II	1
	阜阳市		2
	滁州、马鞍山、芜湖、铜陵、宣城市		3
	池州市		4
	安庆、黄山市		5
福建	泉州市(惠安县崇武)	I	4
	福州(平潭县)、泉州(晋江市)、厦门(同安区除外)、漳州市(东山县)		5
	三明(永安市)、福州(市区、长乐市)、莆田市(仙游县除外)		6
	南平(顺昌县除外)、宁德(福鼎市、霞浦县)、三明(永安市、尤溪县、大田县除外)、福州(市区、长乐市、平潭县除外)、龙岩(长汀县、连城县)、泉州(晋江市、惠安县崇武、德化县除外)、莆田(仙游县)、厦门(同安区)、漳州市(东山县除外)	II	7
	南平(顺昌县)、宁德(福鼎市、霞浦县除外)、三明(尤溪县、大田县)、龙岩(长汀县、连城县除外)、泉州市(德化县)		8
江西	南昌、九江、吉安市	II	6
	萍乡、景德镇、新余、鹰潭、上饶、抚州、宜春、赣州市		7
山东	济南、潍坊、聊城市	I	3
	淄博、东营、烟台、济宁、威海、德州、滨州市		4
	枣庄、泰安、临沂、菏泽市		5
	青岛市	II	3
	日照市		4
河南	郑州、许昌、洛阳、济源、新乡、焦作、三门峡、开封、濮阳、鹤壁市	I	2
	周口、驻马店、漯河、平顶山、安阳、商丘市		3
	南阳市		4
	信阳市	II	2
湖北	十堰、襄樊、随州市,神农架林区	I	3
	宜昌(秭归县、远安县、兴山县)、荆门市(钟祥市、京山县)	II	2
	武汉、黄石、荆州、孝感、黄冈、咸宁、荆门(钟祥市、京山县除外)、天门、潜江、仙桃、鄂州、宜昌市(秭归县、远安县、兴山县除外),恩施自治州		6

省份	地区、市、自治州、盟(县)	雨量区	雨季期(月数)
湖南	全境	II	6
广东	茂名、中山、汕头、潮州市	I	5
	广州、江门、肇庆、顺德、湛江、东莞市		6
	珠海市	II	5
	深圳、阳江、汕尾、佛山、河源、梅州、揭阳、惠州、云浮、韶关市		6
	清远市		7
广西	百色、河池、南宁、崇左市	II	5
	桂林、玉林、梧州、北海、贵港、钦州、防城港、贺州、柳州、来宾市		6
海南	全境	II	6
重庆	全境	II	4
四川	阿坝(松潘县、小金县)、甘孜自治州(丹巴县、石渠县)	I	1
	泸州市(古蔺县)、阿坝(阿坝县、若尔盖县)、甘孜自治州(道孚县、炉霍县、甘孜县、巴塘县、乡城县)		2
	德阳、乐山(峨边县)、雅安市(汉源县)、阿坝(壤塘县)、甘孜(泸定县、新龙县、德格县、白玉县、色达县、得荣县)、凉山自治州(美姑县)		3
	绵阳(江油市、安州区、北川县除外)、广元、遂宁、宜宾市(长宁县、珙县、兴文县除外)、阿坝(黑水县、红原县、九寨沟县)、甘孜(九龙县、雅江县、理塘县)、凉山自治州(会理县、木里县、宁南县)		4
	南充(仪陇县除外)、广安(岳池县、武胜县、邻水县)、达州市(大竹县)、阿坝(马尔康县)、甘孜(康定市)、凉山自治州(甘洛县)		5
	自贡(富顺县除外)、绵阳(北川县)、内江、资阳、雅安(石棉县)、甘孜(稻城县)、凉山(盐源县、雷波县、金阳县)	II	3
	成都、自贡(富顺县)、攀枝花、泸州(古蔺县除外)、绵阳(江油县、安州区)、眉山(洪雅县除外)、乐山(峨边县、峨眉山市、沐川县除外)、宜宾(长宁县、珙县、兴文县)、广安市(岳池县、武胜县、邻水县除外),凉山自治州(西昌市、德昌县、会理县、会东县、喜德县、冕宁县)		4
	眉山(洪雅县)、乐山(峨眉山市、沐川县)、雅安(汉源县、石棉县除外)、南充(仪陇县)、巴中、达州市(大竹县、宣汉县除外)、凉山自治州(昭觉县、布拖县、越西县)		5
	达州市(宣汉县)、凉山自治州(普格县)		6
贵州	贵阳、遵义、毕节市	II	4
	安顺、铜仁、六盘水市,黔东南自治州		5
	黔西南自治州		6
	黔南自治州		7

省份	地区、市、自治州、盟(县)	雨量区	雨季期(月数)
云南	昆明(市区、嵩明县除外)、玉溪、曲靖(富源县、师宗县、罗平县除外)、丽江(宁蒗县、永胜县)、普洱市(墨江县)、昭通市、怒江(兰坪县、泸水市六库镇)、大理(大理市、漾濞县除外)、红河(个旧市、开远市、蒙自市、红河县、石屏县、建水县、弥勒市、泸西县)、迪庆、楚雄自治州	I	5
	保山(腾冲市、龙陵县除外)、临沧市(凤庆县、云县、永德县、镇康县)、怒江(福贡县、泸水市)、红河自治州(元阳县)		6
	昆明(市区、嵩明县)、曲靖(富源县、师宗县、罗平县)、丽江(古城区、华坪县)、普洱市(思茅区、景东县、镇沅县、宁洱县、景谷县),大理(大理市、漾濞县)、文山自治州	II	5
	保山(腾冲市、龙陵县)、临沧(临翔区、双江县、耿马县、沧源县)、普洱市(西盟县、澜沧县、孟连县、江城县)、怒江(贡山县)、德宏、红河(绿春县、金平县、屏边县、河口县)、西双版纳自治州		6
西藏	山南(加查县除外)、日喀则(定日县)、那曲市(索县除外),阿里地区	I	1
	拉萨、昌都(类乌齐县、丁青县、芒康县除外)、日喀则(拉孜县)、林芝市(察隅县)、那曲市(索县)		2
	昌都(类乌齐县)、林芝市(米林县)		3
	昌都(丁青县)、林芝市(米林县、波密县、察隅县除外)		4
	林芝市(波密县)		5
	昌都市(芒康县)、山南(加查县)、日喀则市(定日县、拉孜县除外)	II	2
陕西	榆林、延安市	I	1.5
	铜川、西安、宝鸡、咸阳、渭南市,杨凌区		2
	商洛、安康、汉中市		3
甘肃	天水(甘谷县、武山县)、陇南市(武都区、文县、礼县)、临夏(康乐县、广河县、永靖县),甘南自治州(夏河县)	I	1
	天水(北道区、秦城区)、定西(渭源县)、庆阳(华池县、环县)、陇南市(西和县)、临夏(临夏市)、甘南自治州(临潭县、卓尼县)		1.5
	天水(秦安县)、定西(临洮县、岷县)、平凉(崆峒区)、庆阳(庆城县)、陇南市(宕昌县)、临夏(临夏县、东乡县、积石山县)、甘南自治州(合作市)		2
	天水(张家川县)、平凉(静宁县、庄浪县)、庆阳(镇原县)、陇南市(两当县)、临夏(和政县)、甘南自治州(玛曲县)		2.5
	天水(清水县)、平凉(泾川县、灵台县、华亭县、崇信县)、庆阳(西峰区、合水县、正宁县、宁县)、陇南市(徽县、成县、康县),甘南自治州(碌曲县、迭部县)		3
青海	西宁(湟源县)、海东市(平安区、乐都区、民和县、化隆县),海北(海晏县、祁连县、刚察县、托勒)、海南(同德县、贵南县)、黄南(泽库县、同仁县)、海西自治州(天峻县)	I	1
	西宁(湟源县除外)、海东市(互助县)、海北(门源县)、果洛(达日县、久治县、班玛县)、玉树自治州(称多县、杂多县、囊谦县、玉树市)、河南自治县		1.5
宁夏	固原地区(隆德县、泾源县)	I	2

续上表

省份	地区、市、自治州、盟(县)	雨量区	雨季期(月数)
新疆	乌鲁木齐市(小渠子乡、牧业气象试验站、大西沟乡),昌吉(阜康市天池),克孜勒苏(吐尔尕特、托云、巴音库鲁提)、伊犁自治州(昭苏县、霍城县二台、松树头)	I	1
香港	(资料暂缺)		
澳门			
台湾			

注:1. 表中未列的地区除西藏林芝市墨脱县因无资料未划分外,其余地区均因降雨天数或平均日降雨量未达到计算雨季施工增加费的标准,故未划分雨量区及雨季期。
2. 行政区划依据资料及自治州、市的名称列法同冬季施工气温区划分说明。
3. 本表引自《公路工程基本建设项目概算预算编制办法》(JTG 3830—2018)附录 E。

参 考 文 献

[1] 交通运输部公路局.高速公路施工标准化技术指南:第一分册 工地建设[S].北京:人民交通出版社,2012.

[2] 交通运输部工程质量监督局.公路水运工程施工安全标准化指南[S].北京:人民交通出版社,2013.

[3] 交通运输部.公路工程标准施工招标文件(2018版)[S].北京:人民交通出版社股份有限公司,2017.

[4] 中华人民共和国行业标准.公路工程建设项目概算预算编制办法:JTG 3830—2018[S].北京:人民交通出版社股份有限公司,2018.

[5] 中华人民共和国行业推荐标准.公路工程概算定额:JTG/T 3831—2018[S].北京:人民交通出版社股份有限公司,2018.

[6] 中华人民共和国行业推荐标准.公路工程预算定额:JTG/T 3832—2018[S].北京:人民交通出版社股份有限公司,2018.

[7] 中华人民共和国行业推荐标准.公路工程机械台班费用定额:JTG/T 3833—2018[S].北京:人民交通出版社股份有限公司,2018.

[8] 交通运输部路网监测与应急处置中心.公路工程造价数据标准(征求意见稿)[DB/OL].http://xxgk.mot.gov.cn/jigou/glj/201712/P020180117359606510745.pdf,2017-09-10.

[9] 交通运输部公路局.政府和社会资本合作(PPP)公路建设项目投资人招标投标管理办法(征求意见稿)[DB/OL].http://xxgk.mot.gov.cn/jigou/glj/201701/t20170117_2979398.html,2017-01-17.

[10] 中华人民共和国标准.工程造价术语标准:GB/T 50875—2013[S].北京:中国计划出版社,2013.

[11] 交通运输部办公厅.交通运输部办公厅关于印发推进智慧交通发展行动计划(2017-2020年)的通知(交办规划〔2017〕11号)[S].
http://xxgk.mot.gov.cn/jigou/zhghs/201702/t20170213_2976478.html,2017-01-22.

[12] 交通运输部公路局印发"关于征求对《关于推进公路水运工程应用BIM技术的指导意见》的函":〔2017〕11号,http://www.uibim.com/71756.html,2017-1-13.

[13] 王首绪,杨玉胜,周学林,等.公路施工组织及概预算[M].3版.北京:人民交通出版社,2007.

[14] 赵雪锋,刘占省.BIM导论[M].武汉:武汉大学出版社,2017.

[15] 布拉德·哈丁,麦库尔.BIM与施工管理[M].王静,尚晋,刘辰,译.2版.北京:中国建筑工业出版社,2018.

[16] Eastman,Charles,Fisher David,etal. An Outline of the Building Description System[M]. Institute of Physical Planning,Carnegie-Mellon University,1974.

[17] 谢尚贤,郭荣钦,陈奂廷,等.透过案例演练学习 BIM:基础篇[M].台湾:台大出版中心,2016.

[18] 张建平.基于 BIM 和 4D 技术的建筑施工优化及动态管理[J].中国建设信息,2010,(02):18-23.

[19] BIM 工程技术人员专业技能培训用书编委会.BIM 应用与项目管理[M].北京:中国建筑工业出版社,2016.

[20] 丁烈云,龚剑,陈建国.BIM 应用—施工[M].上海:同济大学出版社,2015.

[21] 杨宝明.BIM 改变建筑业[M].北京:中国建筑工业出版社,2017.

[22] 梅敬松.BIM 技术在乐清湾跨海大桥项目建设中的应用[R].
https://www.docin.com/p-1758653259.html.2015.

[23] 乐清湾大桥 BIM 实施团队.桥梁方面 BIM 应用开拓者——乐清湾大桥项目 BIM 实施总体工作汇报[R].鲁班软件.2015.

[24] 林光明.BIM 技术在快速公路跨河施工管理中的应用[J].公路工程,2018,43(5):181-186,204.

[25] 乔亚盼.BIM 技术在前海临海大道地下道路建设阶段的应用研究[D].北京:北京交通大学,2018.

[26] 王秀林,阎有为.基于 BIM 的公路隧道工程施工应用实践与问题[J].中国公路,2018,(23):118-120.

[27] 柳娟花.基于 BIM 的虚拟施工技术应用研究[D].西安:西安建筑科技大学,2012.